沥青路面结构设计

姚祖康 著

人民交通出版社

内 容 提 要

本书对国内外沥青路面结构设计方法、理论的发展历程和研究成果进行了系统的回顾和深入的评析，并结合我国现状构建了新沥青路面结构设计方法的使用性能指标和设计参数体系。主要内容包括：沥青路面结构组合、沥青路面结构设计方法的演变、路基湿度状况、沥青路面温度状况、土和粒料的回弹模量、沥青混合料的劲度、无机结合料类材料的力学性质、沥青混合料的疲劳特性、沥青面层的低温开裂、粒料层和路基的永久变形、沥青层的永久变形、我国沥青路面结构设计方法的改进等。本书内容对沥青路面结构设计工作具有重要的指导意义。

本书可供相关院校师生以及沥青路面设计与研究人员使用。

图书在版编目（CIP）数据

沥青路面结构设计/姚祖康著. --北京：人民交通出版社，2011.12
ISBN 978-7-114-09548-1

Ⅰ.①沥… Ⅱ.①姚… Ⅲ.①沥青路面-结构设计
Ⅳ.①U416.217

中国版本图书馆 CIP 数据核字(2011)第 264472 号

书　　名：	沥青路面结构设计
著 作 者：	姚祖康
责任编辑：	沈鸿雁　郑蕉林
出版发行：	人民交通出版社
地　　址：	(100011) 北京市朝阳区安定门外外馆斜街 3 号
网　　址：	http://www.ccpress.com.cn
销售电话：	(010)59757973
总 经 销：	人民交通出版社发行部
经　　销：	各地新华书店
印　　刷：	北京鑫正大印刷有限公司
开　　本：	720×960　1/16
印　　张：	24
字　　数：	456 千
版　　次：	2011 年 12 月　第 1 版
印　　次：	2016 年 6 月　第 2 次印刷
书　　号：	ISBN 978-7-114-09548-1
定　　价：	66.00 元

（有印刷、装订质量问题的图书由本社负责调换）

前　言

在行将退休的 2002 年,阴差阳错地踏入了沥青路面结构设计的研究领域。这一涉足,历经了三个项目研究阶段:2002~2003 年、2005~2007 年和 2009~2011 年,度过了 9 年多的退休生涯。虽然以往曾经担任过多年的路面工程课程的教学工作,对沥青路面结构设计的内容并不陌生,但一旦涉及研究工作,仍需花费时日对这一领域各个方面的研究历史、现状和发展趋势进行深入的了解、学习、分析和思考。为此,参与研究工作期间,尽可能广泛地搜集和阅读已有的科技文献,在分析和总结已有研究成果的基础上,对我国沥青路面结构设计的现状进行评析,并结合国外的研究现状和趋势提出相应的研究思路和技术路线或方案。本书即是作者在近 10 年期间所撰写的学习和思考文章的结集。

进行路面结构设计的第一步是拟订路面结构组合,特别是路面结构层组合的方案。本书第 1 章综合了国内外在沥青路面结构和结构层组合方面的经验,阐述了各结构层的定义、功能和使用性能要求以及结构层组合的原则。建国以来,从不同国家引进的技术术语采用了不同的译名,各地在生产实践过程中也创建了多种技术术语,使路面工程界对结构层的概念和认识存在着一些混淆的现象。本章的一个目的是想廓清结构层的定义或概念,明晰结构层的功能或作用,明确结构层组合的原则或要求,以便设计人员拟订出合理的路面结构层组合。

沥青路面结构设计方法是为了确定初拟的路面结构在满足使用性能要求下的结构层厚度,因而,也可称之为厚度设计方法。而实际上,在拟订路面结构层组合时,也同时设定了各结构层的初拟厚度,因此,结构设计方法实质上是评定预估初步拟订的路面结构的使用性能是否满足预定的要求。沥青路面结构设计方法有经验法和力学—经验法(解析法)两大类。本书第 2 章简要介绍采用这两类方法的国内外主要结构设计方法的要义、特点、组成以及所采用的设计指标和参数。我国的沥青路面结构设计方法,采用路表弯沉作为主要设计指标,已沿用了半个多世纪,形成了习惯和传统。这一指标虽然有便于实际量测的优点,但它并不能真实反映路面结构的使用性能,有时还会阻碍人们对路面材料性质和结构性能的探究和认识。本章在介绍我国沥青路面结构设计方法时,着重分析了路表弯沉设计指标的特性以及采用它进行结构设计的局限性。

采用力学—经验法进行沥青路面结构设计时,需要提供各项设计参数和路面结构使用性能(损坏)的分析或预估模型。前者包括环境(路基湿度和沥青层温度)参数、交通荷载参数和材料性质(模量、强度等)参数;后者则包括各种路面结构损坏类型(沥青类结构层疲劳开裂、无机结合料类结构层疲劳开裂、沥青面层低温缩裂、沥青层永久变形、粒料层永久变形和路基永久变形)的分析或预估模型。本书第3章和第4章分别介绍路基湿度状况和沥青路面温度状况,阐述路基平衡湿度和沥青层温度场的概念以及预估方法和模型的建立。第5章、第6章和第7章(部分)分别讨论土和粒料的回弹模量、沥青混合料的劲度以及无机结合料类材料的力学性质,分析各类材料模量指标的特性和相应的测试方法,并介绍各类材料模量已有的经验预估模型和相应的参考值。第7章(部分)、第8章、第9章、第10章和第11章则分别讨论无机结合料类材料的疲劳特性、沥青混合料和结构层的疲劳特性、沥青面层的低温缩裂特性、粒料层和路基的永久变形以及沥青层的永久变形的机理,并阐述了各类损坏的分析或预估模型的建立。这9章较为详尽、系统、综合地评述了国外在相应领域内已有的认知和研究成果以及今后的发展趋势。

基于对国内外沥青路面结构设计方法的评析以及对各项设计参数和使用性能分析或预估模型的论述,作者在第12章对我国沥青路面结构设计方法提出了改进意见,意图为构建一个更为合理的新结构设计方法提供框架和思路。许多院校、科研院所、设计部门参与了各阶段研究项目的科研工作,经过多年的努力,进行了大量的试验和分析工作,积累了宝贵的经验和数据,取得了丰硕的成果,本章介绍和引用了其中部分主要研究成果。

由于行车荷载作用的不确定性,环境因素影响的随机性,路基土和路面材料组成和性质的多变性及其对湿度、温度和应力依赖性,路面结构使用寿命和使用性能验证的长时段性等特点,建立一个能较准确地反映路面结构真实使用性能,并得到可靠验证的路面结构设计的方法,具有很大的难度,需要花费更长的时日,投入更多的精力,做出更大的努力。作者将对沥青路面结构设计理论和方法的学习心得和认知撰写成书出版,期望它能为有志于研究和建立合理的沥青路面结构设计方法的同仁们提供启示和帮助。

姚祖康

2011年12月

目 录

第1章 沥青路面结构组合 ·· 1
  1.1 路面结构的层次 ·· 1
  1.2 面层 ·· 3
  1.3 基层 ·· 8
  1.4 底基层 ·· 10
  1.5 路基 ·· 11
  1.6 路面结构层组合原则 ·· 12
  1.7 国外沥青路面结构层组合方案示例 ···································· 13
  1.8 沥青路面结构层组合方案 ·· 17
  1.9 路面内部排水 ··· 23
  1.10 路肩 ·· 25
  1.11 结构层组合与路面损坏类型 ··· 25
  1.12 小结 ·· 26
  本章参考文献 ·· 27

第2章 沥青路面结构设计方法的演变 ···································· 28
  2.1 经验法 ·· 28
  2.2 力学—经验法 ··· 31
  2.3 我国沥青路面设计规范方法 ·· 43
  2.4 对我国沥青路面设计规范方法的评析 ······························· 48
  2.5 小结 ·· 58
  本章参考文献 ·· 59

第3章 路基湿度状况 ·· 62
  3.1 湿度来源与变化 ·· 62
  3.2 土的湿度与基质吸力 ·· 64
  3.3 路基土基质吸力预估 ·· 69
  3.4 小结 ·· 74
  本章参考文献 ·· 75

第4章 沥青路面温度状况 ·· 77
  4.1 沥青路面的温度变化 ·· 77
  4.2 路面温度场的解析模型 ·· 80

4.3 路面温度的经验预估模型 ··· 83
4.4 小结 ·· 89
本章参考文献 ··· 90

第5章 土和粒料的回弹模量 92
5.1 土和粒料的应力—应变性状 ·· 92
5.2 回弹模量室内测试方法 ··· 94
5.3 影响因素分析 ·· 98
5.4 回弹模量本构模型 ·· 106
5.5 现场测试方法 ··· 116
5.6 经验模型与参考值 ·· 120
5.7 回弹模量的季节性变化 ·· 123
5.8 小结 ··· 126
本章参考文献 ·· 128

第6章 沥青混合料的劲度 133
6.1 沥青混合料的应力—应变性状 ··· 133
6.2 劲度模量测试方法 ·· 134
6.3 影响因素分析 ··· 146
6.4 劲度模量预估模型 ·· 149
6.5 小结 ··· 161
本章参考文献 ·· 162

第7章 无机结合料类材料的力学性质 166
7.1 应力—应变性状 ··· 167
7.2 强度特性 ··· 175
7.3 疲劳特性 ··· 176
7.4 小结 ··· 179
本章参考文献 ·· 180

第8章 沥青混合料的疲劳特性 182
8.1 疲劳开裂 ··· 182
8.2 室内试验研究 ··· 183
8.3 影响疲劳特性的材料因素 ··· 191
8.4 疲劳试验分析 ··· 193
8.5 沥青层疲劳损坏预估模型 ··· 206
8.6 小结 ··· 210
本章参考文献 ·· 212

第9章 沥青面层的低温开裂 …… 218
9.1 影响因素 …… 219
9.2 沥青低温性能评定 …… 223
9.3 沥青混合料低温性能评定 …… 228
9.4 开裂量预估 …… 233
9.5 小结 …… 237
本章参考文献 …… 239

第10章 粒料层和路基的永久变形 …… 242
10.1 永久变形性状 …… 242
10.2 试验方法 …… 244
10.3 影响因素 …… 245
10.4 永久应变本构模型 …… 252
10.5 安定理论 …… 257
10.6 路面设计中的应用 …… 265
10.7 小结 …… 271
本章参考文献 …… 272

第11章 沥青层的永久变形 …… 278
11.1 车辙形成机理 …… 278
11.2 影响因素 …… 280
11.3 测试和评定方法 …… 285
11.4 永久应变模型 …… 296
11.5 车辙量预估 …… 298
11.6 小结 …… 303
本章参考文献 …… 304

第12章 我国沥青路面结构设计方法的改进 …… 308
12.1 技术方案 …… 309
12.2 路面结构层组合方案和损坏类型 …… 310
12.3 使用性能标准、设计寿命和设计可靠度 …… 313
12.4 交通荷载作用 …… 318
12.5 环境因素影响 …… 325
12.6 材料性质参数 …… 333
12.7 设计结构的使用性能分析 …… 350
12.8 小结 …… 368
本章参考文献 …… 371

第1章 沥青路面结构组合

路面结构设计包含3部分内容:①路面结构组合设计;②结构层材料的性质指标和要求;③结构层厚度设计(宜更确切地称为路面结构使用性能的评定或预估)。

路面构造物由行车道路面结构(以下通称路面结构)、路基、路面内部排水和路肩四部分组成。

路面结构是一种由多个层次、各层由不同类型和性质的材料组成的层状复合结构。按面层材料的类型和性质以及结构特性的不同,可以将路面分为:沥青路面、水泥混凝土路面、粒料路面以及由沥青面层和水泥混凝土面层组合而成的复合式路面4类。由于复合式路面的表面层为沥青类层,它有时归于沥青路面类;而由于所包含的水泥混凝土下面层具有与沥青类上面层不相同的力学特性,复合式路面在结构计算和设计时可归于水泥混凝土路面一类。无机结合料稳定粒料的弹性模量低于水泥混凝土,但仍具有整体性(或板体性)和刚度大的特性,有的国家有时也将它归于复合式路面一类,而我国则称之为半刚性基层沥青面面,归于沥青路面类。这里,我们将表面层由沥青类材料组成的各种路面结构归并在一起进行讨论。

按交通荷载特性和当地环境条件,将路面构造物的各个组成部分以及路面结构的各个层次组合成满足使用性能要求的路面,是路面结构设计首要的内容和任务。本章着重讨论沥青路面构造物组成及结构层组合的内容、要求和方案。

1.1 路面结构的层次

行车荷载的作用和环境因素的影响,随距离路表面深度的不同而变化;路面结构的使用性能要求以及对组成材料的性质要求,也相应地随距离路表面深度的不同而变化。因此,路面结构是个多结构层次体系。各结构层分别承担不同的使命和任务,应具备不同的性能,满足不同的要求,并可由不同性质的材料组成。

表1-1列出了中国、美国和欧洲国家对沥青路面结构层次的划分和采用的术语,表中还附注了相应的英语术语。

常用沥青路面的结构层次,通常自上而下地分为面层、基层和路基3大层次,其中,面层和基层统称为路面结构。而在路面各层的厚度较大时,又再细分为若干个层次,如面层分为表面层(或磨耗层)和联结层(我国分为上面层、中面层和下面层),基层分为基层和底基层等。

各国沥青路面结构层次划分和术语 表1-1

国家	中国[1]	美国[3]	欧洲国家[4]	
路面结构 pavement structure	面层	面层 surface course	面层 surfacing	表面层或磨耗层 surface layer or wearing course
	基层	基层 base course		联结层或结合层 binder course (base course-UK)
	底基层	底基层 subbase	基层 base layer	基层或上基层 base course (road base-UK)
	垫层			底基层或下基层 subbase
路基 subgrade	路基	改善路基层 prepared roadbed		改善路基层或盖顶层(capping layer-UK)
		路床土 roadbed soil		路基 subgrade

注:UK指该英文术语为英国所采用。

比较国内外的路面结构层次划分和技术术语,可以看出的区别有两点:

(1)路基和路面结构的分界线划分在哪个层次——我国对处于过湿或潮湿状态的湿软路基要求设置垫层[1],并将它归入路面结构的范围内,同时又对路基提出了承载能力(回弹模量值)要求。而国外对路基提出较明确的承载能力要求,在不满足承载能力要求的天然路基或路床上要求设置"盖顶层"(英国)、"改善路基层"(美国和法国)层次,并归入路基范畴内。湿软路基显然不可能符合对路基承载能力的要求,需要进行处理(改善)才可以达到要求。将这个改善层次作为垫层放在路面结构内,必然会模糊对路基的要求。因而,分界线的划分问题,主要涉及路面结构对路基的要求以及此要求体现或落实在何处。

(2)垫层的作用——我国设有垫层这个层次,在《公路沥青路面设计规范》(JTG D50—2006)中,垫层的主要作用为排水、隔水和防冻等,以确保路面结构处于干燥或中湿状态[1]。上面的分析表明,湿软路基要满足承载能力的要求,必须对其湿度状况进行改善,而改善后的路基不再需要设置起排水或隔水作用的垫层了。季节性冰冻地区的不均匀冻胀,也是路基的问题。当冰冻线深度达到中湿或潮湿路基的易冰冻土层内时,必须选用不易冻胀土(包括粒料和各种稳定土)置换冰冻线深度范围内的易冰冻土,以保证冰冻线内的路基不产生湿度积聚和冻胀病害。被置换层实际上是路基为了满足路面使用要求而设置的一个改善水温状况的层次,也可称作防冻层。它理应归入路基的范畴内,不宜单独列作路面结构的一个层次——垫层。

面层、基层和底基层是常用沥青路面结构的基本结构层次。此外,路面结构内有时还设置起特殊作用(发挥特定功能)的层次,例如,起路面结构内部排水作用的排水层、缓解反射裂缝影响的应力吸收层或土工织物夹层、防止自由水下渗的封层或隔离层等。防冻层如果不作为路基的改善层,也可以作为起特定功能的层次放在路面结构内。

1.2 面 层

1.2.1 使用性能要求

路面结构的使用性能要求包括功能性能和结构性能两方面。面层的使用性能要求主要为功能性能方面。

面层直接承受行车荷载的作用并感受温度和湿度变化对其性质的影响,同时,也直接影响到行车的舒适性、安全性及运行的效率(速度)和效益(经济性)。因此,对沥青面层的性能和面层材料的性质提出了多方面的要求。这些要求包括:

(1)表面功能方面——平整、抗滑、耐磨损、低噪声、排水等。

(2)结构性能方面——抗剪切变形(车辙和推移)、抗疲劳开裂(自下而上或自上而下)、抗低温缩裂、抗反射裂缝等。

(3)耐久性方面——抗老化、抗剥落、抗渗水等。

随着公路技术等级和交通荷载等级的提高以及环境条件(温度和降水)的严酷,对上述各方面的要求在内容和程度上也相应地增加和提高。

面层可为单层或多层。最上层称为表面层或磨耗层,需采用优质材料以满足上述各项性能要求。表面层下设置联结层或结合层。联结层的作用是:

(1)改善或提高路表面的平整度。

(2)增加表面层的结构性能。

(3)减缓反射裂缝的产生(基层采用无机结合料类混合料时)。

(4)阻止表面水向下渗漏(表面层为开级配磨耗层或多空隙沥青透水层时)等。

联结层不直接同行车和外界环境接触,上述性能要求中,抗滑、耐磨损、低噪声的要求可以免除,抗老化、抗剥落、抗剪切推移、抗低温缩裂和抗疲劳开裂(基层采用无机结合料类混合料时)的要求可以适当降低。联结层厚度较大时,需分层铺筑。

轻交通荷载和低等级公路,表面层下可不设联结层。

1.2.2 混合料类型

通常用作表面层或磨耗层的热拌沥青混合料类型有:

(1)密级配沥青混合料——按密实级配原理组合而成的级配优良(集料由粗到细均匀分布)的沥青混合料,透水性小,可适用于各种交通等级,也可用于路面结构的各个层位;密级配沥青混合料可细分为粗级配型和细级配型。细型密级配沥青混合料具有透水性小、和易性好、可以摊铺成薄层和平整度好的特点,而粗型密级配沥青混合料可提高路表面的粗构造和增加摊铺层的厚度。

(2)沥青玛蹄脂碎石(SMA)——由间断级配集料构成粗集料嵌挤骨架,并由沥青玛蹄脂(沥青、填料、砂和纤维稳定剂)填充骨架空隙而组成的沥青混合料,具有良好的抗剪切变形性能、抗疲劳开裂性能和耐久性,并具有较好的抗滑和降低噪声的性能,但工程造价较高,适用于承受特重和重交通荷载等级的公路。

(3)开级配沥青磨耗层(多空隙沥青透水层)——由开级配集料、改性沥青和纤维组成的嵌挤骨架型多空隙沥青混合料(空隙率15%～18%),用于提高车辆高速行驶时的抗滑能力,减少溅水和水雾,适用于重或中等交通荷载等级的高速公路。

热拌沥青混合料类型的选择,主要依据交通荷载等级和工程造价。对于轻交通荷载等级,仅考虑选用密级配沥青混合料;对于中等交通荷载等级,首先考虑选用密级配沥青混合料,在接近重交通荷载等级时,可以考虑选用沥青玛蹄脂碎石;对于重和特重交通荷载等级,则三种混合料均可选用,按照功能要求和经济考虑进行抉择。

在轻或中等交通荷载的三级和四级公路上,可以选用层铺法沥青表面处治作为表面层。

用作联结层的沥青混合料,主要是密级配沥青混合料。在特重和重交通荷载等级的公路上,为提高面层的抗剪切变形能力(减少车辙量),可以考虑选用沥青玛蹄脂碎石作为联结层。

1.2.3 厚度

沥青面层的厚度,依据公路等级、交通荷载等级、基层类型、气候条件和使用经验,经技术论证并结合当地实践经验选定。表1-2为《公路沥青路面设计规范》(JTJ 014—97)所列的沥青面层推荐厚度[2],供初选厚度时参考。表1-3和

表 1-4 为欧洲各国所采用的沥青路面结构厚度的统计数值[4],其中,表 1-3 为采用沥青结合料类或粒料类基层的沥青路面结构的厚度(共 30 个国家),表 1-4 为采用无机结合料类基层的沥青路面结构的厚度(共 10 个国家)。由于气候条件(影响到防冻层厚度的要求)、服务水平要求以及经验、技术和质量的差异,各国在相同交通荷载等级下的沥青路面结构厚度变动范围较大(厚薄相差一倍以上)。粗略比较两类基层沥青路面总厚度,可以看出,无机结合料类基层沥青路面的总厚度要比沥青结合料类基层沥青路面的总厚度薄一些(20~30mm)。而欧洲无机结合料类基层沥青路面的沥青面层平均厚度,在相近交通荷载等级情况下,要比我国的沥青面层推荐厚度厚一些,如欧洲 80kN 设计轴载作用 10×10^6 次时的平均厚度为 164mm,而我国对 100kN 设计轴载作用 $(4\sim 8)\times 10^6$ 次时的推荐厚度仅为 120mm(1 次 80kN 大约相当于 0.45 次 100kN 的作用)。

《公路沥青路面设计规范》(JTJ 014—97)推荐的沥青面层厚度(mm)　　表 1-2

100kN 标准轴载累计作用次数 ($\times 10^6$)	<1	1~2	2~4	4~8	8~12	>12
沥青面层(半刚性基层)推荐厚度	20~40	50~80	80~100	120	150	160~180
沥青面层(级配碎石基层)推荐厚度	40~60	80~100	100~120	140~200*	—	—

注:* 为采用沥青碎石基层,数字为沥青层的厚度。

欧洲各国沥青路面结构的厚度(沥青结合料类或粒料类基层)(mm)　　表 1-3

厚　　度		80kN 标准轴载累计作用次数($\times 10^6$)		
		1	10	100
沥青层厚度	平均	128	222	295
	最厚	300	425	375
	最薄	25	150	190
路面总厚度	平均	529	618	626
	最厚	1 030	1 110	1 050
	最薄	210	280	330
当量沥青层厚度	平均	261	354	392
	最厚	383	497	527
	最薄	140	260	320

注:1. 沥青层包括沥青面层和沥青类基层。
　　2. 当量沥青层厚度为 100mm 厚的粒料层相当于 30mm 厚的沥青层。
　　3. 路基 CBR=5%(奥地利为 7%;法国相当于 PF1 条件,即 20~50MPa,计算时采用 20MPa)。

欧洲国家沥青路面结构的厚度(无机结合料类基层)(mm)　　表 1-4

厚　　度		80kN 标准轴载累计作用次数(×10⁶)		
		1	10	100
沥青层厚度	平均	101	164	220
	最厚	146	240	289
	最薄	36	120	147
无机结合料类基层	平均	184	219	236
	最厚	242	329	302
	最薄	150	151	152
路面总厚度	平均	394	498	599
	最厚	498	598	700
	最薄	268	400	480

注：路基 CBR=5%(奥地利为 7%；法国相当于 PF1 条件，即 20~50MPa，计算时采用 20MPa)。

1.2.4　集料粒径和适宜层厚

各类沥青混合料的集料粒径大小的选择，主要考虑交通荷载大小和层位。沥青混合料的抗剪切变形能力随集料粒径的增大而增加。因此，交通荷载越重，所选混合料的公称最大粒径应越大。但混合料的均匀性和结构层的平整度随集料粒径的增大而下降。所以，层位越低，所选混合料的公称最大粒径可以越大。此外，集料粒径较大的混合料，表面较粗糙，易出现离析，不宜用于外观要求较高的道路的表面层。

为保证沥青混合料形成均匀而压实稳定的结构层次，各结构层必须具有一定的厚度。各层所用各类沥青混合料的最小厚度不宜小于公称最大粒径的 2.5~3 倍(密级配沥青混合料)或 2~2.5 倍(沥青玛蹄脂碎石和开级配沥青磨耗层)[5]。而为了保证压实度沿层厚分布的均匀性，压实层的厚度不能太大。各结构层的适宜厚度范围，随混合料的最大公称粒径的增大而增加，见表 1-5[5,6]。依据交通荷载和层位选定集料公称最大粒径后，可参照表 1-5 所列的适宜层厚范围选取合适的层厚。在设计层厚超出适宜层厚范围时，需分层铺设。

沥青面层厚度和混合料类型选择，可以参照下述步骤进行[6]：

(1)按公路等级、交通荷载等级和基层类型，选定面层的总厚度。

(2)按交通荷载特点和使用要求，选择表面层(磨耗层)的混合料类型，并参照表 1-5 选取集料公称最大粒径和相应的适宜层厚。

沥青路面结构层的各类沥青混合料的适宜层厚(mm)　　　　表1-5

结构层位	混合料类型	公称最大粒径(mm)					
		4.75	9.5	12.5	19.0	25.0(26.5)	37.5
表面层	密级配沥青混合料(细型)	12.5~19	25~37.5	30~62.5	50~70	—	—
	密级配沥青混合料(粗型)	—	30~50	37.5~75	57.5~75	—	—
	沥青玛蹄脂碎石	—	25~37.5	37.5~50	50~62.5	—	—
	开级配沥青磨耗层	—	19~25	25~37.5	—	—	—
联结层	密级配沥青混合料(细型)	—	—	—	50~70	75~100	—
	密级配沥青混合料(粗型)	—	—	—	57.5~75	75~100	—
	沥青玛蹄脂碎石	—	—	—	50~62.5	—	—
基层	密级配沥青混合料(细型)	—	—	—	50~70	75~100	100~150
	密级配沥青混合料(粗型)	—	—	—	57.5~75	75~100	100~150
	半开级配沥青碎石	—	—	—	—	60~80	80~120
	开级配沥青稳定碎石	—	—	25~50	37.5~75	—	—

注:粗型和细型密级配沥青混合料按表1-6的标准划分。

粗型和细型密级配沥青混合料划分标准[6]　　　　表1-6

混合料最大粒径(mm)	粗　型	细　型
37.5	4.75mm筛孔通过率<35%	4.75mm筛孔通过率>35%
25	4.75mm筛孔通过率<40%	4.75mm筛孔通过率>40%
19	2.36mm筛孔通过率<35%	2.36mm筛孔通过率>35%
12.5	2.36mm筛孔通过率<40%	2.36mm筛孔通过率>40%
9.5	2.36mm筛孔通过率<45%	2.36mm筛孔通过率>45%

(3)按交通荷载特点选择联结层的混合料类型,参照表1-5选取集料公称最大粒径和相应的适宜层厚;当总厚度扣除表面层后的联结层厚度超出了适宜层厚范围,联结层须分两层铺筑,再按两层的厚度分配,调整各层的集料公称最大粒径和相应的适宜层厚。

沥青表面处治可以选用单层式(厚10~15mm)、双层式(厚15~25mm)或三层式(厚25~30mm)。

1.3 基 层

基层的使用性能要求主要为结构性能方面。基层是路面结构的主要承重层,要求具有足够的强度(承载能力)、良好的抗永久变形和抗疲劳开裂性能以及耐久性和水稳定性(抗剥落、耐冲刷)。

基层可采用单层或多层,所用材料可以按结合料的类型归纳为3类:①无机结合料类;②沥青结合料类;③无结合料类。

1.3.1 无机结合料类基层

无机结合料类材料主要有:贫混凝土、水泥稳定粒料(级配碎石、级配砾石、未筛分碎石、天然砂砾等)、石灰—粉煤灰稳定粒料(级配碎石、级配砾石、未筛分碎石、天然砂砾等)、水泥土、石灰土、石灰—粉煤灰土等。

无机结合料类基层具有强度大、变形小、能承受较重交通荷载的优点。然而,无机结合料类混合料为具有板体性的脆性材料,易产生温度收缩和干燥收缩裂缝,使沥青面层出现反射裂缝;同时,路表水易沿反射裂缝下渗,并冲刷这类基层的顶面,产生唧泥病害。

无机结合料类基层的强度和刚度,随混合料中结合料含量的增加而增大。在温度和湿度变化引起的收缩变形受阻时产生的温缩应力和干缩应力,随无机结合料类混合料中结合料含量的增大,细料含量的增多,施工时混合料含水率的增多以及路面最低温度与基层施工时温度之间温度差的增加而增大。而无机结合料类混合料中结合料含量越少、细料含量越多,基层顶面的耐冲刷性能就越差。因此,选用无机结合料类材料时,一方面应保证足够的结合料用量,以满足对基层承载能力和耐冲刷的要求,另一方面要考虑对温缩应力和干缩应力的控制,减少基层的收缩裂缝和沥青面层的反射裂缝。

贫混凝土的强度、刚度和抗冲刷能力在无机结合料类材料中属最佳,可以用作特重和重交通等级沥青路面的基层。为控制收缩裂缝出现的位置和缝隙宽度,贫混凝土基层必须锯切横缝和纵缝。

水泥稳定级配碎石和石灰—粉煤灰稳定级配碎石,其强度、刚度和抗冲刷能力低于贫混凝土,这类材料可以用作重交通荷载等级及以下沥青路面的基层。对于结合料用量较大的这类基层,也可采用锯切横向缩缝的措施,以控制收缩裂缝出现的位置。

其他各种水泥稳定粒料和石灰—粉煤灰稳定粒料(砾石、未筛分碎石、天然砂砾等)以及水泥土、石灰土和石灰—粉煤灰土,由于强度和刚度较低以及抗冲刷能力较差,仅适宜于用作轻交通荷载等级和低等级公路沥青路面的基层。

无机结合料材料的最小结构层厚度为100(细粒)～125mm(粗粒)。其最大压实层厚不宜超过200mm(在采用能量大的振动压路机和轮胎压路机碾压时可适当增厚)。因此,此类材料的结构层适宜厚度为150～200mm。贫混凝土基层的适宜厚度为120～200mm。基层的设计厚度大于该类基层的适宜厚度时,须分多个层次铺筑。

1.3.2 沥青结合料类基层

沥青结合料类基层,可以选用密级配沥青混合料、半开级配沥青碎石或者沥青贯入碎石。前两种混合料的沥青类基层具有较高的强度和刚度,适用于特重或重交通荷载等级的沥青路面。我国常把无机结合料类基层称作半刚性基层,把沥青结合料类基层称作柔性基层,实际上前两种沥青混合料的动态模量接近或高于无机结合料类混合料的弹性模量,因此,这种定名是不确切的,容易造成误解。沥青贯入碎石基层适用于中等或轻交通荷载等级的沥青路面。

基层的层位较面层低,因而,密级配沥青混合料或半开级配沥青碎石可以选用公称最大粒径较大的集料,如表1-5所示,集料公称最大粒径可为19.0mm、26.5mm或37.5mm。集料粒径的增大,可以增加混合料的抗剪切变形能力,减少车辙量。随着集料粒径的增大,适宜层厚也相应增加。采用大粒径时(如37.5mm),适宜层厚最大可以达到150mm。基层的设计厚度超过适宜层厚时,须分层铺筑。

沥青贯入碎石层的适宜厚度范围为40～80mm。

1.3.3 无结合料类基层

用作基层的无结合料类材料(粒料)主要有级配碎石、级配砾石和填隙(水结)碎石等。

级配碎石由优质石料轧制而成,可用作重或中等交通荷载等级和高等级公路上沥青路面的基层。级配砾石由符合级配要求的天然砂砾组成,或者由天然砂砾掺配部分碎石或轧制砾石组成,可用作中等或轻交通荷载等级和低等级公路上沥青路面的基层。填隙(水结)碎石由单一粒径的粗碎石和石屑组成,可用作低等级公路沥青路面的基层。

级配碎石或砾石的最小结构层厚度为80mm。其最大压实层厚为150～180mm(在采用能量大的振动压路机和轮胎压路机碾压时可达到200mm)[8]。因此,这类结构层的适宜厚度为100～200mm。填隙(水结)碎石的最小结构层厚度为100mm。其压实层厚度为碎石最大粒径的1.5～2.0倍,因而,这类结构层的适宜厚度为100～120mm[8]。基层的设计厚度超过适宜层厚时,须分层铺筑。

1.4 底 基 层

底基层是位于基层与路基之间的过渡性结构层次,由单层或多层组成。设置底基层的主要作用分别有:

(1)增强基层的承载能力——承受特重和重交通荷载等级的路面,要求提供较高的承载能力,设置材料性质和规格要求稍低于基层的底基层,可以增加路面结构的承载能力,或者减少对基层厚度的要求。

(2)缓和基层与路基之间的刚度差——强度和刚度较高的无机结合料类基层或沥青结合料类基层与路基之间的刚度差(模量比)较大,基层底面容易产生较大的拉应力或拉应变,设置底基层可以降低基层底面的拉应力或拉应变,增加基层的疲劳寿命。

(3)防止路床的细粒土进入基层——基层采用大粒径的密级配或半开级配沥青碎石时,设置密级配粒料底基层,可以隔离基层和细粒土路基,避免细粒土进入基层。

(4)为基层施工机具提供坚实的工作平台。

(5)作为排水层排除渗入路面结构内的路表水,防止它们下渗到路基或积滞在路面结构内。

(6)在季节性冰冻地区,增加路面结构的总厚度(作为防冻层),使冰冻线深度达不到路基的易冰冻土层,以减轻冰冻作用对路基的危害。

底基层可采用单层或多层,所用材料有无结合料类、无机结合料类和沥青结合料类,按不同的功能要求选用。

无结合料类材料,包括级配碎石、未筛分碎石、级配砾石、天然砂砾等,是最常用作底基层的材料。须按上述不同功能要求,分别规定合适的级配和细料含量要求。其适宜厚度为100～200mm。

无机结合料类材料,包括水泥稳定粒料(级配碎石、级配砾石、未筛分碎石、天然砂砾等)、石灰—粉煤灰稳定粒料(级配碎石、级配砾石、未筛分碎石、天然砂砾等)、水泥土、石灰土、石灰—粉煤灰土等。由于这类材料的底基层会产生收缩裂缝,渗入路面结构内的路表水有可能继续下渗,引起路床顶面的冲刷和出现唧泥病害,因此,用作底基层的无机结合料的含量不宜过大,强度不宜过高,以降低层底拉应力和减少收缩裂缝,并且,在上路床为不耐冲刷的细粒土时,不宜选用这类材料做底基层。此类材料的结构层适宜厚度为150～200mm。

沥青结合料类底基层,主要用作排水层,应选用多空隙的开级配沥青碎石,其适宜厚度为100mm。排水层下应设置不透水的密级配粒料层作为隔离层。

设计层厚超出适宜层厚时,须分层铺筑。

底基层的宽度与路基相同。

1.5 路　　基

路基是路面结构的基础,支持路面结构承受行车荷载的作用。为保证路面结构的使用耐久性,不产生因路基塑性变形所引起的过量沉降变形和与之相伴随的裂缝等病害,路面结构对路基提出的基本要求为:均匀、密实、稳定和具有一定的承载能力。

路面结构对路基所能提供的支承条件或水平,应有一定的基本要求。此要求可采用路床顶的综合回弹模量值来表征,并按照交通荷载等级的不同,分别提出不同的要求值。对于承载力过低不能满足综合回弹模量值要求的路基,应采取各种提高或改善措施。采用这些措施后的结构层次,可称作路基改善层,应归属于路基范畴内,不宜算作路面结构的一个层次(如垫层)。

国外设计方法中,对路床顶综合回弹模量值有不同的要求,如德国方法为不小于45MPa,美国力学—经验法为不小于62MPa,法国方法分为4个等级——20～50MPa、50～120MPa、120～200MPa和大于200MPa,南非方法按CBR值分为4个等级——小于3%(要求采取特殊处理措施)、3%～7%、7%～15%和大于15%。参照国外设计方法中的经验数值,并结合国内路基的实际条件和经验,按交通荷载等级对路床顶的综合回弹模量要求值规定为不低于40MPa(轻交通荷载等级)、60MPa(中等或重交通荷载等级)和80MPa(特重交通荷载等级)。对于不能满足综合回弹模量值要求的路床,应采取更换填料、增设粒料层或低剂量无机结合料稳定层等措施。

路基可能在下述情况下出现不稳定或不均匀支承:

(1)膨胀性土(包括高液限细粒土)的不均匀收缩和膨胀变形。

(2)季节性冰冻地区的不均匀冻胀。

(3)软弱地基的不均匀沉降。

(4)填挖交替或新老填土交替。

(5)填料和填筑方式不当产生的不均质。

(6)压实不均匀或压实不足而产生的压密变形。

(7)排水不良的土质路堑。

(8)路表水入渗、积滞并浸湿路基,高地下水位或地表排水不畅使路基湿软。

为使路基密实、均匀、稳定,可相应采用下列技术措施:

(1)对软弱地基进行加固处理(各种固结排水或强夯压实措施)后,工后沉降量应满足规定要求,并在路床顶铺设粒料层,以减少不均匀沉降对路面结构的影响。

(2)在地下水位高时,应尽可能提高路基设计高程和加深边沟。在设计高程受限制,无法提升路基高度时,应选用粗粒土或低剂量无机结合料稳定细粒土作路床或上路床填料;在路基工作区(80cm深)底面接近或低于地下水位时,除采用上述更换填料措施外,还应采取设置排水渗沟等措施降低地下水位。

(3)水文地质条件不良的土质路堑,应采取地下排水措施,拦截浅携水层中流向路基的渗流水。

(4)在季节性冰冻地区,当冰冻线深度达到路基的易冰冻土层内时,选用不易冻胀土(包括粒料和各种稳定土)置换冰冻线深度范围内的易冰冻土,被置换层也可称作防冻层。

(5)选用优质填料(如粗粒土、低膨胀性土、不易冻胀土等),合理安排填筑顺序(将土质较差的细粒土放在路基的下层,上层用优质填料填筑),以避免或减轻膨胀(或冻胀)和收缩引起的不均匀变形。

(6)液限大于50的高液限黏土及含有机质细粒土(CBR<5%)不能用作高速和一级公路的路床填料或二级和二级以下公路的上路床填料;液限大于50的高液限粉土及塑性指数大于16或膨胀率大于3%的低液限黏土(CBR<8%)不能用作高速和一级公路的上路床填料。因条件限制而必须采用上述土作填料时,应掺加水泥、粉煤灰或石灰等结合料进行改善。

(7)充分压实路堤填土和路堑上路床土,其压实度应达到规定的要求。

(8)岩石或填石路床顶面应铺设整平层。整平层可采用未筛分碎石和石屑或低剂量水泥稳定粒料,其厚度视路床顶面不平整程度而定,一般为100~150mm。

1.6 路面结构层组合原则

路面结构是由多个层次组成的复合结构,各个结构层由不同类型和性质的材料组成。路面结构设计时,首先要选择结构层次、各层的类型和材料性质要求以及各层的厚度,组合成预期能满足使用性能要求的路面结构。选择和组合时主要考虑以下各方面:

(1)公路技术等级和交通荷载等级——公路等级高或交通荷载等级高的路

面结构需选用较多的结构层次及较强和较厚的结构层；反之，低等级公路或轻交通荷载等级的路面结构可选用较少的结构层次及较弱和较薄的结构层。

(2) 路基支承条件——对于较弱的路基，应首先采取改善路基的措施，在满足规定的最低支承要求后再考虑路面结构；对于较强的路基，可以相应减少路面结构层的强度或厚度。

(3) 当地温度和湿度状况——在季节性冰冻地区，需考虑防路基冻胀的措施；在多雨潮湿地区，需考虑采用路面结构内部排水措施等。

(4) 已有公路路面的实践经验。

(5) 所组合的路面结构，各个结构层次的力学特性及其组成材料性质应分别满足各自的功能要求。

(6) 应充分考虑结构层上下层次的相互作用以及层间结合条件和要求，如：
① 上下层的刚度（模量）比，是否会引起上层底面产生过大的拉应力。
② 无机结合料类基层或底基层的温缩和干缩裂缝，是否会引起上层的反射裂缝及下层的冲刷。
③ 无结合料类层次的上层和下层的集料粒径和级配，是否会引起水或细粒土的渗漏。
④ 下面层次的透水性，是否会引起渗入水的积滞和下层表面的冲刷。
⑤ 层次间采用结合或分离措施，对层内应力状况的不同影响等等。

(7) 在考虑并合理处理上下层次的相互作用的同时，还需要顾及路面体系中各结构层的性能的协调，以提供使整个路面结构体系的性能和寿命达到平衡状态的路面结构组合，避免出现由于个别层次的性能指标过于薄弱，而使整个路面结构的使用寿命降低。

(8) 除了采取路表排水和减少地表水渗入的措施外，组合设计时，还应考虑采取各种疏导和排除地表渗入水以及增加抗冲刷能力的措施，如：
① 路肩结构应含透水性层次，便于横向排除路面结构内的渗入水。
② 设置内部排水系统（排水层排水系统或边缘纵向排水沟排水系统）。
③ 上层有渗入水而下层为不透水时，下层应选用抗冲刷能力强的材料等。

1.7　国外沥青路面结构层组合方案示例

沥青路面结构的各个结构层次可以选用不同类型和性质的材料。这样，可以组合成结构特性和使用性能各不相同的各种沥青路面。下面，先介绍国外的一些沥青路面结构层组合方案。

1.7.1 德国

德国的沥青路面典型结构层组合，按底基层类型的不同分为6种形式：①防冻层上沥青类基层；②防冻层上沥青类基层和无机结合料稳定粗粒土底基层；③防冻层上沥青类基层和无机结合料稳定级配碎石底基层；④防冻层上沥青类基层和级配碎石底基层；⑤防冻层上沥青类基层和级配砾石底基层；⑥沥青类基层和级配碎石或级配砾石底基层。每种结构形式又按交通荷载的繁重程度分为7个等级（标准轴载100kN），轻交通荷载等级的路面结构，有些层次有所缺失[9]。面层（表面层和联结层）和基层都采用热拌沥青混合料，表面层的厚度统一采用40mm，联结层的厚度采用40mm、80mm和不设联结层3种，基层的厚度随交通等级的不同变动于80～220mm范围内，分单层或多层铺设。底基层的厚度分为缺失、150mm、200mm和250mm 4种。防冻层的厚度分为不设和随冻深变化厚度两种。路面结构的总厚度按交通荷载等级的不同，分为600～900mm、500～800mm和400～700mm 3种，每一种厚度范围又按防冻层厚度的不同分为4个级别（级差100mm）。路床顶面的回弹模量统一要求达到45MPa以上，防冻层顶面的回弹模量为100MPa（最轻的两个交通荷载等级）和120MPa（其他交通荷载等级）。沥青路面的各种典型结构可以综合成表1-7所示的组合方案。

德国沥青路面典型结构层组合方案　　　　　表1-7

结构层位		材料类型	
面层	表面层	沥青玛蹄脂碎石、浇注式沥青混凝土、密级配沥青混凝土（厚40mm）	
	联结层	密级配沥青混凝土（厚40mm、80mm或缺失）	
基层	基层	密级配沥青混合料（厚80～220mm）	
	底基层	无机结合料稳定粗粒土或无机结合料稳定级配碎石（厚150mm或缺失）	级配碎石或级配砾石（厚150～250mm或缺失）
	防冻层	粒料（厚度视冰冻深度而定）或缺失	
路基	路基	路床顶面模量要求≥45MPa	
总厚度		沥青层：120～340mm*；路面结构：600～900mm、500～800mm或400～700mm	

注：1. 最轻交通荷载等级除外。
　　2. *指采用沥青碎石基层，数字为沥青层厚度。

1.7.2 法国

法国的公路分为两类：①高速公路和快速路（使用年限30年）；②其他公路和城镇道路（使用年限20年）。交通荷载分为8个等级，标准轴载130kN。路基按承载能力分为4个等级,其路床顶面的回弹模量相应为20～50MPa、50～120MPa、120～200MPa和大于200MPa,并规定模量值为20～50MPa的路基必须进行处理后才能应用。对于各类公路分别制订了25和27种典型路面结构组合。其中,沥青路面有19和21种典型结构层组合[6]。按基层和底基层类型的不同,分为4种结构层组合方案:①基层和底基层均为热拌沥青混合料的全厚式;②基层和底基层均为无机结合料类基层;③基层为热拌沥青混合料而底基层为粒料类基层;④基层为热拌沥青混合料而底基层为无机结合料的组合式基层。这4种结构层组合类型的组成形式如表1-8所示。3种表面层的厚度为25mm或40mm,联结层采用一层或两层,各层厚度为40mm或60mm。

法国沥青路面典型结构层组合方案　　　　　　表1-8

结构类型		全厚式	沥青结合料类基层	无机结合料类基层	组合式基层
面层	表面层	特薄沥青混凝土(厚25mm)、薄沥青混凝土(厚40mm)、透水沥青混凝土(厚40mm)			
	联结层	半开级配或高模量沥青混凝土(厚60mm或60mm+60mm)、薄沥青混凝土(厚40mm)			
基层	基层	沥青碎石、高模量沥青混合料(厚140～380mm)	沥青碎石(厚80～170mm)	无机结合料稳定(厚220～450mm)	沥青碎石(厚100～150mm)
	底基层		碎石(厚200～350mm)		无机结合料稳定(厚180～280mm)
路基	改善层	无结合料改善材料、石灰或石灰+水泥或水泥稳定细粒土、石灰稳定粒料			
	整平层	压实土			
	天然路基	路堤或路堑			
	总厚度	沥青面层:65～160mm;路面结构:225～640mm			

注:1. 无机结合料稳定基层和底基层材料包括水泥碎石、矿渣碎石、石灰硅铝粉煤灰碎石、水泥稳定砂、矿渣稳定砂等。

2. 路床顶面模量要求达到50MPa、120MPa或200MPa;改善层及其厚度按整平层的承载力和路床顶面模量要求进行设置。

1.7.3　南非

南非的道路分为4类,交通分为10个等级。路基的承载力分为4等:CBR<3%(要求采取特殊处理措施)、CBR=3%～7%、CBR=7%～15%、CBR>15%。路基顶上铺筑外选材料层后,承载力要求达到CBR≥15%(除第四类农村出入道路外)。沥青路面结构层组合按基层类型的不同分为:粒料基层、水结碎石基层、水泥稳定碎石基层和沥青混合料基层4类[10]。这4类路面的典型结构层组合可以综合成表1-9所示的组成形式。沥青面层很薄,热拌沥青混合料层的厚度仅为30～50mm。

南非沥青路面典型结构层组合方案　　　　表 1-9

结构类型	粒料基层	水结碎石基层	水泥稳定碎石基层	沥青混合料基层
面层	热拌沥青混合料(厚 30～50mm)、沥青表面处治(单层或多层)			
基层	级配碎石、天然砾石(厚 100～150mm)	水结碎石(厚 100～150mm)	水泥稳定天然砾石(厚 100～200mm)	热拌沥青混合料(厚 80～180mm)
底基层	水泥稳定天然砾石(厚 100～300mm)		天然砾石、砾石土(厚 100～200mm)	水泥稳定天然砾石(厚 200～450mm)
路基	外选材料层:①路基 CBR 3%～7%时,150mm 碎石土(CBR≥7%)＋150mm 碎石土(CBR≥15%);②路基 CBR 7%～15%时,150mm 碎石土(CBR≥15%);③路基 CBR >15%时,不设			
	顶部 150mm 翻松、重新压实			
总厚度	沥青层:10～50mm;路面结构:210～680mm			

1.7.4 美国

在美国路面结构力学—经验法设计指南中,将沥青路面可能有的结构层组合方案归纳为 6 类:常用结构、深厚式结构、全厚式结构、半刚性(沥青类基层)结构、半刚性(水泥类基层)结构和倒装式结构[3],如表 1-10 中所列。

美国路面结构力学—经验法设计指南中的沥青路面结构层组合方案　　　　表 1-10

结构类型	常用	深厚式	全厚式	半刚性(沥青)	半刚性(水泥)	倒装式
面层	HMA	HMA	HMA	HMA	HMA	HMA
基层	粒料	HMA	HMA	沥青稳定碎石	水泥稳定碎石	粒料
底基层	粒料	粒料	HMA	粒料	粒料	沥青或水泥稳定碎石
路基	压实路基或外选材料改善层(路基模量<62MPa 时)					
	天然路基					

注:HMA 指热拌沥青混合料,包括密级配沥青混凝土、沥青玛蹄脂碎石、沥青稳定碎石、开级配沥青混合料。

1.7.5 加拿大

加拿大的沥青路面结构层组合较为单一,主要选用粒料做基层和底基层。路基分为弱、中等和强 3 类。表 1-11 所示为各主要省沥青路面的典型结构层组合和标准轴载(80kN)作用 $10×10^6$ 次时各结构层次的厚度[11]。

**加拿大各主要省的沥青路面典型结构和厚度(mm)80kN
标准轴载作用 $10×10^6$ 次**　　　　　　　表 1-11

路基类型	常用路面结构层	BC省	AB省	SK省	MB省	ON省	QC省	PW
弱 土类-CH CBR≈3%	沥青混凝土	100	120	150	125	180	180	150
	沥青稳定粒料	—	50	—	—	—	—	—
	粒料基层	300	400	200	175	150	250	200
	粒料底基层	—	—	390	350	600～800	525～900	600
	选用粒料填筑	650	—	—	—	—	—	—
	总厚度	1 050	570	740	650	930～1 130	955～1 330	950
中等 土类-CL CBR在 10%～ 12%之间	沥青混凝土	100	120	130	125	180	180	150
	沥青稳定粒料	—	50	—	—	—	—	—
	粒料基层	300	230	200	150	150	250	200
	粒料底基层	—	—	280	225	450～600	525～675	400
	选用粒料填筑	425	—	—	—	—	—	—
	总厚度	825	400	610	500	780～930	955～1 105	750
强 土类-GC CBR≈20%	沥青混凝土	100	100	90	125	180	180	150
	沥青稳定粒料	—	50	—	—	—	—	—
	粒料基层	300	250	230	100	150	250	200
	粒料底基层	—	—	—	100	300	300～450	300
	选用粒料填筑	0～300	—	—	—	—	—	—
	总厚度	400～700	400	320	325	630	730～880	650

注：BC-British Columbia；AB-Alberta；SK-Saskatchwan；MB-Manitoba；ON-Ontario；QC-Quebec；NF-New-foundland；PW-公共工程。

1.8 沥青路面结构层组合方案

由不同类型材料组成的结构层,可以采用不同方案组合成适应不同交通荷载等级并具有不同力学特性的沥青路面结构。面层材料主要为沥青结合料类,但也还有以水泥混凝土材料做下面层的复合式面层。基层材料的类型,可以分为 3 大类：无机结合料类基层、沥青结合料类基层和粒料类基层。底基层材料的类型,主要有粒料类底基层和无机结合料类底基层两类。

综合各国的沥青路面结构层组合方案,并结合我国的经验和习惯,可以将沥青路面结构层组合方案归纳成以下 4 类：

(1)选用无机结合料类材料做基层的沥青路面。

(2)选用沥青结合料类材料做基层的沥青路面。
(3)选用粒料做基层的沥青路面。
(4)以热拌沥青混合料做磨耗层和水泥混凝土类材料做下面层的复合式路面。

在这4类组合方案中,又可按底基层材料类型的不同分为无底基层、粒料类底基层和无机结合料类底基层3个亚类。

这4类结构组合方案中,对路基的考虑方案是相同的。路基的承载力要求分为3个等级:弱(路床顶面回弹模量≥40MPa)、中等(回弹模量≥60MPa)和强(回弹模量≥80MPa)。可依据交通荷载等级选用路基承载力等级,交通荷载繁重的道路,选用强承载力等级,轻交通荷载道路选用弱承载力等级,并且按照路床压实土层(整平层)顶面的模量值以及要求的路基承载力等级确定是否需要增设改善或加固层,选择增设层所采用的材料(粒料或无机结合料稳定类材料)和确定所需的厚度。

1.8.1 无机结合料类基层沥青路面

无机结合料类基层采用水泥稳定碎石、石灰—粉煤灰稳定碎石或贫混凝土等材料;其底基层可以选用粒料,如级配碎石或级配砾石等,也可以选用无机结合料稳定粒料(砾石、未筛分碎石、天然砂砾等)或稳定土(表1-12)。

无机结合料类基层沥青路面结构层组合方案　　表1-12

结构层组合类型		无机结合料类基层沥青路面	
面层	表面层	密级配沥青混合料、沥青玛蹄脂碎石、开级配沥青磨耗层、沥青表面处治	
	联结层	密级配沥青混合料或缺失	
基层	基层	贫混凝土、水泥稳定碎石、石灰—粉煤灰稳定碎石	
	底基层	水泥、石灰—粉煤灰或石灰稳定粒料或稳定土	级配碎石、级配砾石
路基		路床顶面回弹模量要求≥40MPa、≥60MPa或≥80MPa	

无机结合料类基层具有较大的强度和刚度,因而,具有较高的承载能力,适用于中、重或特重交通荷载等级的沥青路面,但这类基层存在由于温度收缩和干燥收缩受阻而产生的收缩裂缝,从而引发沥青面层出现反射裂缝,并进而发展为基层顶面受冲刷和产生唧泥病害的缺点。这类基层依靠本身的弯拉强度来抵御行车荷载的作用,因而,增加这类基层的强度可以提高路面结构的承载能力,但强度过高,会由于结合料含量的增大而引起收缩裂缝数量增加和缝隙宽度增大,从而加剧沥青面层出现反射裂缝的严重程度。

选用无机结合料类材料做基层时,应严格控制结合料的用量、集料中细料的含量、拌和时的用水量以及养生(保湿和保温)措施等,以降低温度和湿度收缩量,减少收缩裂缝的产生。对于结合料用量多的无机结合料类材料,如贫混凝土、水泥用量高的水泥稳定碎石,应采取锯切缩缝的措施,以控制收缩裂缝出现的位置,同时,宜增设由橡胶沥青混合料或土工织物等组成的各种应力吸收层、裂缝缓解层或夹层。此外,也可增加沥青面层的厚度,以延缓反射裂缝向上扩展的时间。

底基层也选用无机结合料类材料时,可以增加路面结构的刚度和承载能力,并降低基层底面的拉应力。但这类底基层也会产生收缩裂缝,并影响到基层和沥青面层,在上路床为细粒土时还有可能产生冲刷和唧泥病害。而选用粒料做底基层,可以阻断或排除路表渗入水,减少路床受浸湿和冲刷的程度。但这类底基层会使基层底面的拉应力增大,降低基层的疲劳寿命。

由于无机结合料类基层的刚度较大,沥青面层的底面基本上处于受压或低拉应力状态,因而,在基层产生疲劳开裂破坏之前,沥青面层不易出现自下而上的疲劳开裂损坏。而在沥青面层厚度增大时,可延缓反射裂缝的出现,但也会加重沥青面层出现过量永久变形(车辙)的可能性。

通过无机结合料类基层传到路基顶面或粒料类底基层顶面的压应力很小。因此,路基或路基和粒料类底基层由于荷载重复作用而产生的永久变形累积量不大,在路表的车辙总量中仅占很小的比重。

这类路面结构的损坏类型主要为无机结合料类基层或底基层的疲劳开裂以及沥青面层的反射裂缝和永久变形(车辙)。结构设计的主要任务是:

(1)控制无机结合料类基层或底基层底面的拉应力,防止出现疲劳开裂。
(2)采取技术措施减缓反射裂缝的出现。
(3)采取技术措施减轻路表渗入水引发的冲刷、唧泥等水损害。
(4)控制沥青面层的永久变形量。

1.8.2 沥青结合料类基层沥青路面

沥青结合料类基层选用热拌沥青混合料(包括密级配沥青混合料和半开级配沥青碎石)或者沥青贯入碎石(表 1-13)。底基层可以选用粒料(级配碎石或级配砾石)、无机结合料稳定粒料(水泥稳定碎石或石灰-粉煤灰稳定粒料)或开级配沥青碎石(设排水层时)。不设底基层,直接在路基顶面铺设很厚的热拌沥青混合料基层,这种结构组合称作全厚式沥青路面。

密级配沥青混合料类基层的抗剪切变形能力和承载能力较粒料类基层有很大提高。大粒径密级配沥青混合料(碎石集料公称最大粒径 26.5mm 或以上)具有较高的抗永久变形能力,但由于细料和沥青含量小,其抗疲劳能力有所下降。选用半开级配沥青碎石基层,可以利用空隙率较大的特点,横向或向下排除渗入路面结构内的路表水。在无机结合料类底基层上设置半开级配沥青碎石基层,可以减轻反射裂缝的出现。沥青贯入碎石基层(上覆沥青表面处治磨耗层)主要适用于轻或中等交通等级的低等级公路。

沥青结合料类基层沥青路面结构层组合方案 表 1-13

结构层组合类型			沥青结合料类基层沥青路面		
面层	表面层		密级配沥青混合料、沥青玛蹄脂碎石、开级配沥青磨耗层、沥青表面处治		
	联结层		密级配沥青混合料或缺失		
基层	基层	热拌沥青混合料	热拌沥青混合料、沥青贯入碎石		
	底基层		级配碎石、级配砾石	水泥或石灰—粉煤灰稳定碎石	
路基			路床顶面回弹模量要求≥40MPa、≥60MPa 或≥80MPa		

通常宜选用粒料类底基层,但粒料层和路基产生的永久变形在路表的车辙总量中会占据较大的比重,结构设计时需考虑这部分永久变形量的影响。选用无机结合料类底基层时,由于其刚度较大,沥青类基层底面的拉应力以及路基顶面的压应力会降低,因而,有利于增加沥青层的疲劳寿命和减少路基的永久变形量。但无机结合料类底基层产生的干缩和温缩裂缝有可能影响到沥青层,使之产生反射裂缝,因而,在配伍基层时可考虑选用能减缓反射裂缝影响的半开级配沥青碎石基层,但渗入水仍有可能浸湿路基和冲刷路床顶面,产生唧泥病害。

选用开级配沥青碎石做排水层时,下面必须设置密级配粒料或土工织物隔离层,以阻止自由水下渗和防止路基细粒土混入排水层内。

沥青结合料类基层沥青路面结构的主要损坏类型为,沥青层的疲劳开裂和永久变形(车辙)。疲劳开裂可能起源于沥青基层底面的自下而上的龟状裂缝,也可能在沥青面层较厚时起源于面层局部深度的自上而下的纵向裂缝。沥青层厚度较大时,易产生较大的永久变形。这类路面结构设计的主要任务是:

(1)控制沥青层自下而上的疲劳开裂。
(2)控制厚沥青面层自上而下的疲劳开裂。
(3)控制沥青层、粒料底基层和路基的永久变形。

1.8.3 粒料类基层沥青路面

粒料类基层选用优质集料级配碎石或级配砾石做基层。其底基层可以选用质量较差的级配碎石、级配砾石、天然砂砾或填隙(水结)碎石,也可以选用水泥、石灰—粉煤灰(二灰)或石灰稳定碎(砾)石或稳定土(表 1-14)。

在轻交通道路上可不设联结层,表面层(一般采用沥青表面处治)直接铺设在基层上。

粒料类基层沥青路面结构层组合方案 表 1-14

结构层组合类型		粒料类基层沥青路面
面层	表面层	密级配沥青混合料、沥青玛蹄脂碎石、开级配沥青磨耗层、沥青表面处治
	联结层	密级配沥青混合料或缺失
基层	基层	级配碎石、级配砾石
	底基层	级配碎(砾)石、天然砂砾、填隙碎石水泥、石灰—粉煤灰或石灰稳定碎(砾)石或稳定土
路基		路床顶面回弹模量要求≥40MPa、≥60MPa 或≥80MPa

粒料类基层的承载能力取决于粒料的抗剪强度和抗变形能力。粒料的类型、级配组成、细料含量和塑性指数、压实度以及湿度状况,都会影响粒料的抗剪强度和抗变形能力。选用优质集料、良好级配、限制细料含量及其塑性指数、要求达到足够高的压实度,这些措施可以保证粒料基层具有足够的承载能力和抗变形能力。

在重复荷载作用下,粒料层会出现因压密(固结)变形和剪切变形而产生的永久(塑性)变形积累,在沥青层较薄的情况下,这些变形构成了路面车辙和路表不平整的主要部分。

底基层选用水泥或石灰—粉煤灰稳定碎(砾)石或稳定土时,由于这类材料的刚度可以降低传到路基顶面的压应力,并使粒料基层底面不出现拉应力,粒料基层可以由此而提高抗剪切变形能力。但无机结合料类底基层的底面,在底基层与路床的刚度比(模量比)较大时,会产生较大的拉应力。在荷载重复作用下,底基层的刚度(模量)会衰变,并出现疲劳开裂。裂缝的进一步发展会使底基层碎裂成类似于粒料的状况,其有效模量也降低到粒料的水平。如果在设计时对这类底基层选用了较高模量值的材料,则路面结构在底基层碎裂后便会迅速产生破坏。因而,需要控制这类底基层的刚度(模量),即结合料含量,保证它与路床的模量比在适中的范围内。

粒料基层的刚度不太高,因而,沥青面层底面会出现较大的拉应变(应力),并在重复荷载作用下产生疲劳开裂。面层开裂后,水的渗入会降低粒料基层和底基层的模量和抗变形能力(特别在基层和底基层的粒料含有较多细料时),使路面结构产生较大的永久变形,并在无机结合料类底基层出现开裂的情况下产生唧泥。在沥青面层采用较大的厚度时,面层在重复荷载下会产生较多的永久变形(车辙)。

由于粒料类基层沥青路面的承载能力不如沥青结合料类基层沥青路面,这类结构组合不宜用于特重交通荷载等级的道路。

这类路面的结构损坏类型,主要为路面结构的永久变形(车辙)和沥青层的疲劳开裂。结构设计的主要任务是控制永久(塑性)变形,避免出现过量的车辙和路表不平整。一方面,要限制粒料层和路基的应力水平(以偏应力和体应力或二者之比表征),防止出现剪切破坏和产生过量的塑性变形积累;另一方面,要控制沥青层的塑性变形积累量。同时,要控制沥青面层的拉应变水平,防止出现疲劳开裂破坏。在底基层采用无机结合料稳定粒料或稳定土时,还需要控制其层底的拉应力水平,避免出现疲劳开裂破坏。

1.8.4 复合式沥青路面

复合式沥青路面以热拌沥青混合料(密级配沥青混凝土或沥青玛蹄脂碎石)做上面层,并以水泥混凝土(设传力杆水泥混凝土或连续配筋混凝土)做下面层(表1-15)。复合式路面综合沥青混合料和水泥混凝土两类材料的特点和长处,具有使用性能好和使用寿命长的优点,可以适应特重交通荷载等级道路的要求。

复合式沥青路面结构层组合方案　　　　　表1-15

结构层组合类型		复合式沥青路面		
面层	表面层	密级配沥青混凝土、沥青玛蹄脂碎石		
	下面层	沥青碎石或橡胶沥青应力吸收层或缺失		连续配筋水泥混凝土
		设传力杆水泥混凝土		
基层	基层	沥青混凝土、沥青碎石	级配碎石	贫混凝土、水泥或石灰—粉煤灰稳定碎石
	底基层	级配碎石、级配砾石		
路基		路床顶面回弹模量要求≥40MPa、≥60MPa 或≥80MPa		

下面层选用普通水泥混凝土时,结构设计所关注的重点是沥青表面层的反射裂缝。为了减缓反射裂缝的产生,混凝土下面层板的横缝内必须设置传力杆,以减小接缝两侧的挠度差,从而降低沥青面层所承受的竖向剪切应力水平。同时,还可在水泥混凝土下面层和沥青表面层之间加设沥青碎石或橡胶沥青应力吸收层,以缓解沥青面层内由于混凝土面层的竖向和水平向位移而产生的应力集聚。面层选用连续配筋混凝土时,由于裂缝间距和缝隙宽度小,不会使上面的沥青面层产生反射裂缝。

复合式路面设计的另一个关注重点是,须采取技术措施处理好沥青表面层与水泥混凝土下面层之间的层间结合问题。

基层可以选用沥青结合料类材料(沥青混凝土、密级配或半开级配沥青碎石)、粒料类材料(级配碎石)、无机结合料类材料(贫混凝土、水泥或石灰—粉煤灰稳定碎石)。选用无机结合料类基层可以增加路面结构的承载能力,但也会使混凝土下面层产生较大的温度翘曲应力。选用沥青结合料类基层,或者在无机结合料类基层上增设沥青混凝土夹层,则可降低混凝土下面层的温度翘曲应力。底基层主要选用粒料类材料(级配碎石、级配砾石)。下面层为设传力杆水泥混凝土和基层为无机结合料类材料时,底基层可以设置开级配沥青碎石排水层和密级配碎石隔离层,以排除渗入路面结构内的自由水,避免唧泥病害的产生。

复合式路面的结构设计,按水泥混凝土路面结构设计方法进行。水泥混凝土下面层主要控制面层板的综合(荷载和温度)疲劳应力,连续配筋混凝土面层还需要通过配筋率设计来控制面层板的裂缝间距、缝隙宽度和钢筋应力。由于沥青面层较薄,永久变形(车辙)不会成为控制因素,但由于层间结合不良而产生的推移剪切变形,需要采取防止措施。基层、底基层和路基所受到应力水平和产生的永久变形量都很小,因而也不会出现严重的永久变形问题。

1.9 路面内部排水

通过裂隙、裂缝、施工接缝、路面与路肩的接缝等渗入路面结构内的路表水,会浸湿路面结构和路基,降低其强度和抗变形能力,并冲刷基层、底基层顶面或路床顶面,产生唧泥病害。为避免或降低这些渗入水的不利影响,在年降水量600mm以上的湿润多雨地区,对于承受特重或重交通荷载等级、路基为低透水性细粒土(渗透系数小于30m/d)的路面结构,可考虑设置内部排水设施,将渗入水迅速排离出路面结构[12]。

路面结构内部排水设施,可以采用两种方案:①排水层排水系统;②边缘排水沟排水系统[12,13]。

1.9.1 排水层排水系统

排水层排水系统由排水层、隔离层、纵向排水沟和带孔排水管、横向出水管、端墙以及边沟组成,或者由外露式排水层和边沟组成,排除通过面层和基层的裂缝以及路面与路肩的接缝渗入路面结构内的路表水。通常情况都采用前一种方案。在纵坡平缓(小于0.5%)或者凹曲线底部路段,由横坡控制路面内部排水时,可以采用后一种方案,取消纵向排水沟和排水管以及横向出水管等,进入排水层中的水通过横坡流向路堤边坡,排入两侧边沟内。

排水层由多空隙的无结合料粒料、沥青稳定碎石或水泥稳定碎石组成。粒料排水层可由不含或含少量细集料(通过2.36mm筛孔)的开级配碎石或砾石组成,其渗透系数应不低于300m/d(0.35cm/s)。粒料排水层较难于碾压稳定,抗变形能力较低,在强度和刚度要求较高时,应采用沥青稳定碎石或水泥稳定碎石排水层。沥青稳定碎石排水层由不含或含少量细集料的开级配沥青碎石组成,其渗透系数应不低于300m/d;集料的公称最大粒径和适宜层厚可参见表1-5;沥青含量应能保证集料表面得到充分涂覆并具有足够的膜厚,通常为2.5%～3.5%;须采用较稠的沥青(较低标号的沥青),如AH-50或AH-70,并添加抗剥落剂。水泥稳定碎石排水层由不含或含少量细集料的开级配水泥碎石组成,其渗透系数不应低于300m/d;水泥用量为120～170kg/m³,水灰比约为0.39～0.43。排水层厚度为100mm左右,即可保证排水的需要,过厚了会降低路面结构的强度和刚度,过薄了不易保证施工质量。

排水层下应设置隔离层,以阻止排水层内的水分下渗到路基内,防止排水层材料与路基土混杂,并为排水层的施工提供坚实的工作面。隔离层为由密级配粒料组成的不透水层,其渗透系数应小于4.5m/d(0.005cm/s),同时,其级配组成应满足均匀性及上下两个界面处的隔离要求。

在隔离层与路基界面:

(1)隔离要求——隔离层的D_{15}不大于路基的D_{85}的5倍。

(2)均匀性要求——隔离层的D_{50}不大于路基的$25D_{50}$。

其中,D_{15}、D_{50}和D_{85}分别为通过率为15%、50%和85%时颗粒直径。

在隔离层与排水层界面:

(1)隔离要求——排水层的D_{15}不大于隔离层的D_{85}的5倍。

(2)均匀性要求——排水层的D_{50}不大于隔离层的D_{50}的25倍。

此外,粒料级配还应满足细料(<0.075mm)含量不超过12%及均匀性系数大于20(最好大于40)的要求。

隔离层也可采用土工织物(无纺),但主要应用于排水层的施工工作面能得到充分保证的情况下。土工织物的性质指标,应能满足阻挡土粒、渗透性、防堵塞和耐久性的要求。

1.9.2 边缘排水沟排水系统

边缘排水沟排水系统由纵向排水沟及带孔排水管或复合土工排水板以及横向出水管、端墙和边沟组成。基层由耐冲刷的密级配沥青碎石或贫混凝土组成(底基层为粒料)时,或者现有路面改建需要改善路面排水状况时,可以采用这类排水系统,排除通过面层裂缝或路面与路基的接缝渗入面层的路表水。纵向排水沟内可以设置带孔排水管或者复合土工排水板。前者沟内回填透水性粒料,后者沟内回填透水性砂。

1.10 路　　肩

路肩为行车道路面结构提供侧向支承,同时,也供车辆临时或紧急停靠,并在路面改建或维修时作为便道使用。因此,路肩铺面结构应具有一定的承载能力,并应与行车道路面结构作为一个整体进行结构设计,协调结构层次和组成材料的选用,统一考虑路面和路肩结构的内部排水(避免行车道路面形成槽式结构),提供行车道路面与路肩交界面(纵向接缝)的衔接。

高速公路和一级公路以及承受特重和重交通荷载等级的公路,路肩铺面和行车道路面应采用相同的结构层次组合和组成材料类型,即全宽式结构断面。对于其他公路,路肩铺面的基层和底基层应采用与行车道路面结构相同的材料类型和厚度,其宽度应外露出路基边坡坡面,使渗入水不积滞在行车道路面结构内。选用粒料类材料做路肩基层时,其细料(小于 0.075mm)含量不应超过 6%,以保证行车道路面结构内的渗入水能横向渗流出路基。低等级公路和轻交通荷载等级公路的路肩表面层,可以采用沥青表面处治;中等交通荷载等级公路,应采用热拌沥青混合料做路肩表面层。

1.11 结构层组合与路面损坏类型

在行车荷载和环境因素的共同作用下,路面结构会出现各种类型和形态的结构性损坏。这些不同形态的损坏可归纳为裂缝、变形和水损害 3 大类。

面层出现的裂缝类结构性损坏主要有四种:

(1)沥青层自下而上的疲劳开裂——沿轮迹带出现龟状网裂,裂缝贯穿沥青层。

(2)沥青层自上而下的疲劳开裂——沿轮迹带外侧出现局部深度的纵向裂缝。

(3)沥青面层的低温缩裂——出现不同间距的横向裂缝,横贯行车道或部分车道宽。

(4)沥青面层的反射裂缝——出现不同间距的横向裂缝,贯通行车道宽度。

路面结构出现的变形类损坏表现为路表的车辙、纵向推移、沉陷等,主要有:

(1)沥青层的永久变形(车辙和纵向推移)。

(2)粒料层的永久变形。

(3)路基的永久变形。

水损害主要表现为沥青剥落,基层、底基层或(和)路床顶面的冲刷、唧泥等。

水损害往往伴随裂缝类损坏出现,并加剧裂缝的发展和破坏。

路面结构的力学特性和使用性能,随不同的结构层组合方式而变化,会呈现不同类型的损坏。综合本章1.8中所述的各种结构层组合方案的路面结构力学特性,将结构设计时所需考虑的结构性损坏类型,汇总列示于表1-16。

各种沥青路面结构层组合方案需考虑的损坏类型　　表1-16

结构层组合类型		粒料类基层		无机结合料类基层		沥青结合料类基层		复合式	
		粒料底基	半刚底基	粒料底基	半刚底基	粒料底基	半刚底基	普通水泥混凝土	连续配筋
疲劳开裂	面层	♯	♯	×	×	(♯)	(♯)	♯*	♯*
	基层	×	×	♯	♯	♯	♯	×	×
	底基层	×	♯	×	♯	×	♯	×	×
永久变形	面层	♯	♯	♯	♯	♯	♯	♯♯	♯♯
	基层	♯	♯	×	×	♯	♯	×	×
	底基层	♯	×	×	×	♯	×	×	×
	路基	♯	×	×	×	♯	×	×	×
面层反射裂缝		×	×	♯	♯	×	×	♯	×
面层低温开裂		季节性冰冻地区需考虑							

注:♯-需考虑;×-不需考虑;(♯)-自上而下疲劳裂缝;♯*-水泥混凝土下面层;♯♯-沥青混凝土上面层。

1.12　小　　结

(1)路面结构组合和结构层组合是路面结构设计的第一阶段,也是一项首要设计任务。各个结构组成部分和结构层次各自具有不同的功能要求,各类材料具有不同的性质特点,不同的组合具有不同的力学特性和使用性能。组合时,要按照交通荷载和环境条件以及使用性能的要求,遵循各结构组成和结构层次的功能要求,掌握各种材料的性质特点,分析不同结构组合的力学特性,并总结和吸取各地(各国)以往的实践经验。

(2)按基层材料类型和力学特性的不同,可以将路面结构层组合分为3大类型:无机结合料类基层沥青路面、沥青结合料类基层沥青路面和粒料类基层沥青路面。此外,沥青类路面还可包括表面层为沥青结合料类材料和下面层为水泥混凝土类材料的复合式路面。各类结构层组合具有不同的力学特性和主要损坏类型特点。

(3)满足使用要求的路面结构层组合可以有多种可行方案,各种方案都有各自的结构特性和特点,但都相应地具有各自的优点和缺点,没有一种方案(如无机结合料类基层或沥青结合料类基层)是绝对地完美或者绝对地不行。比选时,只能在满足交通荷载和环境条件以及使用性能要求的前提下,选取相对合适的方案。重要的是,应认清所选方案的优缺点,并采取相应措施,尽可能地扬长避短。

本章参考文献

[1] 中华人民共和国行业标准.JTJ D50—2006 公路沥青路面设计规范[S].北京:人民交通出版社,2007.

[2] 中华人民共和国行业标准.JTJ 014—97 公路沥青路面设计规范[S].北京:人民交通出版社,1997.

[3] NCHRP Project 1-37A. Guide for mechanistic-empirical design of new and rehabilitated pavement structures. Final Report. NCHRP, 2004.

[4] COST 333. Development of new bituminous pavement design method. Final Report of Action. European Commission. Directorate General Transport. Luxembourg, 1999.

[5] 中华人民共和国行业标准.JTG F40—2004 公路沥青路面施工技术规范[S].北京:人民交通出版社,2004.

[6] 沈金安.国外沥青路面设计方法总汇[M].北京:人民交通出版社,2004.

[7] 中华人民共和国行业标准.JTG D40—2002 公路水泥混凝土路面设计规范[S].北京:人民交通出版社,2002.

[8] 中华人民共和国行业标准.JTJ 034—2000 公路路面基层施工技术规范[S].北京:人民交通出版社,2000.

[9] Richtlinien fur die standardisierung des oberbaues von verkehrsflachen (RSTO-01), 2001.

[10] Draft TRH4:1996. Structural design of flexible pavements for interurban and rural roads. Department of Transport, South Africa, 1997.

[11] Transportation Association of Canada. Pavement design and management guide. Ottawa, 1997.

[12] 姚祖康.公路排水设计手册[M].北京:人民交通出版社,2002.

[13] Federal Highway Administration. Construction of pavement subsurface drainage systems—Workshops. Office of Pavement Technology, FHWA, 2000.

第 2 章 沥青路面结构设计方法的演变

在进行路面结构组合设计后,便可进入路面结构设计的第二阶段,为初选的路面结构确定各结构层所需的厚度,此设计厚度应能适应交通荷载的作用和环境因素的影响,并满足预定使用性能的要求。通常称这一阶段的设计为结构设计,或者厚度设计。但实际上,在计算确定所需设计厚度时,已事先设定了各结构层的厚度,所进行的计算分析工作是对初定路面结构的使用性能做出预估或评定,检验其是否满足预定的使用性能要求,并在不满足时进行厚度调整,或者重新选定路面结构。所以,这一阶段的设计实质上可称之为设计结构的使用性能分析或评定。

结构设计或厚度设计的方法,可分为经验法和力学—经验法两大类。

经验法主要通过对试验路或使用道路的试验和观测,建立路面结构(结构层组合、厚度和材料性质)、交通荷载(轴载大小和作用次数)和路面性能(某种损坏类型和标准)三者间的经验关系;利用所建立的经验关系式,按设计交通荷载确定所需的路面结构层厚度。

力学—经验法,早期称为解析法,首先对路面结构进行力学分析,确定路面结构在交通荷载作用和环境因素影响下的力学响应量(应力、应变和位移),利用在力学响应量与路面使用性能(各种损坏模式)之间建立的经验性使用性能预估模型,确定满足使用性能要求时所需的路面结构层厚度。

本章扼要介绍国外各种主要沥青路面结构设计方法,着重分析和评价我国沥青路面设计规范采用的结构设计方法,以便在此基础上提出构建我国新的沥青路面结构设计方法的设想。

2.1 经 验 法

经验法通过试验建立路面结构、交通荷载和使用性能三者之间的经验关系。最为著名的经验设计方法有美国加州承载比(CBR)法和美国各州公路和运输官员协会(AASHTO)法。

2.1.1 CBR 法

CBR 法是美国加州工程师 Porter 在 1929 年提出的,后来虽然加州放弃使用此法，但在二次世界大战期间被美国陆军工程兵部队所采纳，并进行了大量的试验研究。

CBR法以CBR试验和测定值作为路基土和路面材料（主要是粒料）的性质指标。CBR试验法是一种模拟野外路基土承载板试验的室内小型试验，它通过直径约5cm的刚性压头贯入材料试样，测定试样的荷载—压入变形曲线，以材料抵抗局部荷载压入变形的能力表征其承载能力。通过对已损坏或使用良好的路面的调查和CBR测定，建立起路基土CBR—车轮荷载—路面结构层厚度（以粒料层总厚度表征）三者间的经验关系。利用此关系曲线，可以按设计轮载和路基土CBR值确定所需的路面结构层总厚度，而路面各结构层次的厚度，按各层材料的CBR值进行当量厚度换算。不同轮载的作用，按等弯沉的原则换算为设计轮载的当量作用。

美国联邦航空局（FAA）的机场沥青道面设计方法，便是依据道面结构厚度、飞机轮载和作用次数以及使用性能（道基不出现剪切破坏）三者关系的试验数据，建立起可用于确定道面结构设计厚度的经验关系式[1]：

$$H = \alpha \left(\frac{\text{ESWL}}{0.57\text{CBR}} - \frac{\text{ESWL}}{32p} \right)^{0.5} \quad (2\text{-}1)$$

式中：H——道面结构厚度（cm）；

CBR——道基承载力（%）；

ESWL——当量单轮荷载（kg）；

p——轮压（MPa）；

α——轮载重复作用系数，为覆盖次数和轮子数目的函数。

日本的沥青路面设计方法也是以CBR法为基础制订的[2]。

CBR法对世界各国影响最为广泛的是，采用CBR试验方法和指标值表征路基土和路面材料（主要是粒料）的力学性质（路基土或粒料抵抗侧向位移的能力）。然而，它实质上仅是一种经验性的性质指标。即便Porter本人也认为，CBR值并不是材料承载力的直接度量指标，它与弹性变形量的关系很小。而路基土应工作在弹性范围内的应力状态下，因而，路面结构设计对路基土的抗剪强度并无直接兴趣，更关心的是路基土的回弹性质（回弹模量）及其在重复荷载作用下的塑性应变[3]。

2.1.2 AASHTO法

AASHTO法是在AASHO试验路的基础上建立的。1956~1958年，在美国伊利诺伊州修建了总长约4.2km的试验环道。1958年起，由不同轴型和轴载重的行驶车辆进行重复加载,到 1960 年年底试验结束,共作用了 1 114 000 次轴载[4]。

AASHTO 方法的最大特点是采用现时服务能力指数(PSI)作为路面使用性能的度量指标。PSI 是一个由评分小组对路面状况进行主观评定后得到的指标(5 分制),它与路面状况(平整度、裂缝、车辙、修补)的实测指标之间建立下述经验关系式:

$$\text{PSI} = 5.03 - 1.91\lg(1+\overline{SV}) - 0.01\sqrt{C+P} - 1.38\overline{RD^2} \quad (2\text{-}2)$$

式中:$\overline{SV}$——轮迹带纵断面的平均坡度方差;

C——已发展成网状裂缝的裂缝面积,以 $m^2/92.9m^2$ 路面计;

P——修补的面积,以 $m^2/92.9m^2$ 路面计;

$\overline{RD}$——平均车辙深度(in,1in=2.54cm)。

路面使用性能指标 PSI,主要受平整度的影响,与裂缝、车辙、修补等结构性损坏的关系较小。因此,这是一项主要反映路面功能性使用性能的指标,而不完全是表征路面结构性损坏的指标。

路基土采用考虑月度(湿度)变化的有效回弹模量表征其性质。路面结构层的性能用一个结构数(SN)表征,它由各结构层次的层位系数和厚度综合而成,而各层的层位系数按材料的类型和弹性(回弹)模量由相应的经验函数式确定。

标准轴载为单轴 80kN。不同轴载的作用,按等效损坏(相等的 PSI 值)的原则转换为标准轴载的作用。

整理试验路的试验观测数据,得到了路面结构(SN)—轴载(N_{18})—使用性能(PSI)三者的经验关系式[5]:

$$\lg N_{18} = 9.36\lg(\text{SN}+1) - 0.20 + \frac{\lg\left(\frac{\Delta\text{PSI}}{4.2-1.5}\right)}{0.4+\frac{1\,094}{(\text{SN}+1)^{5.19}}} +$$

$$2.32\lg E_{se} - 8.07 - \beta s_z \quad (2\text{-}3)$$

$$\text{SN} = a_1 h_1 + a_2 h_2 m_2 + a_3 h_3 m_3 \quad (2\text{-}4)$$

式中:N_{18}——使用性能期内标准轴载的作用次数,以百万次计;

ΔPSI——服务能力指数由初始状态(4.2)下降到使用性能期末终端状态时的变化量;

SN——路面结构数;

h_1、h_2、h_3——面层、基层和底基层的厚度(in,1in=2.54cm);

a_1、a_2、a_3——面层、基层和底基层的层位系数,为相应材料弹性(回弹)模量的函数;

m_2、m_3——基层和底基层的排水系数,与排水质量有关的函数;

E_{se}——路基有效回弹模量(psi,1psi=6.97 kPa);

β——目标可靠指标;

s_z——包括交通预估和使用性能预估的总标准差。

AASHTO结构设计方法为美国大部分州所采用。由于这个方法源于伊利诺伊州一条试验路的数据,仅反映一种路基土和一种环境条件,推广应用于其他地区或国家时便存在着一定的局限性。但AASHO试验路的测定数据得到了良好的整理和保存,为许多力学—经验法的设计指标和参数的验证提供了丰富的依据。

2.2 力学—经验法

经验法建立在试验路及实际运行和试验观测数据的基础上,具有较高的可靠性。但也有局限于试验路的路面结构和材料类型以及环境条件的缺点。在环境条件变化或者路面结构和材料类型相异的情况下,只能通过外延的通融办法来应用经验关系式设计路面结构,这时所得到的设计结果的可靠性便成为问题。随着交通荷载的增多和增重,对路面使用性能的要求不断提高,各种路面新材料的不断涌现,经验法的局限性和不足显得日益突出。为此,许多国家的科技人员致力于研制沥青路面结构设计的力学—经验法。

2.2.1 力学—经验法的发展过程

力学—经验法通过力学分析方法(有时称之为解析法)计算路面结构内的应力、应变和位移量,并利用它们与路面结构损坏之间的经验模型,预估路面的使用性能或使用寿命。

Burmister在1943年推导出了弹性双层体系的解析解,并在1945年扩大到了三层体系。这一成果为路面结构的力学分析提供了强有力的工具。20世纪50年代,许多研究人员致力于探讨层状体系解析解在路面结构力学分析中的应用。

在第一届沥青路面结构设计国际会议(1962)上,壳牌公司的Peattie和Dormon分别提出了用力学—经验法设计沥青路面的构想[6,7]:

(1)将路面结构模型化为弹性三层体系,计算分析圆形均布轮载作用下结构层内各特征点的应力、应变和位移值。

(2)以沥青面层的疲劳开裂以及路基土和粒料层的过量永久变形作为沥青路面的主要损坏模式。

(3)选用面层底面在荷载重复作用下的拉应变以及路基顶面的压应力或压应变作为设计指标。

这一设计构想成为随后进行并完成的壳牌(Shell)设计方法的雏形。图 2-1 所示为 Shell 法采用的三层弹性体系路面结构模型[8]。

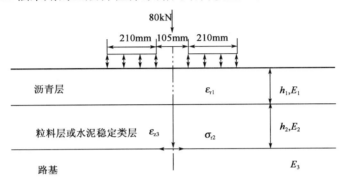

图 2-1 三层弹性层状体系模型和设计指标

随后 20 余年内,各国研究人员对力学—经验法进行了大量、深入的研究工作,在路面结构的多层弹性体系和黏弹性体系解析解和有限元解、材料力学特性的表征与测试方法、路面结构的损坏模式、各种损坏(疲劳、车辙、低温断裂)的特性与预估模型、交通荷载作用、环境(温度和湿度)因素影响以及结构设计方法等方面取得了丰硕的结果。在第四届(1977 年)和第五届(1982 年)沥青路面结构设计国际会议上,各国分别提出了十余种以解析法为基础的设计方法,表 2-1 列示了其中 7 种设计方法的主要特点[9]。到 20 世纪末,约有 60%的欧洲国家采用解析法作为沥青路面设计方法的基础[10]。

解析法设计方法示例 表 2-1

机 构	路面模型	损坏模式	环境	路面材料	设计方式
Shell[8,11]	多层弹性	疲劳(沥青层、水泥稳定层) 车辙(路基压应变、沥青层)	温度	沥青混凝土、水泥稳定基层、粒料	设计图表、电算程序(BISAR)
美 AI[12]	多层弹性	疲劳(沥青层) 车辙(路基压应变)	温度 冻融	沥青混凝土、乳化沥青基层、粒料	设计图表、电算程序(DAMA)
南非 NITRR[13]	多层弹性或黏弹性	疲劳(沥青层、水泥稳定层) 车辙(路基压应变、粒料层剪切)	温度	断级配沥青混合料、沥青混凝土、水泥稳定粒料、粒料	通用设计、电算程序

续上表

机构	路面模型	损坏模式	环境	路面材料	设计方式
美联邦公路局[14]	多层弹性	疲劳(沥青层、水泥稳定层) 车辙(路表PSI)	温度	沥青混凝土、水泥稳定粒料、粒料、硫化处治材料	电算程序(VESYS)
英诺丁汉大学[15]	多层弹性	疲劳(沥青层、水泥稳定层) 车辙(路基压应变)	温度	热碾沥青层、沥青混凝土、粒料	设计图表、电算程序(ANPAD)
法LCPC[16]	多层弹性	疲劳(沥青层、水泥稳定层) 车辙	温度	沥青混凝土、沥青稳定基层、水泥稳定粒料、粒料	通用设计、电算程序(ALIZE Ⅲ)
比利时[17]	多层弹性	疲劳(沥青层、水泥稳定层) 车辙	温度	沥青混凝土、沥青稳定基层、粒料	设计图表、电算程序

1987~1992年期间美国开展了公路战略研究计划(SHRP)项目,意图对沥青和沥青混合料进行深入研究,以摒弃经验性(非力学性)的试验方法和指标,制订出与使用性能相关联(或者以使用性能为基础)的沥青和沥青混合料技术规范,并建立沥青路面使用性能(损坏)预估模型。这个计划在1993年完成,提出了称作SUPERPAVE™的沥青技术指标和分级的规范以及沥青混合料体积组成设计方法。沥青规范采用了与沥青层疲劳、车辙和低温开裂性能相关联的动态剪切模量、低温蠕变劲度等新的力学性指标,作为沥青使用性能分级的依据,舍弃了针入度、延度和软化点温度等常用的经验性分级指标。对于沥青混合料,以体积组成设计取代了常用的Marshall经验方法。同时,还建立了沥青层疲劳开裂、永久变形和低温开裂三个使用性能预估模型。

1997年起,美国又组织专家对AASHTO路面结构设计指南进行修订,目标是将设计方法由AASHTO经验法转变为力学—经验法。这项工作在2004年完成,其成果汇总成路面结构力学经验法设计指南(MEPDG)[18]。

2.2.2 力学—经验法的要点

力学—经验法设计方法的构成,一般都遵循图2-2所示的框图结构[19]。整个过程包括:

(1)设计数据的采集和输入——主要包括交通荷载、环境因素(温度和湿度)、路基支承条件和路面材料4方面数据。

(2)选定路面结构的损坏类型及其标准,并设定设计可靠度。

(3)对初步选定的路面结构进行结构分析,确定各特征点的力学响应量(应力、应变和位移)。

(4)对路面结构进行损坏分析,并与相应的损坏标准进行比对,在不满足时改变初选结构,重新计算分析。

(5)对满足损坏标准和可靠度要求的路面结构,在考虑其他因素和方案比选后进行最终选定。

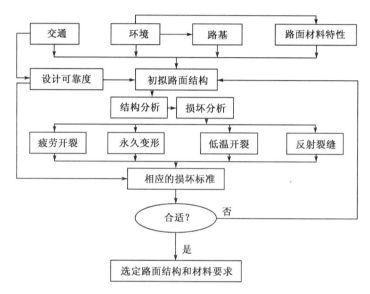

图 2-2　沥青路面力学—经验法设计框图

纵览各个力学—经验法的研制,其建立过程度都须考虑并研究解决下述 7 方面的问题:

(1)路面结构的力学响应模型——研制多层线性(或非线性)弹性体系解或黏弹性体系解,编制相应的计算程序,分析路面结构在轴载和环境因素作用下的应力、应变和弯沉量。

(2)路基土和路面材料的性状——为结构分析和损坏分析提供材料性质参数(模量或劲度等)和性状模型(疲劳应变或应力、塑性应变等),并制订相应的测试方法。

(3)损坏模式和损坏标准——选定路面结构设计所要考虑的损坏模式,如疲劳开裂、永久变形(车辙)、低温缩裂等,依据使用要求提出相应的损坏标准。

(4)路面使用性能(损坏)预估模型——建立路面结构在轴载和环境因素作用下的力学响应量、材料特性与路面各损坏模式之间的转换函数。

(5)轴载作用——考虑不同轴载组成和作用次数的影响及其累积损伤作用。

(6)环境影响——路面结构内的湿度和温度状况及其变化,湿度变化对路基土和粒料回弹模量的影响,温度变化对沥青面层混合料特性(劲度、疲劳、永久变形、收缩变形等)的影响。

(7)材料和结构的变异性以及结构设计的可靠度。

下面,简要介绍力学—经验法中较为著名的壳牌(Shell)法、美国沥青协会(AI)法和新近建立的美国路面结构力学经验法设计指南(MEPDG)。

2.2.3 壳牌(Shell)法

Shell 沥青路面设计方法由壳牌石油公司研究所经过大量试验和分析研究后制订[8]。

此方法将路面结构模型化为由沥青层、粒料层或水泥稳定层以及路基组成的三层弹性层状体系,路面结构承受标准轴载为 80kN 的双轮(双圆)荷载作用(图 2-1)。标准轴载作用下路面结构内的应力和应变利用 BISAR 程序计算。不同车辆轴载 P_i 的作用,按当量损坏原则换算为 80kN 标准轴载的作用,轴载换算系数 LEF 由下式计算确定:

$$\text{LEF} = 2.4 \times 10^{-8} P_i^4 \tag{2-5}$$

路基土和粒料的力学性质以动态模量表征。采用现场动弯沉(落锤弯沉仪等)或波传递法实测确定,或者通过室内重复加载三轴试验确定。无条件时,也可利用动态模量与 CBR 的经验关系式确定:

$$E_3 = 10\text{CBR} \tag{2-6}$$

粒料层的有效动态模量取值与路基的模量值和粒料层厚度有关:

$$E_2 = 0.2 h_2^{0.45} E_3 \tag{2-7}$$

式中:h_2——粒料层厚度(mm)。

沥青混合料的力学性质以动态劲度模量表征,它是沥青劲度与混合料(集料、沥青和空气)体积组成的函数。沥青劲度是沥青性质(以针入度为 800 时的温度和针入度指数表征)、有效温度和加载时间的函数,利用 Van der Poel 诺谟图确定。沥青混合料的劲度模量也利用诺谟图确定。影响沥青劲度的有效温度值,按加权平均年气温确定,即以当地各月的平均气温分别乘以该月的权数后平均得到。加载时间可取为 0.02s,相当于行驶速度 50~60km/h。

路面结构的损坏,主要考虑沥青层的疲劳开裂和路基顶面的永久变形两项;其次考虑的损坏,还有水泥稳定类基层或底基层的疲劳开裂以及路面结构的永久变形。对于前三项损坏,采用沥青层水平向拉应变、路基顶面的竖向压应变以及水泥稳定类层底面水平向拉应力作为控制指标。

沥青层的最大拉应变大多数情况出现在层底面。依据室内梁试件疲劳试验结果,并考虑间歇加载、疲劳愈合、轮迹横向分布、沥青层内温度变化等因素的影响进行修正后,建立沥青层疲劳方程,据此确定其容许拉应变:

$$\varepsilon_{r1} = C(0.856v_b + 1.08)S_m^{-0.36}N^{-0.2} \quad (2-8)$$

式中:S_m——沥青混合料的劲度模量(Pa);

v_b——沥青的体积含量(%);

N——80kN 标准轴载累计作用次数;

C——室内试验结果转向野外的修正系数,综合修正系数值为 10~20。

依据 AASHO 试验路段的路面结构反算其路基顶面压应变,并按该路面结构的现时服务能力指数 PSI 达到 2.5 时的标准轴载作用次数 N,建立了确定路基顶面的压应变容许值的关系式:

$$\varepsilon_{v3} = AN^{-0.25} \quad (2-9)$$

式中:A——系数,置信水平为 85% 时,$A = 0.021$;置信水平为 95% 时,$A = 0.018$。

水泥稳定类层底面的最大拉应力,其容许值按下述疲劳方程确定:

$$\sigma_{r2} = (1 - 0.075 \lg N)f_{r2} \quad (2-10)$$

式中:f_{r2}——水泥稳定类材料的弯拉强度(Pa)。

估算沥青层的永久变形时,将该层分为多个薄层,计算每个薄层的平均竖向压应力,并通过压缩蠕变试验确定该薄层沥青混合料在特定加载时间和温度条件下的蠕变模量,然后按下式估算该薄层的永久变形:

$$\Delta h_i = C_i h_i \frac{\sigma_{vi}}{S_{mi}} \quad (2-11)$$

式中:h_i——i 薄层厚(mm);

σ_{vi}——i 薄层的平均竖向压应力(Pa);

S_{mi}——i 薄层沥青混合料在特定加载时间和温度条件下的蠕变模量(Pa);

C_i——考虑动态效应的修正系数。

叠加各薄层的永久变形,即得到沥青层的永久变形。

2.2.4 美国沥青协会(AI)法

AI 法由美国沥青协会综合一些学校和咨询机构的研究成果后制订[12]。

路面结构视作由沥青混凝土表面层、沥青混凝土联结层、粒料基层和底基层以及路基组成的 4 层弹性层状体系,或者由沥青混凝土表面层、沥青基层和路基组成的全厚式 3 层弹性体系。

标准轴载为 80kN 的双轮(双圆)荷载,圆半径 115mm,圆心间距 345mm,接触压力 483kPa。不同轴载对标准轴载的当量换算系数,类似于式(2-5)。

路基土的力学性质以室内重复加载三轴压缩试验得到的回弹模量表征。无试验条件时,可以利用式(2-6)估计。回弹模量值考虑路基季节性变化(冻融)的影响进行调整。

粒料的回弹模量考虑非线性(应力依赖)影响,按下式确定:

$$E_{gb} = k_1 \theta^{k_2} \tag{2-12}$$

式中:θ——体应力;

k_1、k_2——由室内重复加载三轴压缩试验确定的系数。

粒料的回弹模量值也考虑季节性变化(冻融)的影响进行调整。

沥青混凝土的力学性质以动态模量表征,利用由室内试验结果回归分析得到的经验关系式(Witczak 关系式)确定。所考虑的影响变量有:通过 0.075mm 筛的细料含量、沥青的绝对黏滞度(70 ℉)、沥青的体积含量、空气含量、温度和加载频率。影响动态模量值的沥青面层温度,按经验公式确定:

$$\mathrm{MMPT} = \mathrm{MMAT}\left(1 + \frac{1}{z+4}\right) - \frac{34}{(z+4)} - 6 \tag{2-13}$$

式中:MMPT——月平均路面温度(℉);

MMAT——月平均气温(℉);

z——路面表面下深度(in,1in=2.54cm)。

路面结构的损坏,主要考虑沥青层的疲劳开裂和路基顶面的永久变形两项,相应采用沥青层水平向拉应变和路基顶面的竖向压应变作为控制指标。

沥青层底面的容许拉应变由沥青混合料的疲劳方程确定:

$$N = 18.4C(4.325 \times 10^{-3} \varepsilon_r^{-3.291} |E^*|^{-0.854}) \tag{2-14}$$

$$C = 10^M, M = 4.84\left(\frac{v_b}{v_a + v_b} - 0.69\right) \tag{2-15}$$

式中:N——80kN 标准轴载累计作用次数;

ε_r——沥青层底面拉应变;

$|E^*|$——沥青混合料动态模量(psi,1psi=6.97kPa);

v_b——沥青体积含量(%);

v_a——空气含量(%)。

式(2-14)不包括修正系数 C 时,是依据室内梁试件 4 点弯曲常应力疲劳试验的结果,并对照 AASHO 试验路段部分疲劳开裂 20% 以上的路面进行调整后得到的。式(2-15)中的 M 项,考虑沥青混合料体积组成对疲劳寿命的影响,也是依据室内疲劳试验结果得到的。

路基顶面竖向压应变容许值关系式,系依据美国加州公路的使用情况得出:
$$\varepsilon_v = 1.05 \times 10^{-2} N^{-0.223} \tag{2-16}$$
计算分析采用 DAMA 程序进行。

2.2.5 美国力学——经验法路面设计指南

美国力学—经验法路面设计指南(MEPDG)制订的设计过程或步骤,与图2-2所示的力学经验法设计框架基本一致。总设计过程分为三个阶段:

(1)按现场实地情况确定输入数据阶段——包括交通荷载、环境(温度和湿度)、路基性质和路面材料性质4方面的数据。

(2)分析阶段——初步选定路面结构;确定路面结构的使用性能标准(损坏标准);选取各项使用性能要求具有的可靠度水平;对所选结构进行结构分析(应力和应变),利用使用性能(损坏)模型逐时段计算分析损伤量,并累计成设计使用期内的总损伤量;评价初选路面结构的使用性能指标和可靠度水平是否满足预定要求,不满足时,改变初选结构或(和)材料,重新计算分析,直到满足为止。

(3)最终决定阶段——对各种设计方案,考察施工问题,并进行寿命周期费用分析后,选取最终设计方案。

整个设计过程提供软件程序进行计算分析。

2.2.5.1 分层次设计输入

对于设计输入数据的采集,提出了分3个层次要求的方案,设计人员可按项目的重要性和可用的数据资源进行选择。

层次1——提供最精确和不确定性或误差最小的数据,适用于重交通荷载等级的路面或者出现早期损坏有严重安全或经济后果的情况。

层次2——提供中等精确的数据,适用于层次1所需的资源或测试仪器不具备的情况。

层次3——提供最低精确水平的数据,适用于轻交通等级、出现早期损坏的后果最小的情况。

交通荷载和材料方面的设计输入数据,按层次3方案采集的要求简示于表2-2。

2.2.5.2 土和粒料性质参数

土和粒料为非线性材料,其回弹模量值具有应力依赖性。通过重复加载三轴压缩试验,应用三参数本构模型回归分析试验数据,建立按应力状况确定回弹模量值的关系式：

设计输入数据层次采集要求 表 2-2

层次	交通荷载	材料
1	现场实测车辆类型组成和轴载谱	由试验室或野外实测确定各项材料的性质参数
2	实测货车交通量，轴载谱取自各州的地区统计数据	利用经验关系式和少量试验测定估计性质参数
3	实测交通量和货车比例，利用州或地区的平均轴载谱数据	按材料类型利用典型数值确定性质参数

$$M_r = k_1 p_a \left(\frac{\theta}{p_a}\right)^{k_2} \left(\frac{\tau_{\text{oct}}}{p_a}\right)^{k_3} \tag{2-17}$$

式中：M_r——土和粒料的回弹模量；

k_1、k_2、k_3——与土和粒料的性质和状态有关的参数，由试验确定；

θ——主应力之和（即体应力），$\theta = \sigma_1 + \sigma_2 + \sigma_3 = \sigma_1 + 2\sigma_3$；

τ_{oct}——八面体剪应力，即：

$$\tau_{\text{oct}} = \frac{1}{3}\sqrt{(\sigma_1 - \sigma_2)^2 + (\sigma_1 - \sigma_3)^2 + (\sigma_2 - \sigma_3)^2} = \frac{\sqrt{2}}{3}\sigma_d$$

p_a——参照应力，可取为大气压力（100kPa）或 1kPa。

对于层次 2，土和粒料的回弹模量利用他与 CBR 的经验关系确定：

$$M_r = 2555(\text{CBR})^{0.64} \tag{2-18}$$

式中：M_r——土和粒料的回弹模量（psi，1psi=6.97kPa）；

CBR——加州承载比(%)。

对于层次 3，提供各类粒料和土的典型回弹模量值，供设计时查用。

2.2.5.3 沥青混合料性质参数

沥青混合料的劲度模量是温度和加载时间或频率的函数，以周期加载三轴压缩试验得到的动态模量（复数模量）表征。在 5 个温度和 4 个加载频率条件下，试验得到的动态模量值按 S 形曲线函数整理成主曲线和移位系数，据此确定给定温度和加载频率时的动态模量值：

$$\lg|E^*| = \delta + \frac{\alpha - \delta}{1 + e^{(\beta + \gamma \lg t_r)}} \tag{2-19}$$

$$\lg t_r = \lg t - \lg \alpha(T) \tag{2-20}$$

式中：$|E^*|$——动态模量（psi，1psi=6.97kPa）；

δ——动态模量 $|E^*|$ 的最小值；

α——动态模量 $|E^*|$ 的最大值；

β, γ——描述曲线形状的参数;

t_r——在参照温度 T_r 时的加载时间(s);

t——在温度 T 时的加载时间(s);

$\alpha(T)$——移位系数,为温度 T 的函数。

对于层次 2,利用 Witczak 建立的经验预估模型:

$$\lg|E^*| = -1.249937 + 0.029232P_{0.075} - 0.001767P_{0.075}^2 -$$

$$0.00284P_{4.76} - 0.058097v_a - \frac{0.802208v_{be}}{v_{be} + v_a} +$$

$$\frac{3.871977 - 0.0021P_{4.76} + 0.003958P_{9.5} - 0.000017P_{9.5}^2 + 0.00547P_{19}}{1 + e^{(-0.603313 - 0.313351\lg f - 0.393532\lg \eta)}}$$

(2-21)

式中: $|E^*|$——动态模量或复数模量(10^5 psi,1psi=6.97kPa);

η——沥青的黏滞度(10^6 P,1P=10^{-1} Pa·s);

v_{be}——有效沥青体积含量(%);

v_a——空气含量(%);

f——加载频率(Hz);

P_{19}、$P_{9.5}$、$P_{4.76}$——19mm、9.5mm 和 4.76mm 筛孔上的累计筛余百分率(%);

$P_{0.075}$——通过 0.075mm 筛孔的百分率(%)。

对模型中各项材料性质参数进行试验测定,而后按上式确定给定温度和加载频率时的动态模量值。

对于层次 3,仍利用 Witczak 的经验模型,但各项材料性质参数取自类似混合料的代表性数据,不进行试验测定。

2.2.5.4 使用性能标准

设计指南考虑 5 项结构性使用性能(损坏类型)和 1 项功能性使用性能,各项使用性能的设计标准相应为:

(1)沥青层的自下而上龟裂状疲劳开裂——龟裂面积占车道面积的 25%~50%。

(2)沥青层自上而下纵向裂缝状疲劳开裂——纵向裂缝的总长度不大于 186m/km。

(3)无机结合料类结构层疲劳开裂——损坏指数 25%。

(4)沥青面层低温开裂——横向裂缝的总长度 186m/km。

(5)永久变形(车辙)——沥青层、粒料层和路基的轮迹带总永久变形 7.6~12.7mm。

(6)平整度——按公路等级和设计可靠度的不同,初始平整度 0.79~1.58m/km,设计期末平整度 2.37~3.94m/km。

路面结构各项使用性能要求的设计可靠度,依据道路类型按表 2-3 选定。

路面结构的设计可靠度　　　　　　　　　　表 2-3

道路类型	城　市	乡　村
州际公路、高速公路	85%~97%	80%~95%
主干道	80%~95%	75%~90%
集散道路	75%~85%	70%~80%
地方道路	50%~75%	50%~75%

2.2.5.5　结构分析

路面结构按多层弹性体系,利用 JULEA 软件程序进行线弹性分析,得到结构内各特征点在交通荷载作用和环境因素影响下的应力和应变。在设计输入选用层次 1,路基土和粒料采用非线性模型确定模量值时,应用 DSC2D 软件程序进行二维有限元结构分析。

在整个设计期内,结构分析采用逐月(或半月,视冰冻情况而定)分析损伤增量,而后累加得到总损伤量。因而,各项交通荷载、环境和材料设计参数都须按分析当月(或半月)的实际数值采集和输入。

2.2.5.6　沥青层疲劳开裂预估模型

采用 AI 法的疲劳模型,式(2-14)和式(2-15),并利用 Bonnaure 等的试验结果[20]得到沥青层厚度修正系数,以考虑加载控制模式的影响,最后经过长期使用性能 LTPP 观测数据(24 个州的 82 个路段)的标定和验证[21],得到疲劳开裂预估模型:

$$N_f = 0.004\,325\beta_1 10^M |E^*|^{-1.281} \varepsilon_r^{-3.949} \quad (2\text{-}22)$$

式中:β_1——反映沥青层厚度影响的修正系数。

其余符号与式(2-14)和式(2-15)同。

对于自下而上的疲劳开裂:

$$\beta_1 = \left(0.000\,398 + \frac{0.003\,602}{1+e^{11.02-3.49h}}\right)^{-1} \quad (2\text{-}23a)$$

对于自上而下的疲劳开裂:

$$\beta_1 = \left(0.000\,1 + \frac{29.844}{1+e^{30.544-5.736h}}\right)^{-1} \quad (2\text{-}23b)$$

式中:h——沥青层厚度(in,1in=2.54cm)。

2.2.5.7　沥青路面永久变形预估模型

沥青路面表面的永久变形(车辙)由沥青层、粒料层和路基的永久变形组成:

$$\delta = \delta_{ac} + \delta_{gb} + \delta_{sg} \tag{2-24}$$

永久变形的计算采用分层应变总和法,即将各结构层划分为若干个分层,计算每个分层的平均应变,而后总和成该层的永久变形:

$$\delta(N) = \sum_{i=1}^{n}[\varepsilon_{pi}(N)h_i] \tag{2-25}$$

式中:$\varepsilon_{pi}(N)$——i 分层在标准轴载作用 N 次后的累计永久应变;

h_i——i 分层的厚度;

n——分层数。

沥青层的永久应变模型,由试验室的重复加载三轴压缩试验结果经回归分析,并通过 28 个州 88 个 LTPP 观测路段的野外标定后得出:

$$\frac{\varepsilon_{pi}(N)}{\varepsilon_{ri}} = k_z 10^{-3.511} T^{1.561} N^{0.479} \tag{2-26}$$

式中:ε_{ri}——i 分层的回弹应变;

T——温度(°F);

k_z——考虑沥青层总厚度 h_a(in,1in=2.54cm)与计算点深度 z(in,1in=2.54cm)的系数,利用 MnRoad 试验段的观测数据得到其经验关系式为:

$$k_z = (C_1 + C_2 z) \times 0.328^z$$
$$C_1 = -0.104 h_a^2 + 2.487 h_a - 17.342$$
$$C_2 = 0.017 h_a^2 - 1.733 h_a + 27.428 \tag{2-27}$$

粒料和土的永久应变模型利用了 Tseng 和 Lytton 的模型[22],并经过 28 个州 88 个 LTPP 观测路段的野外标定:

$$\varepsilon_{pi}(N) = \beta_c \left(\frac{\varepsilon_0}{\varepsilon_{ri}}\right) e^{-\left(\frac{\rho}{N}\right)^\beta} \varepsilon_{vi} \tag{2-28}$$

式中:ε_0、β、ρ——材料性质参数;

ε_{ri}——为得到上述材料性质参数,在重复加载三轴压缩试验时所施加的回弹应变;

ε_{vi}——i 分层的平均竖向回弹应变;

β_c——标定参数,粒料的 $\beta_c=2.2$,路基土的 $\beta_c=8.0$。

2.2.5.8 沥青面层低温开裂预估模型

低温开裂预估模型由 6 部分组成:

(1)输入数据采集,包括路面结构、材料热特性、环境温度等信息。

(2)进行混合料低温间接拉伸试验,由试验结果整理成蠕变柔量主曲线,并转换成松弛模量主曲线和移位系数曲线。

(3)利用温度模型,预估不同时刻路面温度随深度的变化。

(4)利用松弛模量函数建立温度应力本构方程,用以预估不同时刻温度应力随深度的分布。

(5)应用断裂力学(巴黎定理)建立应力强度因子模型,计算沥青层内温度裂缝的扩展。

(6)按裂缝深度呈正态分布的假设,建立裂缝深度与裂缝频率的关系,据此确定开裂量。

2.2.5.9 沥青路面平整度预估模型

平整度是一项功能性使用性能指标。按基层类型的不同,利用路面损坏多年调查数据和平整度测定数据,分别为粒料类基层、沥青结合料类基层和无机结合料类基层建立经验性预估模型。

(1)粒料类基层:$IRI=IRI_0+f$(横向裂缝总长度,纵向裂缝长度,疲劳开裂面积,块裂面积,车辙深变异系数,地区系数,使用年数)。

(2)沥青结合料类基层:$IRI=IRI_0+f$(疲劳开裂面积,横向裂缝平均间距,修补面积,年平均冰冻指数,使用年数)。

(3)无机结合料类基层:$IRI=IRI_0+f$(疲劳开裂面积,纵向裂缝长度,横向裂缝平均间距,车辙深度变异系数,块裂面积)。

式中:IRI_0——路面初始平整度(m/km)。

2.3 我国沥青路面设计规范方法

建国以来,交通部分别于1958、1966、1978、1986、1997和2006年制订和发布了《公路柔性路面设计规范》和《公路沥青路面设计规范》。现对这些设计规范中所采用的路面结构设计方法作简扼的回顾。对于前4版设计规范方法的详细阐述,请参见林绣贤的《柔性路面结构设计方法》[29]。

2.3.1 1958年版和1966年版

在20世纪50年代"学习苏联"的政治背景下,1958年版的《公路柔性路面设计规范》,基本上沿用了前苏联1954年《柔性路面设计须知》中的路面结构设计方法。

这一设计方法采用弹性半空间体模型,将路面结构转换为均质体。以承载板法测定得到的变形模量(包含塑性变形在内的总变形),表征路基土和路面材料的力学性质,采用均质体模型计算分析单元均布荷载作用下荷载中心点的表面弯沉。

以极限相对弯沉 $\lambda_k(=l_k/D)$ 作为设计指标。其中，D 为荷载作用面积当量圆的直径，l_k 为路面处于极限状况时在荷载作用圆中心处的路表极限弯沉值。按伊万诺夫等的论述，路面出现破坏的极限状况在下列三种情况下发生[23]：

(1) 路面弯沉使其底面出现张拉断裂（出现在路面厚度相对值 h/D 很小时）。

(2) 路面在荷载作用下出现锥形贯穿（出现在 h/D 较大时）。

(3) 路面表面出现行车所不允许的不平整度（出现在 h/D 很小时）。

依据试验路的荷载试验结果，伊万诺夫等提出了确定极限相对弯沉的经验关系式，其适用范围为：路面变形模量与路基变形模量的比值 $E_1/E_0=3\sim15$；$h/D=0.5\sim2.0$。同时，对高级、次高级、过渡式和改善土 4 种路面规定了相应的极限相对弯沉指标值（适用于 $E_1/E_0=10$，$h/D=0.75$）[23]。我国 1958 年版设计规范基本上采用了这一指标值。

伊万诺夫等认为，不论是静载一次作用，还是重复荷载多次作用，达到破坏状况时的极限相对弯沉值是相同的。因而，可以按相对变形的累积规律，由极限相对弯沉值推算一次作用的容许相对弯沉值。

1966 年版的路面设计规范主要修正了 1958 年版设计规范的弯沉近似计算公式，并提出了我国气候分区及路基和路面材料计算参数值表，但对设计标准和设计指标值未做变动，仍沿用 1958 年版规范的规定。

2.3.2　1978 年版

经过 20 世纪 60 至 70 年代的大规模调查和试验研究，1978 年版设计规范对前两版作了许多根本性的改变。路面结构视作由路面和土基组成的双层体系，采用双层弹性层状连续体系理论解，计算分析双圆均布荷载作用下轮隙中点的路表弯沉。多层路面结构按等效弯沉的原则转换为单层。土和路面材料的性质由承载板测定的回弹模量表征，取代以往的变形模量。考虑到土基的非线性特性（模量的应力依赖性），增加了弯沉综合修正系数，以修正应用理论公式计算弯沉的偏差[24,29]。

由于贝克曼梁式弯沉仪的出现和广泛应用，1978 年版规范改为以路表容许弯沉作为设计指标[24]。容许弯沉是路面达到破坏状况时双轮轮隙中点的路表回弹弯沉值。20 世纪 70 年代，在 18 个省市开展了大规模的沥青路面调查和弯沉测定工作。调查测定时，按路表外观特征将沥青路面划分为 5 个等级（划分标准见表 2-4），并把第四级视为路面已达到损坏状况，以第四级路面的弯沉值的低限（第三级和第四级路面弯沉的交界面）作为路面处于破坏临界状态的划界标准[26]，这时的实测弯沉值即为容许弯沉值。整理弯沉测定和轴载调查资料，得到了容许弯沉值的经验关系式：

$$l_R = \frac{13.7}{N_f^{0.2}} A_1 \text{(mm)} \tag{2-29}$$

式中：N_f——路面达到破坏临界状态时的标准轴载累计作用次数；

A_1——与路面类型有关的系数，见表2-5。

沥青路面外观状况等级划分标准　　　　　　　　　　表2-4

等级	外观状况	路面表面外观特征
一	好	坚实、平整、无裂纹、无变形
二	较好	平整、无变形、少量发裂
三	中	平整、有轻微变形、有少量纵向或不规则裂纹
四	较坏	有明显变形和较多纵横向裂纹或局部网裂
五	坏	连片的严重网(龟)裂或伴有沉陷、车辙

路面类型系数 A_1　　　　　　　　　　表2-5

面层类型	沥青混凝土	沥青贯入、沥青碎石	沥青表面处治	中级
A_1	1.0	1.1	1.2	1.4

弯沉调查和测定主要在三级公路的沥青表面处治(包含少量沥青贯入和沥青碎石)路面上进行。沥青混凝土路面的调查测定数据不多，主要依据上海、哈尔滨和武汉3市的城市道路路面调查测定数据汇总得到。中级粒料路面没有进行调查测定，系数系依据前两类面层的系数值推延出的。

2.3.3　1986年版

1986年版规范的路面结构设计方法，对1978年版又作了较大的变动。路面结构采用三层弹性层状体系理论解进行计算分析。多层路面结构转换为双层结构。设计指标由路表回弹弯沉一项，增加为路表回弹弯沉、沥青面层层底拉应力和无机结合料类结构层层底拉应力三项，它们应分别不大于设计容许值[25]。

该版规范仍以路表容许弯沉值作为主要设计指标，但对容许弯沉公式中的系数作了修改，并增加了公路等级系数 A_2：

$$l_R = \frac{11.0}{N_f^{0.2}} A_1 A_2 \text{(mm)} \tag{2-30}$$

规范认为，20世纪70年代的弯沉测定主要在三级公路和少量城市道路路面上进行，不适应高等级公路和交通量增大的情况。规范参照了《城市道路设计规范》(CJJ 37—1990)中主干道沥青混凝土路面的容许弯沉值(以北京市的弯沉调查测定数据为主)，以此作为一级公路沥青混凝土路面的容许弯沉值，在此基础上考虑到不同公路等级的使用要求差异,增加了公路等级系数[26]。系数 A_2 值列于表2-6。

公路等级系数 A_2　　　　表2-6

公路等级	高速	一级	二级	三、四级
A_2	0.85	1.0	1.1	1.2

与1978年版规范相比,各级公路路面的容许弯沉值均有所减小:高速公路减小32%,一级公路减小20%,二级公路减小12%,三、四级公路减小3%~4%[26]。即,各级公路路面的设计标准均不同程度地有所提高。

新增加的沥青面层层底容许拉应力指标,用以控制弯拉应力产生的损坏:

$$\sigma_{r1} k_1 \leqslant f_{r1}$$
$$k_1 = \frac{0.12}{A_2} N^{0.2} \tag{2-31}$$

式中:σ_{r1}、f_{r1}——沥青面层层底容许拉应力和沥青混合料强度(MPa);

k_1——面层结构强度系数,依据北京市14条道路因弯拉造成损坏的30个路段的调查和试验数据分析后建立[29]。

新增加的无机结合料类结构层层底容许拉应力指标,用以控制弯拉应力产生的损坏:

$$\sigma_{r2} k_2 \leqslant f_{r2}$$
$$k_2 = \frac{0.40}{A_2} N^{0.1} \tag{2-32}$$

式中:σ_{r2}、f_{r2}——无机结合料类结构层层底容许拉应力和无机结合料类结构层材料强度(MPa);

k_2——无机结合料类结构层结构强度系数,依据三级公路石灰土类路面上进行反复荷载疲劳试验以及江苏省4条三级公路12个路段的调查数据,经整理和分析后建立[29]。

路基回弹模量仍采用承载板法测定。粒料模量采用整层材料弯沉测定。其他路面材料,计算弯沉时,采用由圆柱体试件测定的压缩模量;计算弯拉应力时,采用梁试件测定弯拉模量和弯拉强度。沥青类材料的压缩试验采用20℃,弯拉试验采用15℃时的测定结果。石灰类材料的抗弯拉强度采用6个月龄期,水泥类材料采用3个月龄期的测定结果[25]。

2.3.4　1997年版和2006年版

1997年版的《公路沥青路面设计规范》(JTJ 014—97)仍采用1986年版的三项设计指标,但对指标容许值的计算式进行了修正。路面结构采用多层弹性层状体系解进行计算分析[27]。

在9个省市54个不同公路等级、沥青面层类型、无机结合料类基层(少量粒料基层)和交通量的路段,进行了路况调查和弯沉测定,经回归分析,并以设计弯沉替代容许弯沉和增加基层类型系数后,提出了式(2-30)的修正公式:

$$l_R = \frac{6.0}{N_f^{0.2}} A_1 A_2 A_3 \text{ (mm)} \tag{2-33}$$

式中:A_3——基层类型系数,按表2-7确定。

基层类型系数 A_3 表2-7

基层类型	半刚性基层厚度≥20cm	半刚性基层上设厚度≤20cm柔性层	半刚性基层上设厚度20～30cm柔性层	柔性基层
A_3	1.0	1.0	1.3	1.6

与1986年版规范的路表容许弯沉指标相比,除了设计弯沉值比容许弯沉值降低20%以外,1997年版规范的路表弯沉指标值,对于半刚性基层沥青路面而言还要降低34%,即设计标准提高了,而对于柔性基层沥青路面来说则相差很小(提高了4.7%)。

结构分析时,沥青混合料和无机结合料类材料的模量均采用压缩模量,其强度均采用劈裂强度。对中粒式和粗粒式沥青混凝土进行了劈裂疲劳试验,建立了沥青混凝土面层层底容许拉应力公式:

$$\sigma_{r1} k_1 \leqslant f_{r1}$$

$$k_1 = \frac{0.09 A_4}{A_2} N^{0.22} \tag{2-34}$$

式中:f_{r1}——沥青混合料的劈裂强度(MPa);

A_4——系数,细、中粒式沥青混凝土为1.0,粗粒式沥青混凝土为1.1。

在汇总各单位的无机结合料类材料的21个疲劳方程(15个梁试件和6个劈裂试件)后,提出了无机结合料类结构层层底容许拉应力公式:

$$\sigma_{r2} k_2 \leqslant f_{r2}$$

$$k_2 = \frac{A_5}{A_2} N^{0.11} \tag{2-35}$$

式中:f_{r2}——无机结合料类材料的劈裂强度(MPa);

A_5——系数,稳定粒料类为0.35,稳定土类为0.45。

2006年版设计规范的路面结构设计方法,与1997年版的完全相同,没有重要的改动。

2.4 对我国沥青路面设计规范方法的评析

我国沥青路面设计规范采用力学分析方法(解析法)确定路面结构的设计厚度。1958年、1966年和1978年规范,都以路表容许弯沉作为唯一的设计指标,1986年及以后的规范,增加了沥青结合料类结构层和无机结合料类结构层的拉应力验算指标。纵观建国以来的各版设计规范,在设计方法和指标方面的思想是一脉相承的,都以路表弯沉作为确定路面结构层厚度的主要设计指标。

2.4.1 路表弯沉指标

路表弯沉是包括路基和路面结构的整体结构在荷载作用下的竖向位移量,它反映了路基和路面结构整体的抗变形能力,即整个结构的总刚度。因而,它一方面是一项总体性的和综合性的指标,另一方面是一项反映结构物变形属性的指标。

在荷载轻、交通量小,即路面等级低、结构单一的情况下,如20世纪50年代、60年代和70年代的路面结构,主要以沥青表面处治、沥青贯入碎石和泥结或水结碎石做面层,标准轴载60kN,路面结构层总厚度不大,其刚度占路基和路面结构总刚度的比重不大,采用路表弯沉作为路面结构设计的指标,可以单一地反映出路面结构和路基的总刚度及其适应交通荷载的能力,以控制路面结构和路基的竖向位移量,不失为一种简单而方便的对策,不会给设计带来较大的矛盾或不协调的结果。然而,20世纪80年代以后,随着交通荷载的增长,承受重和特重交通荷载的高等级路面,其结构层厚度增大,结构层组合和材料类型选择呈现出多样化,路基的刚度占路面结构和路基总刚度的比重急剧下降。这时,再采用单一的路表弯沉作为主要设计指标,便会由于无法包容和充分反映各种路面结构层的不同组合情况和差异而暴露出它的严重不足,并得出矛盾或不协调的设计结果。

2.4.1.1 路表弯沉指标的非唯一性

路表弯沉是一项反映路基和路面结构总刚度大小的总体性和综合性指标。对于同一种路面结构(相同的结构层组合类型和材料类型),路表弯沉值的大小可以反映出路面结构的相对刚度(抗变形能力),路表弯沉值小的路面结构具有较大的承载能力和较长的使用寿命。因而,可依据相同的破坏标准判断其承载能力(能承受的标准轴载重复作用次数)。但对于不同种类的路面结构(不同的结构层组合类型和材料类型),路表弯沉值大(刚度小)的路面结构,其承载能力或使用寿命并不一定会比路表弯沉值小(刚度大)的路面结构差;反之,亦然。因而，不能仅仅依据这一指标值判断出路面结构的承载能力或使用性能对交通荷载的适应程度，或者比较出不同路面结构的承载能力或使用性能的高低。

对于这一特性，历版设计规范的修订者也意识到了，因此，才出现了各版规范中路表弯沉公式不断修正的现象：一方面增加公式中的系数项，另一方面修正公式中的常数项。后者随着轴载变重、路面等级提高和路面结构层变厚而不断减小，即设计标准不断提高；前者则随着路面结构组合和材料类型的变化而通过增加系数项(影响变量)不断进行调整——由1978年版的面层类型系数到1986年版添加公路等级系数，再到1997年版添加基层类型系数，企图通过细化路面结构组合类型和材料类型的办法来克服弯沉指标非唯一性的缺点。然而，所添加的各项系数及其系数值均难以充分覆盖变化繁杂的各种路面结构组合和材料类型，也无法确切地反映出不同路面结构在承载能力或使用寿命上的差异。此外，新的路面结构组合和材料类型总是会随着技术的发展而不断涌现，而设计规范的修订总是滞后于发展的，因此，规范会面临须不断地修正公式中的常数项或者增加系数项的要求，以适应新出现的发展变化，有时也会由于修正的不及时而出现影响新结构或新技术发展的情况。

2.4.1.2 路表弯沉与路面损坏类型

采用路表弯沉值作为设计指标的基本观点，认为路面破坏是由于变形所引起的——路面结构的总变形量达到一定程度后路面即出现破坏(见本章2.3.1前苏联伊凡诺夫的论述)。然而，路表弯沉值只是路面结构变形的一个表象，它不能充分反映路面结构的刚度特性(除了荷载中点的弯沉值外，还需要路表弯沉曲线)，更不能反映路面结构内的应力和应变状况。

路面是一种多层结构，各层结构可以采用不同类型的材料，具有不同的力学属性。路面结构的损坏，既可能是由于某一组成结构(如路基、粒料层或沥青面层)或整个结构的过量塑性变形，也可能起因于结构层内某处的应力或应变量超出了该处材料的疲劳强度或疲劳应变值。重复荷载和环境因素的反复作用，使塑性变形不断积累，或者使破坏点不断延伸、扩展，路面结构便随之出现不同形态的破坏，反映到路表，表现出较大的变形。而路表弯沉值(总变形量)仅是路面结构对作用荷载的一个综合的或表观的响应量。

由不同结构层组合和材料类型组成的路面结构，在荷载和环境因素的作用下，具有不同的应力和应变场。破坏点可能出现在不同的位置，其延伸和扩展可能采用不同的方式，路面结构的破坏可能表现出不同的形态，破坏时的路表弯沉值可能具有不同的量值。例如，无机结合料类基层沥青路面，破坏点可能首先出现在基层底面(由于该处的弯拉应力超过了材料的疲劳强度)，这时路表的变形量很小；而后，裂缝一方面在基层内部扩展，另一方面向沥青面层扩展；随后，路表出现裂缝或网裂,变形量增大。我们可以定义基层底面出现裂缝时为路面结构破坏的临界状态,也可以定义路表出现裂缝或网裂、变形较大时为路面结构破坏的临界状态。采用两种结构破坏定义的路面,具有差别很大的路表弯沉值。又如,粒料类基层上的沥青路面,破坏点可能出现在沥青面层的底面(由于该处的弯拉应变超出了材料的疲劳应变),而后,裂缝不断扩展并反映到路表;破坏点也可能出现在沥青面层内部,由于剪切变形的发展和积累,路表出现影响行车安全的车辙变形。这两种不同的损坏形态,都可以定义为路面结构破坏的临界状态,但它们可以具有不同的路表弯沉量。

弯沉设计指标的非唯一性特性,实质上来源于不同结构层组合和材料类型组成的路面结构具有不同的应力、应变场,相应有不同的结构破坏形态,可以采用不同的破坏标准。而路表弯沉由于是一项综合性的、表观性的指标,无法与具有多种破坏类型和破坏标准的不同路面结构建立起统一的、协调的和稳定的关联。1978年版设计规范在研制容许弯沉关系式时提出了较明确的路面损坏状况定义(表2-4)。但随后几版设计规范对容许(或设计)弯沉关系式进行的常数项修正(降低常数数值,即提高设计标准)或系数项增添,都没有相应地提出或明确交待路面损坏状况的定义或规定。而修订者事实上也很难提出来,因为路表弯沉容许(或设计)值与某种结构损坏类型没有特定的关联。

现通过一个算例来讨论路表弯沉设计指标在与路面结构损坏的关系方面存在的问题。

参照1997年规范附录A,为各级公路的路面拟订了6个交通等级的标准轴载设计轴次(取各等级轴次范围的上限),选定相应的沥青面层厚度(也取为各等级厚度范围的上限)及无机结合料类基层(水泥稳定碎石)和粒料底基层。参照该规范附录D,为各类结构层材料选定相应的材料参数,如表2-8所列;参照附录E,规定了两种路基(回弹模量值为30MPa和25MPa),分别适用于高等级和低等级路面结构。

无机结合料类基层沥青路面结构和设计参数 表2-8

	设计轴次($\times 10^6$)	24	12	8	4	2	1
面层	厚度(cm)	18	15	12	10	8	4
	模量(MPa)	1 400(15℃)/1 000(20℃)(沥青混凝土)					
	劈裂强度(MPa)	0.8					
基层	厚度(cm)	40	35	30	30	25	20
	模量(MPa)	1 500(水泥稳定碎石)			1 200(水泥稳定碎石)		
	劈裂强度(MPa)	0.6			0.5		

续上表

	设计轴次（$\times 10^6$）	24	12	8	4	2	1
底基层	厚度(cm)	33.8	36.2	47.0	40.0	43.8	47.4
	模量(MPa)	200（粒料）					
	路基模量(MPa)	30			25		

注：各层材料的泊松比取值：沥青面层和底基层为 0.35；水泥稳定碎石基层为 0.20；路基为 0.40。

基于上述参数条件，按设计规范规定的方法计算路面结构的各项设计指标值。各级设计轴次的路面结构的设计弯沉值及面层和基层的容许拉应力值，列于表 2-9。选定基层厚度，按设计弯沉值确定所需的底基层厚度示于表 2-8。满足设计弯沉值要求时，计算得到的沥青面层和半刚性基层底面的拉应力与相应的容许拉应力的比值也列于表 2-9。

表 2-8 中无机结合料类基层沥青路面结构的各项设计指标 表 2-9

设计轴次（$\times 10^6$）	24	12	8	4	2	1
路表设计弯沉(0.01mm)	20.05	23.03	24.98	31.56	36.25	45.43
面层底面容许拉应力 σ_{r1}(MPa)	0.211	0.246	0.269	0.345	0.402	0.510
面层底面拉应力 σ_1(MPa)	−0.063	−0.084	−0.110	−0.124	−0.169	−0.331
面层底面应力比(σ_1/σ_{r1})	−0.30	−0.34	−0.41	−0.36	−0.42	−0.65
基层底面容许拉应力 σ_{r2}(MPa)	0.264	0.285	0.298	0.295	0.319	0.375
基层底面拉应力 σ_{r2}(MPa)	0.116	0.143	0.170	0.165	0.204	0.281
基层底面应力比(σ_2/σ_{r2})	0.44	0.50	0.57	0.56	0.64	0.75
土基顶面压应变 ε_z(10^{-6})	184.7	220.8	235.9	313.5	365.3	463.5

注：拉应力为正号；压应力为负号。

由表 2-9 中的计算结果可看出：

（1）各交通荷载等级的无机结合料类基层上沥青面层的底面均为压应力，沥青面层拉应力验算指标在厚度设计中不起作用。

（2）水泥稳定碎石基层底面虽然为拉应力，但与容许应力相比的比值仍不大，即在以设计弯沉作为控制指标时，无机结合料类基层拉应力验算指标在路面结构厚度设计中也不起决定作用；本算例选用较低的粒料底基层模量，使基层和底基层的模量比达到 6~7.5，即基层会产生较大的拉应力，即便如此，基层底面的拉应力仍不足以使之对结构层厚度起重大影响。

（3）路面结构层的厚度完全由路表设计弯沉指标所控制。

在表 2-8 和表 2-9 的算例中，降低底基层厚度和增加基层厚度，或者选定底基层厚度而确定基层所需厚度，所得到的计算结果与上述结论相同。

上述按规范条件进行路面结构计算的结果表明，无机结合料类基层沥青路面既不会出现沥青面层的疲劳开裂损坏，也不会产生水泥稳定碎石基层的疲劳开裂损坏。那么，路面结构会出现什么类型的结构性损坏呢？路表设计弯沉指标究竟控制路面结构的哪种结构性损坏呢？规范没有回答这些问题。

2.4.1.3 综合指标与单项指标

路面结构是一种多层次的复合结构。路面设计时设计人员可以选用不同的结构层组合和材料类型。路面结构的性能不仅依赖于复合结构整体所提供的性能，更取决于某一组成结构层次的性能，特别在各结构层次的组合或材料性质不协调时。路表弯沉反映了路面结构整体的抗变形能力，它既不反映也不限定某结构层次的抗变形能力。因而，具有相同路表弯沉值的两个路面结构，可能由于结构层组合或所选材料类型的不同而具有不同的承载能力或使用寿命，或者由于某个路面结构的结构层组合或材料选择不合理而过早地出现破坏。

为了避免结构层的不合理组合或材料的不合理选用，引起相对薄弱环节处出现某种类型的破坏，规范方法针对特定的破坏类型设置了相应的单项控制指标。1986年版设计规范增加沥青面层和无机结合料类结构层底面拉应力验算指标就是出于这样的考虑。由此，就形成了综合设计指标和单项设计指标并存的局面。

既有综合指标又有单项指标，可以实施结构层组合和材料的合理设计，但也会出现综合指标与单项指标间的相互关系以及它们之间相互协调的问题。一方面，如果用不同的单项指标来控制住相关结构层次的特定损坏类型，那么综合指标用来控制路基和路面结构整体或者某结构层次的什么类型的损坏呢？另一方面，综合指标与单项指标的要求之间还存在着设计结果协调一致的问题。这两方面问题，是采用综合指标与单项指标共存的设计指标体系时必须做出回答的。然而，规范方法对此并未做出明晰的分析和说明，也未给出合理的回答。

上一节的算例结果表明，规范方法的两项拉应力指标根本不起控制作用，设计厚度完全由路表弯沉控制，前者形同虚设，而后者又不知道究竟是控制何种类型的路面损坏。现在利用相似的算例，但采用2006年规范的材料性质参数计算路面结构的各项设计指标值（引用杨学良的计算结果）。选定底基层厚度（20cm)，按路表设计弯沉值和基层底面容许拉应力值计算确定的所需基层厚度示于表2-10。各级设计轴次的路面结构的设计弯沉值及面层和基层的容许拉应力值，列于表2-11。满足基层容许拉应力值要求时，计算得到的沥青面层和水泥稳定碎石基层底面的拉应力与相应的容许拉应力的比值如表2-11所示。

无机结合料类基层沥青路面结构和设计参数　　　　表 2-10

设计轴次($\times 10^6$)		24	12	8	4	2	1
面层	厚度(cm)	18	15	12	10	8	4
	模量(MPa)	1 800(15℃)/1 200(20℃)(沥青混凝土)					
	劈裂强度(MPa)	1.0					
水泥稳定碎石基层	厚度(cm)	28.8/32.2	26.2/32.6	25.7/33.9	26.6/33.5	24.3/33.2	21.9/32.3
	模量(MPa)	4 000(压)/1 600(拉)			3000(压)/1300(拉)		
	劈裂强度(MPa)	0.6			0.5		
底基层	厚度(cm)	20	20	20	20	20	20
	模量(MPa)	200(粒料)					
路基模量(MPa)		40			30		

注:1.各层材料的泊松比取值:沥青面层为 0.35;水泥稳定碎石基层为 0.20;粒料底基层和路基为 0.40。
2.基层厚度行中,分子为按路表设计弯沉值确定的基层所需厚度,分母为按基层容许拉应力值确定的基层所需厚度。

表 2-10 中无机结合料类基层沥青路面结构的各项设计指标　　　　表 2-11

设计轴次($\times 10^6$)	24	12	8	4	2	1
路表设计弯沉(0.01mm)	20.05	23.03	24.98	31.56	36.25	45.43
面层底面容许拉应力 σ_{r1}(MPa)	0.264	0.308	0.337	0.431	0.502	0.638
面层底面拉应力 σ_1(MPa)	−0.087	−0.102	−0.118	−0.134	−0.156	−0.210
面层底面应力比(σ_1/σ_{r1})	−0.33	−0.33	−0.35	−0.31	−0.31	−0.33
基层底面容许拉应力 σ_{r2}(MPa)	0.264	0.285	0.298	0.295	0.319	0.375
基层底面拉应力 σ_1(MPa)	0.261	0.285	0.295	0.295	0.319	0.375
基层底面应力比(σ_2/σ_{r2})	0.99	1.00	0.99	1.00	1.00	1.00
土基顶面压应变 $\varepsilon_z(10^{-6})$	175.1	188.1	195.3	265.3	286.3	338.9

注:拉应力为正号;压应力为负号。

由表 2-10 和表 2-11 的计算结果可看出:

(1)2006 年规范改变了无机结合料类材料弹性模量的取值方法(计算路表弯沉和拉应力时选用不同的模量值),使得本例的计算结果与应用 1997 年规范的算例(表 2-9)完全不同。

(2)按路表设计弯沉指标确定的基层厚度小于按基层容许拉应力确定的厚度,无机结合料类基层的所需厚度完全由水泥稳定碎石的容许拉应力所控制,路表设计弯沉指标对基层厚度不再起控制作用,即无机结合类基层沥青路面的损坏主要是基层的疲劳开裂。

(3) 无机结合料类基层上沥青面层的底面仍为压应力,沥青面层拉应力验算指标在基层厚度设计中仍不起作用。

采用 2006 年规范和 1997 年规范出现截然不同的计算结果,反映出路表弯沉指标既无法与路面的结构损坏相关联,也难以使综合指标与单项指标相协调。事实上,既有综合指标又有单项指标,必然会面临这样的局面,要么二者相互矛盾,要么有一方形同虚设。

2.4.1.4　路表弯沉与路基变形

上述分析表明,路表弯沉既不能用以控制沥青面层的损坏,也无法控制无机结合料基层的损坏,那么,这项设计指标在路面结构设计中究竟起什么作用呢?其设计指标值又是怎样制订出来的呢?

路表弯沉是一项反映路基和路面结构总刚度(即抗变形能力)的指标。规范的主要制订者认为,"容许弯沉值是为防止路面发生沉陷、弹簧、网裂等综合强度不足的破坏而采用的指标"[29]。在无法控制沥青面层和无机结合料基层损坏,而无机结合料类基层沥青路面结构本身的竖向位移变形(永久变形)又不会很大的情况下,这项指标留存的主要用途,便在于控制路基的变形量,即保证路面结构有足够的刚度,使传到路基的应力水平不会产生过量的永久变形,导致路面结构出现损坏。早期的路面结构设计就是采用这种思路来建立所需厚度关系式的。

由表 2-9 和表 2-11 中的最后一行(路基顶面竖向压应变数值)可看出,随着设计轴次的减少,路表设计弯沉值增加,路面结构层厚度减薄,路基顶面竖向压应变相应增大,路基顶面竖向压应变与路表设计弯沉呈对应递增的关系。因而,对于算例所示的路面结构而言,设计规范中的路表设计弯沉指标与路基顶面竖向压应变指标是对应的,并可相互置换。类似于路表容许(或设计)弯沉与设计轴次的关系式[式(2-29)],在路基顶面容许竖向压应变与设计轴次之间也可建立相应的关系式:

$$\varepsilon_z = AN^{-b} \tag{2-36}$$

式中:ε_z——路基顶面容许竖向压应变;

　　　N——标准轴载累计作用次数;

　　　A、b——试验回归系数。

然而,如果路面结构组合方案不同于上述算例中所采用的,例如,不同的基层或底基层模量或厚度,仍有可能在同一个路基顶面容许压应变值时得到不同的路表设计弯沉值,或者同一个路表设计弯沉值时得到不同的路基顶面容许压应变值。表 2-12 中列举了 5 种不同的结构组合,具有相同的路基模量(30MPa)和路基顶面压应变(300×10^{-6}),但每种结构组合具有不同的路表弯沉值。由此,虽然路基条件和指标相同,如果此路基顶面压应变为容许值,则很难选定合适的控制路基变形量的路表弯沉指标值。反之,如果选定了某个路表弯沉值作为设计指标值,则由于路基顶面压应变值的不同,某些路面结构可能出现过量的路基变形。出现这种不同路面结构组合的路表弯沉与路基竖向压应变不完全对应的现象,主要是由于路表设计弯沉与损坏类型或标准的不对应。因此,与其采用综合性指标路表弯沉来控制路基的变形,不如直接采用单项指标,如路基顶面竖向压应变,来控制路基的永久变形量。规范的主要制订者也认识到了这一点,但认为"所以不采用国外一般使用的土基压应变为指标,是因土基压应变难以测定,而路表弯沉值易于现场测定,利于检验"[29]。当然,单从检测便利性来说,路表弯沉要比路基压应变检测简便得多,但从设计指标的针对性和设计结果的合理性方面来看,路基压应变要比路表弯沉优越得多,何况,并非每一项设计指标都需要或要求能得到实际检测(面层和基层的拉应力就没有提出这种检测要求)。

路表弯沉与路基顶面压应变计算示例 表2-12

路面结构	1	2	3	4	5
面层[厚度(cm)/模量(MPa)]	15/1 500	15/1 500	10/1 500	10/1 500	10/1 500
基层[厚度(cm)/模量(MPa)]	30/1 500	21/3 000	26/3 000	10/800	23/3 000
底基层[厚度(cm)/模量(MPa)]	—	—	—	19/3 000	15/300
路基模量(MPa)	30				
路基顶面压应变(10^{-6})	300				
路表弯沉(0.01mm)	33.6	38.1	36.6	37.5	35.3

2.4.1.5 验收和评定指标

我国历版沥青路面设计规范均以路表弯沉作为主要设计指标。经过近半个多世纪的工程应用,路表弯沉指标已在技术人员中形成了传统概念和习惯,以此作为衡量路面结构承载能力的唯一指标和标准。而弯沉测定作为路面结构(整体或部分)刚度或承载能力的一种无破损检测手段,与其他方法相比,具有使用简便、直观、经济和较快速的优点,因而,还会在长时期内广泛地应用于施工质量检验、工程验收以及路面结构状况和性能的评定。

虽然由于路表弯沉指标的整体性、综合性和表观性特性,作为设计指标存在着非唯一性、与路面结构损坏无特定关联以及与各个单项指标难以协调等缺点,但对于同一种或同一段路面结构,路表弯沉指标仍能反映出该结构的承载能力,其测定结果具有可比性,可用于判断和比较。因而,对于新建路面,可以将设计路面结构所应具有的弯沉值提供给施工、监理、质检和管理部门,作为质量检查和工程验收的一项指标;而对于已有或改建路面,可以将路面结构的实测弯沉值作为评定路面结构状况(承载能力)或使用性能的一项指标,作为改建设计的依据。

2.4.2 沥青层底面拉应力指标

从1986年版设计规范起,各版规范都增加了一项限制沥青层底面拉应力的指标,以控制沥青层的疲劳开裂破坏。然而,容许拉应力计算式,即式(2-31)和式(2-34)的建立,存在着两方面严重问题。

2.4.2.1 疲劳关系式的形式

沥青层底面容许拉应力与荷载作用轴次的关系,即为沥青层的疲劳关系式。这三版规范的疲劳关系式,采用了应力比(容许拉应力与弯拉强度或劈裂强度之比)与结构强度系数(为达到疲劳损坏时的荷载作用轴次的函数)相关的形式。这种形式的疲劳关系式,主要适用于无机结合料类材料。无机结合料类材料的应力与应变关系接近于线弹性,试验温度对试验结果的影响极小,加载频率的影响较小。选用应力比作为变量,可以较为稳定地反映所施加的重复应力的级位大小,不受或少受疲劳试验和一次加载试验时材料性质变异的影响。

沥青混合料是黏弹性材料,其应力与应变的关系受试验温度、加载频率和应力级位等许多因素的严重影响。不同试验温度、加载频率或重复应力级位下,重复加载应力与一次加载的强度之间,由于材料性质非线性变异的影响,不可能建立起稳定的应力比级位。因此,迄今为止,国外研究人员都是以重复应变或应力作为变量,与疲劳寿命(材料疲劳破坏时的累计作用次数)建立沥青混合料的疲劳关系式:

$$N_f = a\varepsilon_t^{-b} \tag{2-37}$$

$$N_f = c\sigma_t^{-d} \tag{2-38}$$

式中: ε_t——重复拉应变;

σ_t——重复拉应力;

N_f——疲劳破坏时的累计作用次数;

a、b、c、d——与材料性质有关的试验参数。

Pell所做的疲劳试验和试验结果的整理分析表明[30],不同温度和加载速率条件下得到的试验结果,在将重复拉应力除以混合料的劲度模量而变成重复拉应变后,可以在重复拉应变和疲劳寿命的双对数坐标纸上回归整理成一条直线,而温度和加载速率的影响可以反映在劲度模量内。为此,他认为疲劳寿命主要受重复拉应变大小的控制,而非重复拉应力大小,沥青混合料的疲劳方程宜于采用式(2-37)表述。

有些国家对疲劳试验结果的整理分析认为,疲劳寿命还与混合料的劲度模量有关(不同劲度模量的混合料有相应的 N_f-ε_t 疲劳曲线),因而建议采用下述疲劳方程形式[31]:

$$N_f = c\varepsilon_t^{-d}S^{-e} \qquad (2\text{-}39)$$

式中:S——沥青混合料的劲度模量;

c、d、e——试验参数。

2.4.2.2 疲劳关系式的适用范围

疲劳关系式是由试验结果回归得到的经验关系式。经验关系式都有一定的适用范围。例如,Pell 指出他的双对数直线关系式的适用范围为 $N_f = 10^4 \sim 10^{8}$[31]。超出这一范围,便不一定存在此关系;而是否可以外延,需要通过试验进行验证。通常,范围外与范围内的关系曲线呈折线状。

1986 年版和 1997 年版设计规范中,采用式(2-38)形式的疲劳关系式整理疲劳试验结果,并将关系曲线段向后外延到原点($N_f=1$)处,得到 $N_f=1$ 时的重复拉应力值,在假设 $N_f=1$ 时的拉应力即为一次荷载作用造成破坏的应力,即极限抗拉强度的前提下,将极限抗拉强度引入疲劳方程中,推演出反映混合料疲劳特性的抗拉强度结构系数公式[26,27]:

$$k_1 = \frac{f_{t1}}{\sigma_{r1}} = AN^{0.22} \qquad (2\text{-}40)$$

式中:A——考虑各种修正后的参数。

其余符号见式(2-31)和式(2-34)。

将疲劳关系式后延到 $N_f=1$,并认为此时的拉应力就是极限抗拉强度,缺乏足够的论据和试验验证。按照规范所提出的抗拉强度结构系数 k_1 公式,在 $N_f < 56\,682$ 次时(高速公路、一级公路),将出现 $k_1 < 1$ 的情况,即容许拉应力大于极限抗拉强度。显然,这种靠外延建立疲劳关系式的推演方法,只能得到错误的疲劳寿命预估结果。

2.4.3 材料性质参数

材料性质参数是正确进行路面结构分析和损坏预估的基础。设计规范方法对材料性质参数的相应规定为:

(1)路基回弹模量采用承载板法或贝克曼梁弯沉法在不利季节实测或者查表法确定。

(2)无机结合料类材料的压缩模量采用顶面法实测或查表法确定,劈裂强度采用间接拉伸试验实测或查表法确定,试件龄期为 120d(水泥类)或 180d(石灰或石灰粉煤灰类)。

(3)沥青结合料类材料的压缩模量和劈裂强度的实测或查表方法与无机结合料类材料相同,试件温度为20℃(模量)或15℃(劈裂强度)。

进行路面结构分析时,都假设路面结构为弹性层状体系。而路基和路面材料,除了无机结合料类材料外,都是弹塑性或黏弹性材料,其力学性质具有应力(水平和速率或频率)依赖性及环境(温度或湿度)依赖性。材料的力学性质与弹性层状体系的假设有很大的出入。为使分析结果与实际相符,应尽量考虑采用与材料性质及所处受力和环境条件相吻合的试验测定方法和指标。为此,半个多世纪以来,国内外许多研究人员致力于材料力学性质、测试方法和指标的研究,取得了丰富的成果,对材料力学性质有了深入的理解和掌握,研制了新的测试方法和指标(如本章第2.2节中各有关设计方法中所反映)。

对照我国设计规范方法,所采用的材料性质参数的测试方法和指标显得过于简单、粗糙,不能真实反映其力学特性,也很难较正确地用于分析路面结构的响应。

2.5 小　　结

(1)通过各国科技人员半个多世纪的共同努力,沥青路面结构设计的力学—经验法已由构想发展到成熟,在设计思想和框架、材料特性和测试方法、荷载作用和环境因素影响、结构分析方法、结构损坏机理、使用性能预估模型、路面结构的无破损检测、理论和方法的试验验证等方面均取得了较为深入的认识和应用成果。

(2)力学—经验法由力学和经验两方面组成。由于路面材料组成和性质的复杂性和高变异性,荷载作用和环境因素影响的随机性,非工厂化现场施工的质量不稳定性,路面结构设计不可能完全采用纯力学分析的方法,而经验部分便成为调节理论与实践关系的杠杆。材料和结构的理论研究成果为我们提供正确的思维方法,帮助我们掌握其发展的内在规律和机理,建立各种合理的计算分析和预估模型;而通过现场试验或工程经验的标定、验证和调整,使所建立的各种模型和各项参数能得到同实际相吻合的分析结果。

(3)我国沥青路面设计规范方法以解析法为基础,以路表设计弯沉为主要设计指标,并辅以沥青面层和无机结合料类结构层的层底容许拉应力验算指标。路表弯沉指标具有整体性、综合性和表观性特性,作为设计指标存在着非唯一性、与路面结构损坏无特定关联以及与各个单项指标难以协调等缺点。路面结构是多层次复合结构,可以由不同的结构层组合,选择不同类型的材料组成,具有不同的应力和应变状况和相应的损坏形态。因而,路面结构设计宜采用多个单项指标,分别针对和控制相应的特定损坏类型。

(4)鉴于我国现行沥青路面设计规范方法存在的众多问题和缺陷,理应充分学习和吸收国外力学—经验法的研究成果和应用经验,结合本国特点和条件制订出适应本国需要的沥青路面结构设计方法。

本章参考文献

[1] ICAO. Aerodromes Design Manual (Doc 9157-AN/901), Part 3: Pavements. ICAO, 1977.

[2] 沈金安. 国外沥青路面设计方法总汇[M]. 北京:人民交通出版社,2004.

[3] Brown, S. F. Achievements and challenges in asphalt pavement engineering. Proceedings, 8th International Conference on Asphalt Pavements, Vol. 3, Seattle, 1997:19-41.

[4] Highway Research Board. The AASHO Road Test-Report 5: Pavement research, 1962.

[5] AASHTO. AASHTO Guide for design of pavement structures, 1993.

[6] Peattie, K. R. A fundamental approach to the design of flexible pavements. Proceedings, International Conference on the Structural Design of Asphalt Pavements, Ann Arbor, 1962:403-411.

[7] Dormon, K. R. The extension to practice of a fundamental procedure for the design of flexible pavements. Proceedings, International Conference on the Structural Design of Asphalt Pavements. Ann Arbor, 1962:785-793.

[8] SHELL International Petroleum Co. Ltd. SHELL Pavement Design Manual—Asphalt Pavements and Overlays for Road Traffic, London, 1978.

[9] Monismith, C. L. Analytically-based asphalt pavement design and rehabilitation—Theory to practice: 1962-1992. TRB Distinguished Lectureship Series, TRB, 1992.

[10] COST 333. Development of new bituminous pavement design method. Final Report of Action. European Commission. Directorate General Transport. Luxembourg, 1999.

[11] Valkering, C. P. and Stapel, F. D. R. The Shell pavement design method on a personal computer. Proceedings, 7th International Conference on Asphalt Pavements, Vol. 1, Nottingham, 1992:351-374.

[12] Shook, J. K., Finn, F. N., Witczak, M. W., Monismith, C. L. Thickness design of asphalt pavements—the Asphalt Institute Method. Proceedings, 5th International Conference on Asphalt Pavements, Vol. 1, Delft, 1982:17-44.

[13] Walker, R. N., Patterson, C. R., Freeme, C. R. and Marais, C. P. The South African mechanistic pavement design procedure. Proceedings, 4th International Conference on Structural Design of Asphalt Pavements, Vol. 2, Ann Arbor, 1977.

[14] Kenis, W. J., Sherwood, J. A. and McMahon, R. F. Verification and Application of the VESYS structural subsystem. Proceedings, 5th International Conference on Structural Design of Asphalt Pavements, Vol. 1, Ann Arbor, 1982: 338-348.

[15] Brown, J. F., Brunton, J. M. and Pell, P. S. The development and implementation of analytical pavement design for British Conditions. Proceedings, 5th International Conference on Structural Design of Asphalt Pavements, Vol. 1, Ann Arbor, 1982: 3-16.

[16] Autret, P., De Boissoudy, A. B. and Marchand, J. P. ALIZE III practice. Proceedings, 5th International Conference on Structural Design of Asphalt Pavements, Vol. 1, Ann Arbor, 1982: 174-191.

[17] Verstraeten, J., Ververka, V. and Franken, L. Rational and practical design of asphalt pavements to avoid cracking and rutting. Proceedings, 5th International Conference on Structural Design of Asphalt Pavements, Vol. 1, Ann Arbor, 1982: 45-58.

[18] NCHRP Project 1-37A. Guide for mechanistic-empirical design of new and rehabilitated pavement structures, Final Report. NCHRP, 2004.

[19] Monismith, C. L. International Conferences—twenty-five years of contributions to asphalt concrete pavement design and rehabilitation. Proceedings, 6th International Conference on Structural Design of Asphalt Pavements, Vol. 2, Ann Arbor, 1987:2-18.

[20] Bonnaure, F., Gest, G. Gravois, and Uge, P. A new method of predicting the stiffness of asphalt paving mixtures. Journal of AAPT, Vol. 46, 1977: 64-104.

[21] El-Bayouny, M. M., and Witczak, M. Calibration of the alligator fatigue cracking model for the 2002 Design Guide. Presented at TRB 2005 An-

nual Meeting,2005.

[22] Tseng, K., and Lytton, R. Prediction of permanent deformation in flexible pavement materials. Implication of aggregates in the design, construction, and performance of flexible pavements. ASTM STP 1016, 1989:154-172.

[23] 伊万诺夫,等. 公路路面设计[M]. 艾英娴,等译. 北京:人民交通出版社,1958.

[24] 中华人民共和国行业标准. 公路柔性路面设计规范(1978)[S]. 北京:人民交通出版社,1978.

[25] 中华人民共和国行业标准. JTJ 014—86 公路柔性路面设计规范[S]. 北京:人民交通出版社,1987.

[26] 中华人民共和国交通部. JTJ 014—86 公路柔性路面设计规范条文说明. 北京:人民交通出版社,1988.

[27] 中华人民共和国行业标准. JTJ 014—97 公路沥青路面设计规范[S]. 北京:人民交通出版社,1997.

[28] 中华人民共和国行业标准. JTG D50—2006 公路沥青路面设计规范[S]. 北京:人民交通出版社,2006.

[29] 林绣贤. 柔性路面结构设计方法[M]. 北京:人民交通出版社,1988.

[30] Pell, P. S. Fatigue characteristics of bitumen and bituminous mixes. Proceedings, International Conference on the Structural Design of Asphalt Pavements. University of Michigan, 1962:310-323.

[31] Finn, F. N., ET. Al. The use of distress prediction subsystems for design of pavement structures. Proceedings, 4th International Conference on structural Design of Asphalt Pavements. University of Michigan, 1977: 3-38.

第3章 路基湿度状况

路基的湿度受环境因素的影响,在年循环内发生着周期性的变化。湿度是影响土和粒料回弹模量值的重要因素,因而,路基的回弹模量值在年循环内也会随湿度的变化出现相应的周期性变化。这种变化会影响路面结构的力学响应,从而影响到路面结构的使用性能和使用寿命。因此,在路面结构设计时应充分考虑路基的湿度状况,计入湿度变化对路基模量值以及路面结构的影响。

路基的湿度状况,受大气降水和蒸发、地下水、温度和路面结构及其透水程度等多种因素的影响。在路面完工2~3年后,路基的湿度变化逐渐趋向于同周围环境相适应的某种平衡湿度状态。

影响路基湿度的内在因素是土的持水能力,以土的基质吸力表征。通过对基质吸力和湿度(含水率和饱和度)的量测,可以建立反映两者关系的土—水特性曲线模型。

依据路基的湿度来源和变化特点,可以将路基的湿度状况分为主要受地下水影响、主要受气候因素影响以及兼受地下水和气候因素影响三种基本类型。受地下水影响的路基,可以按距地下水位的距离估计路基土的基质吸力。受气候因素影响的路基,可以利用基质吸力与气候参数之间的经验关系模型,预估路基土的基质吸力。兼受两者影响的路基,则按它们各占的影响范围综合确定。利用土的基质吸力预估模型和土—水特性曲线模型,可以进而预估各类湿度状况路基的平衡湿度值。

3.1 湿度来源与变化

路基的湿度受到各种环境因素的影响而发生着变化。这些因素主要有:

(1)大气降水——降水浸湿透水的路肩和边坡,并通过毛细润湿作用向路面下路基的内部扩展,观测表明,雨水从路表渗入到路基使之产生湿度变化大约需要4~6周时间[5];降水还会浸湿透水的路面,或者沿着路面的裂缝渗入,并向下浸湿粒料层以及路基。

(2)大气蒸发——蒸发循着与渗入相同的路径使水分从路基和粒料层内逸出,但蒸发仅影响路面边缘、路肩和路基坡面处的湿度状况,而对路基中心处的湿度影响很小,可忽略不计;干旱或半干旱地区,蒸发量对路基湿度状况的影响较显著。

(3)地下水——地下水位高时,地下水通过毛细作用浸湿路基;地势低洼和排水不良或者滨海、沿河(湖)的路段,积滞在相邻沟渠或高处携水层内的水分或者海水、河(湖)水,可以通过毛细润湿或渗流作用进入路基。

(4)温度——沿路基深度出现较大的温度梯度时,水分在温差的影响下以液态或气态由热处向冷处移动并积聚在该处;在季节性冰冻地区,在负温差的影响下,水分在负温区($0\sim-3$℃)和正温区内由高温向低温处移动,并积聚在$0\sim-3$℃等温线之间,形成冰棱体,使该处路基的湿度在春融期间剧增。

外部环境因素对路基湿度的影响程度,与路基和路面的结构特性有关。

无裂缝或裂隙的沥青面层为不透水结构,可以保护路基,减少降水和蒸发对路基湿度的影响,除了路面边缘、透水路肩和路基边坡坡面处外,路面下路基湿度的季节性变化显著降低。此时,路基的湿度变化,在路面修建后的2~3年内会逐渐趋近于一个相对稳定的波动范围,称作平衡湿度状况。

Russam等在各地的调查表明[1],地下水位距土表不低于3~4.5m(英国)或者4.5m以上甚至6~9m(非洲和中东)时,路面下路基的湿度与地下水处于静态平衡状态,即路基湿度主要受地下水位控制,并随地下水位的季节性升降而围绕某个平衡湿度出现季节性波动。路基湿度受地下水控制的临界水位深度随路基土质而异,依据世界各地的野外观测资料,黏土的临界深度约为6m,砂质黏土或粉土约为3m,砂约为0.9m[5,11]。地下水位在此深度范围内时,路基的平衡湿度可根据地下水位的高度来确定。

地下水位深于上述范围而降水量较大(年降水量大于250mm,每年至少有两个月的降水量超过蒸发量)时,路面下路基的平衡湿度主要受气候因素(降水量和蒸发量等)的影响,并且其波动范围较小。据观测,其湿度大致等于当地无覆盖土的湿度季节性波动区下面土层的湿度,可通过直接量测该土层的湿度或基质吸力确定[1,10]。

对于地下水位深于上述范围而降水量小于250mm的干旱地区,路基平衡湿度主要受空气相对湿度的控制,降水的影响较小。据观测,其湿度大致等于当地无覆盖土在相同深度处的湿度,可通过直接量测该处的湿度或基质吸力确定[1,10]。

沥青面层有裂缝或裂隙时,降水会沿裂缝或裂隙渗入路面结构内,并浸湿粒料层或路基上层,使其湿度和波动范围比面层无裂缝时大。

路肩为透水的情况下,不透水面层边缘下的路基,由于透水路肩处的水分渗入和蒸发作用,其湿度经历较大的季节性变化。通常,路基湿度及其波动幅度从离路面边缘1m左右处开始增大,到边缘处或路肩下达到最大[5]。路肩为不透水时,路面边缘下路基的湿度与路面中心区下的湿度相近。

此外,地形、排水、土质和施工压实情况等对路基的湿度状况也有影响。平原地区路基湿度的影响因素较为单一,沿线各路段路基的湿度状况也比较接近。山丘地区路基的湿度受起伏地形的影响,变化较大,挖方和填方路段的路基湿度相差较大,挖方路基的湿度通常较填方路基的湿度大,填方路基的高度越大,其湿度受地下水位影响也就越小。路表排水和路面结构内部排水设施的设置和运行情况对路基的湿度状况有较大的影响。路表排水效果好,可以减少降水对路面和路基的入渗,缩短路基受浸湿的时间。施工时路基土的湿度与土在自然状态下的湿度相接近时,路基的湿度变化将会很小。施工压实时,选用的压实含水率对路基湿度的变化也有影响,一般情况下,略高于最佳含水率时,其湿度接近于路基的平衡湿度,路基在使用期间的湿度变化较小,反之,在低于最佳含水率(低于平衡湿度)时压实,路基在使用期间的湿度会增加很多。

依据路基的湿度来源和变化特点,可以将非冰冻地区路基的湿度状况分为三种类型:

(1)受地下水控制类——地下水位高,路基处于地下水毛细润湿区内,其平衡湿度受控于地下水位的高度。

(2)受气候因素控制类——地下水位很低,路基平衡湿度主要受当地气候因素(降水、蒸发、大气平均湿度等)的影响。

(3)兼受地下水和气候因素影响类——地下水位较高,路基下部处于地下水毛细润湿区内,而其上部则受当地气候因素的影响。

3.2 土的湿度与基质吸力

3.2.1 湿度指标

路基土的湿度可以采用含水率和饱和度表征。质量含水率 w 与体积含水率 w_v 之间的关系可按下式确定:

$$w_v = w \frac{\gamma_s}{\gamma_w} \tag{3-1}$$

式中:γ_s、γ_w——土的干密度和水的密度(g/cm³)。

饱和度 S 与含水率之间的关系为:

$$S = \frac{w}{\frac{\gamma_w}{\gamma_s} - \frac{1}{G_s}} \quad 或 \quad S = \frac{w_v}{1 - \frac{\gamma_s}{G_s \gamma_w}} \tag{3-2}$$

式中：G_s——土的相对密度。

路基土在吸湿和干燥过程中，其体积通常会随着湿度的增减而变化。因而，即使土的质量含水率没有改变，其体积含水率和饱和度均会发生变化。因此，表征路基湿度状况时，宜于采用饱和度作为指标。

3.2.2 基质吸力

路基土的湿度，除了受环境因素和路基路面结构特性的影响外，还主要取决于土本身吸持水分的能力。土对水分的吸持能力，可归之于土颗粒的分子引力作用和土孔隙的毛细管引力作用，称作土的基质吸力。路基土通常为非饱和土，其湿度(饱和度)与土的基质吸力密切相关。此外，土中的水分还受到重力、大气压力、水中溶质的渗透引力和外部荷载应力的作用。对于非饱和土，在一般情况下重力和大气压力的作用等于零，而渗透引力和荷载应力的作用很小，可以忽略不计。对于饱和土，其基质吸力为零，土中水分受其他作用力(重力和荷载)的影响。

土基质吸力的测定可以采用直接量测法(如各种张力计)或间接量测法(如湿度计、滤纸等)。

张力计法是一种直接量测土基质吸力的方法：将充水饱和的陶瓷头插入土中，与土保持良好接触；陶瓷头中的水将土中的孔隙水与张力计压力量测系统中的水相连通，达到平衡状态时，张力计中的水便与土中的水具有相同的压力，此时，由量测系统直接读出的压力为负孔隙水压力，即基质吸力。张力计体型小，便于携带，反应迅速，野外或室内量测都适用，在量测 0～85kPa 范围的基质吸力时，可优先考虑使用张力计。

滤纸法则是一种间接量测的方法：将滤纸埋入土试样内，使滤纸与土保持密切接触；再把试样放置于一个密封的储罐中，大约经过 14d 后，储罐内的土与滤纸之间的水汽交换趋于稳定；然后，量测滤纸的含水率，参照滤纸的标定曲线计算基质吸力；并量取土样的含水率。具体测定步骤可参照 ASTM 标准 (D5298—94)[2]。

3.2.3 土—水特性曲线

许多研究者对各类非饱和土的基质吸力与含水率(体积含水率、饱和度)之间的关系进行了试验研究，并依据实测结果整理出反映两者关系的各种经验模型(称作土—水特性曲线)。其中，Gardner 在 1958 年提出的土—水特性曲线关系式为：

$$w_v = w_{vr} + \frac{w_{vs} - w_{vr}}{1 + \left(\dfrac{h_m}{a}\right)^b} \tag{3-3}$$

式中：h_m——基质吸力(kPa)；

　　　w_v——体积含水率(%)；

　　　w_{vr}——残留体积含水率(%)；

　　　w_{vs}——饱和时的体积含水率(%)，$w_{vs}=w_{v,opt}/S_{opt}$；

　　　$w_{v,opt}$——最佳体积含水率(%)；

　　　S_{opt}——最佳含水率时的饱和度(%)；

　　　a——土参数，为空气进入率的函数(kPa)；

　　　b——土参数，为水提出速率的函数。

在1989年为美国联邦公路局建立的综合气候模型(ICM，1999年改进为EICM)中，Gardner的上述关系式被应用于建立路基湿度预估模型[4]。Zapata等在应用6个路面长期使用性能(LTPP)观测路段的实测数据对EICM模型进行验证时发现，该模型预测的路基湿度(体积含水率)与实测值有较大的偏差，并认为该模型在应用Gardner关系式时将残留体积含水率取为零，使该式由3参数降为2参数，是造成偏差的原因之一[6]。

一些研究者在比较了各种土—水特性曲线模型后认为，具有3参数和4参数的关系式较适合于表征土　水特性曲线，见式(3-4)和式(3-5)。其中，Fredlund和Xing在1994年建立的4参数模型与大量试验数据吻合得较好，可以适用于各种湿度状态，包括近于饱和(基质吸力接近于零)与完全干燥(基质吸力等于1GPa)的两种极端湿度状态[3]：

$$w_v = C(h_m)\frac{w_{vs}}{\left\{\ln\left[\exp(1)+\left(\frac{h_m}{a}\right)^b\right]\right\}^c} \qquad (3\text{-}4)$$

$$C(h_m) = 1 - \frac{\ln\left(1+\frac{h_m}{h_r}\right)}{\ln\left(1+\frac{10^6}{h_r}\right)} \qquad (3\text{-}5)$$

式中：h_r——与残留体积含水率对应的基质吸力(kPa)，它使曲线的干燥段转为水平向；

　　　c——土参数，为残留含水率的函数，控制曲线干燥段的形状和位置；

　　　$C(h_m)$——调整系数，迫使各条曲线在含水率为零时通过吸力等于10^6kPa点；

其余符号同式(3-3)。

Zapata等利用Soilvision Systems Ltd.所建立的近190种土的试验数据库，回归分析了Fredlund和Xing模型的参数与土的物理性质指标之间的经验关系[6]。

根据土塑性指数的不同，将土分为两类：

(1)塑性指数 PI 大于零的塑性土(70 种)——以 0.075mm 筛通过率 $P_{0.075}$ 和塑性指数 PI 的乘积($P_{0.075} \times \text{PI} = \text{wPI}$)作为物性指标时,模型参数与该指标的相关性较好,如图 3-1 所示(图中各数据点为实际量测结果,曲线为预测值)。

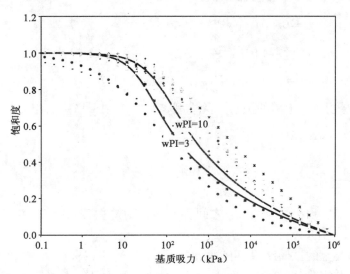

图 3-1　wPI 为 3～10 的土的土—水特性曲线范围内的测试结果

(2)塑性指数 PI 等于零的非塑性土(120 种)——以通过率为 60%时所对应的土颗粒直径 D_{60} 作为物性指标时,模型参数与该指标的相关性较好,如图 3-2 所示(图中各数据点为实际量测结果,曲线为预测值)。

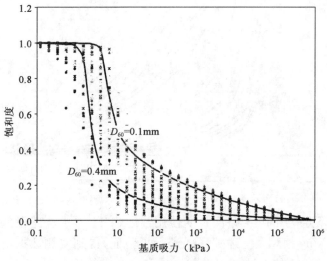

图 3-2　D_{60} 为 0.1～0.4mm 的土的土—水特性曲线范围内的测试结果

为塑性指数 PI 大于零的土建立的模型参数与土物理指标的相关关系式为：

$$a = 0.00364(\text{wPI})^{3.35} + 4(\text{wPI}) + 11 \text{ (kPa)} \tag{3-6}$$

$$b/c = -2.313(\text{wPI})^{0.14} + 5 \tag{3-7}$$

$$c = 0.0514(\text{wPI})^{0.465} + 0.5 \tag{3-8}$$

$$h_r/a = 32.44 e^{0.0186(\text{wPD})} \tag{3-9}$$

式中：wPI——wPI$=P_{0.075} \times$ PI，$P_{0.075}$ 以小数计。

塑性指数 PI 等于零的土建立的模型参数与土物理指标的相关关系式为：

$$a = 0.8627(D_{60})^{-0.751} \text{ (kPa)} \tag{3-10}$$

$$b = 7.5 \tag{3-11}$$

$$c = 0.1772 \ln(D_{60}) + 0.7734 \tag{3-12}$$

$$h_r/a = (D_{60} + 9.7 e^{-4})^{-1} \tag{3-13}$$

由于未能发现参数 b 与 D_{60} 之间存在显著对应关系，Zapata 推荐了 b 的均值为式(3-11)中的 7.5。

综合两类土的试验结果，可以绘制出以土的性质指标 wPI 和 D_{60} 为变量的土—水特性曲线簇(图 3-3)。图中，左下侧曲线簇以 D_{60} 为变量，适用于 PI=0 的土类；右上侧曲线簇以 wPI 为变量，适用于 PI>0 的土类。

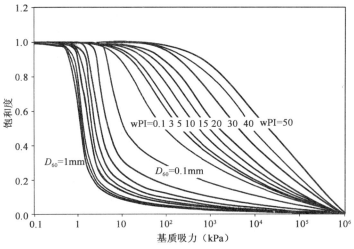

图 3-3 基于 wPI 和 D_{60} 的土—水特性曲线簇

Zapata 等再应用 10 个路面长期使用性能(LTPP)观测路段的实测数据对 Fredlund 和 Xing 模型及上述关系式进行了验证，得到实测数据与预估值相当吻合的结果(图 3-4)[6]。上述经验关系式和土—水特性曲线簇已被纳入美国力学—经验法路面设计指南,用于估算土—水特性曲线的参数。

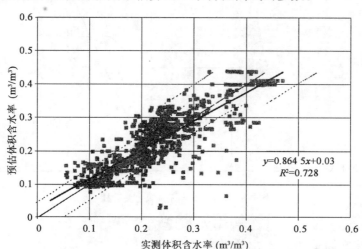

图 3-4　实测含水率与预估含水率的对比(包括路基土和粒料基层)[6]

Perera 对 144 个塑性土样和 160 个非塑性土样的试验结果,按 Fredlund 和 Xing 模型进行了土—水特性曲线模型参数的回归分析,分别得到了塑性土组和非塑性土组的模型参数 a、b、c 和 h_r 的关系式[7]。与 Zapata 的结果相比,其精度更高些。

3.3　路基土基质吸力预估

3.3.1　受地下水控制类路基

地下水位高时,路基湿度主要受地下水位控制。其平衡湿度可以应用土的基质吸力以及土—水特性曲线来估算。土的基质吸力与离地下水位的距离呈线性关系(图 3-5),两者的关系如式(3-14)所示:

$$h_m = y\gamma_w \tag{3-14}$$

式中:h_m——基质吸力(kPa);

　　　y——计算点与地下水位之间的距离(cm);

　　　γ_w——水的密度(g/cm³)。

因此,受地下水控制的路基平衡湿度取决于地下水位的位置。

美国力学经验法路面设计指南依据土—水特性曲线(图 3-3)以及土物性参数(wPI 和 D_{60})与土 CBR 值的经验关系,推演出了受地下水位控制的路基平衡湿度与土 CBR 值的经验关系式(3-23)[6]:

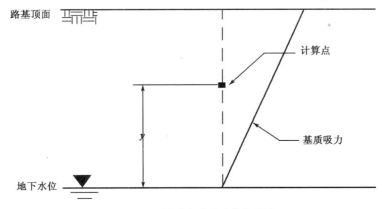

图 3-5 地下水位与基质吸力关系图

$$w_{equ} = 51.712 CBR^{-0.3586} y^{0.1192} \quad (3-15)$$

式中：w_{equ}——路基平衡湿度(质量含水率)(%)；

y——计算点离地下水位的距离(ft,1ft=0.3m)。

3.3.2 受大气因素控制类路基

地下水位深时,路基湿度主要受气候因素控制。已有的研究表明,路基土的基质吸力主要受气候因素和土类型的影响。许多研究者致力于在土的基质吸力与气候参数之间建立相关关系,用于预估路基土的基质吸力,并进而预估路基的平衡湿度。

表征气候因素的参数可以有:年均降水量、年均蒸发量、年降水天数、年均相对湿度(降水量与蒸发量之比)、年均日平均温度、年均日照等。Thornthwaite 在 1948 年提出了一种湿度指标(以下简称"TMI"),用以对气候因素的影响进行地区划分,并绘制了美国 TMI 等值线图[12]。它综合考虑了年降水量、蒸散量(包括蒸发量和散发量)、径流量、土层储水量和不足量的影响。TMI 按下式确定:

$$TMI_y = \frac{100 R_y - 60 DF_y}{PE_y} \quad (3-16)$$

式中：R_y——y 年的水径流量(cm)；

DF_y——y 年的水不足量(cm)；

PE_y——y 年的潜在蒸散量(cm)。

TMI 的计算以年为周期,逐月计算后累加而成。各月的降水量减去蒸散量(以潜在蒸散量替代实际蒸散量)后的余量为正值时,多余水被土层储存。开始计算时需假设土层的初始储水量,并设定土层的最大储水能力。土层的储水能力变动于 50～200mm 范围内,通常可采用平均值 100mm。当储水量超出土层的最大储水能力时,超出量成为径流量 R(包括地表径流和地下排水)。当蒸散量大于降水量时,缺少的水从土层的储存水中提取出,其余量即为土层的含水率;当土层内的储水量无法满足提取数量的要求时,不满足部分即为不足量 DF。式中在 DF_y 项前加入系数 60,是基于水渗入土要比从土中提取出容易的假设。

年潜在蒸散量按式(3-17)计算:

$$PE_y = \sum_{i=1}^{12} E_i \frac{d_i n_i}{30} \tag{3-17}$$

$$E_i = 1.6 \left(\frac{10 T_i}{H_y}\right)^a \tag{3-18}$$

$$H_y = \sum_{i=1}^{12} (0.2 T_i^{1.514}) \tag{3-19}$$

$$a = 6.75 \times 10^{-7} H_y^3 - 7.71 \times 10^{-5} H_y^2 + 0.01792 H_y + 0.4924 \tag{3-20}$$

式中:T_i——i 月的平均温度(℃);

H_y——年热指数;

E_i——i 月的潜在蒸散量(cm/月);

n_i——i 月的天数;

d_i——i 月的日长修正系数,随纬度而异,见表 3-1。

北半球日长修正系数 d_i 表 3-1

北纬(°)	1月	2月	3月	4月	5月	6月	7月	8月	9月	10月	11月	12月
20	0.95	0.90	1.03	1.05	1.13	1.11	1.14	1.11	1.02	0.99	0.91	0.91
25	0.93	0.89	1.03	1.06	1.15	1.14	1.17	1.12	1.02	0.99	0.91	0.91
30	0.90	0.87	1.03	1.08	1.17	1.17	1.20	1.14	1.03	0.98	0.89	0.88
35	0.87	0.85	1.03	1.09	1.21	1.21	1.23	1.16	1.03	0.97	0.86	0.85
40	0.84	0.83	1.03	1.11	1.23	1.25	1.27	1.18	1.04	0.96	0.83	0.81
45	0.80	0.81	1.02	1.13	1.28	1.29	1.31	1.21	1.04	0.94	0.79	0.75
50	0.74	0.78	1.02	1.15	1.33	1.36	1.37	1.25	1.06	0.92	0.73	0.70

1961 年,Russam 等在观测了东非和尼日利亚的路基湿度状况后发现,路基土(重黏土、浮石土和砂)的基质吸力与 TMI 之间存在着较好的相关关系(图 3-6),因而认为对于地下水位深的路基土可以通过建立 TMI、土类和基质吸

力的关系预估路基土的平衡湿度[9]。1965年,Aitchison等采用径流量为零、土层的持水能力为100mm以及蒸发量等于潜在蒸散量的假设,利用600个气象站的气候资料编制成澳大利亚的TMI等值线图,并将17个观测路段的路基土基质吸力测定数据和相应地区的TMI值,同Russam等建立的基质吸力与TMI关系曲线相对照,得到了相当一致的结果,进一步论证了基质吸力可以同TMI建立相关关系[1]。

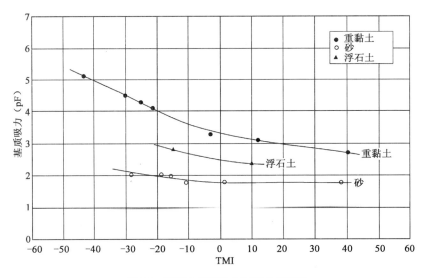

图3-6 路基土基质吸力与TMI的关系

2003年,Perera等在美国各地区30个不同路基土类和路面结构的路段上采集了土基质吸力和土物性指标的试验数据以及各地相应的气候参数和地下水位数据。将土基质吸力的实测数据与按式(3-22)由地下水位计算得到的数据相比较后发现,二者存在较大的偏差。这表明地下水并不是影响土基质吸力以及平衡湿度的唯一因素[8]。Perera等进一步将测定数据与各种气候参数(如,年均降水量、年均蒸发量、年降水天数、年均相对湿度、年均日平均温度、年均日照以及TMI等)进行相关性分析。分析结果表明,除了TMI指数(取自美国TMI等值线图[4,12])外,其他各项气候参数与土基质吸力的相关性都很差,得不出趋势较为一致的关系。基质吸力与年均相对湿度呈反S形曲线关系,但实测数据的拟合曲线与理论曲线之间的差异很大,相关性很小,难以建立准确的预估模型。年降水天数对基质吸力的影响也不明显,他们之间没有良好的相关性。而土基质吸力测定值与TMI一起进行相关分析时,可以得到基质吸力随TMI值增大而减小的规律性变化曲线。这表明气候是影响土的基质吸力以及路基平衡湿度的主要因素,而地区的平均TMI值可以有效地反映气候因素的影响[8]。

对于粒料基层,进一步按土的物性指标 $P_{0.075}$ 细分的话,可以得到基质吸力随 $P_{0.075}$ 的增加而增大的规律,如图 3-7 所示(图中绘制了 $P_{0.075}=4、6、8、10$ 和 12 五条等值线)。通过回归分析,Perera 等为粒料基层建立了基质吸力与 TMI 指数的经验关系式[8]:

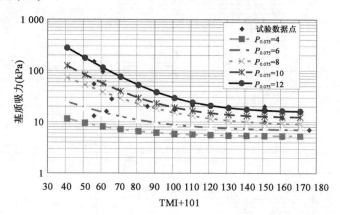

图 3-7 基层粒料的基质吸力与 TMI 指数关系曲线

$$h_m = \alpha + e^{\beta + \gamma(TMI+101)} \tag{3-21}$$

式中:$\alpha、\beta、\gamma$——与土的参数 $P_{0.075}$ 有关的试验回归系数,其数值见表 3-2。

基层粒料基质吸力预估模型的回归系数 α、β 和 γ 表 3-2

$P_{0.075}$	α	β	γ
4	5.285	3.473	−0.040 04
6	6.877	4.402	−0.037 26
8	8.621	5.379	−0.038 36
10	12.180	6.646	−0.046 88
12	15.590	7.581	−0.049 04

对于路基土和底基层,按物性指标 $P_{0.075}$ 与塑性指数 PI 的乘积 wPI 进行细分的话,可以得到基质吸力随 wPI 减小而降低的规律,见图 3-8(图中绘制了 $P_{0.075}=10$、$P_{0.075}=50$ 或 wPI≤0.5,wPI=5、10、20 和 50 六条等值线)。通过回归分析,Perera 等为路基土和底基层材料建立的基质吸力与 TMI 指数的经验关系式为[8]:

$$h_m = \alpha \{e^{[\beta/(TMI+101)+\gamma]} + \delta\} \tag{3-22}$$

式中:$\alpha、\beta、\gamma、\delta$——与土的参数 $P_{0.075}$ 与 wPI 有关的试验回归系数,其数值见表3-3。

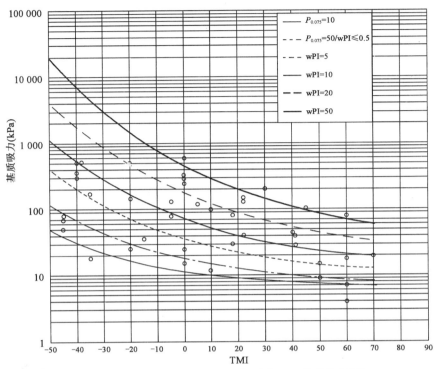

图 3-8 路基土和底基层材料的基质吸力与 TMI 指数关系曲线

路基土和底基层材料基质吸力预估模型的回归系数 α、β、γ 和 δ 表 3-3

$P_{0.075}$	wPI	α	β	γ	δ
10	—	0.300	419.07	133.45	15.0
50	≤0.5	0.300	543.48	144.22	14.36
—	5	0.011 3	1 461.60	193.97	870.94
—	10	0.010	1 759.00	206.00	1290
—	20	0.010	2 003.00	210.28	2210
—	50	0.300	1 060.80	148.80	72

Perera 等认为,上述模型可用于预估干旱和半干旱地区、地下水位低于 0.9m 的路面下路基的基质吸力。而在季节性冰冻地区,上述预估不适用于冰冻和春融期间。

3.4 小　　结

路基湿度是影响路基土的回弹模量值、路面结构的力学响应以及路面结构的使用性能和寿命的重要因素。路基的湿度状况取决于路基土的类型和性质

（内因）以及路基的外部环境（气候、地下水、路面结构和渗水状况、排水状况或条件等），前者决定了路基吸收和保持水分的能力，后者反映了外界水分渗入路基的条件和程度。

土的吸湿或持水能力可以用基质吸力来表征。通过测定可以建立各类土基质吸力与体积含水率或饱和度的关系，称作土—水特性曲线。在已建的各种土—水特性曲线模型中，Fredlund 和 Xing 模型的适用性较好，其模型参数可以与土的物理性质指标（wPI 和 D_{60}）建立经验关系式。利用此关系，可以依据土的类型（塑性土和非塑性土）和物性指标（wPI 和 D_{60}）确定其基质吸力与体积含水率（饱和度）的关系。

依据湿度来源和变化的特点，可以将路基湿度状况分为三类：①受地下水控制的路基；②受气候因素控制的路基；③兼受地下水和气候因素影响的路基。

受地下水控制类路基的湿度，主要受地下水位的影响，并随地下水位的季节性升降而围绕某个平衡湿度出现季节性波动。路基湿度受地下水控制的水位深度随土类而异，黏土的深度约为 6m，砂质黏土或粉土约为 3m，砂约为 0.9m。路基土的基质吸力随离地下水位距离的增加呈正比增大。可以按离地下水位的距离预估土的基质吸力，并进而利用土—水特性曲线模型估计路基的平衡湿度。

地下水位深的路基，其湿度状况主要受气候因素控制。选用不同的气候因素参数，对它们与土基质吸力进行相关性分析后表明，Thornthwaite 在 1948 年提出的 TMI 指标可以有效地反映气候因素的影响，与土基质吸力具有良好的相关性。Perera 等按土类（选用土的物性指标 $P_{0.075}$ 和 wPI）建立的土基质吸力与 TMI 关系模型，可用以预估土的基质吸力，并进而利用土—水特性曲线模型估计路基的平衡湿度。

路基的湿度状况还受到路面结构和排水状况等因素的影响，这些影响还未能在上述预估方法中得到充分反映。

本章参考文献

[1] Aitchison, G. D., and Richards, B. G. A broad scale study of moisture conditions in pavement subgrades throughout Australia. 4-The selection of design values for suction equilibria and soil suction changes in pavement subgrades. Moisture equilibria and moisture changes in soils beneath covered areas, A symposium in print, Australia Butterworths, 1965：pp. 226-232.

[2] ASTM D5298-94(D4943-latest). Standard test method for the measure-

ment of soil potential (suction) using filter paper. ASTM Standards, Vol. 04.09, Soil and Rock (II), 1997: 157-162.

[3] Fredlund, D. G. and Xing A. Equations for the soil-water characteristic curve. Canadian Geotechnical Journal, Vol. 31, No. 4, 1994: 521-532.

[4] Lytton, R. L., Pufahl, D. E., Michalak, C. H., Liang, H. S., and Dempsey, B. J. An Integrated model of the climatic effects on pavement. Texas Transportation Institute, Texas A&M University, Report No. FHWA-RD-90-033, 1990. FHWA.

[5] NAASRA Materials Engineering Committee and ad hoc Subcommittee on Moisture Conditions in Subgrades. Prediction of soil moisture conditions for pavement design. Proceedings, 7th Conference of Australian Research Board, Vol. 7, Part 8, 1974.

[6] NCHRP Project 1-37A. Guide for mechanistic-empiracal design of new and rehabilitated pavement strucures. Appendix DD-4: Improvement of the integrated climatic model for moisture content predictions. NCHRP, March 2004.

[7] Perera, Y. Y. Moisture equilibrium beneath paved areas. Ph. D. Dissertation, Arizona State University, Tempe, USA, 2003.

[8] Perera, Y. Y., Zapata, C. E., Houston, W. N., and Houston, S. L. Moisture equilibria beneath highway pavements. Paper presented to TRB 2004 Annual Meeting, 2004.

[9] Russam, K. and Coleman, J. D. The effect of climate factors on subgrade moisture conditions. Geotechnique, Vol. 11, No. 1, 1961: 22-28.

[10] Russam, K. The prediction of subgrade moisture conditions for design purposes. Moisture equilibria and moisture changes in soils beneath covered areas. A symposium in print, Australia Butterworths, 1965: pp. 233-236.

[11] Statement of the review panel. Engineering concepts of moisture equilibria and moisture changes in soil. A symposium in print, Australia Butterworths, 1965: pp. 7-21.

[12] Thornthwaite, C. W. An Approach Towards a Rational Classification of Climate. Geographical Review, Vol. 8, No. 1, 1948: 55-94.

[13] Zapata C. E. Uncertainty in soil-water characteristic curve and impacts on unsaturated shear strength Predictions. Ph. D. Dissertation, Arizona State University, Tempe, USA, 1999.

第4章　沥青路面温度状况

　　大气的温度在年内和日内发生着周期性的变化,与大气直接接触的沥青层的温度也相应地在年内和日内发生着周期性的变化。沥青和沥青混合料是感温性材料,其劲度特性具有强烈的温度依赖性,模量值随着温度的升降而发生变化,从而使沥青层和沥青路面结构的力学响应(应力和变形)以及使用性能(疲劳开裂、低温缩裂和永久变形)和使用寿命,都与路面的温度状况密切关联。

　　因而,在进行路面结构力学响应分析和使用性能预估时,须了解沥青层的温度场(温度随时间和深度的变化),以便确定沥青层内不同深度和不同时刻的沥青混合料劲度取值;在选用适合当地气候条件的沥青材料时,须了解该地沥青层的最高和最低温度,以便确定适用的沥青等级;在采用无破损路面结构性能评定时,须了解测定时沥青层的温度状况,以便将测定结果转换为参照温度下的数值;在季节性冰冻地区,须了解冰冻线的深度以及路基冻结和融化的时间,以便确定相应的路基回弹模量值。

　　沥青路面的温度状况,可以采用解析法或统计法进行分析和预估。前者应用热传导方程和有关边界条件,建立路面结构内温度随时间和深度变化的理论模型;后者通过实测路面结构内特征点的温度数据和采集有关气象要素资料,应用统计分析方法建立经验关系模型。

4.1　沥青路面的温度变化

　　裸露在地表的沥青路面表面,与周围大气不间断地进行着热交换。热交换过程,包含辐射和对流两方面。

　　(1)辐射——由太阳直接发射的高频短波辐射通过大气介质从各个方向投射到地表,一部分被云层反射,一部分被路表反射到大气,余下部分则被路面吸收,使路表面的温度增高。太阳短波辐射是辐射热的主要来源。路表面所受到的太阳辐射量,随太阳的位置和云层的覆盖量而异。而路表面对太阳辐射的实际吸收量则与路表面的吸收率有关。同时,大气对路表和路表对大气相互发出长波辐射热,辐射量与大气和路表这两个物体的温度有关。

(2)对流——大气与路表面的温度差异会引起对流形式的热交换,路表面温度高于大气时,热量从路表面逸出;低于大气时,热量由大气进入路表面。此外,对流量与风速有关,风速大时,对流率较高。

在短波辐射和长波辐射以及对流的作用下进出路表的热量,通过路面介质的热传导作用,沿深度方向向下传递,使路面不同深度处的温度发生变化。

辐射热和气温在一天内发生着周期性的变化。通过热交换和热传导,路面内不同深度处的温度也相应地在一天内发生周期性的变化。图 4-1 所示为晴天条件下上海市区沥青层不同深度处的温度日变化观测结果,图中还绘示了当地气温的日变化曲线[14]。可以看出,不同深度处的路面温度,与气温一样,呈现出周期性的起伏变化。由于吸收了太阳辐射热,沥青层不同深度处的温度要比气温高,而路表的最大温度比最高气温要高出很多(在图 4-1 中,高出 23℃)。由于热量通过路面介质的热传导逐渐向深处传递,不同深度处的温度日变化曲线的波动幅度随深度而衰减,其峰值出现的时间也随深度而越来越滞后。图 4-1 中,沥青层底面与顶面的相位差可滞后 4h 左右。各个季节晴天情况下的路面温度日变化曲线的形态基本相似,只是温度变化的幅度有所不同,夏季的幅度最大,春、秋季次之,冬季最小。

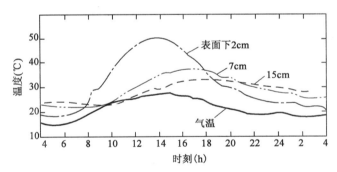

图 4-1 晴天沥青面层温度和气温日变化曲线

云和雨对沥青层的温度状况有很大影响,特别在接近路表处。云层遮住太阳时,路面受到的辐射热减少,因而,多云天气的沥青层温度日变化曲线出现局部波动,产生多个小峰值。雨天时,日气温变动很小,沥青层各深度处的温度日变化曲线也波动很小,如图 4-2 所示[14]。但沥青层温度仍高于气温,并且其底面的温度高于顶面的温度。

沥青层的温度在大多数情况下都高于气温,即便季节性冰冻地区气温处于零下的时候。图 4-3 所示为美国 Wisconsin 州试验段的气温和路面不同深处温度随时间变化的观测结果,路表面的温度要比气温高出 5~10℃[2]。只是在气温迅速增加时或者多云天,路面温度会偶尔低于气温。

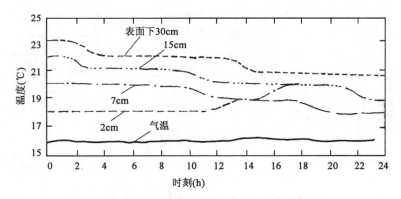

图 4-2 雨天沥青面层温度和气温日变化曲线

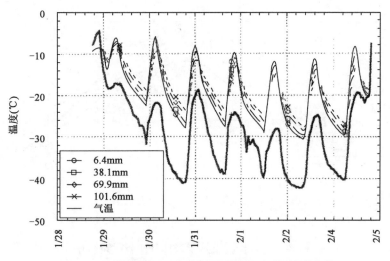

图 4-3 季节性冰冻地区冬季气温和路面温度随时间的变化

不同时刻温度沿面层深度的变化,一般都呈曲线分布,如图 4-4 所示[2]。白天,气温升至最高,路表温度也随之上升到最高值,而沥青层底面的温度最低。夜间,气温降至最低,路表温度也随之下降到最低值,而沥青层底面的温度却是最高的。因此,在一天内沥青层的温度经历了由顶温低于底温到顶温高于底温再到顶温低于底温的周期性变化,而表面层经受了最大的温度变异。

除了日变化外,沥青层温度还随气温经历着年变化。图 4-5 为沥青层不同深度处的月平均温度随月平均气温变化的情况。可以看出,平均气温为最高和最低的 7 月和 1 月,沥青层的平均温度也相应为最高和最低值。

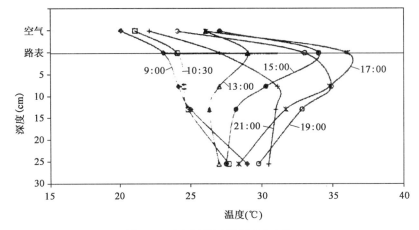

图 4-4 不同时刻温度随深度的变化

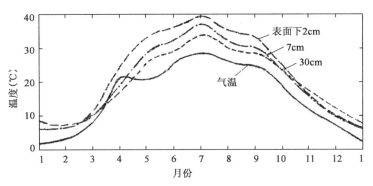

图 4-5 沥青层月平均温度的年变化(上海市)

4.2 路面温度场的解析模型

决定沥青路面内温度状况的影响因素可分为外部和内部两方面。外部因素主要为大气条件，如太阳辐射量、日照或云层覆盖量、气温、风速、降水和蒸发等，其中，太阳辐射量和气温是决定沥青层温度状况的两项最重要的外部因素。内部因素则为沥青路面各层的热传导率、热容量和面层对辐射热的吸收率等。

由大气进入路面表面的热流，通过路面介质向结构层的深处传导。路面结构在长度和宽度方向均较结构层厚度大，因而，可以近似地将热流假设为仅向深度的一维热传导。由于路面各结构层材料的导热性能差别不是很大，因而可以近似地将路面结构简化为均质半无限体。按上述假设，沥青路面的温度场可由均质半无限体的一维热传导偏微分方程确定：

$$\frac{\partial T(z,t)}{\partial t} = \frac{\lambda}{\rho_c s_c} \frac{\partial^2 T(z,t)}{\partial z^2} \tag{4-1}$$

式中：$T(z,t)$——z(m)深度处、t(h)时刻的温度(℃)；

λ——路面材料的导热系数[W/(m·℃)]，其值为 0.761~1.402W/(m·℃)；

ρ_c——路面材料的密度(kg/m³)；

s_c——路面材料的热容量[kJ/(kg·℃)]，其值为 0.921~1.675kJ/(kg·℃)。

上述一维热传导方程的解，须满足路表面和无限深处的两项边界条件。无限深处的边界条件为有界条件，即：

$z \to \infty$ 时，$T(\infty,t) \neq \infty$，或 $z = z_x$ 时，$T(z_x,t) =$ 常数。

在已知进入路表的热流函数 $q(t)$ 的情况下，路表面应满足的边界条件为：

$$z \to 0 \text{ 时}, -\lambda \frac{\partial T(0,t)}{\partial z} = q(t) \tag{4-2}$$

进出路表面的热流主要由 3 部分组成：①净短波辐射热——太阳的直接辐射热减除大气的散射和吸附热以及路表面的反射热；②净长波辐射热——大气发出的长波辐射热与地面发出的长波辐射热之差；③对流热——大气温度与路面温度的差异引起的对流热交换。即，

$$q(t) = \alpha_s Q_s + Q_l + Q_c \tag{4-3}$$

式中：Q_s、Q_l、Q_c——净短波辐射热、净长波辐射热和对流热(W/m²)；

α_s——沥青路面的短波辐射吸收率，呈黑色的新沥青层，$\alpha_s = 0.98$~0.90；呈灰色的旧沥青层，$\alpha_s = 0.90$~0.80。

降水、蒸发和散发对路面温度的影响还不很明晰，并且在热流平衡的计算中忽略其影响不会产生重大的误差，因而，在式(4-3)中未包含降水、蒸发和散发所产生的热流。

太阳辐射量是进入路表的主要热量来源，它主要取决于太阳在天空的位置（由纬度以及在年和日内的时间决定）和云层覆盖量（即日照率）。太阳净短波辐射热可参考下式确定[4]：

$$Q_s = Q_d \left(A + B \frac{S_c}{100} \right) \tag{4-4}$$

式中：Q_d——太阳对大气层外水平表面上的日辐射量；

S_c——考虑云层覆盖影响的日照率(%)；

A、B——考虑大气散射和吸收的常数。

日或小时太阳辐射量数据，可以从各地气象观测站的观测记录中查取。日太阳辐射量也可通过计算得到。太阳在水平表面上的日辐射量可以按下式

计算[5,7]:

$$Q_d = \left(\frac{24}{\pi}\right) \times C_s \times E_0 \times \sin\phi\sin\delta\left[\frac{\omega_s \times \pi}{180} - \tan\omega_s\right] \tag{4-5}$$

式中:C_s——太阳常数,为 4 871kJ/(m²·h);

E_0——偏心率系数,反映太阳与地球之间距离的变化所引起的地球表面接受太阳辐射的日变异,其计算式为:

$$E_0 = 1.000\,110 + 0.034\,221\cos\theta + 0.001\,28\sin\theta + 0.000\,719\cos2\theta + 0.000\,077\sin2\theta \tag{4-6}$$

θ——太阳角(rad),$\theta = \frac{2\pi d_{n-1}}{365}$;

d_n——年内的日序数(1~365);

ϕ——纬度(°);

δ——太阳倾角(°),其计算式为:

$$\delta = (0.006\,918 - 0.399\,912\cos\theta + 0.070\,257\sin\theta - 0.006\,758\cos2\theta + 0.000\,907\sin2\theta - 0.002\,697\cos3\theta + 0.001\,48\sin3\theta) \times \left(\frac{180}{\pi}\right) \tag{4-7}$$

ω_s——日出小时角(°),为太阳最高点(小时角为零)与日出或日落点之间的角度,日出时为正,日落时为负,其计算式为:

$$\omega_s = \cos^{-1}(-\tan\phi\tan\delta) \tag{4-8}$$

大气和地面发出的长波辐射热是逆向的,同时,部分大气长波辐射被地面反射掉。根据 Stefan-Boltzmann 定律,物体(黑体)辐射量同介质绝对温度的 4 次方成正比。因而,考虑云层覆盖修正后的净长波辐射热 Q_l 可以用下式表述[4]:

$$Q_l = C_{SB}(\alpha_a T_{ak}^4 - \alpha_g T_{sk}^4)(1 - f_{cb}C_b/100) \tag{4-9}$$

式中:T_{sk}、T_{ak}——以绝对温度计的路表温度和大气温度(K,1K=1℃+273.15);

C_{SB}——Stefan-Boltzmann 常数,$C_{SB}=5.68\times10^{-8}$W/(m²·K⁴);

α_g——路面辐射系数,与路面的颜色、构造和温度有关,一般可取用 0.93;

α_a——大气辐射系数,与空气压力有关,气压为 1~10mmHg 时,α_a 为 0.534~0.719,晴天时可设为 0.70;

f_{cb}——云底系数,云底高度为 300~1 800m 时,f_{cb} 为 0.9~0.8;

C_b——白天或夜间的云层平均覆盖率(%),$C_b=100-S_c$;

S_c——日照率(%)。

由大气温度和路表温度的差异引起的对流热交换 Q_c,可以利用 Newton 放热定律确定:

$$Q_c = C_c(T_a - T_s) \tag{4-10}$$

式中：T_a、T_s——大气温度和路表温度(℃)；

C_c——对流热交换系数，其值与两个物体的温度差和风速等因素有关；可以参考下述经验关系式(4-11)确定[13]：

$$C_c = 698.24[0.00144T_m^{0.3}v^{0.7} + 0.00097(T_s - T_a)^{0.3}] \tag{4-11}$$

式中：T_m——大气和路面表面的平均温度(°K)；

v——日平均风速(m/s)。

计算分析时，所采用的对流热交换系数数值，建议不超过17W/(m²·℃)。

将上述边界条件引入热传导方程，可采用分离变量法导出路面温度场的解析解。也可采用差分法或有限元法解出沥青层内不同深度和时刻的温度值。

Dempsey等依据上述解析模型并应用有限差分法建立了路面温度场预估模型CMS[4]（后改进为ICM模型[9]）。在输入气象资料（太阳辐射量、日照率、气温和风速）和路面材料热参数（导热系数、热容量和路面表面吸附率）后，即可计算得到不同时刻路面不同深度处的温度值。解析模型可以用于分析沥青层不同深度处的温度随时间的变化，相应得到不同深度和时刻的材料劲度参数。因而，采用力学—经验法分析路面结构在设计期内的使用性能和寿命时，适宜于应用理论预估模型分析各种损伤（疲劳、车辙、低温开裂）的累积。美国力学—经验法路面设计指南便采用ICM模型预估使用期内各个时段的路面不同深度处的温度，进而计算分析该时段的各种损伤增量[11]。利用EICM模型计算沥青层温度时，可提供时段为0.1h的温度值。该方法分析损伤增量时采用的时段为1个月。为了避免将分析月内的路面极端温度掩盖掉，在按0.1h时段分析得到温度值后，采用正态分布的假设将它们整理成逐月的温度分布，供损伤分析用。

在SHRP项目中，Deacon等也利用ICM模型，按2h时段为美国9个气候区的两种厚度沥青层（100mm和200mm）分别计算分析了沥青层内的温度分布，并汇总得到各气候区沥青层内有关特征点（层底和表面下50mm深处）的温度分布频率[3]。由此，依据损伤当量的原则，并利用沥青混合料的疲劳寿命模型和永久应变累积模型，推演出100mm和200mm厚沥青层与某参照温度损伤当量的温度当量系数，以便将各地区在某温度时的标准轴次换算成参照温度时的标准轴次[3]。

4.3 路面温度的经验预估模型

经验预估法是在沥青层不同深度处埋设测温元件，连续观测年内不同时刻的温度变化，并设立气象观测站或通过当地气象站，采集当地的气象要素资料

(包括太阳辐射热、气温、日照时间、风速、降水等),而后采用统计分析的方法,建立沥青层温度状况与外界大气因素之间的相关关系。利用所建立的经验统计关系,便可以根据气象资料来预估沥青层内的温度状况。显然,按这种方法建立的预估模型,主要适用于观测站所在地或者大气条件类似的地区,应用于其他地区时,由于内部和外部影响因素的差异,预估的精度较低,可靠性存在疑问,因而,其普适性较差。

建立经验预估模型,首先要选定预估变量,即确定需要预估的沥青层温度参数,如最低和最高温度、中点温度或某些特定深度处的温度等等。这主要取决于预估模型的用途和建模的目的。其次要选择影响变量,即选取影响预估变量的主要气象因素,如气温、太阳辐射热或辐射强度等,通过逐步回归分析方法,选定显著性高和相关性好的影响变量。

4.3.1 路面最低和最高路面

沥青的性能随温度而变化。选用沥青材料时,其性能等级应与路面所在地的环境条件(温度)相适应。美国沥青规范(AASHTO MP1)对沥青按使用性能分级,规定沥青等级应按照所在地沥青路面的最高和最低温度选用,并提供了依据经验关系预估路面最高和最低温度的方法[1]。

1)年最低温度

路面最低温度出现在路面表面。SHRP项目认为路表面最低温度与最低气温相等,以此作为路面在低温时的设计温度[6]。然而,这一假设与实际情况完全不符,因为路表面的温度在绝大部分情况下都高于气温,即便在温度处于零下的冬季(参见图4-3)。因此,依据SHRP对于路面最低温度的假设选用沥青等级,会得到过于保守的结果。

Mohseni等依据美国路面长期使用性能(LTPP)项目SMP计划中的路面温度和气象观测数据,重新建立路面最低温度预估模型以改进SHRP模型[10]。通过回归分析,选用相关性最高的两个影响变量:气温和纬度,作为模型的主要影响变量。纬度反映了太阳辐射的强度,与路面最低温度的关系呈现非线性。经相关性和变异性(标准差)比较后,推荐下述路面最低温度经验预估模型[10]:

$$T_{\mathrm{pd,min}} = -1.56 + 0.72 T_{\mathrm{a,min}} - 0.004\phi^2 + 6.26\lg(d+25)$$
$$(R^2 = 0.96, n = 411, s = 2.1℃) \quad (4-12)$$

式中:$T_{\mathrm{pd,min}}$——距表面d深度处的路面最低温度(℃);

$T_{\mathrm{a,min}}$——最低气温(℃);

ϕ——纬度(°);

d——距路表面的深度(mm)。

Bosscher 等对美国 Wisconsin 州的 6 段试验路进行了路面温度观测和气象数据的采集,选用了不同的影响变量进行逐步回归分析后,以气温和热量历史作为影响变量,建立了下述适用于最低气温低于 $-5℃$ 的路表面最低温度预估模型[2]:

$$T_{ps,min} = -1.102 + 0.425 T_{a,min} + 0.362 T_{a-1}$$
$$(R^2 = 0.959, s = 1.22℃) \tag{4-13}$$

式中: $T_{ps,min}$——路表面最低温度(℃);

T_{a-1}——路面出现最低温度前 24h 内的平均气温(℃)。

经比较,式(4-13)与式(4-12)有很好的一致性,它们的预估温度都高于按 SHRP 方法的预估结果。

2)年最高温度

SHRP 以年内最热 7d 的气温平均值作为最高气温,依据 Solaimanian 等按路表热流平衡推演出的路表最高温度公式[13],并采用路表下 20mm 处的最高温度作为路面在高温时的设计温度。所提出的经验回归模型以最高气温和所在地的纬度作为影响变量[6]:

$$T_{p20,max} = 0.9545(T_{a,max} - 0.00618\phi^2 + 0.2289\phi + 42.2) - 17.78$$
$$\tag{4-14}$$

式中: $T_{p20,max}$——路表下 20mm 处的最高温度(℃);

$T_{a,max}$——年内最热 7d 的气温平均值(℃)。

Mohseni 依据 LTPP 项目 SMP 计划中的观测数据,通过回归分析后发现,最高气温和纬度仍是相关性最高的两个影响变量。以此为主要影响变量,建立了下述路面最高温度经验预估模型[10]:

$$T_{pd,max} = 54.32 + 0.78 T_{a,max} - 0.0025\phi^2 - 15.14\lg(d+25)$$
$$(R^2 = 0.76, n = 309, s = 3.0℃) \tag{4-15}$$

式中: $T_{pd,max}$——距表面 d 深度处的路面最高温度(℃);

$T_{a,max}$——年内最热 7d 的气温平均值(℃);

ϕ——纬度(°);

d——距路表面的深度(mm)。

Bosscher 利用威斯康星州试验路段的观测数据,经逐步回归分析后,选取太阳辐射强度(以日总辐射和辐射峰值表征)和热量历史作为影响变量,建立了适用于最高气温高于 30℃的路面最高温度预估模型[2]:

$$T_{p20,max} = -8.042 + 0.690\sqrt[4]{Q_0 T_{a,max}^2} + 0.471 T_{a-1} + 0.251\sqrt[4]{Q_0 Q_{max}}$$
$$(R^2 = 0.916, s = 1.87℃) \tag{4-16}$$

式中: Q_0——太阳日总辐射量(W·h/m²);

Q_{max}——太阳日辐射强度峰值(W/m^2);

$T_{a,max}$——最高气温(℃);

T_{a-1}——出现最高气温前24h内的平均气温(℃)。

Bosscher以威斯康星州的纬度(44°)代入式(4-14)和式(4-15)后与式(4-16)相比,三者互不相一致。Bosscher认为,太阳辐射强度(包括总强度和峰值)在确定路面最高温度中起着重要作用,应该与气温一起成为预估模型的主要影响变量;而纬度虽然也反映太阳的总辐射强度,但对各个地点来说它是个常数[2]。

3)路面日最高和最低温度

Diefenderfer等依据美国弗吉尼亚州试验路上采集到的路面温度观测数据,通过回归分析,选取日最高和最低气温以及日太阳辐射量作为主要影响变量,建立了可以预估面层不同深度处(最大深度为188mm)的日最高和最低温度的经验模型[5]:

$$T_{pd,max} = 2.7875 + 0.6861 T_{a,max} + 5.6736 \times 10^{-4} Q_d - 27.8738 d$$
$$(R^2 = 0.771, s = 5.76℃) \quad (4-17)$$

$$T_{pd,min} = -1.2097 + 0.6754 T_{a,min} + 3.7642 \times 10^{-4} Q_d + 7.2043 d$$
$$(R^2 = 0.798, s = 4.28℃) \quad (4-18)$$

式中:$T_{pd,max}$——面层d(m)深度处的日最高温度(℃);

$T_{pd,min}$——面层d(m)深度处的日最低温度(℃);

$T_{a,max}$——日最高气温(℃);

$T_{a,min}$——日最低气温(℃);

Q_d——日太阳辐射量[$kJ/(cm^2 \cdot d)$],可参照式(4-5)计算得到。

为了评价上述模型能否应用于弗吉尼亚州以外的其他地区,随机选取了LTPP项目的两段试验路的温度观测数据,并按式(4-17)和式(4-18)预估了面层不同深度处的最高和最低温度。一段试验路的相关系数和预估均方差分别为0.824和5.25℃(最高温度)及0.893和3.04℃(最低温度)。另一段试验路的相关系数和预估均方差分别为0.904和4.12℃(最高温度)及0.930和2.94℃(最低温度)。

将弗吉尼亚州试验路的观测数据与LTPP两段试验路的观测数据合并在一起,并采用年内日序数和纬度作为替代日太阳辐射量的影响变量,重新回归分析后得到下述面层日最高和最低温度的预估模型[5]:

$$T_{pd,max} = 6.0775 + 1.1265 T_{a,max} + 0.00182 d_n + 0.0839 \phi - 53.5247 d$$
$$(R^2 = 0.794, s = 5.88℃) \quad (4-19)$$

$$T_{pd,min} = 27.5986 + 0.9608 T_{a,min} + 0.0641 d_n - 0.5616 \phi + 9.4893 d$$

$$(R^2 = 0.866, s = 3.59℃) \tag{4-20}$$

式中：d_n——年内日序数（1~365）；

ϕ——纬度（°）。

由于年内日序数和纬度比日太阳辐射量容易采集到，式(4-19)和式(4-20)较易于实施。

4.3.2 沥青层的有效温度

沥青路面的结构承载能力随沥青混合料的温度而变化。对现有路面进行弯沉测定以评价其承载能力和反算沥青层的平均模量（或称有效模量）时，必须知道沥青层的温度，以便使评价和反算结果在时间和空间上具有可比性。而弯沉测定时，为简化测试工作，通常仅量测路表面的温度。为此，希望能在路表量测温度与沥青层有效温度（与有效模量相对应）之间建立起相关关系。然而，哪个深度处的温度能代表沥青层的有效温度，对此有不同的意见。沥青层在升温和降温过程中经历着不同的温度梯度变化（图4-4）。升温期间，沥青层的下部比较硬；而降温期间，沥青层的下部则比较软，因而，升温—降温周期对反算模量值会产生很大影响。图4-6所示为某试验路段上升温和降温阶段实测路表面温度与反算沥青层平均模量的关系曲线[12]，可以看出，相同的路表面温度，在不同阶段可以反算出不同的平均模量值，这就使得很难依据沥青层表面温度建立温度—模量关系模型。图4-7所示为该试验路段上实测沥青层中点温度与反算沥青层平均模量的关系曲线[12]。与图4-6相比，相同路表面温度在升温和降温阶

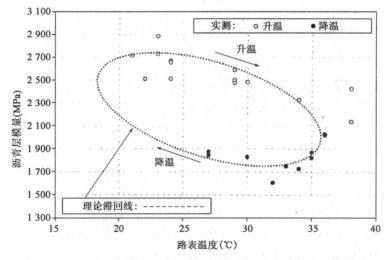

图4-6 升温—降温周期内路表面实测温度与沥青层反算模量

段的反算模量值要接近很多。因而,选用沥青层中点温度建立与路表温度间的关系模型,可以减少升温和降温阶段对反算模量值的影响。但也有人建议采用 1/3 深度处的温度,或者采用平均温度。

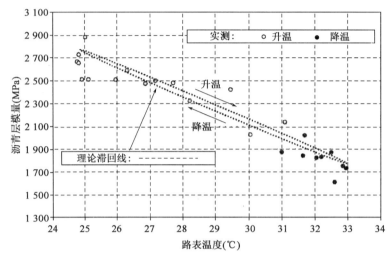

图 4-7 升温—降温周期内沥青层中点实测温度与沥青层反算模量

Stubstad 等利用 LTPP 项目 SMP 计划的沥青路面温度观测数据,选取路表温度、测定前一天最高和最低气温的平均值、沥青层厚度和弯沉测定的时刻作为影响变量,建立了沥青层中点温度与路表温度的关系模型(称作 BELLS3 模型)[8]:

$$T_{pm} = 0.95 + 0.892 T_s + (\lg d - 1.25)\left[1.83\sin\left(2\pi\frac{A}{18}\right) - 0.448 T_s + 0.621 T_{aa}\right] + 0.042 T_s \sin\left(2\pi\frac{B}{18}\right) \tag{4-21}$$

式中:T_{pm}——沥青层中点深度处的温度(℃);

T_s——路表面温度(红外线量测)(℃);

T_{aa}——测试前一天的最高和最低气温的平均温度(℃);

d——沥青层中点的深度(mm);

A、B——与测定时刻 t_d 有关的系数,为一对周期为 18h、相位差分别为 15.5h 和 13.5h 的正弦函数的变量,其数值列于表 4-1;在一天的其他 6h 内,$A = B = -4.5$,因此,正弦函数等于 -1。

BELLS3 模型采用手持设备替代安装在 FWD 上量测路表面温度,可使路表面受设备阴影覆盖的时间由 BELLS2 模型的 6min 减少为 2min(1min 阴影可以使路表面温度降低 2℃[8]),提高了路表面温度的量测精度。式(4-21)建立在白天路表面温度数据和温度在零上的基础上,因而,不适宜用于夜间和温度在零下的情况。同时,式(4-21)适用于沥青层厚度为 45～305mm 的范围。

系数 A 和 B 表 4-1

t_d	A	t_d	B
$0 \leqslant t_d < 5$	$t_d + 9.5$	$0 \leqslant t_d < 3$	$t_d + 9.5$
$5 \leqslant t_d < 11$	-4.5	$3 \leqslant t_d < 9$	-4.5
$11 \leqslant t_d < 24$	$t_d - 15.5$	$9 \leqslant t_d < 24$	$t_d - 13.5$

Park 等利用 Michigan 州的 6 个试验路段温度观测数据,选取路表面温度、温度测定时刻和深度作为影响变量,建立了参数较少的沥青层温度预估模型[12]:

$$T_{pd} = T_s + (-0.345\,1d - 0.043\,2d^2 + 0.001\,96d^3)$$
$$\sin(-6.325\,2t + 5.096\,7) \tag{4-22}$$

式中：T_{pd}——沥青层深度 d(cm)处的面层温度(℃)；

T_s——路表面温度(℃)；

t——量测路面温度的时刻,以一天的小数计(如 1:30pm 时,$t=13.5/24=0.562\,5d$)。

建模所采用的路表面温度数据范围为 19～43℃,沥青层的厚度为 139.7～259mm。模型的相关系数大于 0.90。Park 等利用 LTPP 项目 SMP 计划中 11 个观测路段的沥青路面温度观测数据,对式(4-22)进行了验证,并与其他模型进行了比较分析,表明式(4-22)的预估温度与各试验路段的实测温度和其他模型的预估温度吻合得很好,即便式(4-22)较简单,仍具有广泛的适用性。

Park 等还对温度预估误差的影响进行了分析,中点温度偏差±2℃和±4℃时,温度修正后的反算模量的误差相应为 10% 和 20%,由此产生的路面使用性能(如车辙量)预估误差为±1% 和-3%～2%。因而,建议沥青层中点温度的预估偏差控制在±4℃范围内。

4.4 小 结

沥青是温感性材料。沥青、沥青混合料以及沥青层的性质和使用性能,随路面的温度状况而变化。在选用适宜的沥青等级、确定沥青混合料的性质指标、分析沥青层的力学响应以及评价路面结构的使用性能时,都需要考虑路面所处的温度状况及其变化。

沥青路面的温度随时间和深度而变,其状况与所在地的气候条件和变化有关,包括太阳辐射量和强度、云层覆盖、气温、风速、降水、蒸散等;也与路面结构和材料的热特性相关,包括路表面短波吸收率、长波反射率、材料热导率、热容量和密度等。

路面温度状况,可以应用由解析法建立的模型或者由统计法建立的经验关系式进行预估。解析法模型的建立,采用路表与大气间的热流理论和路面结构的热传导方程,其数值解可以采用有限差分法。解析法模型可用于分析路面结构内的温度场,确定不同时刻和不同深度处的温度及其变化。在采用损伤增量法或损伤当量法分析路面结构使用性能和使用寿命(疲劳损伤、永久应变积累等)时,解析法模型可提供有力的支撑,但模型应用时所需的一些大气参数较难准确采集。

经验法利用试验段路面不同深度处量测的温度数据和当地气象观测资料,建立经验统计关系式。关系式的因变量(沥青路面某特征温度)视预测的目的和要求而定(如,最高温度、最低温度、层中点温度、有效温度等);关系式的因变量(各大气因素影响变量,如日辐射量或辐射强度、气温、热量历史等)则在经过分析比较并通过逐步回归分析后,按相关系数高和标准差或均方差小选定。经验法统计关系式的建立较为简便,对建模当地的适用性较好。然而,由于影响路面温度的大气因素众多,而经验关系式不可能将许多影响因素都包含在内,同时,各个因素对不同地区和路面结构的影响程度不尽相同,因此,经验统计关系式的普适性较差,预估的精度较低。

本章参考文献

[1] AASHTO. Specification for performance graded asphalt binder. AASHTO MP1-98. AASHTO Provisional Standards, 1999.

[2] Bosscher, P. J., Bahia, H. U., Thomas, S., and Russel, J. S. Relationship between pavement temperature and weather data-Wisconsin field study to verify Superpave algorithm. TRR 1609, 1998: 1-11.

[3] Deacon, J. A., Coplantz, J. S., Tayebali, A. A., and C. L. Monismith. Temperature consideration in asphalt-aggregate mixture analysis and design. TRB: TRR 1454, 1994: 97-112.

[4] Dempsey, B. J., Herlach, W. A., and Patel, A. J. The climatic-material-structural pavement analysis program. FHWA: FHWA/RD-84/115, Vol. 3, Final Report, 1985.

[5] Diefenderfer, B. K., Al-Qadi, I. L., Reubush, S. D., and Freeman, T.

E. Development and validation of a model to predict pavement temperature profile. Paper presented at TRB 2003 Annual Meeting, 2003.

[6] Huber, G. A. Weather database for the Superpave mix design system. NRC: SHRP-A-648A, 1994

[7] Iqbal, M. An introduction to solar radiation. Acadenic Press, New York, 1983.

[8] Lukanen, E. O., Stubstad, R., and Briggs, R. C. Temperature predictions and adjustment factors for asphalt pavements. FHWA: Report FHWA-RD-98-085, 2000.

[9] Lytton, R. L., Pufahl, D. E., Michalak, C. H., and Dempsey, B. J. An integrated model of the climatic effects on pavements. FHWA-RD-90-033, 1990.

[10] Mohseni, A. and Symons, M. Improved AC pavement temperature models from LTPP seasonal Data. Paper presented at TRB 77th Annual Meeting, 1998.

[11] NCHRP Project 1-37A. Guide for mechanistic-empirical design of new and rehabilitated pavement structures. Final Report, March 2004.

[12] Park, D-Y., Buch, N., and Chatti, K. Effective layer temperature prediction model and temperature correction via Falling Weight Deflectometer deflections. TRB: TRR 1764, 2001: 97-111.

[13] Solaimanian, M. and Kennedy, T. W. Predicting maximum pavement surface temperature using maximum air temperature and hourly solar radiation. TRR 1417, 1993: 1-11.

[14] 上海市政工程研究所. 沥青路面温度状况研究报告[R],1982.

第5章 土和粒料的回弹模量

5.1 土和粒料的应力—应变性状

土和粒料是未经结合料处治的天然或人工轧制的颗粒材料,用于修筑路基、底基层和基层。

应用力学—经验法分析和设计路面结构的前提条件是:对各结构层组成材料的应力—应变性状以及反映其性状的参数有正确的了解和掌握。路基和粒料层在整个路面结构的使用性能中起着重要的作用,透彻了解土和粒料在行车荷载作用下的力学响应,正确提供相应的性状参数,对于建立合理的路面结构分析和设计有重要意义。

土和粒料是非线性的弹—塑性材料。它们在荷载作用下的应力—应变曲线呈现出非线性性状,卸载阶段的应力—应变曲线与加载段的不重合,总应变由可回复(回弹)应变和塑性(永久)应变两部分组成(图 5-1)。在荷载的反复作用下,卸载段应力—应变曲线的滞后随荷载作用次数的增加而逐渐减小,永久应变的积累随作用次数的增加逐渐趋于稳定,回弹应变随作用次数的增加也趋于稳定,材料表现出越来越多的弹性性状。

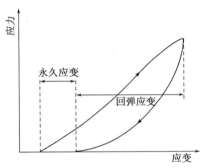

图 5-1 土和粒料在荷载作用下的应力—应变曲线

进行路面结构力学分析时,通常都假设路面结构为弹性层状体系,应用弹性理论求解。在传统的弹性理论中,材料的弹性性质由弹性模量和泊松比定义。为考虑土和粒料的非线性弹—塑性性状及其同传统弹性理论的差异,通常把重复荷载作用下变形稳定后的重复应力与可回复(回弹)应变之比定义为回弹模量(为该重复应力的割线模量),把可回复(回弹)的轴向应变与径向应变之比定义为回弹泊松比,以表征土和粒料的回弹性状。

土和粒料的回弹性状,主要通过室内重复加载三轴试验进行测试和研究。对于常围压应力的重复三轴试验,粒料的回弹模量和回弹泊松比可由下式定义:

$$M_{\mathrm{r}} = \frac{(\sigma_1 - \sigma_3)}{\varepsilon_{1\mathrm{r}}}; \nu_{\mathrm{r}} = \frac{\varepsilon_{3\mathrm{r}}}{\varepsilon_{1\mathrm{r}}} \tag{5-1}$$

式中：M_{r}——回弹模量；

　　　ν_{r}——回弹泊松比；

　　σ_1、σ_3——最大、最小主应力；

　　$\varepsilon_{1\mathrm{r}}$、$\varepsilon_{3\mathrm{r}}$——轴向和水平向可回复（回弹）应变。

施加变围压应力时，对于各向同性线弹性体的三维应力—应变关系，可应用广义虎克定律定义回弹模量和回弹泊松比[22]：

$$M_{\mathrm{r}} = \frac{(\sigma_1 - \sigma_3)(\sigma_1 + 2\sigma_3)}{\varepsilon_{1\mathrm{r}}(\sigma_1 + \sigma_3) - 2\varepsilon_{3\mathrm{r}}\sigma_3}; \nu_{\mathrm{r}} = \frac{\sigma_1\varepsilon_{3\mathrm{r}} - \sigma_3\varepsilon_{1\mathrm{r}}}{2\sigma_3\varepsilon_{3\mathrm{r}} - \varepsilon_{1\mathrm{r}}(\sigma_1 + \sigma_3)} \tag{5-2}$$

影响土和粒料回弹模量的因素有：应力状况、物理状况（含水率和密实度）及材料性质和组成三方面。其中，最主要的因素是应力状况，这是由于土和粒料的应力—应变曲线具有非线性性状，因而，其回弹模量是应力状况的函数，随着应力水平的提高而降低。

为表述土和粒料回弹模量的应力依赖性，许多研究者依据反复（或周期）加载三轴试验结果采用不同的应力变量和曲线拟合方法建立反映应力—应变关系的本构模型。这些模型可以分为三类：仅考虑围压效应的模型（主要用于粒料或粗粒土）、仅考虑剪切效应的模型（主要用于细粒土）和综合围压效应和剪切效应的模型（可用于各种土和粒料）。而另两方面因素（物理状况及性质和组成）的影响则主要反映在模型的试验参数中。利用所建立的模型，可以依据土和粒料所处的应力状况和物理状况以及性质和组成，预估其回弹模量值供设计应用。

路基和粒料层所承受的应力由静应力和动应力两部分组成。静应力是初始应力，源于结构的自重和压实产生的残留应力，使路基土和粒料处于受压状态。自重应力随深度增加，而在水平方向保持不变。动应力由行车荷载所产生，其大小随深度减小，而应力状况在水平方向发生着变化：竖向应力和水平向应力（压应力）由轮载下的最大向轮载外侧减小，而剪应力则在轮载下为零，在轮载外某距离处增加到最大后再减小（图5-2）。因此，在路基和粒料层内不同位置处由静应力和动应力组合成的主应力方向和大小都不相同。同时，车辆驶过时，轮载的驶近和驶离使各处的土或粒料都经历了主应力方向的转动[55]。

路基和粒料层中应力状况沿深度和水平方向的变化，促使具有应力依赖性的材料回弹模量值在路基和粒料层中也相应地随不同位置而变化。这种变化，使得在以线弹性层状体系理论为基础的路面结构分析和设计中，如何合理选用路基和粒料层的回弹模量值变得复杂而困难。

20世纪50年代至20世纪60年代，我国曾采用依据总应变得到的变形模量来表征土和粒料的应力—应变性状。由于总应变包含了塑性应变,采用变形模量进行路面结构的力学分析,与弹性层状体系理论的假设偏离较大,分析结果的可靠性较差。20世纪70年代后期起,便改为由回弹应变得到的回弹模量。无论是变形模量或回弹模量,都采用承载板法测定,因而,所得到的不是土或粒料的回弹模量,而是路基或粒料层的回弹模量,它反映了与承载板荷载作用条件下路基或粒料层的应力状况相对应的模量值。

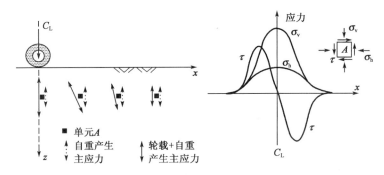

图 5-2　行驶轮载下粒料层和路基内的应力状况和主应力方向转动

除了采用回弹模量表征土和粒料的力学性状外,还有一些经验性的指标,其中应用较为广泛的有加州承载比(CBR)等。CBR试验法是一种模拟野外承载板试验的室内小型试验,以材料抵抗局部荷载压入变形的能力表征其承载能力(路基土或粒料抵抗侧向位移的能力)。然而,CBR值并不是材料承载能力的直接度量指标,它与弹性变形量的关系很小。而路基土应工作在弹性范围内的应力状态下,因而,路面结构设计对路基土的抗剪强度并无直接兴趣,更关心的是路基土的回弹性质(回弹模量)及其在重复荷载作用下的塑性应变。同时,这类经验性的指标也无法直接应用于路面结构的力学分析。

5.2　回弹模量室内测试方法

在试验室内测定土和粒料的回弹应变性状和回弹模量的方法,主要是反复(或周期)加载三轴试验。在野外现场测定路基土和粒料层的回弹模量值的方法,主要有落锤弯沉仪(FWD)法和承载板法(静态或动态)等。本节主要讨论室内反复(或周期)加载三轴试验法。

应用反复(周期)加载三轴试验确定土和粒料的回弹模量值具有下列优点:
(1)可以部分模拟路面的实际受荷条件(应力状况)进行反复(周期)加载。
(2)可以按不同的应力路径和荷载作用次数进行加载。

(3) 可同时研究土和粒料的回弹应变性状和永久应变累积性状。

(4) 适宜于研究和建立材料性状的本构模型和试验参数,供路面结构分析(特别是有限元分析模型)应用。

三轴试验仪有荷载传感器和位移传感器(轴向和径向)放在三轴室外的外置式[图 5-3a)]以及放在三轴室内的内置式[图 5-3b)]两类。加载系统绝大多数采用液压伺服系统,个别仪器也有采用气压加载系统的。前者可以施加各种荷载波形(通常采用半正弦波或正弦波)及高频率(最大频率范围为 5~20Hz)。气压系统的加载频率局限于 0.5Hz,荷载脉冲只能是"开—关"式。由于粒料对加载频率不敏感,因而,气压系统并不影响试验结果,只是试验延续时间较长,但其优点是仪器简单而价廉。三轴室内的围压应力可以采用气压或液压(水或油)。气压的优点是简单和仪器可以不需要防水,但只能施加低频率(0.5Hz),适用于常围压应力加载方式。加载频率通常采用 1.0~0.3Hz,加载持续时间通常为 0.1s[2]。

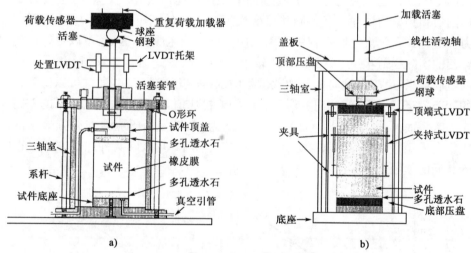

图 5-3 三轴试验仪的三轴室简图
a)荷载传感器和位移传感器外置式;b)荷载传感器和位移传感器内置式

试验设计主要考虑①试件尺寸;②成型方法;③预加载处理;④围压应力施加方法;⑤加载序列等因素。

试件直径视颗粒的最大粒径而定。Andrei 等建议最大粒径小于 19mm 的粒料和土,采用直径 100mm 的试件(试件直径同最大粒径之比为 5.33);最大粒径大于 19mm 的粒料采用直径 150mm 的试件,并将大于 25.4mm 的颗粒筛除(试件直径同最大粒径之比为 6);对于未扰动土,可采用直径 71mm 的试件[5]。欧洲 COST 337 建议试件直径同颗粒最大粒径之比为 8 左右,粒料试件的直径为150mm或200mm[11,12]。试件直径与高度的比例为1∶2。

试件成型可以采用分层击实法、整层振动法、分层振动锤法和分层搓揉压实法等。法国采用整层振动法,经比较,它可以得到比分层振动锤法更为均匀的密实度[12]。Andrei等建议,对于最大粒径小于9.5mm和通过0.075mm筛孔的颗粒含量超过10%的细粒土,采用搓揉压实法或击实法;对于最大粒径小于9.5mm和通过0.075mm筛孔的颗粒含量小于10%的砂粒,采用振动法;对于最大粒径大于9.5mm的粗颗粒材料,采用振动法或击实法成型试件[5]。

为了消除试件在反复加载初期产生的较大的永久应变,在进行正式测试前,需采用较大的轴向应力对试件进行多次反复加载预处理,使试件达到永久应变稳定的试验状态。预加载的轴向应力级位视材料在路面结构中所受到的应力水平而定,通常为所施加的最大轴向应力的10%。预加载的轴向应力反复作用次数视材料的永久应变性状而定,可从500次[2]变化到20 000次(法国)[12]。

三轴试验的围压应力可采用两种方法施加:常围压应力(CCP)和变围压应力(VCP)。常围压应力是在加载过程中保持围压应力不变。变围压应力是施加图形和频率与轴向荷载相同并可变换压力级位的围压应力。显然,变围压应力加载方式在每次加载过程中可以采用变化的围压应力,因而,可以更好地模拟路面的实际受荷状况。Allen等比较了两种加载方式后认为,采用常围压应力的试验结果,由于在轴向重复加载过程中围压应力始终存在,通常可以得到较高的回弹模量值、较大的侧向变形和较高的泊松比值,两种方法测试结果的差距随应力水平而异(图5-4)[4]。而Brown等认为,如果常围压应力加载方式中的围压应力采用变围压应力加载方式中围压应力的平均值,则两种加载方式可以得到相同的模量值[10]。

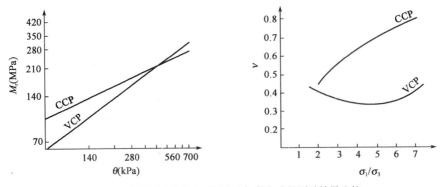

图5-4 常围压应力和变围压应力加载方式的测试结果比较

在预加载处理后,按预定的顺序在试件上施加一组不同应力级位(由低到高)的加载。加载顺序可以采用两种方式。一种方式是保持每一级围压应力不变而偏应力增长，它们在平均法向应力 p 和偏应力 q 坐标图上的应力路径，如图 5-5a)所示。这种方式适用于常围压应力（CCP）法，美国 AASHTO 的试验规程[1]和欧洲标准 CEN 的 B 方法[11]采用这种加载序列。另一种方式是变化重复荷载的偏应力与平均法向应力之比 q/p（在 0~2.5 之间），如图 5-5b)所示。这种方式适用于变围压应力（VCP）法，为欧洲标准 CEN 规定的 A 方法[11]。每一级加载重复作用约 100 次，量测最后 5 次的应变值，取其平均值供确定模型参数和模量值用。

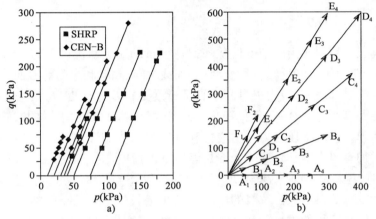

图 5-5 不同加载方式在 p-q 空间的实际应力路径
a)CEN-B 和 AASHTO 法；b)CEN-A

Andrei 等在分析了 AASHTO 的试验规程的加载序列后认为，保持围压应力不变而增加偏应力的方式，有可能使试件在高主应力比时破坏，为此，他们建议将加载序列修改为按最大与最小主应力之比 σ_1/σ_3 由小到大进行，如图 5-6 所示[5]。

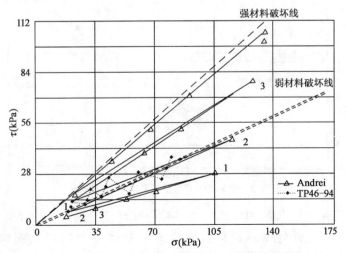

图 5-6 加载序列在 σ-τ 空间的实际应力状态（路基粗粒土）

5.3 影响因素分析

影响土和粒料应力—应变性状的因素,主要有三方面:①应力状况;②物理状况(含水率和密实度);③材料性质和组成。其中,最主要的影响因素是应力状况,其次是含水率。

5.3.1 应力状况

影响土和粒料应力—应变性状和回弹模量的应力状况因素有:①应力矢量和水平;②应力历史和反复作用次数;③加载时间、频率和序列等方面。近40余年的研究结果都表明,应力矢量和水平是最重要的影响因素。

早在20世纪60至70年代,Monismith等[25]和Hicks等[14]的试验就表明,粒料的回弹模量对围压应力和主应力和有很强的依赖性,它随围压应力和主应力和的增加有很大增长。Monismith等的报告指出,围压应力由20kPa增加到200kPa时,粒料的回弹模量可增长500%。而Smith等观测到,主应力和由70kPa增加到140kPa时,粒料的回弹模量可增长50%。图5-7给出了Boudali等对5种粒料进行的重复荷载三轴试验结果,可看出回弹模量随主应力和的增加有很大增长的情况[7]。

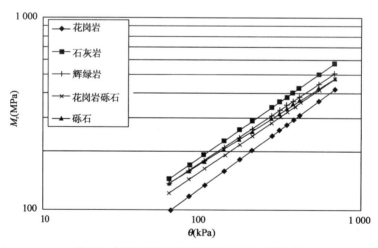

图5-7 各种粒料的回弹模量随主应力和θ的变化

相对于围压应力,偏应力或剪应力对粒料回弹模量的影响要小得多。在围压应力不变时,一般会观测到粒料回弹模量随偏应力的增加而略有下降。Hicks认为,如果不产生过量的塑性变形,回弹模量实际上不受偏应力大小的影响。Rahim 等对路基粗粒土进行的三轴试验结果表明，有些粗粒土的回弹模量不受偏应力变化的影响，而有些粗粒土的回弹模量则随偏应力的增加有较大的下降(图 5-8)[34]。他认为，随着相对含水率和小于 0.075mm 的颗粒含量的增加，偏应力会对粗粒土的回弹模量产生重大影响。

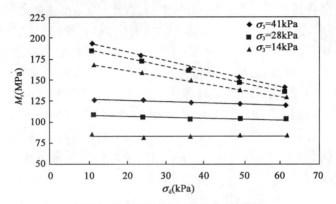

图 5-8 路基粗粒土的回弹模量试验结果

注：实践为粗粒土 A-3，虚线为粗粒土 A-2-4。

图 5-9 所示为 Hornych 等对花岗岩碎石粒料的回弹性状进行变围压应力三轴试验的典型试验结果[16]，它表述了每一次加载周期回弹体积应变 ε_{vr} 和回弹剪切应变 ε_{qr} 随平均法向应力 p 及偏应力同平均应力之比 q/p 的变化情况。可以看出：

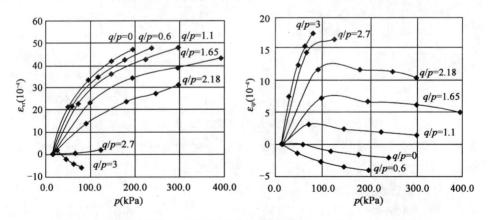

图 5-9 回弹体积应变 ε_{vr} 和回弹剪切应变 ε_{qr} 随平均应力 p 和应力比 q/p 的变化

(1) 回弹体积应变随平均应力的增大而增大，并随应力比的增大而减小，或者，在平均应力不变时，随偏应力的增大（即应力比的增大）而减小。

(2) 回弹体积应变在应力比 $q/p \leqslant 2.5$ 时为正值（收缩性状），而在应力比 $q/p = 3$ 时为负值（膨胀性状）。

(3) 回弹剪切应变随平均应力的增大而增大,也随应力比的增大而增大,或者,在平均应力不变时,随偏应力的增大(即应力比的增大)而增大。

(4) 回弹剪切应变在应力比 $q/p=0$ 和 0.5 时为负值,这表明材料的响应是各向异性的。

许多研究者通常都认为,路基细粒土(黏性土)的强度主要依赖于黏结力,而非摩阻力,因而,其回弹模量主要同偏应力(剪应力)有关,它随偏应力的增大而降低,而受围压应力或主应力和的影响较小。Seed 等在早期对路基土的三轴试验研究结果表明,在偏应力水平较低(小于 105kPa 或极限强度的 15%)时,回弹模量随偏应力的增大而迅速下降(偏应力由 21kPa 增加到 105kPa 时回弹模量下降 400%);而在偏应力水平较高(大于 105kPa 或极限强度的 15%)时,回弹模量随偏应力的增大而略有增长(图 5-10)[35]。路面结构内路基土所承受的应力一般都处于低水平的范围,因此,其性状主要是回弹模量随着偏应力的减小(即深度的增加)而增长。

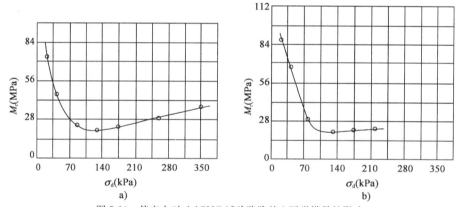

图 5-10 偏应力对 AASHO 试验路路基土回弹模量的影响
a)应力重复作用 200 次后的模量值;b)应力重复作用 100 000 次后的模量值

Ooi 等对两种粉土进行了三轴试验,所得到的测试结果表明,回弹模量值随偏应力的增加而降低,而围压应力虽然对高塑性粉土的回弹模量值影响很小,但对低塑性粉土的回弹模量的影响却很大(图 5-11)[29]。Rahim 等对两种 A-6 土的试验结果也表明,虽然是同一类土,一种土的回弹模量几乎不受围压应力的影响,但另一种土的回弹模量却随围压应力的增加而增长[34]。Rahim 等认为,在相对含水率低和小于 0.075mm 的颗粒含量低时,围压应力的影响便会增长。

回弹泊松比也受应力状况的影响。它随偏应力的增加和围压压力的减小而增长。

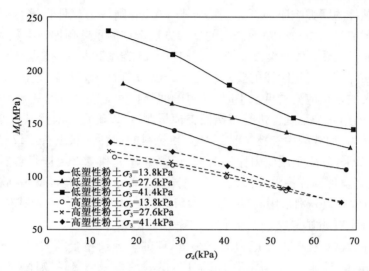

图 5-11　低塑性和高塑性粉土的回弹模量随偏应力和围压应力的变化比较(最佳含水率时)

土和粒料试件在反复应力作用下的永久应变会经历两个阶段：由初期的迅速增长阶段到随后的逐渐趋于平缓阶段(图 5-12,图中采用干密度 2 193kg/m³,含水率 5.1%的碎石)[18]。这表明,土和粒料的微结构在初期阶段发生着变化,颗粒进行重新排列,试件渐趋密实。相应地,其回弹模量值也经历了随作用次数的增加由迅速增长到稳定的变化过程(图 5-12)。作用次数的这种影响可以通过对试件按实有的应力水平进行重复预加载予以基本消除,从而保证试件处于永久应变和回弹模量稳定阶段。Hicks 认为,在相同水平的应力反复作用 100

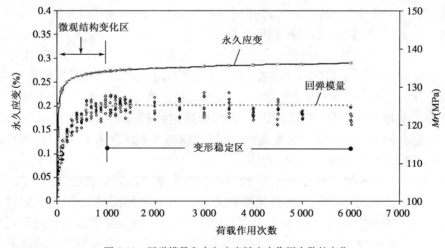

图 5-12　回弹模量和永久应变随应力作用次数的变化

次后粒料试件的回弹响应即可趋于稳定[14];Allen 则认为试件在进行回弹模量试验前应预加载 1 000 次[4];而法国的试验方法选用的重复预加载次数为 20 000 次[12]。实际上,预加载的次数应按照土和粒料的类型和状况,依据试件处于永久应变和回弹模量稳定阶段的要求确定。Brown 等认为,只要作用应力保持在不产生较大的永久应变的低水平时,粒料的回弹特性对应力历史基本上不敏感,因而,可以采用同一个试件进行多次回弹模量测试,以确定其回弹参数[10]。

一般认为,加载频率和持续时间对土和粒料的回弹性状没有或仅有很小影响[14,38]。Hicks 分别采用应力作用时间 0.1s、0.15s 和 0.25s 进行粒料的三轴试验,并没有发现回弹模量和泊松比有差异[14]。Muhanna 等对路基细粒土(A-6 或黏土质砂 SC)分别采用间歇时间 0.15s、0.9s 和 2.9s 进行三轴试验,也没有发现回弹模量有明显差异[26]。但在含水率接近饱和并且不大可能排水时,由于瞬时孔隙压力的产生和有效应力的减小,试件的回弹模量会随加载频率的增加而降低。Hicks 还研究了作用应力的顺序,试验结果说明测试顺序对粒料回弹模量几乎没有影响。Muhanna 等采用 3 种加载顺序(重复应力由小到大、由大到小和保持不变)对路基细粒土进行试验,也发现其回弹模量没有差别[26]。

5.3.2 含水率

含水率对土和粒料的回弹模量有不同程度的影响。对于开级配粒料,由于孔隙大和渗水快,含水率对其回弹模量的影响很小。

对于密级配粒料和土,则含水率对其回弹模量有很大的影响。通常,回弹模量随着含水率的增加而降低。图 5-13 为 Tian 等对砂岩碎石分别在最佳含水率及低于和高于最佳含水率 2% 时进行回弹模量测试的结果,可以明显看出高于最佳含水率(饱和度为 86%)时的回弹模量值最小[41]。图 5-14 为 Khoury 等对砂性土在不同含水率时进行的三轴试验结果,可看出回弹模量随含水率增加而快速下降的变化[19]。Li 等对路基细粒土进行了不同含水率时的回弹模量测定,并以最佳含水率 w_{opt} 和最大密实度时的回弹模量值 M_{ropt} 为基准,按密实度保持不变和压实功保持不变(密实度变化)分别表述,如图 5-15 所示,可明显看出回弹模量随含水率变化的升降程度,含水率低于或高于最佳含水率 2% 时,回弹模量可以相应增大 50% 或降低 30%[54]。

Thom 等依据其试验结果认为,粒料中的含水率可以对颗粒起润滑作用,从而增加粒料的变形,因而,其回弹模量随着含水率的增加而降低[38]。在细料含量高并接近于水饱和时,由于渗水性低,水饱和的材料在反复荷载的快速作用下会产生超孔隙水压力,使颗粒间的有效应力减小,从而相应降低材料的刚度和强度。因而,当含水率继续增加到接近饱和时,回弹模量随之迅速下降。

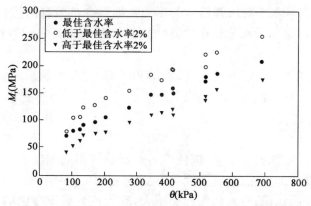

图 5-13 砂岩碎石在不同含水率时的回弹模量平均值测试结果

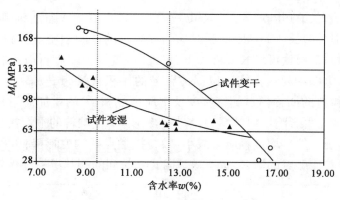

图 5-14 砂性土回弹模量随含水率的变化

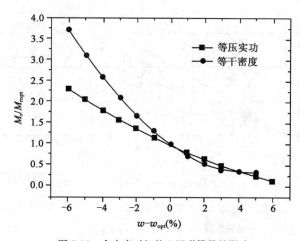

图 5-15 含水率对细粒土回弹模量的影响

Raad等认为含水率对回弹模量的影响在细料含量较高的优良级配材料中表现得较明显,这是因为水分易在这类材料中保存,而在开级配材料中水分易于排走[32]。

含水率也影响到回弹泊松比。随着饱和度的增加,不论采用总应力法还是有效应力法进行分析,泊松比都相应下降[14]。

5.3.3 密实度

通常都认为,增加密实度,可以使粒料对静载作用的响应发生较大的变化,使其刚度和强度增加。然而,密实度对重复加载作用下的粒料回弹模量的影响,还没有明确一致的认识,有人认为影响不大,有人认为有重要影响,也有人认为取决于材料。

Hicks等[14]、Trollope等[42]、Rada等[31]和Kolisoja[20]认为,回弹模量一般随密实度增加而增长。Trollope等对均匀砂进行的试验表明,由疏松变为密实时,均匀砂的回弹模量可增长50%。Kolisoja对良好级配碎石粒料的试验结果汇总于图5-16,图中粒料密实度以固体颗粒的体积含量($1-n$,n为孔隙率)表示,可看出,粒料的回弹模量随密实度及主应力之和(θ)的增加而增长。密实度对回弹模量的显著影响可以解释为,粒料越密实,每个颗粒的平均接触点数便越多,使外载作用下的平均接触应力减小,颗粒接触点处的变形降低,回弹模量增加。同时,颗粒接触点的增多,也有效地阻止颗粒间的相互滑移和重新排列。

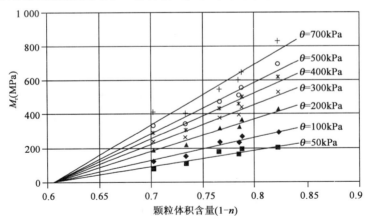

图5-16 良好级配碎石粒料的回弹模量随密实度的变化

Thom等则认为密实度对回弹模量的影响不大[38]。Vuong的试验结果为,密实度超过最佳值后,回弹模量不再对密实度敏感[45]。Barksdale等的研究表明,回弹模量仅在平均法向应力值较低时随密实度增加而显著增长;在高应力水平时,密实度变化的影响并不显著[6]。Hicks 等发现密实度对回弹模量的影响随材料而异,部分轧碎集料的回弹模量随密实度的增加而增长,但全部轧碎集料的回弹模量则几乎不随密实度变化[14]。Hicks 等还发现,密实度变化随粒料中细料含量的增加而降低[14]。

密实度对回弹泊松比也有影响,但影响很小[4,14]。

5.3.4 级配和细料含量

级配和细料含量对粒料的回弹模量有一定的影响,但其影响情况还同含水率(饱和度)和密实度有关。

在相同的压实功作用下,不同级配的粒料可达到不同的密实度,而密实度较高的粒料,其回弹模量也相应较高。密级配的粒料易于压实而达到较高的密实度,因而,其回弹模量要高于开级配粒料。Raad 等对不同级配的粒料进行水饱和、不排水重复荷载三轴试验,在试件处于压实含水率时,密级配粒料的回弹模量高于开级配粒料,但水饱和后,粒料在不排水的情况下会产生超孔隙水压力,导致回弹模量的降低,而开级配粒料抵抗超孔隙水压力的能力要大于密级配粒料,因而,对路面产生的损害要少[32]。而开级配粒料的排水性能优于密级配粒料,出现的超孔隙水压力也要小些,由此引起的回弹模量下降也应小些。Tian 等对三种级配的石灰岩和砂岩粒料进行的三轴试验表明,开级配粒料不仅具有较好的排水性,其回弹模量也高于密级配粒料[41]。

细料含量对粒料模量的影响,也同密实度和含水率等因素相关联。一些研究者认为,随着细料含量的增加,粒料的回弹模量下降[14,38]。Jorenby 等的试验结果表明,增加粒料中的黏土细料含量,起初由于可填充孔隙和增加接触而提高粒料的回弹模量,但随后由于过量的细料置换了粗颗粒,粒料的力学性质转而取决于细料,其回弹模量便出现较大的下降[17]。在粒料中增加细料含量可便于压实,而密实度的增加有利于回弹模量的提高。Khogali 等的试验表明,在低于最佳含水率时压实的粒料的回弹模量随细粒含量的增加而增大,但在含水率增加到高于最佳值时,其回弹模量急剧下降[18]。

在细料含量和级配曲线形状相同的情况下,粒料的回弹模量随最大粒径尺寸的增大而增加[39]。

许多研究者的试验结果表明,带棱角、表面粗糙的碎石集料具有较未经压碎的圆砾石要好的荷载扩散性质和较高的回弹模量[4,6,14,39]。

随着细料含量的增加,颗粒的棱角和粗糙度的增加,粒料的回弹泊松比减小[14]。

5.4 回弹模量本构模型

土和粒料的回弹模量受应力状况、物理状况及性质和组成三方面因素的影响。许多研究者力图通过试验研究确立回弹模量与这三方面影响因素之间的本构关系模型,以便能定量地预估回弹模量值。由于应力状况是最主要的影响因素,因而,首要的是尽可能准确地按本构定律建立起应力—应变的关系模型,而其他两方面因素的影响则通过模型参数予以反映。所建立的各种回弹模量本构模型可以按所选应力矢量的不同分为三类:仅考虑围压应力作用的模型、仅考虑剪应力作用的模型和综合考虑围压应力和剪应力作用的模型。此外,还有一种建模方法是将应力和应变分解为体积和剪切两部分,以体积模量和剪切模量替代回弹模量和泊松比。

5.4.1 仅考虑围压效应的模型

Monismith 等指出,粒料的回弹模量随围压压力的增大而增加,而在偏应力不产生过量塑性变形时,回弹模量不受反复偏应力的大小的影响,为此,建议下述仅考虑围压压力影响的回弹模量关系式[25]:

$$M_r = k_1 \sigma_3^{k_2} \quad \text{或} \quad M_r = k_1 \left(\frac{\sigma_3}{p_a}\right)^{k_2} \tag{5-3}$$

式中:σ_3——最小主应力或围压应力;

k_1、k_2——与土和粒料的性质和状态有关的由试验确定的参数;

p_a——参照应力,可取为大气压力(100 kPa)或 1 kPa。

Seed[36]、Brown[9]和 Hicks 等[15]建议将回弹模量表述为主应力之和 θ 的函数:

$$M_r = k_1 \theta^{k_2} \quad \text{或} \quad M_r = k_1 \left(\frac{\theta}{p_a}\right)^{k_2} \tag{5-4}$$

式中:k_1、k_2——与土和粒料的性质和状态有关的试验参数;

θ——主应力之和(体应力),$\theta = \sigma_1 + \sigma_2 + \sigma_3 = \sigma_1 + 2\sigma_3$。

上述关系式称作 k-θ 模型。这种模型适用于粒料和无黏性土。此关系式意味着,在围压应力不变时,回弹模量随偏应力增长。在高围压应力时,材料提高了抵抗剪切的能力,导致较小的轴向变形和较强的回弹模量。回弹模量随围压应力和偏应力的增长,主要是由于材料的膨胀特性。

各个研究者对不同粒料进行试验后得到的 k_1 和 k_2 系数值列于表 5-1。加拿大的 Boudali 等对 5 种粒料(每种粒料有 6 种级配)进行三轴试验的结果之一

(花岗岩碎石),如图 5-17 所示,按 k-θ 模型进行预估的最大偏差为 $\pm 25\%$[7]。5 种粒料的试验参数 k_1 和 k_2 值以及其他粒料的典型 k_1 和 k_2 值列于表 5-1 的末行(参照应力取为 1 kPa)[7]。可以看出,k_2 的变化范围不大,平均值约为 0.60。

不同粒料的典型 k_1 和 k_2 值   表 5-1

作 者	材 料	k_1(kPa)	k_2(kPa)
Hicks(1970 年)	轧碎砾石和碎石	1 600~5 000	0.57~0.73
Hicks 等(1970 年)	基层粒料	2 100~5 400	0.61
Allen(1973 年)	轧碎砾石和碎石	1 800~8 000	0.32~0.70
Kalcheff 等(1973 年)	碎石	4 000~9 000	0.46~0.64
Boyce 等(1976 年)	级配良好的碎石	8 000	0.67
Monismith 等(1972 年)	基层和底基层材料	2 900~7 750	0.46~0.65
Albright(1986 年)	碎石(饱和)	1 300~2 000	0.69~0.78
	碎石(最佳含水率)	2 000~2 600	0.70~0.73
Boudali 等(1998 年)	花岗岩碎石	5 300~9 777(8139)	0.540~0.663(0.602)
	石灰岩碎石	9 721~19 632(13339)	0.479~0.627(0.575)
	辉绿岩碎石	6 085~28 184(14271)	0.391~0.665(0.546)
	花岗岩砾石	8 585~15 205(11880)	0.522~0.613(0.564)
	砾石	9 178~25 582(16283)	0.462~0.567(0.516)

注:括号内为平均值。

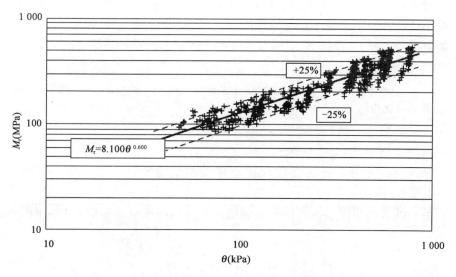

图 5-17 回弹模量与主应力和的试验关系(花岗岩碎石粒料)

荷兰的 Van Niekerk 等对 4 种粒料进行重复三轴试验后,在模型参数 k_1 和 k_2 及粒料的级配(以均匀性系数表征)之间建立起经验关系式(参照应力取为 1 kPa)[44]:

$$k_1 = 2.73 k_2^{-2.83} \quad (R^2 = 0.870) \quad (5\text{-}5)$$

$$k_2 = -2.02 + 1.93 c_u^{0.066} \quad (R^2 = 0.997) \quad (5\text{-}6)$$

式中: c_u——均匀性系数, $c_u = D_{60}/D_{10}$;

D_{60}、D_{10}——粒料的通过量相应为 60% 和 10% 时的筛孔直径。

由于 $k\text{-}\theta$ 模型形式简单,仅包含两项参数,因而,至今仍被广泛应用于分析粒料回弹模量的应力依赖性。然而,此模型存在着一些缺点。它仅考虑了主应力之和(体应力)对粒料回弹模量的影响,没有考虑加载时所产生的剪应力和剪应变,然而,一些试验结果表明,偏应力对回弹模量值也有影响。并且,它假设泊松比为常数,并通常取为 $\nu = 0.3$。而 Hicks[14]、Brown[10] 和 Boyce[8] 等的研究都表明,泊松比不是常数,它随作用应力变化。应用常泊松比假设,虽然轴向应变的预估结果较好,但径向应变和体应变的预估结果很差。此外,只要体应力值相等,不管是高围压应力和低偏应力还是低围压应力和高偏应力,由模型得到的回弹模量值是相同的,这表明 $k\text{-}\theta$ 模型并未反映出围压应力和偏应力对回弹模量的真实影响。

5.4.2 仅考虑剪切效应的模型

对于具有较多塑性的细粒料和黏性土,其强度主要来源于黏结力,摩阻的作用较小,因而,偏应力通常起主导作用,回弹模量随着剪应力(以偏应力表示)的增加而下降。Thompson 等采用双线性模型表述回弹模量与偏应力的关系[40]。

当 $k_1 \geqslant \sigma_d$ 时:

$$M_r = k_2 + k_3(k_1 - \sigma_d) \quad (5\text{-}7a)$$

当 $k_1 < \sigma_d$ 时:

$$M_r = k_2 + k_4(\sigma_d - k_1) \quad (5\text{-}7b)$$

式中: σ_d——偏应力, $\sigma_d = \sigma_1 - \sigma_3$;

k_i——与土和粒料的性质和状态有关的试验参数, $k_1 > 0$, $k_2 > 0$, $k_3 \leqslant 0$, $k_4 \leqslant 0$。

另一种幂定律模型也常用于表述细粒土的回弹模量随偏应力增加而降低的关系:

$$M_r = k_1 p_a \left(\frac{\sigma_d}{p_a}\right)^{k_2} \quad (5\text{-}8)$$

式中: p_a——参照应力。

一些试验结果表明,有些黏性土的回弹模量随围压应力的增加有较大的增长,如图 5-18 中所示[34]。在最大主应力与最小主应力之比超过 2.5 时,土一般都会出现扩张性状。因而,在荷载较重或者路基深度较大处,对黏性土的回弹模量仍有必要考虑围压应力的影响。

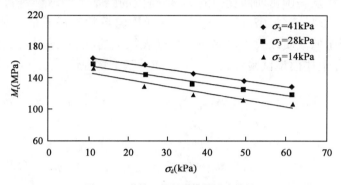

图 5-18 黏性土的回弹模量试验结果

5.4.3 综合考虑围压效应和剪切效应的模型

上述模型的主要缺点是仅考虑了体应力或剪应力对粒料或土回弹模量的影响。事实上,大部分粒料和土既有模量随围压应力增加而增大的性状,也有模量随剪应力增加而减小的性状,粒料和土的回弹模量不仅是体应力的函数,也是剪应力或偏应力的函数。因而,须将体应力和剪应力的影响综合在一个回弹模量模型中,尽管模型要显得复杂些,但可以更真实、全面地反映粒料和土的应力—应变性状。

Tam 等认为,回弹模量关系式可以通过简单的应力比函数关系表述围压效应和剪切效应的综合影响,这种模型仍维持两项试验参数[37]:

$$M_r = k_1 \left(\frac{p}{q}\right)^{k_2} \tag{5-9}$$

式中:k_1、k_2——与土和粒料的性质和状态有关的试验参数;
$\quad\quad p$——平均法向应力,$p = (\sigma_1 + 2\sigma_3)/3 = \theta/3$;
$\quad\quad q$——偏应力,$q = \sigma_d$。

Rahim 等则提出分别为路基细粒土和粗粒土选用不同的应力比变量(σ_d/σ_3 和 θ/σ_d)来建立回弹模量模型[34]:

细粒土:

$$M_r = k_1 p_a \left(1 + \frac{\sigma_d}{1 + \sigma_3}\right)^{k_2} \tag{5-10}$$

粗粒土:

$$M_r = k_1 p_a \left(1 + \frac{\theta}{1+\sigma_d}\right)^{k_2} \tag{5-11}$$

式中：k_1、k_2——与路基土性质和状态有关的试验参数；

p_a——大气压力。

Rahim 等从美国密西西比州的 12 个路段的路基土中取样进行重复三轴试验，并选用 200 号筛(0.075mm)的通过率和均匀系数表征土的组成，液限和塑性指数表征土的性质以及含水率和干密度表征土的状态，通过对试验结果的统计分析，建立上述模型试验参数 k_1 和 k_2 同路基土物理性质之间的经验关系：

细粒土：

$$k_1 = 1.12\gamma_r^{1.996}(w_L/w)^{0.639} \quad (R^2 = 0.66) \tag{5-12}$$

$$k_2 = -0.27\gamma_r^{1.04}w_r^{1.46}(w_L/P_{200})^{0.47} \quad (R^2 = 0.61) \tag{5-13}$$

粗粒土：

$$k_1 = 0.12 + 0.90\gamma_r - 0.53w_r - 0.017P_{200} + 0.314\lg c_u \quad (R^2 = 0.72) \tag{5-14}$$

$$k_2 = 0.226(\gamma_r w_r)^{1.2385}(P_{200}/\lg c_u)^{0.124} \quad (R^2 = 0.65) \tag{5-15}$$

式中：γ_r——相对干密度，为实际干密度与最大干密度之比；

w_L——液限(%)；

w——实际含水率(%)；

w_r——相对含水率，为实际含水率与最佳含水率之比(%)；

P_{200}——200 号筛(0.075mm)的通过量(%)；

c_u——均匀性系数，$c_u = D_{60}/D_{10}$。

Uzan 在 k-θ 模型中纳入偏应力项，提出了将两种影响综合成一个关系式的三参数通用模型[43,46]：

$$M_r = k_1 p_a \left(\frac{\theta}{p_a}\right)^{k_2} \left(\frac{\sigma_d}{p_a}\right)^{k_3} \tag{5-16}$$

式中：k_1、k_2、k_3——与土和粒料的性质和状态有关的试验参数。

Pezo[30] 和 Garg 等[13] 提出了以围压应力替代上式中的体应力的模型形式。

或者，在三维情况下，以八面体剪应力替代偏应力[46]：

$$M_r = k_1 p_a \left(\frac{\theta}{p_a}\right)^{k_2} \left(\frac{\tau_{oct}}{p_a}\right)^{k_3} \tag{5-17}$$

式中：τ_{oct}——八面体剪应力。

$$\tau_{oct} = \frac{1}{3}\sqrt{(\sigma_1-\sigma_2)^2 + (\sigma_1-\sigma_3)^2 + (\sigma_2-\sigma_3)^2} = \frac{\sqrt{2}}{3}\sigma_d \tag{5-18}$$

Mohammad 等则提出了以八面体法向应力 $p(p = \theta/3)$ 替代式(5-17)中的体应力的模型形式[24]。

此类模型仍假设泊松比为常数，并通常取为 $\nu = 0.3$。试验参数 k_1 与回弹模量成正比,而模量不可能为负值,因而,k_1 必须为正数;体应力增大可使材料硬化,导致模量值增加,故 k_2 应为正数;增加剪应力会使材料软化,因而,k_3 应为负数。

Ni 等指出,在各向同性的情况下,当偏应力 $\sigma_d \to 0$ 时,上述模型会在 k_3 为正值时得到 $M_r = 0$ 的预测结果;而在 k_3 为负值时得到 $M_r \to \infty$ 的预测结果。为克服这一缺点,Ni 等建议采用下述形式的关系式[28]:

$$M_r = k_1 p_a \left(1 + \frac{\sigma_3}{p_a}\right)^{k_2} \left(1 + \frac{\sigma_d}{p_a}\right)^{k_3} \tag{5-19}$$

在美国战略公路研究计划 SHRP 的使用性能模型中,Lytton 等选用了式(5-17),并对该式进行了修改[23]:

$$M_r = k_1 p_a \left(\frac{\theta - 3k_4}{p_a}\right)^{k_2} \left(\frac{\tau_{\text{oct}}}{p_a}\right)^{k_3} \tag{5-20}$$

式中:k_4——同部分饱和材料中毛细吸力有关的性质参数,$k_4 \leqslant 0$。

为避免八面体剪应力接近零时出现计算困难,可在八面体剪应力项中增加 1,即:

$$M_r = k_1 p_a \left(\frac{\theta - 3k_4}{p_a}\right)^{k_2} \left(\frac{\tau_{\text{oct}}}{p_a} + 1\right)^{k_3} \tag{5-21}$$

Yau 等[47]利用美国路面长期使用性能(LTPP)项目中各种粒料和土的回弹模量测定数据(共 1 920 个)对上述 4 参数模型进行验证。统计分析结果表明,其中 92% 的测定结果可以准确地用上式拟合。同时,超过 50% 的测定结果用上式拟合时,式中的参数 $k_4 = 0$。因而,可以考虑将此参数除去。在假设 $k_4 = 0$ 的情况下,粒料层和路基土分别按式(5-21)统计分析测定数据所得到的各个参数值列于表 5-2。

三参数模型中 3 个参数的中值和均值 　　　　表 5-2

参　数		材　料　分　组		
		基层和底基层粒料	路基粗粒土	路基细粒土
k_1	中值	0.853	0.764	0.804
	均值	0.873	0.802	0.896
	标准偏差	0.272 6	0.266 1	0.313 3
k_2	中值	0.628	0.446	0.243
	均值	0.626	0.452	0.282
	标准偏差	0.133 0	0.192 7	0.155 2
k_3	中值	−0.129	−1.052	−1.399
	均值	−0.170	−1.140	−1.576
	标准偏差	0.214 8	0.736 5	1.101 4
试验次数		423	257	105

注:统计分析时,M_r 的单位为 MPa,应力的单位为 kPa。

Yau 等还选用了一些土和粒料的物理性质指标作为影响变量,试图同上述三个试验参数建立回归关系式,但统计分析结果表明,不同的土和粒料与不同的物理性质指标具有较好的相关性,没有一项指标可以为各种土和粒料都接受,因而,Yau 等认为难以为它们建立统一的符合精度要求的经验关系式。

Mohammad 等选用液限、塑限、含水率、相对含水率、干密度、相对密实度作为表征土基本物理性质的指标,对美国路易丝安那州的 8 种土的三轴试验结果进行了土的物理性质指标与式(5-17)模型(以八面体法向应力替代体应力)试验参数之间的统计分析,得到下述回归关系式[24]:

$$\lg k_1 = -0.679 + 0.0922w + 0.00559\gamma + 3.54\gamma_r + 2.47w_r +$$
$$0.00676w_L + 0.0116w_p + 0.022P_{sa} + 0.0182P_{si}$$
$$(R^2 = 0.80) \quad (5\text{-}22)$$

$$\lg k_2 = -0.887 + 0.0044w + 0.00934\gamma + 0.264\gamma_r + 0.305w_r +$$
$$0.00877w_L + 0.0116w_p + 0.0116P_{sa} + 0.00429P_{si}$$
$$(R^2 = 0.86) \quad (5\text{-}23)$$

$$\lg k_3 = -0.638 + 0.00252w + 0.00207\gamma + 0.61\gamma_r + 0.152w_r +$$
$$0.000497w_L + 0.00416w_p + 0.00311P_{sa} + 0.00143P_{si}$$
$$(R^2 = 0.48) \quad (5\text{-}24)$$

式中: γ——实际干密度(kN/m^2);

w_p——塑限(%);

P_{sa}、P_{si}——相应为砂和粉土含量(%);

其余符号与式(5-12)~式(5-15)相同。

一些研究表明,Uzan 模型优于 k-θ 模型[7,21,46],但它需要 3~5 个参数。Boudali 等对 5 种粒料(每种粒料有 6 种级配)三轴试验结果的比较分析表明,Uzan 模型优于 k-θ 模型,前者的最大预估偏差为±16%,后者的最大预估偏差为±25%[7]。Andrei 等选用 6 种粒料进行了 25 个三轴试验,比较了各种模型同实测数据的相吻合程度。对比结果表明,k-θ 模型的预估精度最差,Uzan 模型的 3 参数关系式[式(5-17)]的预估精度不如 4 参数关系式[式(5-21)][5]。

美国路面结构力学—经验法设计指南在上述研究的基础上,选用下式表征土和粒料的回弹模量对应力的依赖性[27]:

$$M_r = k_1 p_a \left(\frac{\theta}{p_a}\right)^{k_2} \left(\frac{\tau_{oct}}{p_a} + 1\right)^{k_3} \quad (5\text{-}25)$$

对回弹泊松比的研究要比回弹模量的研究少得多。确定回弹泊松比需要精确量测径向应变,这在试验操作上要比量测轴向应变难得多。因而,通常采用假设的回弹泊松比值,例如 0.35。许多研究者观测到粒料的回弹泊松比是许多变量(包括粒料的性质和作用应力)的函数。它随围压应力的减小和重复偏应力的增加而增加。Hicks 等采用一个三次多项式来模拟泊松比随应力的变化[14]：

$$\nu_r = a + b\left(\frac{\sigma_1}{\sigma_3}\right) + c\left(\frac{\sigma_1}{\sigma_3}\right)^2 + d\left(\frac{\sigma_1}{\sigma_3}\right)^3 \tag{5-26}$$

式中：a、b、c、d——试验参数。

回弹泊松比的测定值有时会大于 0.5。这表明，出现了回弹膨胀，即在应力脉冲作用下，材料在瞬间占据了更多的体积。

5.4.4 Boyce 模型

上述模型是依据常围压应力的重复加载三轴试验结果建立的。在行车荷载作用下，粒料层和路基土实际受到的是与竖向压力同时变动的变围压应力。20 世纪 70 年代末，开始施行变围压应力的反复加载三轴试验，它们可以采用更如实地模拟现场加载条件的各种应力路径。变围压应力三轴试验结果表明，粒料的回弹性状不仅取决于平均法向应力 p，也取决于应力路径或应力比 q/p，而泊松比不变的假设也是不真实的。

粒料应力—应变性状的另一种表征方法为，将应力和应变分解为体积和剪切两部分，分别用体积模量和剪切模量替代回弹模量和泊松比。此方法所用的基本应力和应变参数定义为：

$$p = (\sigma_1 + 2\sigma_3)/3; q = \sigma_1 - \sigma_3 \tag{5-27a}$$

$$\varepsilon_v = \varepsilon_1 + 2\varepsilon_3; \varepsilon_q = 2(\varepsilon_1 - \varepsilon_3)/3 \tag{5-27b}$$

$$K = \frac{p}{\varepsilon_v}; G = \frac{q}{3\varepsilon_q} \tag{5-27c}$$

式中：p——平均法向应力；

q——偏应力；

ε_v、ε_q——可回复体积应变和剪切应变；

K——体积模量；

G——剪切模量。

按 Brown 等的分析[10]，对于非线性材料采用体积模量和剪切模量具有三方面好处：①计算时不需要假设线弹性性状；②应力和应变的剪切和体积组分可分开处理；③在三维应力场中具有较回弹模量和泊松比更为现实的物理意义。

Boyce 采用这种方法，由弹性位能推演出体积应变和剪切应变的应力—应变关系式[8]：

$$\varepsilon_v = \frac{1}{k_a} p_a^{1-n} p^n \left[1 - \beta\left(\frac{q}{p}\right)^2\right]; \varepsilon_q = \frac{1}{3g_a} p_a^{1-n} p^n \left(\frac{q}{p}\right) \tag{5-28}$$

$$K = \frac{k_a \left(\dfrac{p}{p_a}\right)^{1-n}}{\beta \left(\dfrac{q}{p}\right)^2}; G = g_a \left(\frac{p}{p_a}\right)^{1-n} \tag{5-29}$$

$$\beta = (1-n)\frac{k_a}{6g_a} \tag{5-30}$$

式中：k_a、g_a、n——与材料性质有关的模型参数。

依据弹性理论，可以推导出它们同弹性模量和泊松比的关系式为：

$$E = \frac{9g_a(p/p_a)^{1-n}}{3+(g_a/k_a)[1-\beta(q/p)^2]} \tag{5-31a}$$

$$\nu = \frac{3/2 - (g_a/k_a)[1-\beta(q/p)^2]}{3+(g_a/k_a)[1-\beta(q/p)^2]} \tag{5-31b}$$

Boyce 模型是已有各个剪切—体积法模型中最简单的一个，仅有 3 个参数。可以正确模拟应力路径 q/p 对回弹性状的影响（高 q/p 时的膨胀）。图 5-19 为不同应力路径的测试结果（采用变围压应力试验方法）按 Boyce 模型进行表述，可以看出，Boyce 模型可以分别描述平均法向应力 p 的变化（p 随体积应变和剪切应变都非线性增长）以及应力比 q/p 的变化（当 q/p 增加时，剪切应变增长，体积应变减小）[12]。因此，Boyce 模型可以更真实地描述材料的非线性性状。

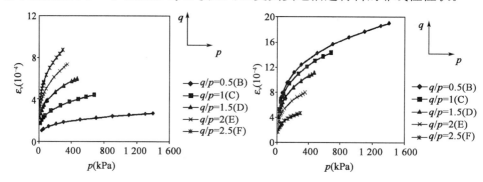

图 5-19　不同应力路径测试结果的 Boyce 模型表述（变围压应力试验）

Hornych 等利用试验结果对 Boyce 模型进行验证时发现，体积应变的吻合程度较好，但剪切应变的情况不大满意，特别是应力比 $q/p < 1$ 时的剪切应变，此外，模型参数 k_a 的数值常常不真实（接近 0，有时出现负值）。出现这种现象的一个原因，可能是由于粒料的各向异性响应。粒料的性状与颗粒的定向排列有关。在压实过程中颗粒的定向排列导致其各向异性性状，使之在竖直方向的刚度大于水平方向的刚度。为此，Hornych 等建议在 Boyce 模型中引入一个横向各向异性系数 γ，并推演出了可考虑材料各向异性性状的 Boyce 模型[16]：

$$\varepsilon_v = \frac{p^{*n}}{p_a^{n-1}}\left[\frac{\gamma+2}{3k_a} + \frac{n-1}{18g_a}(\gamma+2)\left(\frac{q^*}{p^*}\right)^2 + \frac{\gamma-1}{3g_a}\left(\frac{q^*}{p^*}\right)\right] \quad (5\text{-}32)$$

$$\varepsilon_q = \frac{2}{3}\frac{p^{*n}}{p_a^{n-1}}\left[\frac{\gamma-1}{3k_a} + \frac{n-1}{18g_a}(\gamma-1)\left(\frac{q^*}{p^*}\right)^2 + \frac{2\gamma+1}{6g_a}\left(\frac{q^*}{p^*}\right)\right] \quad (5\text{-}33)$$

式中：$p^* = \dfrac{\gamma\sigma_1 + 2\sigma_3}{3}$；

$q^* = \gamma\sigma_1 - \sigma_3$。

经横向各向异性系数修正后，各向异性模型同体积应变和剪切应变试验数据的吻合程度都很好，如图 5-20 所示。

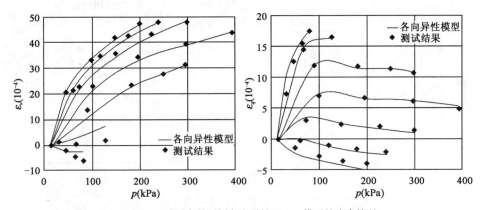

图 5-20 试验测定结果同各向异性 Boyce 模型的吻合情况

欧州委员会 COST 137 课题对 $k\text{-}\theta$ 模型和 Boyce 模型进行了比较分析，认为[12]：

(1) $k\text{-}\theta$ 模型同测定结果的吻合程度很差，特别是回弹体积应变，相关系数 R^2 一般低于 0.4，对回弹剪切应变的预估较好。

(2) Boyce 模型既考虑了平均应力的影响，也考虑了应力比的影响，因而，它可以如实地描述粒料的非线性性状，同测定结果相吻合的相关系数 R^2 在 0.6～0.9 范围内；改善主要在回弹体积应变方面；但在低应力比 $q/p < 1$ 时剪切应变值的预估较差，这可能是由于材料的各向异性性状。

(3) 横向各向异性 Boyce 模型对各种应力路径的回弹体积应变和回弹剪切应变都进行了改善，相关系数 R^2 提高到 0.67～0.94。

Gomes Correia 等对上述三种模型采用常围压应力三轴试验的测定参数进行预估，同采用变围压应力三轴试验的实测数值作了比较，得到的结论是[12]：

(1) $k\text{-}\theta$ 模型不能准确预估变围压压力加载时的响应。

(2) Boyce 模型可以给出合理的预估。

(3) 横向各向异性 Boyce 模型在各种情况下都能给出最好的预估。

Boyce模型的主要缺点是其弹性假设,在处理粒料的非弹性响应时,弹性模型会使体积应变预估值同实测值出现较大的偏差。

Adu-Osei等提出了一种可以量测粒料横向各向异性性质参数的试验方法,应用所测定的参数和有限元法对路面结构进行应力分析后发现,各种模型(线性和非线性、各向同性和各向异性)的粒料层内水平向应力分布有非常显著的差别,非线性横向各向异性模型的分析消除了采用各向同性模型分析时所产生的拉应力区(图 5-21)[3]。图中压应力取负号。研究表明,横向各向异性模型可以更好地表征粒料的力学性质。

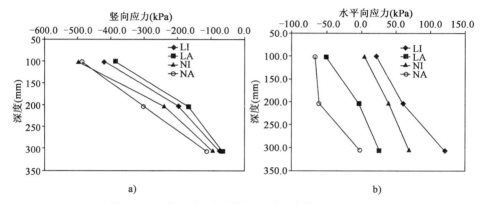

图 5-21 荷载中心线下粒料层内各种本构模型的应力分布
a)竖向应力分布 b)水平向应力分布
LI-线性各向同性;LA-线性各向异性;NI-非线性各向同性;NA-非线性各向异性

5.5 现场测试方法

室内三轴试验具有试件状况不能充分代表现场状况、试验费工和费时以及采样点数有限的缺点。而在现场测试路基和粒料层的模量,所花费的时间和支出要低于室内试验,取样的频率可以比室内试验大得多,因而测定结果能较好地反映现现场材料性质的实际变异性。现场测试可以采用承载板法和落锤弯沉仪法。

5.5.1 承载板法

在路基顶面,通过直径 30cm 的刚性承载板逐级加载和卸载,测定各级荷载的回弹弯沉值,按弹性半空间体的假设计算确定路基的静态回弹模量值。我国现行沥青路面设计规范规定的计算式为[49]:

$$E_0 = \frac{\pi\delta(1-\nu_0^2)}{2} \frac{\sum p_i}{\sum l_i} \tag{5-34}$$

式中：δ——承载板半径(15cm)；

ν_0——泊松比，可近似取为 0.35；

p_i——回弹弯沉小于 0.5mm（土基软弱时为 1.0mm）时所施加的各级荷载（MPa）；

l_i——相应于各级加载的回弹弯沉值(cm)。

承载板法测定的荷载影响深度约为 0.5m，其模量值反映了这层材料在该试验荷载作用下的平均模量（有效模量）。这种测试方法费时费力，效率低，并需要用载重车辆作为反力架。

5.5.2 落锤弯沉仪(FWD)法

落锤弯沉仪以一质量从一定高度自由落下，作用于经弹簧和橡胶垫缓冲的承载板（直径 30cm）上，对路基或路面结构层表面施加一半正弦的脉冲荷载（持续时间约 0.03s），利用间隔一定距离（通常为 30cm）布设在表面的 4~9 个速度传感器，量测表面各点的动弯沉（图 5-22）。应用弹性理论，通过各测点的弯沉值可计算确定路基或路面各结构层的动态模量值。这种测试方法速度快、效率较高，但仍有测试时会影响交通的缺点。

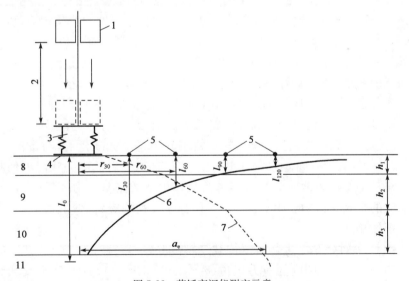

图 5-22 落锤弯沉仪测定示意

1-质量；2-落高；3-弹簧和橡胶垫缓冲；4-承载板；5-速度传感器；6-表面弯沉曲线；7-应力扩散区边缘；8-面层；9-基层；10-底基层；11-路基

5.5.2.1 路基模量

在路基顶面用 FWD 测得表面各测点的弯沉值后,可以按弹性半空间体假设,分别应用式(5-35)和式(5-36)计算确定承载板中点和中点外各点的动态模量值:

$$E_1 = \frac{2p\delta(1-\nu_0^2)}{l_0} \tag{5-35}$$

$$E_r = \frac{p\delta^2(1-\nu_0^2)}{rl_r} \tag{5-36}$$

式中:E_1、E_r——板中点和距中点 r 距离处的动态模量(MPa);

p——施加的压力(MPa);

l_0——板中点处的弯沉(cm);

l_r——距中点 r 距离处的弯沉(cm)。

其余符号同式(5-34)。

按上述方法得到的动态模量是路基在该落锤荷载所产生的应力状况下的平均模量(有效模量)。

George 等在路基顶面进行的 FWD 测试结果表明,采用轻落锤荷载(7.6~19.3kN)时,路基土的性状接近于线弹性,弯沉与荷载呈正比;中点的弯沉值由于落锤的震动作用以及传感器端点可能戳入土内而偏大,因而,计算所得的模量值偏小;最邻近承载板的测点由于离板边缘太近,弯沉值受振动的影响较大而易出现异常;离承载板较远的测点的弯沉主要反映路基深处的荷载响应,也不宜考虑;而采用离中点 45~90cm 范围内的测点的弯沉计算动态模量值较为合适[50]。

如果路基土为均质、各向同性的线弹性体,则 FWD 测定得到的路基动态模量值与室内三轴试验测定得到的土回弹模量值,在相同应力状况条件下应该相等。但实际情况并非如此。路基的动态模量值通常要比土的回弹模量值大。这是由于路基为分层填筑和碾压而成,路基土有成层现象;并且,土不会是完全的均质体,且可能有各向异性表现;同时,路基并不是半无限延展,与推演出式(5-35)和式(5-36)的半空间体假设有出入。此外,还有二者的应力状况如何相同的问题。路基动态模量值对应的是落锤荷载作用下的路基应力场,而土回弹模量值相对应的是 σ_1 和 σ_3 应力级位。二者只有在某种响应(如弯沉值)等效的情况下才能视作相同。

George 等对路基土进行重复加载三轴试验,按落锤荷载为 11.2kN 时路基在 15~30cm 深度范围内的应力级位($\sigma_1=59$kPa,$\sigma_3=17$kPa)确定其回弹模量值,而后与 FWD 测定得到的动态模量值进行比照,并分别按中点弯沉及距中点 45~90cm 范围内 3 个测点平均弯沉计算得到的动态模量,建立下述土回弹模量和路基动态模量的经验关系式[50]:

$$M_r = 7.36E_1^{0.588} \tag{5-37}$$

$$M_r = 0.787E_r^{0.995} \tag{5-38}$$

式中：E_1——由中点弯沉值计算得到的动态模量值(MPa)；

E_r——由距中点 45～90cm 范围内 3 个测点平均弯沉值计算得到的动态模量(MPa)。

应用上述关系式将路基动态模量转换成土回弹模量的前提是，认可所选的应力级位能代表或反映路基的应力场。

5.5.2.2 路面结构层下的路基和粒料层模量

在路面结构层顶面用 FWD 测得表面各测点的弯沉值后，可应用弹性层状体系理论，通过反算法得到路基和粒料层的模量值。层状体系理论可以采用数值积分解或有限元解，应按照与结构分析和设计时所采用的方法和计算程序协调一致的原则选用。反算法通常采用迭代方法或数据库搜索技术，使计算弯沉曲线与实测弯沉曲线在预定的精度要求范围内吻合，可选用的计算程序有 MODU-LUS、MODCOMP、IEESSEM4、EVERCALC、WESDEF、BOUSDER 等。反算过程需先假设各层材料的初始模量(可参考表 5-3)，并从最外侧的弯沉测点开始，首先确定路基的模量值，而后逐步向中点推进。反算所得到的各层模量值是该层的当量(或有效)模量，反映该层在路面结构内所处应力状况下的平均值。

反算时选用的材料初始模量典型值和泊松比典型值范围[51]　　表 5-3

材　料	初始模量(MPa)	泊　松　比
沥青混凝土	3 500	0.30～0.40
水泥混凝土	35 000	0.10～0.20
水泥稳定碎石基层	4 100	—
粒料基层	200	0.20～0.40
粒料底基层	100	0.20～0.40
水泥稳定土	350	0.10～0.30
石灰稳定土	140	0.10～0.30
黏性土	50	0.25～0.45

由于路面结构有多个层次，其模量值为多个未知量，反算法通过试算解算得到的不是唯一解，有可能有一个以上的各层模量值组合都能满足计算弯沉曲线与实测弯沉曲线吻合的要求。而各结构层材料分别具有弹黏塑性、弹塑性或非线性弹性性质，路面结构采用弹性层状体系理论模型，与实际情况有相当大的出入。因此，对于由 FWD 测定和反算得到的路基和粒料层模量数值，应利用经验并通过比较分析评判其可靠性。同时，反算时输入的各项路面结构有关参数，如

各结构层的厚度、测定时的路面温度、地下水位和路基湿度等,应尽可能做到准确可靠。

由 FWD 测定反算得到的粒料层和路基的有效模量值,通常都要比室内三轴试验测定所得到的粒料和土的回弹模量值大。许多研究者通过两者测试结果的对照,企图在两者间建立相关关系,以便将有效模量转换为回弹模量,供路面结构分析和设计时使用,但所得结果相当分散。Ping 等对粒料层进行了两种模量的试验和对比后认为,粒料层的有效模量(落锤荷载 40kN)要比回弹模量(围压应力 13.8kPa 和偏应力 34.5kPa)大 1.8 倍[53]。美国路面结构力学—经验法设计指南建议,有效模量转换为回弹模量时,对于路基的有效模量值采用 0.40 的调整系数,对于粒料基层和底基层采用 0.67 的调整系数[27]。

各层土和粒料的模量具有应力依赖性。因此,由于不同路面结构内的粒料层和路基的应力状况不相同,粒料层和路基的模量值也相应地发生变化,不同路面结构的粒料层或路基的模量调整系数应有所差异。Von Quintus 等依据长期使用性能(LTPP)项目的数据库中的 E 级(最高质量级)数据,为不同路面结构的粒料层和路基整理得出有效模量转换为回弹模量的调整系数平均值[27],如表 5-4 所列。

路基和粒料层的落锤弯沉测定有效模量 E_i 与试验室测定回弹模量 M_r 的平均比值[27]　　表 5-4

结构层类型	层　　位	M_r/E_i 平均值
粒料基层和底基层	在两层水泥或沥青稳定碎石层之间	1.43
	在水泥混凝土层之下	1.32
	在热拌沥青混合料面层或基层之下	0.62
路基	在结合料稳定类底基层或稳定土层之下	0.75
	无粒料基层或底基层的柔性或刚性路面下	0.52
	有粒料基层或底基层的柔性或刚性路面下	0.35

5.6　经验模型与参考值

5.6.1　直接与物理性质指标相关的模型

一些研究者试图将土和粒料的回弹模量直接同它的物理性质指标相关联,利用三轴试验数据通过统计分析建立相应的预估模型。这种模型的优点是使用简便,可以利用简单的物性指标试验结果直接预估回弹模量值。然而,由于土和粒料的回弹模量是应力状况的函数,需要事先按路基或粒料层的应力状况规定一个应力水平,才能在相应的模量值和性质指标之间建立起回归关系式。因此,所建立的模型只能是针对特定的对象和应力状况条件。

Rahim 等从美国密西西比州的 12 个路段的路基土中取样进行重复加载三轴试验,得到相应的回弹模量与作用应力的关系曲线。在选用一种路面结构(5cm 沥青面层、10cm 沥青基层和 15cm 石灰稳定底基层),计算得到路基顶面的应力为围压应力 14kPa 和偏应力 37kPa 后,由试验曲线推演出相对应的回弹模量值。经统计分析,选用 200 号筛(0.075mm)的通过率和均匀系数表征土的组成,液限表征土的性质以及含水率和干密度表征土的状态,而后在这些物性指标变量与模量值之间分别按细粒土和粗粒土建立起下述回归关系式[33]:

细粒土:
$$M_r = 16.75[(\gamma_r w_L/w)^{2.06} + (P_{200}/100)^{-0.59}] \quad (R^2 = 0.70) \quad (5-39)$$

粗粒土:
$$M_r = 307.4(\gamma/w)^{0.86}(P_{200}/\lg c_u)^{-0.46} \quad (R^2 = 0.75) \quad (5-40)$$

式中各项符号与式(5-12)~式(5-15)相同。

5.6.2 与经验指标相关的模型

加州承载比 CBR 是一项应用广泛的衡量路基土或粒料承载能力的经验性指标。

Heukelom 等利用由现场动弯沉或波传递测定得到的动态模量,与相应材料的现场 CBR 值建立了经验关系式(图 5-23)[48]:

$$E_s = \alpha(CBR) \quad (MPa) \quad (5-41)$$

式中:α——回归系数,变动于 5~20 之间,通常取用平均值 $\alpha = 10$。

美国路面结构力学—经验法设计指南推荐采用由重复加载三轴试验的回弹模量与相应材料的 CBR 之间建立的经验关系式[27]:

$$M_r = 17.62 CBR^{0.64} \quad (MPa) \quad (5-42)$$

在缺乏三轴试验条件实测回弹模量时,可以利用上述经验关系式由简单的 CBR 测定结果得到相应的回弹模量值。

5.6.3 经验参考值

美国路面结构力学—经验法设计指南还依据各类土的现场 CBR 值变化范围,由式(5-42)推算出了各类土的现场回弹模量变化范围及典型值,并选用最佳含水率和最大干重度时的模量值作为基准,按下述关系式将现场回弹模量转换为基准状况时的回弹模量[27]:

$$M_{ropt} = (2.11 - 0.192 \times M_r)M_r \quad (5-43)$$

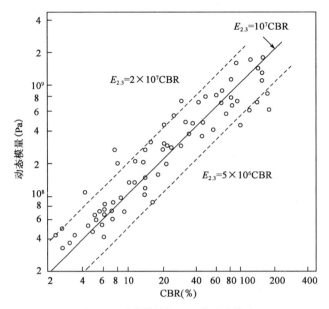

图 5-23 动态模量与 CBR 的试验关系

式中：M_{ropt}——参照状况（最佳含水率和最大干重度）时的回弹模量（MPa）；

M_r——现场回弹模量（MPa）。

表 5-5 列示了各类土（按美国统一土分类系统）依据上述关系式计算得到的回弹模量变化范围和代表值[27]，可供设计时按土类估算路基和粒料层的回弹模量值用。

各类土的现场回弹模量和基准状况时回弹模量经验参考范围和代表值　　表 5-5

土　组		CBR(%)	M_r(MPa)		M_{ropt}(MPa)	
			范围	代表值	范围	代表值
粗粒土	GW（级配好砾）	60～80	241～290	262	272～290	283
	GP（级配差砾）	35～60	172～241	200	245～276	262
	GM（粉土质砾）	30～80	152～290	207	227～290	265
	GC（黏土质砾）	15～40	96～193	138	165～259	214
	GW-GC	20～60	117～241	165	193～276	238
	GW-GM	35～70	172～262	207	245～279	265
	GP-GC	20～50	117～221	159	193～269	234
	GP-GM	25～60	138～241	179	214～276	248
	SW（级配好砂）	20～40	117～193	145	193～259	220

续上表

土 组		CBR(%)	M_r(MPa)		M_{ropt}(MPa)	
			范围	代表值	范围	代表值
粗粒土	SP(级配差砂)	15～30	96～152	117	165～227	193
	SM(粉土质砂)	20～40	117～193	145	193～259	221
	SC(黏土质砂)	10～20	83～117	96	148～193	165
	SW-SC	10～25	83～138	103	148～214	176
	SW-SM	15～30	96～152	117	165～227	193
	SP-SC	10～25	83～138	103	148～214	176
	SP-SM	15～30	96～152	117	165～227	193
细粒土	ML(低液限粉土)	8～16	62～103	76	117～176	138
	CL(低液限黏土)	5～15	48～96	62	93～165	117
	MH(高液限粉土)	2～8	28～65	41	55～121	79
	CH(高液限黏土)	1～5	17～48	28	34～93	55

5.7 回弹模量的季节性变化

路基和粒料层的湿度随大气降水和蒸发以及地下水位升降而发生季节性波动,路基和粒料层的模量值也相应地出现季节性变化。

Ksaibati 等对美国 Florida 州 5 条公路试验路段的石灰岩碎石粒料基层和路基的含水率及地下水位变化,进行了连续 5 年的观测,并应用落锤弯沉仪进行了弯沉测定和模量反算,观测结果汇总于表 5-6[52]。可以看出,粒料基层和路基的含水率随地下水位的升高而增加,其反算模量随含水率的增加而下降。各试验路段的地下水位升降的最小变化范围为 0.63m,最大变化范围为 1.62m;石灰岩碎石粒料基层的含水率变化范围最小为 3.5%,最大为 8.5%,模量变化范围最小为 14%,最大为 96%,含水率增加 1%,其模量值的降低最大可达 29%;路基的含水率变化范围最小为 3.4%,最大为 11%,模量变化范围最小为 21.8%,最大为 53.6%,含水率增加 1%,其模量值的降低最大可接近 8%。

因此,路面结构分析和设计时应考虑粒料层和路基模量的季节性变化,按其湿度状况选取相应的模量值。为此,许多研究者通过试验研究探讨回弹模量与含水率和干重度的关系,并选用不同的变量表征湿度(体积含水率、饱和度、基质吸力)、应力状况(八面体应力、主应力之和、应力比)以及材料类型和性质等因素的影响,建立了多种关系模型。Andrei 等在综合分析了各个关系模型后认为[56]：

粒料基层和路基的含水率和模量随地下水位的变化　　　　表 5-6

路段	地下水位变化(m)	粒料基层			路基		
		含水率变化(%)	模量下降(%)	含水率变化 1% 模量下降%	含水率变化(%)	模量下降(%)	含水率变化 1% 模量下降%
200	1.66～1.03	14.75～18.25	91.0	26.00	7.50～18.50	36.9	3.35
26	1.45～0.67	12.00～20.50	96.3	11.33	11.00～20.30	22.2	2.39
207	2.23～0.61	13.20～14.10	26.5	29.41	15.2～18.6	21.8	6.42
24	—	13.20～17.30	13.8	3.37	11.6～18.5	53.6	7.77
62	1.71～0.87	9.40～15.60	43.7	7.04	8.9～16.4	23.6	3.15

注：地下水位深由路面表面起算。

（1）采用正则化的回弹模量（M_r/M_{ropt}）和正则化的含水率（$w-w_{opt}$）或饱和度（$S-S_{opt}$）作为变量（S_{opt} 为最佳含水率和最大干重度时的饱和度）建立模型，可以较好地反映回弹模量与含水率或饱和度关系的变化规律[54]。

（2）对正则化回弹模量采用对数坐标，可使关系曲线趋近于线性（图 5-24）。

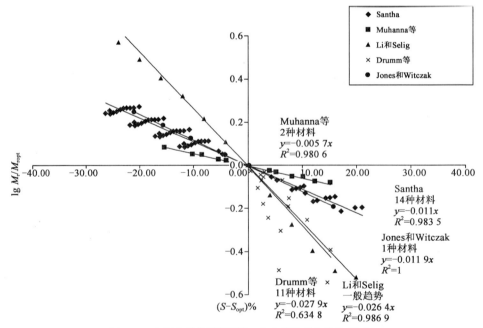

图 5-24　各研究者的回弹模量—饱和度关系曲线（细粒土）

（3）选用饱和度作为湿度变量，可以兼含干重度的影响。

由此，建议采用下述形式的关系模型[56]：

$$\lg \frac{M_r}{M_{ropt}} = k_s(S - S_{opt}) \tag{5-44}$$

最佳饱和度 S_{opt} 一般变动于 78%~87% 范围内。各项研究的室内试验都在 $S_{opt} \pm 30\%$ 的范围内进行。粒料层的饱和度通常很低,为 3%~10%,因而,在应用关系模型时需对曲线进行外延。为了避免线性关系在外延时产生误差,Andrei 等选用 S 形关系曲线,使饱和度低于 $(S_{opt} - 30\%)$ 时的关系曲线变平缓,并设 (M_r/M_{ropt}) 的最大值为 2.5(细粒土)和 2.0(粗粒土)。由此,建立了回弹模量值随饱和度变化的关系模型[56]:

$$\lg \frac{M_r}{M_{ropt}} = a + \frac{b-a}{1+\exp\left[\ln\left(\frac{-b}{a}\right) + k_m(S - S_{opt})\right]} \tag{5-45}$$

式中: M_r/M_{ropt} ——回弹模量比,其中 M_{ropt} 为基准条件下的回弹模量值;

a —— $\lg(M_r/M_{ropt})$ 最小值,由回归分析得到;

b —— $\lg(M_r/M_{ropt})$ 最大值,对粗粒土设定为 0.3,对细粒土设定为 0.4;

k_m ——回归参数。

利用已有文献中的数据回归分析后得到各项参数值,粗粒土的 $a = -0.312, k_m = 6.816$;细粒土的 $a = -0.583, k_m = 6.132$。按上述关系模型预估的结果与文献数据的对比情况,绘示于图 5-25[56]。

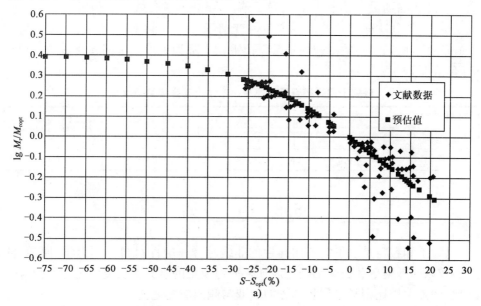

a)

图 5-25

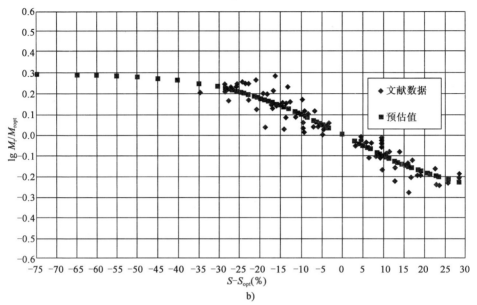

图 5-25 回弹模量—饱和度关系模型
a)细粒土;b)粗粒土

上述模型为美国力学—经验法路面设计指南所采用[27]。

季节性冰冻地区,路基和粒料层会经历冻结和融解的过程,其回弹模量值也会相应地增加到最大值和下降到最低值。Andrei 等汇总了一些研究者的试验测定数据,得到冰冻材料的回弹模量值变动于 7 000(黏土)~21 000MPa(粗粒土)范围内,而融解时的回弹模量最低值平均下降为未冻结土回弹模量的 0.40~0.75(表 5-7)[56]。

融解土回弹模量最低值与未冻结土回弹模量值之比 表 5-7

材 料	砾 石	砂	粉 土	黏 土
范围	0.35~1.00	0.49~0.79	0.30~0.46	0.46~0.70
平均	0.75	0.63	0.40	0.52

5.8 小 结

(1)土和粒料是水平向各向异性的非线性弹—塑性材料。其力学(回弹)性状参数以回弹模量和回弹泊松比表征。回弹模量的定义为反复应力与回弹应变之比,回弹泊松比则是可回复的轴向应变与侧向应变之比。

(2)影响土和粒料回弹模量的因素有应力状况、物理状况及性质和组成三方面,其中,最主要的是应力状况。土和粒料的回弹模量具有应力依赖性,随应力变量(围压应力和偏应力或者体应力和剪应力)和应力水平而变化。同时,由于材料的塑性性质,回弹模量还随荷载作用次数的增加而增长,在永久应变累积趋于稳定的阶段,回弹模量的变化也达到稳定状态。

(3)土和粒料回弹模量的测试主要应用反复(或周期)加载三轴试验仪进行。试验可采用常围压应力或变围压应力方式。试件直径按颗粒最大粒径分别选用150mm 或 100mm(试件直径同最大粒径之比不小于 6),试件高度为其直径的两倍。试件须进行反复加载预处理,加载的应力级位按实际应力状况的最大可能水平选取,反复次数按试件的永久应变达到稳定阶段的要求确定。试验时的加载序列按应力比(偏应力与平均法向应力之比)由小到大(0~2.5)分级施加。

(4)土和粒料回弹模量预估模型的建立,首先是按本构定律确立其应力—应变关系模型,并通过对试验结果的回归分析确定模型的参数。而物理状况及性质和组成方面的影响则通过模型参数得到反映,并可通过回归分析建立试验参数与这些影响因素之间的经验关系。

(5)以偏应力为应力变量的模型主要适用于细粒土。以围压应力或主应力和为应力变量的模型主要适用于粒料和粗粒土。而以偏应力或八面体剪应力和围压应力或主应力和为应力变量的模型可适用于各类土和粒料,经验证,这类模型同测试结果的吻合程度较好。将应力、应变和模量分解为体积和剪切两部分的 Boyce 模型,特别是考虑横向各向异性的 Boyce 模型,同实测结果的相关性优于前三类模型。

(6)路面结构的自重应力随深度增加,行车荷载的重复应力则沿深度向下扩散。土和粒料的回弹模量是应力状况的函数。因此,路基和粒料层内各处的回弹模量值由于应力差异而都不相等。对于这种层内各处回弹模量各不相同的路面结构,只能采用可考虑非线性特性的有限元法进行力学响应分析,将结构层划分为若干个单元,按各单元的平均应力选取相应的回弹模量值。但有限元法虽然已经相当成熟,目前还没有在设计部门广泛应用。而应用弹性层状体系理论解析解进行力学响应分析时,由于假设粒料层和路基是均质的,只能有一对弹性参数(回弹模量和泊松比),因此,在回弹模量选用上便会发生如何选取的问题。一种解决方案是按粒料层和路基的应力状况选取等效的回弹模量值,而此等效回弹模量随各种路面结构的不同应力状况而异。

(7)在路基或路面结构层顶面采用落锤弯沉仪进行的现场弯沉测定和模量计算或反算,所得到的是路基或粒料层的有效模量或平均模量。它们是路基或粒料层的应力状况的函数,是与试验荷载作用下该路基或粒料层内的应力状况相对应的平均模量值。路基或粒料层的有效模量值一般都比土或粒料的回弹模量值大,它们之间的转换关系应在两者的应力状况相对应或对等的基础上建立,并随路面结构层组合的不同(应力状况发生变化)而变化。

(8)路基和粒料层的湿度状况也是影响其回弹模量值的重要因素,后者随湿度呈季节性变化。路面结构分析和设计时应考虑路基和粒料层回弹模量随湿度的季节性变化。为此,须建立回弹模量与含水率(饱和度)的关系模型,按路基和粒料层的实际湿度状况选取相应的模量值。通常,选择基准条件(如最佳含水率和最大干重度)下的回弹模量作为参照值,利用所建关系模型,确立不同湿度状况时回弹模量的湿度调整系数。

本章参考文献

[1] AASHTO Standard Test Designation T292-91. Resilient modulus of subgrade soils and untreated base/subbase materials. AASHTO, 1998.

[2] AASHTO Standard Test Designation T307-99. Determining the resilient modulus of soils and aggregate materials. AASHTO, 2003.

[3] Adu-Osei, A., Little, D. N., and Lytton, R. L. Cross-anisotropic characterization of unbound granular materials. TRR 1757, 2001:82 91.

[4] Allen, J. J. and Thompson. M. R. Resilient response of granular materials subjected to time dependent lateral stresses. TRR 510, 1974:1-13.

[5] Andrei, D., Witczak, M. W., Schwartz, C. W., Uzan, J. Harmonized resilient modulus test method for unbound pavement materials. Paper submitted to TRB 2004 Annual Meeting, 2004.

[6] Barksdale, R. D. and Itani, S. Y. Influence of aggregate shape on base behavior. TRR 1227, 1989:173-182.

[7] Boudali, M. and Robert, C. Laboratory determination of base material resilient moduli. Proceedings, 5th International Conference on the Bearing Capacity of Roads and Airfields, Vol. 3, 1998:1235-1245.

[8] Boyce, H. R. A non-linear model for the elastic behavior of granular materials under repeated loading. Proceedings, International Symposium on Soils under Cyclic and Transient Loading, 1980:285-294.

[9] Brown, S. F. and Pell, P. S. An experimental investigation of the stresses, strains and deflections in a layered pavement structure subjected to dynamic loads. Proceedings, 2nd International Conference on the Structural Design of Asphalt Pavements, 1967:487-504.

[10] Brown, S. F. and Hyde, A. F. L. Significance of cyclic confining stress

in repeated-load triaxial testing of granular material. TRR 537, 1975:49-58.

[11] European Standard. EN 13286-7:2004: E. Unbound and hydraulic bound mixtures-Part 7. Cyclic load triaxial test for unbound mixtures. Brussels, CEN, 2004.

[12] COST 337 Final Report. Unbound granular materials for road pavement. European Commission Editor, 2003.

[13] Garg, N. and Thompson, M. R. Triaxle characterization of Minnesota road research project granular materials. TRR 1577, 1997:27-36.

[14] Hicks, R. G. and Monismith, C. L. Factors influencing the resilient properties of granular materials. HRR 345, 1971:15-31.

[15] Hicks, R. G. and Monismith, C. L. Prediction of the resilient response of pavements containing granular layers using nonlinear elastic theory. Proceedings, 3rd International Conference on Asphalt Pavements, Vol. 1, 1972:410-429.

[16] Hornych, P., Kazai, A., and Piau, J-M. Study of the resilient behavior of unbound granular materials. Proceedings, 5th International Conference on the Bearing Capacity of Roads and Airfields, Vol. 3, 1998: 1277-1287.

[17] Jorenby, B. N. and Hicks, R. G. Base course contamination limits. TRR 1095, 1986:86-101.

[18] Khogali, W. E. I. and Mohamed, E. H. H. A novel approach for characterization of unbound materials. Paper submitted to TRB 2004 Annual Meeting, 2004.

[19] Khoury, N. N., and Musharraf, M. Z. Correlation among resilient modulus, moisture variation and soil suction for subgrade soils. Paper presented at the TRB 2004 Annual Meeting, 2004.

[20] Kolisoja, P. Resilient deformation behavior of aggregates determined by means of cyclic loading triaxial tests. Proceedings, 5th International Conference on the Bearing Capacity of Roads and Airfields, Vol. 3, 1998: 1267-1276.

[21] Lade, P. V. and Nelson, R. D. Modeling the elastic behavior of granular materials. International Journal of Numerical and Analytical Methods in Geomechanics, 1987(2): 521-542.

[22] Lekarp, F., Isacsson, U., and Dawson, A. State of the art. I: Resilient response of unbound aggregates. Journal of Transportation Engineering., ASCE, Vol. 126(1), 2000:66-75.

[23] Lytton, R. L., Uzan, J., Fernando, E. G., Roque, R., Hiltunen, D., and Stoffels, S. M. Development and validation of performance models and specifications for asphalt binders and paving mixes. Report SHRP A-357, SHRP, 1993.

[24] Mohammad, L. N., Huang, B., Puppala, A. J., and Allen, A. Regression model for resilient modulus of subgrade soils. TRR 1687, 1999: 47-54.

[25] Monismith, C. L., Seed, H. B., Mitry, F. G., and Chan, C. K. Prediction of pavement deflection from laboratory tests. Proceedings, 2nd International Conference on the Structural Design of Asphalt Pavements. 1967:109-140.

[26] Muhanna, A. S., Rahman, M. S., and Lambe, P. C. Resilient modulus measurement of fine-grained subgrade soils. TRR 1687, 1999: 3-12.

[27] NCHRP Project 1-37A. Guide for mechanistic-empirical design of new and rehabilitated pavement structures. Final Report. 2004.

[28] Ni, B., Hopkins, T. C., Sun, L., and Beckham, T. L. Modeling the resilient modulus of soils. Proceedings, 6th International Conference on the Bearing Capacity of Roads, Railways and Airfields, Vol. 2, 2002: 1131-1142.

[29] Ooi, P. S. K., Archilla, A. R., and Sandefur, K. G. Resilient modulus models for compacted cohesive soils. Paper presented at the TRB 2004 Annual Meeting, 2004.

[30] Pezo, R. F. A general method of reporting resilient modulus tests of soils-A pavement engineer's point of view. Paper submitted to 72nd TRB Annual Meeting, 1993.

[31] Rada, G. and Wictzak, M. W. Comprehensive evaluation of laboratory resilient moduli results for granular material. TRR 810, 1981:23-33.

[32] Raad, G., Minassian, G. and Gartin, S. Characterization of saturated granular bases under repeated loads. TRR 1369, 1992: 73-82.

[33] Rahim, A. M. and George, K. P. Subgrade soil index properties to estimate resilient modulus. Paper presented at the 83rd TRB Annual Meet-

ing, 2004.

[34] Rahim, A. M. and George, K. P. Models to estimate subgrade resilient modulaus for pavement design. Paper presented at the 84th TRB Annual Meeting, 2005.

[35] Seed, H. B., Chan, C. K., and Lee, C. E. Resilience characteristics of subgrade soils and their relation to fatigue failures in asphalt pavements. Proceedings, International Conference on the Structural Design of Asphalt Pavements. 1962: 611-636.

[36] Seed, H. B., Mitry, F. G., Monismith, C. L., and Chan, C. K. Prediction of pavement deflection from laboratory repeated load tests. NCHRP Report 35, 1967.

[37] Tam, W. A. and Brown, S. F. Use of the falling weight deflectometer for in situ evaluation of granular materials in pavements. Proceedings, 14th ARRB Conference, Vol. 14, Part 5, 1988: 155-163.

[38] Thom, N. H. and Brown, S. F. Effect of moisture on the structural performance of a crushed-limestone road base. TRR 1121, 1987:50-56.

[39] Thom, N. H. and Brown, B. F. The effect of grading and density on the mechanical properties of a crushed dolomitic limestone. Proceedings, 14th ARRB Conference, Vol. 14, Part 7, 1988: 94-100.

[40] Thompson, M. R. and Robnett, Q. L. Resilient properties of subgrade soils. Transportation Engineering Journal, ASCE, 1979.

[41] Tian, P., Zaman, Z. M., and Laguros, J. G. Gradation and moisture effects on resilient moduli of aggregate bases. TRR 1619, 1998: 75-84.

[42] Trollope, E. H., Lee, I. K., and Morris, J. Stresses and deformation in two-layer pavement structure under slow repeated loading. Proceedings, ARRB, Vol. 1, Part 2, 1962:693-718.

[43] Uzan, J. Characterization of granular material. TRR 1022, 1985:52-59.

[44] Van Niekerk, A. A., Houben, L. J. M., and Molenaar, A. A. A. Estimation of mechanical behavior of unbound road building materials from physical material properties. Proceedings, 5th International Conference on the Bearing Capacity of Roads and Airfields, Vol. 3, 1998: 1221-1233.

[45] Vuong, B. T. Influence of density and moisture content on dynamic stress-strain behavior of a low plasticity crushed rock. Road and Trans-

portation Research. Vol. 1(2), 1992:88-100.

[46] Witczak, M. W. and Uzan, J. The universal airport pavement design system. Report Ⅰ: Granular material characterization. University of Maryland, 1988.

[47] Yau, A. and Von Quintus, H. I. Prediction elastic response characteristics of unbound materials and soils. Paper submitted to TRB 2004 Annual Meeting, 2004.

[48] Heukelom, W. and Klomp, A. J. Dynamic testing as a means of controlling pavements during and after construction. Proceedings, International Conference on the Structural Design of Asphalt Pavements. Ann Arbor, 1962:667-679.

[49] 中华人民共和国行业标准.JTJ 014—97 公路沥青路面设计规范[S]. 北京:人民交通出版社,1997.

[50] George, K. P., Bajracharya, M. and Stubstad, R. Subgrade characterization employing the falling weight deflectometer. Paper submitted to TRB 2004 Annual Meeting, 2004.

[51] ASTM: D5858-96. Standard guide for calculating in situ equivalent elastic moduli of pavement materials using layered elastic theory.

[52] Ksaibati, K., Armaghani, J., and Fisher, J. Effect of moisture on modulus values of base and subgrade materials. TRR 1716, 2000:20-29.

[53] Ping, W. V., Yang, Z., Liu, C., and Dietrich, B. Measuring resilient modulus of granular materials in flexible pavements. TRR 1778, 2001:81-90.

[54] Li, D., and Selig, E. T. Resilient modulus for fine grained subgrade soils. ASCE Journal of Geotechnical and Geoenvironmental Engineering, Vol. 123, No7, 1994: 663-670.

[55] Chou, Fang-ju, and Tutumluer, E. Stress path testing for proper characterization of unbound aggregate base behavior. TRR 1757, 2001:92-99.

[56] NCHRP Project 1-37A. Guide for mechanistic-empirical design of new and rehabilitated pavement structures. Appendix DD-1. Resilient modulus as function of soil moisture-summary of prediction models. Appendix DD-3. Selection of resilient moduli for frozen/thawed unbound materials. Final Report. 2004.

第6章 沥青混合料的劲度

6.1 沥青混合料的应力—应变性状

沥青混合料由沥青结合料和矿质集料(包括填料)组成,用于修筑沥青面层、基层或底基层。

沥青混合料的劲度,反映了材料在外力作用下的应力与应变间的对应关系,它是对沥青路面进行结构分析(计算应力、应变和位移量)时的一项材料基本力学性质参数,也是表征沥青混合料使用性能(疲劳、车辙、低温开裂)的一项重要指标。

沥青混合料是一种多相复合材料,具有黏弹性性质。其矿质集料组分影响混合料的弹性性质,而沥青组分则承担其黏弹性性质部分。由于沥青的流变性状,沥青混合料的力学性质同加载时间(或频率)和加载时的温度有关。Van de Poel 引入了劲度模量的概念来描述沥青和沥青混合料的黏弹性力学性质,以区别于弹性材料的弹性(杨氏)模量[30],其定义为:

$$S_m(t,T) = \frac{\sigma(t)}{\varepsilon(t,T)} \tag{6-1}$$

式中:$S_m(t,T)$——沥青混合料在加载时间 t 和温度 T 时的劲度模量;

$\sigma(t)$——在加载时间 t 时所施加的应力;

$\varepsilon(t,T)$——在加载时间 t 和温度 T 时所产生的应变。

沥青混合料组成的不均质性以及各相的性质和组分的多变性,大大增加了沥青混合料劲度特性的复杂性以及劲度模量值量测和预估的难度。

然而,进行沥青路面结构分析时,通常假设沥青层材料为连续介质,具有各向同性、线性黏弹性性状,并可应用沥青材料的时间—温度叠置原理。因此,在研究沥青混合料劲度特性和进行模量测定时,必须考虑这些假设的影响,并尽量控制在这些假设的范畴内[12]。

(1)沥青混合料是由矿质集料和沥青组成的不均质材料。用于路面结构层时,相对于面层的厚度,通常假设它为宏观连续的;用于试验室试件时,试件尺寸与粗集料最大粒径的比例须大于 10,才能不将混合料看作是不均质材料,尽管这一要求实际上常常不能达到,仍认为这一假设成立。不同试验室的弯曲试验表明,试件的最小高度不应低于混合料集料最大粒径的 2.5 倍(5 倍较为安全),否则试件变得过于不均质,而使试验结果很离散。这意味着为厚度小于 2 倍集料最大粒径的沥青层确定混合料劲度模量是不现实的,因为这时连续介质的假设是不适用的。

(2)沥青混合料在摊铺碾压的过程中会出现一定程度的各向异性,集料随着压实方向定向排列。试验室制备试件时也会出现类似情况,试验表明,在沥青混合料板上从 3 个不同方向钻取的圆柱体试件,其劲度模量的偏差可达 20%;但工程计算时,仍将沥青混合料假设为各向同性材料。

(3)沥青混合料具有复杂的弹—黏—塑性性状,仅在低应变范围内,其性状可以视为线性的和黏弹性的。因而,劲度模量的测定,必须保持在低应变的范畴内。试验结果表明,应变低于 10^{-4} m/m 时,可满足线性黏弹性的要求。国际材料实验室协会(RILEM)的实验室间合作试验项目采用的测试应变为 $(40\sim50)\times 10^{-6}$ m/m(有一个实验室甚至采用 7.5×10^{-6} m/m)。

(4)与沥青一样,沥青混合料也是对温度敏感的,温度对其性状是决定性的参数,即它对加载的响应强烈地依赖于温度;试验结果表明,加载时间—温度叠置原理也适用于普通沥青的混合料。

上述这些假设仅在一定条件下适用。因此,沥青混合料的性状越接近于假设的条件和范畴,试验和理论分析的结果便越可靠。

6.2 劲度模量测试方法

沥青混合料的劲度特性须借助试验进行研究,其模量值须通过试验进行量测。而试验方式和设备以及试验条件的设计,都是路面结构实际状况的某种程度的模拟。因而,试验结果只能在一定程度上反映出沥青混合料在路面结构中的真实性状。

相应于不同的测试方法,劲度模量有不同的定义,如复数模量(动态模量)、回弹模量、蠕变模量等。它们分别反映了沥青混合料在应力—应变性状中弹性、黏弹性、黏塑性应变的不同程度的组合。

6.2.1 试验类型

现有的劲度试验方法可分为两大类:均一的和非均一的。

均一类试验方法,使试件截面直接受到单一而均匀的应力(拉应力、压应力或剪应力),相应产生单一而均匀的应变(拉应变、压应变或剪应变),直接得到材料的应力—应变本构关系和相应的参数(模量和泊松比)。这类试验方法包括:

直接拉伸试验、(无围压或有围压)压缩试验和直接剪切试验等。由于便于定义材料的性状参数,易于确定线性的极限范围,均一类试验方法较适合于描述沥青混合料的线性黏弹性性状。

非均一类试验方法,使试件截面受到非单一的应力,产生非单一和不均匀的应变。为了确定应力—应变本构关系中的参数(模量和泊松比),须事先假设试件服从某本构定律(如线弹性),按试件的几何形状和尺寸以及加载状况,应用弹性理论推演出荷载—变形(位移或挠度)计算公式,由此确定相应的劲度模量。这类试验方法有:弯曲试验(包括2点、3点和4点弯曲)和间接拉伸试验(图6-1)。

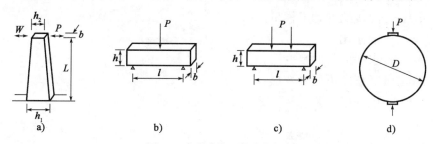

图6-1 各种非均一类试验方法
a)2点弯曲试验;b)3点弯曲试验;c)4点弯曲试验;d)间接拉伸试验

弯曲试验采用梯形或矩形梁试件,在端点、中点或三分点施加荷载,首先依据线弹性体的假设,针对试件的几何形状和尺寸以及加载状况,推演出具有1个或2个支点时的荷载—位移(挠度)理论计算公式,由此算出反映弯拉应力与弯拉应变间关系的弯曲劲度模量。各种弯曲试验的劲度模量公式可采用以下通式表示[12]:

$$S_\mathrm{m} = \gamma \frac{P}{w_0} \tag{6-2}$$

式中:P——所施加的荷载;

w_0——量测到的最大位移(挠度);

γ——试件的形状系数,各种试验方法的试件形状系数,见表6-1。

弯曲劲度模量通式中的试件形状系数 表6-1

试验方法和试件形状	形状系数 γ	符 号
2点弯曲试验(矩形试件)	$\dfrac{4L^3}{bh^3}$	h——截面高度; b——截面宽度; L——试件长度; h_1——底端高; h_2——顶端高; l——支点间跨距; a——荷载间间距
2点弯曲试验(梯形试件)	$\dfrac{12L^3}{b(h_1-h_2)^3}\left[\left(2-\dfrac{h_2}{2h_1}\right)\dfrac{h_2}{h_1}-\dfrac{3}{2}-\ln\dfrac{h_2}{h_1}\right]$	
3点弯曲试验(矩形试件)	$\dfrac{24l^3}{\pi^4 bh^3}$	
4点弯曲试验(矩形试件)	$\dfrac{2l^3-3la^2+a^3}{8bh^3}$	

间接拉伸试验是在圆柱体试件的径向两端施加竖向压缩荷载,这时,试件径向截面的端部承受水平向压应力,而中间大部分产生均匀分布的水平向拉应力(图 6-2)。在假设材料为各向同性体,具有不变的泊松比后,依据线弹性理论推演出承受水平向拉应力部分截面的间接拉伸劲度模量和泊松比计算公式:

$$E_r = \frac{P(\nu_r + 0.27)}{t\Delta h} \quad (6\text{-}3a)$$

$$\nu_r = \frac{3.59\Delta h}{\Delta v} - 0.27 \quad (6\text{-}3b)$$

式中:E_r——间接拉伸劲度模量;
　　　ν_r——泊松比;
　　　Δh——水平向可回复变形;
　　　Δv——竖直向可回复变形;
　　　t——试件厚度。

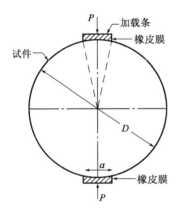
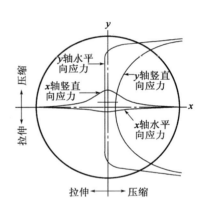

图 6-2 间接拉伸试验时试件截面上的应力分布

非均一类试验仅在材料性状较简单且试验状况严格符合假设条件的情况下(如各向同性线弹性或各向同性线性黏弹性)才能使用,而当试验时材料的性状偏离所假设的性状时,由于偏离了理论公式的假设,会产生很大的误差。因此,试验时沥青混合料的性状必须严格控制在线性黏弹性范畴内,才能得到较好的试验结果。

6.2.2 加载方式和模量定义

劲度模量测试时,可以采用 3 种方式施加荷载:单调加载、周期加载和反复加载。

6.2.2.1 单调加载方式

单调加载方式是荷载以一定的速率(采用应变控制或应力控制)施加到试件上。预定的最大加载值必须限定在线性范围内。在给定温度条件下按单调加载方式确定的沥青混合料劲度模量,称作该温度时的割线模量,其定义为:

$$E_s(t) = \frac{\sigma(t)}{\varepsilon(t)} \tag{6-4}$$

式中:$\sigma(t)$——t 时刻的应力;

$\varepsilon(t)$——t 时刻的应变。

单调加载方式主要应用于直接拉伸或压缩试验方法中。法国制订了沥青混合料直接拉伸割线模量试验标准(NFP 98-260-1)[21]。在给定的温度条件(-10~+20℃)和预定的时间内(1s、3s、10s、30s、100s 和 300s),采用应变控制加载模式对圆柱体试件施加拉应力,达到预定的轴向应变值(在线性范畴内),由此得到相应的割线模量值和某参考温度时的模量—时间主曲线。法国采用15℃和0.02s(相当于行车速度为 50~60km/h)时的割线模量值(取自主曲线),供路面设计计算用[12]。

当加载速率为 0 时,如果是应力控制(应力不变),则混合料在恒定荷载作用下,其变形随时间而增长(称作蠕变)。这时的应力—应变关系可用蠕变模量来定义:

$$E_c = \frac{\sigma_0}{\varepsilon(t)} \tag{6-5}$$

式中:σ_0——所施加的常应力。

而如果是应变控制(应变不变),则混合料在恒定应变的控制下,其应力随时间而降低(称作应力松弛)。反映其应力—应变关系的是松弛模量,它是蠕变模量的倒数:

$$D_r = \frac{\sigma(t)}{\varepsilon_0} \tag{6-6}$$

式中:ε_0——所施加的常应变。

割线模量、蠕变模量和松弛模量都是加载时间和温度的函数。

6.2.2.2 周期加载方式

周期加载方式是在试件上施加不同频率的正弦式周期荷载:

$$\sigma(t) = \sigma_0 \sin\omega t \tag{6-7}$$

$$\omega = 2\pi f \tag{6-8}$$

式中:ω——加载角频率(rad/s);

f——加载频率(Hz)。

量测是在小应变（<10^{-4}mm/mm）范畴内进行的，因而，其应变响应也是正弦式的（图 6-3）。然而，由于沥青混合料的黏滞性质，应变滞后于应力，其延迟程度以相位角 φ 表征：

$$\varepsilon(t) = \varepsilon_0 \sin(\omega t - \varphi) \tag{6-9}$$

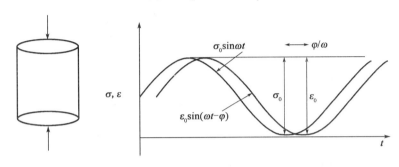

图 6-3　正弦式周期加载图式

线性黏弹性材料在正弦式周期加载情况下的应力—应变关系以复数 E^* 表征，它包含实部和虚部：

$$E^* = E' + iE''$$
$$E^* = |E^*|\cos\varphi + i|E^*|\sin\varphi \tag{6-10}$$

式中：实部 E'——存储模量或复数模量的内相位组分；

虚部 E''——耗损模量或复数模量的外相位组分。

而复数的绝对值定义为复数模量，或称动态模量，它是应力振幅峰值与可回复应变振幅峰值的比值：

$$|E^*| = \frac{\sigma_0}{\varepsilon_0} \tag{6-11}$$

复数模量或动态模量是加载频率和温度的函数。相位角是反映材料弹性或黏弹性性状的基本指标，纯弹性材料的 $\varphi=0°$，纯黏滞性材料的 $\varphi=90°$。

周期加载方式应用于压缩、剪切和弯曲试验方法中。美国制订了沥青混合料压缩动态模量试验标准（ASTM D 3497—95）[3]。在直径 100mm、高 200mm 的圆柱体试件上施加应力级位最高达 690kPa、频率为 0.1～20Hz 的正弦式周期荷载，试验时采用的温度范围为 0～50℃，由所施加的轴向应力峰值和量测到的轴向可回复应变峰值，计算得到不同温度和加载频率的压缩动态模量值。Witczak 等在评选与路面损坏密切相关，可精确而可靠地度量混合料性质的试验方法时认为，压缩动态模量与沥青层的疲劳开裂量之间存在着一定的相关性，可将压缩动态模量参数作为混合料体积法组成设计时判别其疲劳性能的试验方法和指标[34]。压缩动态模量也是衡量混合料组成的均匀性和质量的一项好指标。

美国战略公路研究计划(SHRP)制订了定高度单剪试验方法(CH-SST,AASHTO TP7)[28,1]，在保持圆柱体试件(直径 150mm，高 50mm)高度不变的前提下，对试件底面施加频率为 10～0.01Hz 的正弦式周期剪切应变(最大剪切应变为 1×10^{-4} mm/mm)，量测试件在不同频率和多种温度(-10～70℃)时的剪应力和剪应变。由剪切应力振幅峰值 τ_0 与剪切应变振幅峰值 γ_0 相比，得到不同温度和频率的剪切动态模量值以及相应的相位角：

$$|G^*| = \frac{\tau_0}{\gamma_0} \qquad \varphi = \frac{t_i}{t_p} \tag{6-12}$$

式中：$|G^*|$、φ——剪切动态模量(MPa)和相位角(°)；

τ_0、γ_0——剪应力(MPa)和剪应变峰值；

t_i——应力周期和应变周期之间的时距(s)；

t_p——应力周期的时间(s)。

在线性黏弹性和各向同性的假设下，拉伸或压缩动态模量与剪切动态模量之间的关系为：

$$|G^*| = \frac{|E^*|}{2(1+\nu^*)} \tag{6-13}$$

式中：ν^*——泊松比，在上式中它也是个复数，但试验测定结果表明，其虚部很小，对于沥青材料，可把它当作实数考虑，其数值随温度和加载频率而异，变动在 0.3～0.5 范围内。

剪切动态模量可用作评价沥青混合料抗永久变形能力的一项力学性质指标。

周期加载方式也应用于各种弯曲试验方法。各种弯曲试验方法的动态模量关系式与试件的几何形状和尺寸以及加载状况有关，可以按式(6-2)和表 6-1 确定不同温度和加载频率条件下的弯曲动态模量值。

6.2.2.3 反复加载方式

第三种加载方式是对试件施加反复荷载。应力脉冲波可以是矩形、梯形或三角形。每次加载后，应力归零并间歇一段时间，待黏弹性变形部分回弹恢复后，再作用下一次荷载(图 6-4)。反复加载情况下的应力—应变关系，定义为应力峰值与可回复应变峰值的比值，称作回弹模量：

$$E_r = \frac{\sigma_0}{\varepsilon_r} \tag{6-14}$$

反复加载方式可应用于压缩或剪切试验方法中，也可应用于弯曲和间接拉伸试验。美国制订了沥青混合料间接拉伸回弹模量试验标准(ASTM D 4123—

95)[4]。在直径 102mm,高 51mm(或直径 152mm,高 76mm)的圆柱体试件的径向两端施加竖向压缩荷载,测试温度分别为 5℃、25℃和 40℃,每一种测试温度的加载频率为 0.33Hz、0.5Hz 和 1.0Hz,加载级位为试件抗拉强度的 10%～50%(累计竖向变形不能大于 0.025mm),加载延续时间为 0.1～0.4s(通常采用 0.1s)。在每一组温度和加载频率条件下量测作用荷载、竖直向回复变形和水平向回复变形数值后(图 6-4),按式(6-3)计算确定相应的回弹模量和泊松比。回复变形可区分为瞬时回复变形和总回复变形,由式(6-3)相应得到的模量称作瞬时回弹模量和总回弹模量。

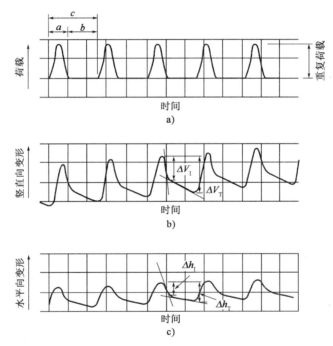

图 6-4 重复加载间接拉伸试验的荷载—时间和变形—时间关系曲线
a)荷载—时间脉冲;b)竖直向变形—时间;c)水平向变形—时间
a-在一个加载周期内的加载时间;b-回复时间;c-周期时间;Δh_I-水平向瞬时可回复变形;Δh_T-水平向总可回复变形;ΔV_I-竖直向瞬时可回复变形;ΔV_T-竖直向总可回复变形

如果泊松比采用假定的数值(通常取 25℃时的泊松比为 0.35),这时竖向回复变形可以不量测。水平向回复变形的数值较小,量测精度较难得到保证,从而影响到间接拉伸回弹模量值的可靠性和准确性。

由于这类试验易于使试件两端承压区产生蠕变,Tayebali 等人的试验表明,间接拉伸试验须严格限制在温度低于 20℃时进行[29]。

6.2.3 劲度测试结果整理

为了能评价劲度性质对温度和频率的依赖性,测试条件(温度和加载频率或时间)的选择范围应尽量宽些。考虑到大多数实验室设备的使用条件,温度范围可采用-10~40℃,频率范围可采用0.1~30Hz。

每一次测试,固定一组温度和加载频率条件。各组条件测试完毕后,可初步整理成图6-5所示的等温度曲线或图6-6所示的等频率曲线[12]。

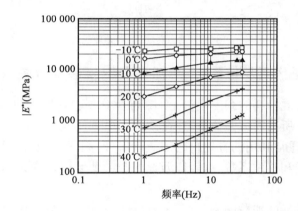

图6-5 动态模量等温度曲线

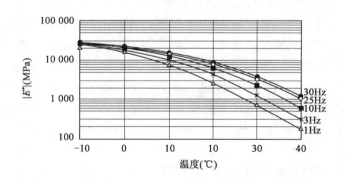

图6-6 动态模量等频率曲线

测定劲度性质时,建议不仅量测劲度模量,还要量测相位角,因为无论哪种试验方式,相位角的可重现性要优于模量。图6-7所示为按测定结果绘制的动态模量与相位角的关系曲线[12]。

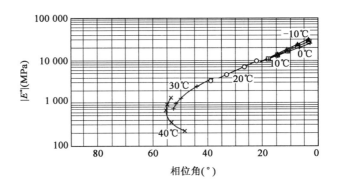

图 6-7 动态模量—相位角曲线

6.2.4 主曲线和移位系数——加载频率—温度等效性

沥青和沥青混合料的劲度模量是加载频率(时间)和温度的函数。为了减少建立此函数关系所需的试验数量,并在设计时更方便地确定给定频率(时间)和温度的模量值,通常利用沥青材料的加载频率(时间)—温度叠置原理建立沥青混合料的主曲线和移位系数,以表征沥青混合料劲度模量的频率(时间)依赖性和温度依赖性。

按照沥青材料的加载频率(时间)—温度叠置原理,由于在加载频率(时间)或温度变化时其分子松弛过程是相同的,不同频率(时间)和温度的劲度模量值可以相互叠置。换句话说,在高加载频率(短加载时间)和高温时的松弛过程可以在低温和低加载频率(长加载时间)时复制,即,由不同的频率(时间)和温度组合,可以得到相同的劲度模量值。通常假设沥青材料的叠置原理对沥青混合料也适用。因而,利用频率(时间)—温度叠置原理,可以为任一选定的参照温度构建单一的劲度模量—频率(时间)主曲线,将易于实施的频率(或时间)测定范围内得到的试验结果,向两端扩大到较难实施的低频率和高频率范围。此主曲线可通过将每一根等温曲线相对于参照温度曲线进行平行于频率(时间)轴的移位,直到具有相同模量值的点重叠后得到(图 6-8)[12]。等温曲线 T 相对于所选参照温度 T_r 的移位,称为移位系数 $\alpha(T)$。

通常选用 20℃ 作为标准的参照温度,并选用加载时间作为变量,通过对不同等温度曲线的移位建立起该参照温度的劲度模量—时间主曲线。此主曲线反映了沥青混合料在参照温度时的时间依赖性。Witczak 等提出动态模量主曲线可以采用 S 形曲线函数予以描述[22]:

$$\lg|E^*| = \delta + \frac{\alpha-\delta}{1+e^{\beta+\gamma\lg t_r}} \tag{6-15}$$

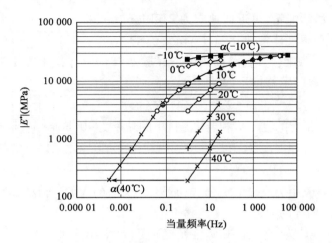

图 6-8 复数模量—频率主曲线(参照温度 10℃)

式中：t_r——在参照温度 T_r 时的加载时间；

　　　δ——动态模量 $|E^*|$ 的最小值；

　　　α——动态模量 $|E^*|$ 的最大值；

　　　β、γ——描述曲线形状的参数。

各等温曲线的移位量(移位系数)是温度的函数，它反映了模量的温度依赖性。移位系数的一般表述式为：

$$t_r = \frac{t}{\alpha(T)} \tag{6-16}$$

$$\lg t_r = \lg t - \lg \alpha(T)$$

式中：t_r——在参照温度 T_r 时的加载时间(s)；

　　　t——在给定温度 T 时的加载时间(s)；

　　　$\alpha(T)$——移位系数，为温度 T 函数。

移位系数可以采用 4 种方法计算确定：WLF 公式、Arhennius 公式、Witczak 等提出的 VTS 方法以及直接采用由沥青的剪切动态模量试验数据得到的移位系数。

由 William 等提出的移位系数关系式(以下简称"WLF 公式")[31]为：

$$\lg \alpha(T) = \frac{-c_1(T - T_r)}{c_2 + (T - T_r)} \tag{6-17}$$

式中：c_1、c_2——与材料性质有关的常数，可相应取为 19 和 92[10]；

　　　T、T_r——温度和参照温度(°K)。

Arhennius 建议的移位系数公式为：

$$\lg \alpha(T) = \frac{2.303 E_a}{R} \left(\frac{1}{T} - \frac{1}{T_r} \right) \tag{6-18}$$

式中：E_a——激活能量，可近似地定为 210kJ/mol[14]；

R——理想气体常数[8.31J/(mol·°K)]。

Witczak 等为配合美国路面力学—经验法结构设计指南提出的 VTS 方法采用粘滞度参数确定移位系数[22]：

$$\lg\alpha(T) = 1.25588(\lg\eta_T - \lg\eta_{T_r}) \tag{6-19}$$

式中：η_T——在给定的温度 T 和老化条件下的黏滞度（10^6 Poise,1Poise=0.1Pa·s）；

η_{T_r}——在参照温度 T_r 和旋转薄膜烘箱（RTFO）老化条件下的黏滞度（10^6 P, 1P=0.1Pa·s）。

Dongre 等应用 Arhennius 公式和 Witczak 等的 VTS 方法计算确定的移位系数具有几乎相等的数值[14]。

Boussad 等认为，在线性黏弹性范畴内沥青混合料和沥青具有相同的流变学特性，沥青混合料的黏弹性性质由沥青所控制，沥青混合料的移位系数等同于沥青的移位系数。因此，沥青混合料的移位系数可以采用与沥青相同的数值。这一观点得到了试验的证实（如图 6-9 中所示）[9]。Dongre 等采用由沥青的剪切动态模量试验数据得到的移位系数，同应用 Arhennius 公式和 Witczak 方法确定的沥青混合料的移位系数进行对比，表明它们具有良好的相关性，由此建立的主曲线也极为一致[14]。

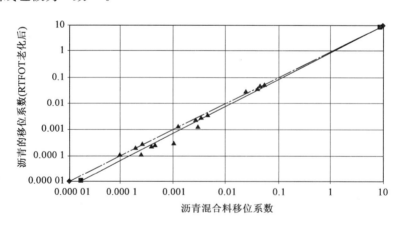

图 6-9 沥青（经旋转薄膜烘箱老化）和沥青混合料的移位系数对比

6.2.5 量测精度和测试方法比较

国际材料实验室协会（RILEM）的沥青试验技术委员会（TC 101-BAT）和沥青混合料使用性能技术委员会（TC 152-PBM）在 20 世纪 90 年代组织欧美各国 15 个主要实验室参加沥青混合料劲度和疲劳性质测试的实验室间合作研究项

目,对试验设备、试件制备、测试和标定方法等进行对比性研究,以改善这类试验的重复性和重现性。

实验室间合作研究项目对15个实验室的劲度模量测试方法和数据进行对比后,提出了有关劲度测试精度和方法的一些建议[13]:

(1)劲度试验的系统偏差来源于:

①高温时作用力的量测精度和低温时变形的量测精度不足,测试仪器的精度应与量测值的范围相匹配。

②测定高劲度模量试件时,仪器的刚度不够。

③试件在仪器上安置得不好。

(2)应用统计方法按毛体积密度和尺寸小心地选择有代表性的试件,以减少试验室间复数模量的变异。谨慎地进行时,标准差最低可达到5%。

(3)均一类试验方法可直接得到应力—应变关系;而采用非均一类试验方法时,试件内各点受到不相同的应力和应变振幅,因而,仅能在严格控制其性状为线性黏弹性时应用非均一类试验方法测定复数模量。

(4)沥青混合料为线性黏弹性时,其复数模量可不依赖于应变振幅,因而,试验前应先进行线性测试,以便为模量测定确定最大可接受的应力和应变级位。为避免由材料非线性引起的误差,测定应变应低于1×10^{-4} mm/mm,项目组大部分试验室认为测试能在应变级位为$40\times10^{-6}\sim50\times10^{-6}$ mm/mm范围内进行。

(5)只要弯曲试验的测试条件(温度和加载时间或频率)保持一致,采用不同尺寸和不同形状(棱柱体或梯形)的试件以及不同的加载方式(2点、3点或4点),所得到的复数模量和相位角测定结果很相近,偏离平均主曲线的范围为10%~20%。

(6)在测试条件相同和试验精度保证的情况下,弯曲试验和拉伸/压缩试验可得到相当一致的复数模量测定结果,但拉伸/压缩试验的模量值通常偏高于弯曲试验,在0℃和30℃时,两者的偏差最大。

弯曲或拉伸/压缩复数模量与剪切复数模量的关系如式(6-13),仅在材料为均质和各相同性时成立。Tayabali等在美国SHRP项目中比较了剪切复数模量(定高度单剪试验)和弯曲复数模量(4点弯曲试验),经统计分析得到了下述经验关系[29]:

$$|E^*| = 6.778(|G^*|)^{0.953} \qquad (6-20)$$

Christensen等利用美国联邦公路局加速加载试验(ALF)项目、明尼苏达州试验路(MNRoad)项目和西部环道(WesTrack)项目的剪切复数模量和压缩复数模量试验数据,回归分析后得到了相应的经验关系式[11]:

$$|E^*| = 8.802(|G^*|)^{0.9185} \tag{6-21}$$

上述经验关系同式(6-13)相比,偏差较大。这可能是由于沥青混合料的不均质性、各向异性和非线性性质以及试验结果的离散性所造成的。因此,在为路面设计和分析选取试验数据或者应用模型预估值时,不能依赖建立在线弹性理论及均质、各向同性假设基础上的拉伸/压缩、弯曲和剪切转换关系,应用上述经验关系可能更可靠些。

6.3 影响因素分析

影响沥青混合料劲度模量的主要因素有两方面:
(1) 与测试条件有关的参数——温度、加载频率(时间)和加载水平。
(2) 与沥青混合料组成有关的参数——沥青的性质(劲度和感温性)、混合料中集料、填料、沥青和空隙的体积组成比例。

6.3.1 加载参数

所有的试验研究都表明,加载参数(加载频率或时间和温度)是影响沥青混合料劲度模量值的最主要的因素。

随着加载频率的增加(作用时间减小)或者温度的降低,劲度模量也增大。由图 6-10 所示的试验曲线可见,加载频率对模量的影响程度,高温时要大于低温时;而温度对模量的影响程度,在低频率时要大于高频率时[8]。De la Roche 等对沥青混凝土的试验结果也表明:加载频率为 3Hz 时,在温度在 $-10 \sim +40$℃范围内,复数模量可相差 100 倍;而温度为 30℃时,加载频率变化在 $1 \sim 30$Hz 范围内,复数模量相差 5 倍[12]。

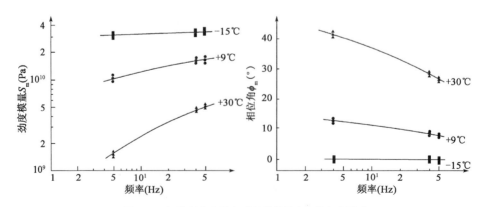

图 6-10 加载频率和温度对复数模量和相位角的影响

随着温度的增加或者加载频率的降低,相位角相应增加(图 6-10)[8]。相位角随温度的增长,达到一定的温度平台后,转为下降。

鉴于加载频率和温度对劲度模量的重大影响,在模量测试时必须对这些加载参数进行严格的控制。特别是温度,不仅对环境,对试件本身也应加以控制,因为温度的些许偏差会导致观测出现错误的结果。

沥青混合料的劲度模量随所施加的应变水平的增加而降低(图 6-11)[12]。随着温度的增加和加载频率的降低,劲度模量下降的幅度增大。劲度模量测试要求其应力—应变关系保持在线性范畴内。在一些试验标准中,通常假设在常用的温度范围($-20 \sim +40$℃)内轴向应变小于或等于 50×10^{-6} m/m 时沥青混合料表现出线性性状。然而,沥青混合料的线性范围很有限,当温度增加时,其范围减小。因而,在高温时测试,即便施加很小的应变,也有可能超出线性范围。因此,为使劲度模量测试结果具有可比较性,试验时尽可能地选用低的应变水平。

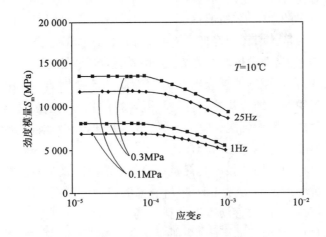

图 6-11 劲度模量随轴向应变的变化

6.3.2 沥青混合料组成参数

沥青混合料的劲度模量受混合料组成的影响,包括沥青类型和含量、集料类型和含量、填料含量和空隙率。

在给定的温度和加载频率条件下,沥青混合料的劲度(无论是模量还是相位角)主要受沥青类型(性质)的影响。沥青越硬,混合料的复数模量便越大。即,沥青混合料的劲度模量随着沥青劲度模量的增加而增大;而混合料的相位角则随沥青劲度的增大而降低(图 6-12)[8]。结合料改性剂通常通过降低混合料的感温性影响沥青混合料的劲度模量,但迄今对此影响尚无系统的研究结果可供应用。

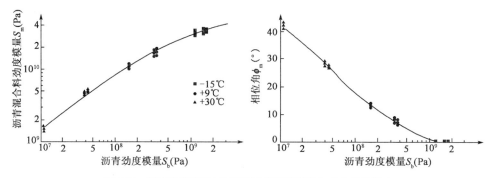

图 6-12　沥青劲度模量对沥青混合料劲度模量和相位角的影响

沥青含量对沥青混合料的劲度也有重大影响。在沥青含量低时,增加其含量可以增加混合料的劲度模量;但存在一个最佳含量,超过此最佳值,混合料的劲度模量随沥青含量的增大而降低。沥青体积含量越高,混合料劲度受沥青劲度变化的影响越大,当沥青体积含量超过45%时,沥青充满了矿质集料的所有空隙,而过量的沥青便控制了混合料的力学性质和流变性质[8]。由于混合料的黏弹性性质主要受沥青结合料控制,因而,混合料的相位角随沥青含量增高而增大。由于沥青含量会影响到混合料的空气含量,并通过它影响混合料的劲度,在混合料设计时不能孤立地考虑沥青含量。

在沥青混合料中添加填料可改善沥青胶浆(玛蹄脂)的质量。填料具有较大的比表面积。对于给定的沥青含量,集料表面沥青膜的厚度取决于填料的数量。因而,增加填料含量可以改善沥青混合料的力学性质。但填料含量超过一定数值后,混合料的力学性质反而下降,特别在沥青含量不足时。

统计分析表明,沥青混合料的劲度基本上依赖于集料的体积含量 v_g ($v_g = 100-VMA$)[8]。集料挤得越紧密,混合料的劲度模量便越大。集料的矿物组成和形状对混合料复数模量的影响很小,至少在沥青足够硬时。但在低加载频率和高温时,沥青的黏滞性状起主导作用,集料在沥青混合料中的重要性便凸现。集料级配的影响主要体现在由它造成的空隙含量的变化上。

空隙含量是沥青混合料组成设计和施工压实因素共同作用的结果。它对混合料的劲度模量有重要影响。随着空隙含量的降低,混合料劲度模量增大,但存在一个空隙含量最低值(模量最大值),低于此限值时,混合料的劲度模量下降。

6.4 劲度模量预估模型

沥青混合料的劲度模量可通过标准试验方法在规定的加载频率和试验温度下实测确定。由于试验很费时,并需要较复杂的实验设备,一些研究者通过对各种沥青混合料的大量劲度模量测试,建立起可用于预估劲度模量的回归模型,以方便设计人员使用。其中,应用最广泛的有 Shell 和 Witczak 两种劲度模量预估模型。

6.4.1 Shell 预估模型

Van der Poel 的早期研究表明,在沥青的劲度模量 S_b 约大于 5MPa 的条件下,沥青混合料的劲度模量 S_m 同沥青的劲度模量 S_b 和集料的集度系数 C_v 有关[30]。集料集度系数定义为集料体积 v_g 在集料体积和沥青体积 v_b 之和中所占的比例,即

$$C_v = \frac{v_g}{v_g + v_b} \tag{6-22}$$

1964 年,Heukelom 和 Klomp 扩展了 Van der Poel 的工作,依据试验结果提出了下述关系式[18]:

$$S_m = S_b \left(1 + \frac{2.5}{n} \frac{C_v}{1 - C_v}\right)^n \tag{6-23}$$

$$n = 0.83 \lg \frac{4 \times 10^{10}}{S_b} \tag{6-24}$$

式中:S_m、S_b——分别为沥青混合料和沥青的劲度模量(MPa)。

此关系式可用于估计各种密级配沥青混合料的劲度模量,但试验混合料的空隙率 v_a 为 3% 左右。为克服这一缺点,Fijn van Draat 和 Sommer 提出了将集料集度系数 C_v 修正为 C'_v 的方法,使之适用于空隙率 v_a 大于 3% 的混合料[15]:

$$C'_v = \frac{100 \times C_v}{100 + (v_a - 3)} \tag{6-25}$$

1967 年,Saunier 的研究工作表明,在已知沥青劲度模量和混合料中空气含量的条件下,可以很准确地预估沥青混合料的劲度模量,但他采用的沥青劲度模量取自混合料拌和前的原沥青[25]。Francken 在 1971 年的研究工作,提出了一种依据两个混合料组成参数(v_b 和 v_a)预估沥青混合料劲度模量的方法[17]。此方法比较复杂,并且试验混合料的覆盖范围很小。

1977 年,Shell 法国公司研究中心的 Bonnaure 等人选 12 种用于道路、机

场和水工结构的沥青混合料,采用2点弯曲试验仪对梯形梁试件(长底边55mm,短顶边20mm,高250mm,厚20mm)的顶端施加正弦波式周期性荷载,量测作用力和顶端位移后,通过计算确定其弯曲劲度模量值 S_m[8]。

这12种混合料中,5种为表面层混合料,包括两种沥青混凝土、一种德国浇筑沥青(Gussasphalt)、一种英国碾压沥青(Rolled Asphalt)和一种用作抗滑层的英国开级配混合料;5种为基层混合料,包括两种粗粒式沥青混凝土、一种荷兰砾石—砂沥青和两种法国沥青稳定砂;一种用于水工结构的沥青灌浆混合料;一种供防水用的填缝料沥青玛蹄脂。这些混合料的组成变动范围很大:集料体积含量 v_g 变动于60%～87%,沥青体积含量 v_b 变动于6%～40%(沥青与集料的质量比为4%～25%),空气含量 v_a 变动于0～31%范围内;即,压实度变动于69%～100%,矿质集料中空隙率(VMA)变动范围为13%～40%。3种(1种表面层和2种基层)混合料取自使用多年的道路路面;其他9种混合料为实验室内制备,选用相同的沥青,其针入度均为40/50(采用二硫化碳溶剂从混合料中抽提出的沥青,其针入度为20/30)。

试件在三种温度(-15℃、+9℃和+30℃)和三种加载频率(4Hz、40Hz和50Hz)下,并在低应变时(-15℃和+9℃时为 5×10^{-6},+30℃时为 20×10^{-6})测试,由最大应力值和最大应变值(二者出现的时间存在相位差)的比值,计算确定其弯曲劲度模量值。各试件的劲度模量值的变动范围为 $10\sim 4\times10^4$ MPa。

Bonnaure等选用沥青劲度模量 S_b、集料体积含量 v_g(%)和沥青体积含量 v_b(%)($v_g+v_b+v_a=100$%)三项参数作为影响混合料劲度的主要变量,而温度和加载时间或频率的影响主要反映在沥青劲度模量中。在整理和分析混合料劲度模量测试资料后,建立了可用以估算沥青混合料弯曲劲度模量和相位角的诺谟图(图6-13和图6-14)[8]。

同时,还相应提出了估算沥青混合料弯曲劲度模量 S_m(Pa)的计算式,供编制计算机程序用[8]:

当沥青的劲度模量为 $5\times10^6 < S_b(Pa) < 10^9$ 时:

$$\lg S_m = 0.5(B_4+B_3)(\lg S_b-8)+0.5(B_4-B_3)|\lg S_b-8|+B_2 \quad (6-26)$$

当沥青的劲度模量为 $10^9 < S_b(Pa) < 3\times10^9$ 时:

$$\lg S_m = B_2+B_4+(B_1-B_2-B_4)\frac{\lg S_b-9}{\lg 3} \quad (6-27)$$

式中:S_b——从沥青混合料中抽提出的沥青的劲度模量(Pa)。

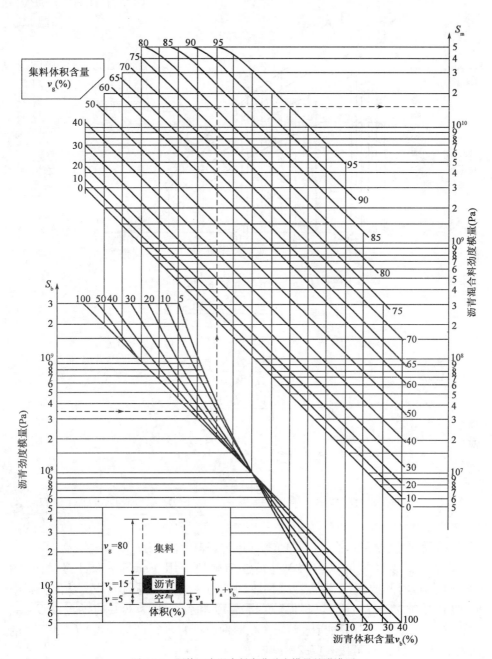

图 6-13 预估沥青混合料弯曲劲度模量的诺谟图

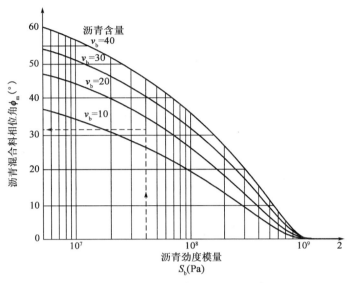

图 6-14 预估沥青混合料相位角的诺谟图

$$B_1 = 10.82 - \frac{1.342(100 - v_g)}{v_g + v_b};$$

$$B_2 = 8.0 + 0.00568v_g + 0.0002135v_g^2;$$

$$B_3 = 0.61\lg\left(\frac{1.37v_b^2 - 1}{1.33v_b - 1}\right);$$

$$B_4 = \frac{1.12(B_1 - B_2)}{\lg 30}.$$

对于沥青体积含量 v_b 不大于 40% 的混合料,当沥青的劲度模量小于 $2 \times 10^9 \text{N/m}^2$ 时,其相位角 ϕ_m 的计算式为:

$$\phi_m = 16.36 v_b^{0.352} \exp\left[\frac{\lg\left(\frac{S_b}{5 \times 10^6}\right)}{\lg\left(\frac{S_b}{2 \times 10^9}\right)} \times 0.974 v_b^{-0.172}\right] \tag{6-28}$$

而当沥青的劲度模量不小于 $2 \times 10^9 \text{N/m}^2$ 时,其相位角为 0°。

沥青的劲度模量可以较简单并足够精确地使用 Van der Poel 诺谟图(图 6-15)由加载时间或频率、温度以及回收沥青的性质估算得到[30,19]。从混合料中抽提出的回收沥青的性质,以针入度指数 PI 和针入度为 800 时的温度 $T_{800\text{Pen}}$(通常接近于软化点)两项指标表征。在对回收沥青进行两种温度(T_1 和 T_2)的针入度测定试验后,可按式(6-29)确定 PI。

$$\frac{20 - \text{PI}}{10 + \text{PI}} = 50\frac{\lg \text{Pen}_{T_1} - \lg \text{Pen}_{T_2}}{T_1 - T_2} \tag{6-29}$$

式中：Pen_{T_1}、Pen_{T_2}——相应为在温度 T_1 和 T_2 时的针入度；
  PI——针入度指数。

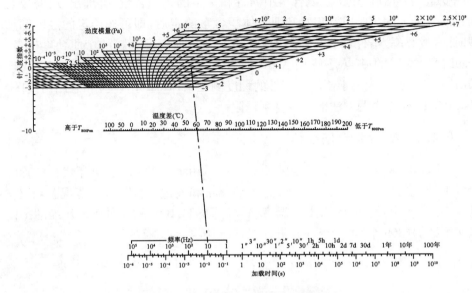

图 6-15 预估沥青劲度模量的诺谟图

按 Van der Poel 诺谟图估算的沥青劲度模量值，同实测值的比值变动在±2的范围内。按上述方法估算得到的沥青混合料弯曲劲度模量值，同实测值相比，其比值也变动在±2的范围内（图 6-16）。这一估算精度，对于工程应用来说是足够精确了。

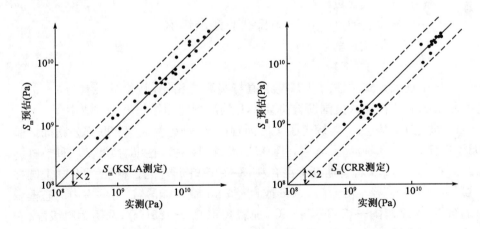

图 6-16 按诺谟图（图 6-13）估算的沥青混合料弯曲劲度模量与实测值的对比

Shell 预估模型的主要特点是：试验范围覆盖了应用于不同类型工程的多种沥青混合料，采用正弦式周期加载两点弯曲试验得到弯曲劲度模量，选用简明的影响变量（沥青劲度模量及混合料中沥青和集料的体积含量）整理出预估模型，通过沥青针入度试验以及集料和沥青体积含量测定后，即可按给定的温度和加载时间（或频率）条件，利用诺谟图或计算式估算沥青混合料的弯曲劲度模量。Shell 预估模型的缺点是使用 Van der Poel 诺谟图估算沥青的劲度模量。Christensen 等认为由于使用经验性的稠度测定指标（如针入度）和采用诺谟图，Van der Poel 诺谟图方法的应用受到局限[10]。

6.4.2 Witczak 预估模型

Witczak 模型的初始模型是由 Shook 和 Kallas 在 20 世纪 70 年代在沥青协会（AI）建立的[26]，而后经 Witczak 等人的修正和改进，对 41 种沥青混合料在 3 种频率（1Hz，4Hz，16Hz）和 3 种温度（40 ℉，70 ℉，100 ℉）条件下的压缩动态模量实测数据（369 个）进行统计分析，回归得到压缩动态模量预估关系式：

$$\lg|E^*| = 5.553833 + 0.028829\left(\frac{P_{0.075}}{f^{0.17033}}\right) - 0.03476v_a + 0.070377\eta + \\ 5\times10^{-6}[T^{(1.3+0.49825\lg f)}v_b^{0.5}] - 0.00189[T^{(1.3+0.49825\lg f)}v_b^{0.5}f^{-1.1}] + \\ 0.931757f^{-0.02774}$$
(6-30)

式中：$|E^*|$——沥青混合料的压缩动态模量（psi，1psi=6.97kPa）；

η——沥青在 70 ℉（21.1℃）时的绝对黏滞度（10^6Poise）；

v_b——沥青的体积含量（%）；

v_a——空气含量（%）；

$P_{0.075}$——集料通过 0.075mm 筛孔的百分率（%）；

f——加载频率（Hz）；

T——温度（℉）。

应用上述关系式预估的动态模量值与实测值相比，其相对误差为 22.9%。这一预估关系式被纳入美国沥青协会（AI）的沥青路面结构设计方法中[27]。

20 世纪末，Witczak 等综合了美国沥青协会、马里兰大学和联邦公路局试验室近 30 年来对 23 种沥青（其中，9 种普通沥青，14 种改性沥青）和 205 种热拌沥青混合料（其中，171 种普通沥青混合料，34 种改性沥青混合料）的 2 750 个圆柱体试件（尺寸为直径 10cm，高 20cm 或直径 7cm，高 14cm），进行的室内动态模量试验数据（温度范围−17.8～54.4℃，加载频率 0.1～25Hz），选用集料级配、有效沥青体积含量、空气含量、沥青黏滞度和加载频率等参数作为自变量，修订了压缩动态模量的预估关系式[32,22]：

$$\lg|E^*| = -1.249\,937 + 0.029\,232P_{0.075} - 0.001\,767P_{0.075}^2 -$$
$$0.002\,84P_{4.76} - 0.058\,097v_a - \frac{0.802\,208v_{be}}{v_{be}+v_a} +$$
$$\frac{3.871\,977 - 0.002\,1P_{4.76} + 0.003\,958P_{9.5} - 0.000\,017P_{9.5}^2 + 0.005\,47P_{19}}{1+e^{(-0.603\,313-0.313\,351\lg f - 0.393\,532\lg\eta)}}$$

(6-31)

$$(R^2 = 0.941, \quad s_e/s_y = 0.244)$$

式中：$|E^*|$——沥青混合料的压缩动态模量（10^5 psi，1psi=6.97kPa）；

  v_{be}——有效沥青体积含量(%)；

  P_{19}——19mm 筛孔上的累计筛余百分率(%)；

  $P_{9.5}$——9.5mm 筛孔上的累计筛余百分率(%)；

  $P_{4.76}$——4.76mm 筛孔上的累计筛余百分率(%)。

其他符号与式(6-30)相同。

在 Witczak 模型中，沥青混合料的温度依赖性通过沥青黏滞度来反映。沥青的黏滞度随温度而变。应用上式时，须按路面混合料所处的温度状况选用相应的沥青黏滞度值。不同温度状况下的沥青黏滞度值，可利用按照 ASTM 标准 D2493-01 的方法建立的黏滞度—温度关系图确定。其关系曲线可定义为[5]：

$$\lg(\lg\eta) = A + \text{VTS}\lg T_R \tag{6-32}$$

式中：η——沥青黏滞度（cP，1cP=10^{-3}Pa·s）；

  T_R——路面混合料的温度（R，R=℉+459.67）；

  A、VTS——分别为曲线的截距和曲线斜坡，可利用在 60~135℃ 范围内选用 2 个或 2 个以上的温度值进行黏滞度测定后计算确定。

由于目前在美国黏滞度已不再用作沥青的日常测定项目，而是采用 Superpave 使用性能分级（PG）系统中的 $|G_b^*|/\sin\varphi$ 参数（应用动态剪切流变仪 DSR 测定），为了便于应用 Witczak 模型预估动态模量，Bonaquist 等在两种参数间建立了经验关系[22,14]：

$$\eta = (|G_b^*|/\omega)(1/\sin\varphi)^{(3.692\,16+0.131\,373\omega-0.000\,901\omega^2)} \tag{6-33}$$

式中：ω——角频率，$\omega=2\pi f$(rad/s)；

  $|G_b^*|$——沥青的剪切动态模量（Pa）；

  φ——相位角(°)。

在 Superpave 分级系统中，仅在 $\omega=10$rad/s 时进行量测。以此值代入上式，可得到：

$$\eta = (|G_b^*|/10)(1/\sin\varphi)^{4.862\,8} \tag{6-34}$$

由于式(6-31)模型中采用的 ASTM 黏滞度—温度关系存在没有考虑加载

频率(时间)对沥青结合料的影响的问题,而$|G_b^*|$是更具代表性的沥青劲度指标,并被现行沥青 PG 系统所采用,$|G_b^*|$数据要比 A-VTS 数据更容易获取,Bari 等在式(6-31)所含数据的基础上又增添 176 种沥青混合料的 5 820 个试验数据,直接采用沥青动态剪切模量表征沥青的劲度,经回归分析后建立了新的 Witczak 预估模型[35]:

$$\lg|E^*| = -0.349 + 0.754|G_b^*|^{-0.005\,2} \times$$

$$[6.65 - 0.032P_{0.075} + 0.002\,7P_{0.075}^2 - 0.011P_{4.76} - 0.000\,1P_{4.76}^2 +$$

$$0.006P_{9.5} - 0.000\,14P_{9.5}^2 - 0.08v_a - 1.06\left(\frac{v_{be}}{v_a+v_{be}}\right)] +$$

$$\frac{2.558 + 0.032v_a + 0.713\left(\frac{v_{be}}{v_a+v_{be}}\right) + 0.012\,4P_{9.5} + 0.000\,1P_{9.5}^2 - 0.009\,8P_{19}}{1+e^{(-0.781\,4-0.578\,5\lg|G_b^*|+0.883\,4\lg\varphi_b)}}$$

$$(R^2 = 0.90,\quad s_e/s_y = 0.32) \qquad (6\text{-}35)$$

式中:$|E^*|$——沥青混合料的压缩动态模量(psi,1psi=6.97kPa);

$|G_b^*|$——沥青的剪切动态模量(psi);

φ_b——沥青的相位角(°);

其他符号与式(6-31)相同。

为了检验新模型的预估能力,Bari 等利用数据库内已有的 346 种沥青混合料(其中 17 种为改性沥青混合料)的 7 400 个试验数据,对 Witczak 模型[式(6-31)]、新 Witczak 模型[式(6-35)]以及 Hirsch 模型[式(6-40)]的预估精度进行了比较分析,3 个预估模型的相关系数 R^2 相应为 0.88、0.90 和 0.61,因而认为新 Witczak 模型具有最佳的预估效果[35]。但 Garcia 等认为这个比较结果对于 Hirsch 模型有失公允,因为新数据库中有相当部分的 $|G_b^*|$ 数据是估计值而非实测值[36]。

沥青在使用过程中会因各种因素的作用而逐渐老化(硬化)。随着沥青的不断老化,其黏滞度逐渐增加,沥青混合料的复数模量也相应增大。为了正确选用与路面混合料实际老化程度相对应的模量数值,Witczak 等还建立了在沥青黏滞度变量中计入老化影响的模型。这一模型包含 4 部分,分别考虑:加热拌和与摊铺引起的老化(短期老化阶段)、表面层随时间的老化(长期老化阶段)、空隙率变化的影响以及黏滞度随深度的变化[22,16]。

Witczak 预估模型被纳入美国路面结构力学—经验法设计指南[25]中。其主要特点是:试验材料为热拌密级配沥青混合料(未考虑开级配、断级配和 SMA 混合料),采用正弦式周期轴向加载试验得到压缩动态模量,选用沥青性质(黏滞度或剪切动态模量)、材料组成(集料级配、沥青和空气含量)和环境(温度和加载频率)因素等多项自变量通过回归分析建立预估模型,可考虑路面使用期间沥青老化对沥青黏滞度,并进而对沥青混合料劲度模量的影响。此预估方法的缺点是需采集较多的输入条件和变量(特别是其中的老化影响模型),并采用已不再使用的黏滞度指标反映沥青的流变性质(新模型已作改进)。Dongre 等对 Witczak 预估模型进行的验证分析表明,该模型对动态模量大于 700MPa 的沥青混合料可以得到合理的预估结果,而对于动态模量小于 700MPa 的沥青混合料,必须在试验室内实测其模量值[14]。

6.4.3 Hirsch 方法

沥青混合料是由集料、沥青和空气组成的三相复合材料。复合材料的性质,遵循混合料定律,可以看作为由各组成相的性质按并联、串联或综合排列方式组合而成[23]。例如,按并联方式组合的二相混合料,其材料性质可以用下述通式表述[图 6-17a]:

$$E_c = v_1 E_1 + v_2 E_2 \tag{6-36}$$

式中:　　E——模量或其他性质参数;
　　　　　v——各相的体积组分;
下标 c——表示复合材料;
下标 1 和 2——表示组成的相。

按串联方式组合的二相混合料,其材料性质可表述为[图 6-17b]:

$$1/E_c = v_1/E_1 + v_2/E_2 \tag{6-37}$$

1961 年,Hirsch 采用并联和串联综合排列的方式为沥青混凝土的力学性质构建了一个综合模型[图 6-17c],其表达式为[20]:

$$1/E_c = v_{1s}/E_1 + v_{2s}/E_2 + (v_{1p} + v_{2p})^2/(v_{1p}E_1 + v_{2p}E_2) \tag{6-38}$$

式中:下标 p——表示并联;
　　　下标 s——表示串联。

在高温时,沥青混凝土的性状接近于串联式复合材料;而在低温时,沥青混凝土的性状更像并联式复合材料。因而,采用并联和串联综合排列方式组成的 Hirsch 模型较适合于估计沥青混凝土的模量。由于沥青混凝土的性质随温度和加载时间而变,综合模型中并联相和串联相的相对比例应随温度和加载时间而变。

Christensen 等人以 Hirsch 模型为基础,依据沥青混凝土动态模量的变化特性,拟订了多种修正 Hirsch 模型方案,通过分析和评价这些方案的适用性,最终提出了一种最简单的修正 Hirsch 模型[图 6-17d)][11],其表达式为:

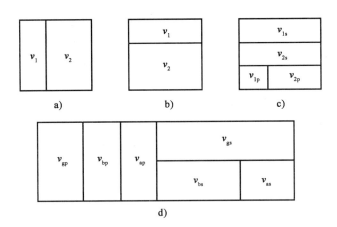

图 6-17 复合材料各相并联、串联、综合和修正 Hirsch 排列模型示意图
a)并联；b)串联；c)综合；d)修正 Hirsch 模型
v-体积；下标 p-并联；下标 s-串联；下标 g-集料；下标 b-沥青；下标 a-空气

$$E_c = P_c(v_g E_g + v_b E_b) + (1 - P_c)\left[\frac{v_g}{E_g} + \frac{(v_b + v_a)^2}{v_b E_b}\right]^{-1} \quad (6\text{-}39)$$

式中：P_c——彼此相互接触的集料颗粒的体积(以分数计)。

利用已有的沥青混合料动态模量数据库中的试验数据，标定此模型，得到可直接依据沥青的剪切动态模量和混合料的体积组成指标(矿料间隙率 VMA 和沥青填隙率 VFA)估算沥青混凝土动态模量的回归关系式。

沥青混合料压缩动态模量：

$$|E_m^*| = P_c\left[4\,200\,000(1 - \text{VMA}/100) + 3|G_b^*|\left(\frac{\text{VFA} \times \text{VMA}}{10\,000}\right)\right] +$$

$$(1 - P_c)\left[\frac{1 - \frac{\text{VMA}}{100}}{4\,200\,000} + \frac{\text{VMA}}{\text{VFA} \times 3|G_b^*|}\right]^{-1} \quad (6\text{-}40)$$

$$P_c = \frac{\left(20 + \frac{\text{VFA} \times 3|G_b^*|}{\text{VMA}}\right)^{0.58}}{650 + \left(\frac{\text{VFA} \times 3|G_b^*|}{\text{VMA}}\right)^{0.58}} \quad (6\text{-}41)$$

沥青混合料剪切动态模量：

$$|G_m^*| = P_c\left[601\,000\left(1 - \frac{\text{VMA}}{100}\right) + |G_b^*|\left(\frac{\text{VFA} \times \text{VMA}}{10\,000}\right)\right] +$$

$$(1 - P_c)\left[\frac{1 - \frac{\text{VMA}}{100}}{601\,000} + \frac{\text{VMA}}{\text{VFA}|G_b^*|}\right]^{-1} \quad (6\text{-}42)$$

$$P_{\text{c}} = \frac{\left(3 + \dfrac{\text{VFA} \times |G_{\text{b}}^*|}{\text{VMA}}\right)^{0.678}}{396 + \left(\dfrac{\text{VFA} \times |G_{\text{b}}^*|}{\text{VMA}}\right)^{0.678}} \tag{6-43}$$

式中：$|E_{\text{m}}^*|$、$|E_{\text{b}}^*|$——相应为沥青混合料和沥青的压缩动态模量（psi，1psi=6.97kPa）；

$|G_{\text{m}}^*|$、$|G_{\text{b}}^*|$——相应为沥青混合料和沥青的剪切动态模量（psi，1psi=6.97kPa）；

VMA——矿料间隙率（%）；

VFA——沥青填隙率（%）。

压缩试验的相位角可按下述经验关系式估算：

$$\phi_{\text{m}} = -21(\lg P_{\text{c}})^2 - 55\lg P_{\text{c}} \tag{6-44}$$

而剪切试验的相位角可按下述经验关系式估算：

$$\phi_{\text{m}} = -9.5(\lg P_{\text{c}})^2 - 39\lg P_{\text{c}} + 9.6 \tag{6-45}$$

动态模量数据库包括源自联邦公路局加速加载试验(ALF)项目、米尼苏达州试验路(MNRoad)项目和西部环道(WesTrack)项目的18种沥青混合料(8种沥青、5种集料尺寸和级配)的206组压缩和剪切试验数据。混合料的空隙率范围为5.6%～11.2%，矿料间隙率VMA范围为13.7%～21.6%，沥青填隙率VFA范围为38.7%～68.0%。模量试验采用的温度为4℃、21℃和38℃，加载频率为0.1Hz和5Hz。沥青混合料剪切动态模量采用频率扫描单剪试验，模量值的覆盖范围为20～3 880MPa。沥青混合料压缩动态模量的试验温度还扩大到-9℃和54℃，模量值的覆盖范围为183～20 900MPa。沥青的剪切动态模量可采用动态剪切流变仪(DSR)[2]或其他类似仪器试验测定，或者采用已有的数学模型估算得到[10]。试验数据采用非线性最小二乘法分析后得到上述回归关系式，式(6-40)的相关系数$R^2 = 98.2\%$，式(6-42)的相关系数$R^2 = 96.8\%$。

将上述Hirsch模型的剪切动态模量估算值同Alavi等的试验测定值[6]相比较(图6-18)，可以看出它们具有良好的一致性。

利用NCHRP 9-19项目的沥青混合料参数(最大公称粒径为25mm的集料与PG 64-22沥青拌和的沥青混凝土，空隙率1.5%～10%，沥青含量3.9%～5.9%)及其压缩动态模量测定数据(试验误差为20%)[33]，对预估值同实测值进行对比(图6-19)，其标准差为41%，大于实测的试验误差，而略好于Witczak预估模型(标准差为45%)，图中实线为等值线。虽然模型的预估精度不及实测，但对实际工程应用来说已足够了。

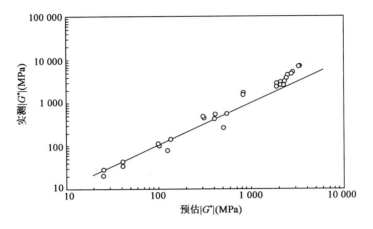

图 6-18 剪切动态模量测定值[6]与 Hirsch 模型预估值的对比（图中实线为等值线）

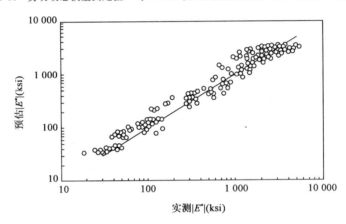

图 6-19 压缩动态模量测定值[33]与 Hirsch 模型预估值的对比
(1ksi=6.97MPa)

Hirsch 模型的估算值同 Witczak 预估方程估算值[32]相验证（图 6-20），图中实线为等值线，两者十分接近，可以得出它们具有相同精度的结论。因而，可认为 Hirsch 模型可以有效而精确地预估沥青混凝土的动态模量值。Garcia 等采用美国伊利诺伊州的典型沥青和沥青混合料，通过试验和评价分析，对 Hirsch 预估模型与 Witczak 的两个预估模型进行比较后认为，Hirsch 模型具有最高的预估精度和最小的预估偏差，但其预估值偏低于实测值，可通过引入修正系数纠正其偏差[39]。

Hirsch 预估模型的主要特点是：试验材料为热拌密级配沥青混合料，选用简明合理的影响变量（沥青剪切动态模量及混合料体积组成参数）建立预估模型，通过试验测定沥青的剪切动态模量和混合料的 VMA 和 VFA 后，即可估算

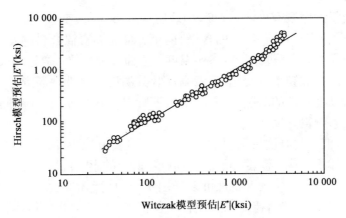

图 6-20 Witczak 预估方程估算值[35]和 Hirsch 模型预估值的对比
(1ksi=6.97MPa)

沥青混合料的压缩和剪切动态模量以及相位角,具有与 Witczak 预估模型相类似的精度,所需的输入变量较少,便于应用。Dongre 等对 Hirsch 预估模型进行的验证分析表明,该模型对动态模量大于 350MPa 的沥青混合料可以得到合理的预估结果,而对于动态模量小于 350MPa 的沥青混合料,必须在试验室内实测其模量值[14]。

6.5 小　　结

(1)沥青混合料为非线性弹性—黏性—塑性材料,其性状是温度、加载时间(或频率)和应变(或应力)级位的函数。路面结构分析时假设沥青混合料为线性黏弹性材料。这一线性假设仅在低应变范畴（$<10^{-4}$ mm/mm）内近似成立,温度越高,加载时间越长(或频率越低),此低应变范畴越小。

(2)沥青混合料的性状须通过试验进行研究分析和表征,但各种试验方法只能模拟材料在路面结构内的部分实际条件和状况,因而,只能部分反映材料的真实性状。由于测定方法和加载方式的不同,由此引出各种定义不一和数值不等的模量。应依据沥青混合料在路面结构中的实际条件和状况,选择相应定义的模量和数值,应用于结构分析。

(3)均一类试验方法较非均一类试验方法更适合于反映沥青混合料的线性黏弹性性状。不同加载方式的各种试验方法,在保证测试精度(量测仪器的质量、标定方法、试件制备、预处理和安置等)并严格控制在低应变范畴内时,均有可能准确地测定沥青混合料的劲度模量,并得到相当一致的测定结果。

(4)沥青混合料为由集料相、沥青相和空气相组成的多相复合材料。影响混合料劲度模量的因素有外界（温度、加载时间或频率、应变或应力级位）和内在（沥青的性质、混合料中各组成的含量）两个方面。沥青混合料的温度和加载时间（频率）依赖性，可通过某特定参照温度的主曲线和移位系数进行表征，前者反映劲度模量随加载频率的变化，后者则反映其温度依赖性。沥青混合料的劲度特性是沥青劲度特性的映照，外界因素对沥青混合料劲度的影响可通过它们对沥青劲度的影响得到反映。

(5) 沥青混合料劲度模量预估模型的主要变量宜选为：沥青的劲度特性和混合料各相的体积组成。温度和加载时间（或频率）的影响可反映在它们对沥青劲度指标的影响中。沥青劲度特性可以采用不同的指标进行表征，如剪切动态模量、黏滞度或针入度指数等。沥青混合料各相体积组成可用集料体积含量 v_g 和沥青体积含量 v_b，或者矿料间隙率 VMA 和沥青填隙率 VFA 两项指标表征。

(6) 现有的各种沥青混合料劲度模量预估模型可以有效地估算出与实测结果相近的模量值，对于工程实际应用来说，可以节省时间和节约费用。

本章参考文献

[1] AASHTO TP7. Standard test method for determining the permanent deformation and fatigue cracking characteristics of hot mix asphalt (HMA) using the simple shear test (SST) device, 1994.

[2] AASHTO: T315-04. Standard test method for determining the rheological properties of asphalt binder using a dynamic shear rheometer (DSR). AASHTO, 2004.

[3] ASTM D3497-95. Standard test method for dynamic modulus of asphalt mixtures.

[4] ASTM D4123-95. Standard test method for indirect tension test for resilient modulus of bituminous mixtures.

[5] ASTM D2493-01. Standard viscosity-temperature chart for asphalts.

[6] Alavi, S. H., and Monismith, C. L. Time and temperature dependent properties of asphalt concrete mixes tested as hollow cylinders and subjected to dynamic axial and shear loads. Journal of AAPT, Vol. 63, 1994: 152-175.

[7] Bonaquist, R. Simple performance tester for Superpave mix design. Quarterly Progress Report (Appendix B), NCHRP Project 9-29, 2003.

[8] Bonnaure, F., Gest, G. Gravois, and Uge, P. A new method of predic-

ting the stiffness of asphalt paving mixtures. Journal of AAPT, Vol. 46, 1977: 64-104.

[9] Boussad, N., Des Croix, P., and Dony, A. Prediction of mix modulus and fatigue law from binder rheological properties. Journal of AAPT, Vol. 65, 1996: 40-63.

[10] Christenson, Jr., D. W. and Anderson, D. A. Interpretation of dynamic mechanical test data for paving grade asphalt. Journal of AAPT, Vol. 61, 1992: 67-116.

[11] Christenson, Jr., D. W., Pellinen, T., and Ramon, F. Hirsch model for estimating the modulus of asphalt concrete. Journal of AAPT, Vol. 72, 2003:97-121.

[12] Di Benedetto, H. and de la Roche, C. State of the art on stiffness modulus and fatigue of bituminous mixtures. RILEM Report 17, Bituminous Binders and Mixes, edited by L. Francken. E & FN Spon, London, 1998.

[13] Di Benedetto, H., Partl, M. N., Francken, L., and de la Roche, C. Stiffness testing for bituminous mixtures. Materials and Structures, 2001 (34):66-70.

[14] Dongre, R., Myers, L., D'Angelo, J., Paugh, C., and Gudimettla, J. Field evaluation of Wictzak and Hirsch models for predicting dynamic modulus of hot-mix asphalt. Journal of AAPT, Vol. 74, 2005.

[15] Fijn van Draat, W. E., and Sommer, P. Ein gerat zur bestimung der dynamischen elastizitats moduln von asphalt. Strasse und Autobahn, 1965 (6).

[16] Fonseca, O. A. and Witczak, M. W. A prediction methodology for the dynamic modulus of in-place aged asphalt mixtures. Journal of AAPT, Vol. 65, 1996:532-572.

[17] Francken, L. Module complexe des mélanges bitumineux: influence des caracteristiques des bitumes et de la composition des mélanges. Rapport de Recherche, No. 164/FL/1973, CRR Bruxelles.

[18] Heukelom, W., and Klomp, A. J. G. Road design and dynamic loading. Proceedings of AAPT, Vol. 33, 1964.

[19] Heukelom, W. An improved method of characterizing asphaltic bitumens with the aid of their mechanical properties. Proceedings of AAPT, Vol.

42, 1973:67-98.

[20] Hirsch, T. J. The effects of the elastic moduli of the cement paste matrix and aggregate on the modulus of elasticity of concrete. Ph. D. Thesis, Texas A&M, 1961. Proceedings of the American Concrete Institute. Vol. 59, 1962:427.

[21] Linder, R. Application de l'essai de traction directe aux enrobes bitumineux. Bulletin de Liaison des Laboratoires des Ponts et Chausseea. No. Special Ⅴ, 1977: 255-274.

[22] NCHRP Project 1-37A. Guide for mechanistic-empirical design of new and rehabilitated pavement structures. NCHRP , 2004.

[23] Nichols, R. Composite construction materials handbook. Englewood Cliffs, N. J. : Prentice-Hall Inc. , 1976:259-262.

[24] Pellinen, T. K. and Witczak, M. W. Stress dependent master curve construction for dynamic (complex) modulus. Journal of AAPT, Vol. 71, 2002:281-309.

[25] Saunier, J. Module complexe des enrobes bitumineux: evaluation du module de rigidite a partir de parameters facilement accessibles. Revue Generale des Routes des Aerodrome, No. 421, Mai, 1967.

[26] Shook, J. F. and Kallas, B. F. Factors influencing dynamic modulus of asphalt concrete. Proceedings of AAPT, Vol. 38, 1969:140-178.

[27] Shook, J. F. , Finn, F. N. , Witczak, M. W. , and Monismith, C. L. Thickness design of asphalt pavements—the Asphalt Institute method. Proceedings, 5th International Conference on the structural design of asphalt pavements, Vol. 1, 1982:17-44.

[28] Sousa, J. B. Asphalt aggregate mix design using the simple shear test constant height. Journal of AAPT, Vol. 63, 1994.

[29] Tayebali, A. A. , Tsai, B. , and Monismith, C. L. Stiffness of asphalt aggregate mixes. Report SHRP A388. SHRP, National Research Council, Washington DC. , 1994.

[30] Van der Poel, C. A general system describing the visco-elastic properties of bitumen and its relation to routine test data. Journal of Applied Chemistry, Vol. 4, Part 5, 1954.

[31] William, M. L. , Landel, R. F. , and Ferry, J. D. The temperature dependence of relaxation mechanisms in amorphous polymers and other

glass forming liquids. Journal of American Chemistry Society, July, No. 20, 1955.

[32] Witczak, M. W., Andrei, D., and Mirza, W. Development of revised predictive model for the dynamic (complex) modulus of asphalt mixtures. Inter-team Technical Report, NCHRP Project 1-37A, University of Maryland, 1999.

[33] Witczak, M. W., Bari, M., and Quayum, M. M. Sensitivity of simple performance test dynamic modulus. NCHRP 9-19 Subtask C4b Report, Arizona State University, Dec. 2001.

[34] Witczak, M. W., Kaloush, K., Pellinen, T., El-Basyouny, M., and Von Quintus. Simple performance test for Superpave mix design. TRB: NCHRP Report 465, 2002.

[35] Bari, J., and Witczak, M. W. Development of a new revised version of the Witczak's E^* predictive for hot mix asphalt mixtures. Journal of AAPT, Vol. 75, 2006.

[36] Garcia, G., and Thompson, M. HMA dynamic modulustemperature relation. Research Report FHWA-ICT-07-006. Illinois Center for Transportation, 2007.

第7章 无机结合料类材料的力学性质

无机结合料类材料,包括由水泥、石灰—粉煤灰、石灰等无机结合料处治的级配碎石、未筛分碎石、级配砾石、天然砂砾或土等混合料。这类材料主要用作路面结构的基层或底基层,也可用作路基上部(上路床)的改善层。

无机结合料类材料经过水化反应和(或)火山灰(或碳酸化、硫酸化)反应后硬化,具有板体性。在湿度或温度变化作用下产生的收缩变形受阻时,处治层内会相应产生拉应力,并在拉应力超过其强度时出现湿度或温度收缩裂缝,使板体断裂为块体。

由于结合料的品种、性质和含量以及集料的类型、性质和级配组成等有很大差别,无机结合料类材料的力学性质及其变异性也相应地有很大差异。Freeme 等将无机结合料类材料分为强和弱两类,各具不同的特性[4]。强类材料具有较高的结合料(水泥、石灰、粉煤灰等)含量,选用优质碎石或轧碎砾石,具有良好级配组成,并压实到最大密实度,其抗压强度在 3MPa 以上。这类材料强度较高,温度收缩和湿度收缩量较大,水稳定性和耐冲刷性较好;其主要缺点是收缩裂缝的间距较小,使处治层断裂成块体,而缝隙较宽,水容易进入缝隙产生超孔隙水压力。弱水泥处治材料一般选用砾石作集料,结合料含量较低,其限抗压强度在 3MPa 以下。其特点是强度较低,但温度收缩和湿度收缩量较小,裂缝间距较大,缝隙较窄,有时难以用肉眼察辨,但水稳定性和耐冲刷性较差,并在断裂后很快碎裂成相当于粒料的小块。

无机结合料类材料的性质及其变异性受施工因素的影响很大,如集料级配及结合料和细料含量的控制、混合料拌和的均匀性、压实时含水率和压实度的控制、养生措施及其实施效果等。由于施工质量控制和管理的水平及严格程度的差异,使得沿线各路段无机结合料类结构层的力学性质变异很大,同时,与由实验室试件得到的试验结果有较大的差异,结构层的各项力学性质指标实际数值往往低于后者,其变异性也大于后者。因而,在选用室内试验数据表征无机结合料类结构层的力学性质时,应计入因施工因素影响而产生的偏差。

7.1 应力—应变性状

7.1.1 室内弹性模量

一些试验研究表明,无机结合料类材料在荷载作用下的应力—应变性状,在加载的初期为线性,加载超过一定量后呈现非线性,其界限约为强度的35%,或断裂应变的25%[11]。超出此限度时,集料同细料和结合料基质间的黏结开始逐步丧失,混合料内出现微裂隙,并产生永久应变,应力—应变曲线呈现出非线性和非弹性特性。进行结构层响应分析时,通常仍以低应力(或应变)水平时的线性关系表征其应力—应变关系,称作弹性模量。但对弱类材料中的低剂量石灰土或水泥土等,由于非线性部分较多,采用回弹模量表征其应力—应变关系。

无机结合料类材料的弹性模量通过室内试验测定。欧洲标准规定,可以选用单轴压缩、直接拉伸或者间接拉伸试验[3]。单轴压缩试验或者直接拉伸试验在圆柱体试件上进行,3个应变计(或伸长计)安置在试件中部,夹角为120°,中部的长度应为集料最大粒径的4倍以上,其端点距顶板和底板应为集料最大粒径的1.5倍或15mm以上。连续、匀速地施加单调荷载,压缩试验的应力增加速率保持为使试件在30～60s内达到破坏,直接拉伸试验的应力增加速率为(0.010 ± 0.005)MPa/s。加载过程中,记录相应的应变量,并绘制作用力—应变曲线(图7-1)。按0.3倍最大作用力时的应变量,计算确定弹性模量值:

$$E_c \text{ 或 } E_t = \frac{1.2F_r}{\pi D^2 \varepsilon_3} \tag{7-1}$$

式中:E_c——压缩弹性模量(MPa);

E_t——拉伸弹性模量(MPa);

F_r——破坏时的最大作用力(N);

D——试件直径(mm);

ε_3——作用力为$0.3F_r$时试件中部长度的纵向应变量。

间接拉伸试验在圆柱体试件上进行,试件的长度与直径比应在0.8～2.0范围内。在试件水平向直径AB和与水平倾角60°的直径CD两端,各安置伸长计(图7-2),在试件竖向直径上连续匀速地施加作用力(应力增加速率不大于0.2MPa/s),量测和记录AB和CD两个直径的长度变化,按下述公式计算泊松比和间接拉伸弹性模量[3]:

$$\nu = \frac{1+0.40(\Delta D_{60}/\Delta D_0)}{1.73-1.07(\Delta D_{60}/\Delta D_0)} \tag{7-2}$$

$$E_{it} = (0.273 + \nu + 0.726\nu^2)\frac{0.3F_r}{h\Delta D_0} \tag{7-3}$$

式中：E_{it}——间接拉伸弹性模量(MPa)；

ν——泊松比；

ΔD_0——作用力为 $0.3F_r$ 时水平向直径的长度变化(mm)；

ΔD_{60}——作用力为 $0.3F_r$ 时与水平的倾角为 $60°$ 的直径的长度变化(mm)；

h——试件高度(mm)。

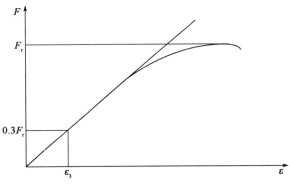

图 7-1 作用力—应变曲线　　　　图 7-2 间接拉伸试验简图

无机结合料类材料的弹性模量也有采用梁试件弯曲试验进行测定[11]。试件尺寸按集料最大粒径选用，最大粒径为 25mm 时，梁尺寸最小 75mm×75mm×450mm(最好为 100mm×100mm×600mm)，最大粒径为 16mm 或 13.2mm 时，梁尺寸至少为 75mm×75mm×450mm。在梁跨中点安置 2 个位移计(LVDT)量测梁中点在作用力下的挠度，按下式计算弯拉弹性模量：

$$E_b = \frac{23l^3}{108bh^3} \times \frac{0.3F_r}{w_0} \tag{7-4}$$

式中：E_b——弯拉弹性模量(MPa)；

w_0——作用力为 $0.3F_r$ 时梁中点的挠度(mm)，应以加载前的梁顶作为基准，以消除支座点在加载后的压缩变形；

l——支座间距(mm)；

b——梁截面宽度(mm)；

h——梁截面高度(mm)。

弯拉弹性模量采用梁弯曲理论，其前提假设是材料的拉伸弹性模量与压缩弹性模量相等。Dac Chi 认为，将水泥处治碎石的拉伸弹性模量与压缩弹性

模量视为相等,可能带来的误差可达 20%[2]。Balbo 得到了相近的试验结果[1]:

(1)28d 龄期试件的拉伸弹性模量与压缩弹性模量之比为 0.96(20 个样本,标准差 0.177)。

(2)56d 龄期试件的拉伸弹性模量与压缩弹性模量之比为 1.084(25 个样本,标准差 0.222)。

(3)试件总体的拉伸弹性模量与压缩弹性模量之比为 1.03(45 个样本,标准差 0.21)。

无机结合料类材料的弹性模量值,随混合料组成、结合料用量、龄期、压实度和养生条件的不同变动很大,可从 3 000MPa(弱类水泥处治天然砾石)到 38 000MPa(强类高质量水泥处治碎石)。因而,路面结构分析和设计时,宜对实际材料进行试验测定后确定其弹性模量值。此外,也可参考弹性模量与强度的经验关系,按强度试验结果确定相应的弹性模量值。

Balbo 对 47 组水泥处治石灰碎石和花岗岩碎石混合料进行的压缩弹性模量和抗压强度试验,通过回归分析后建立的相关关系为[1]:

$$E_c = 4\,617 f_c^{0.5} \quad (R^2 = 0.707, s = 3.533\text{MPa}) \tag{7-5}$$

式中:E_c——压缩弹性模量(MPa);

f_c——抗压强度(MPa)。

美国力学—经验法路面设计指南为水泥处治碎石推荐的压缩弹性模量与抗压强度的经验关系为[10]:

$$E_c = 4\,736 f_c^{0.5} \tag{7-6}$$

Otte 对 42 组水泥处治碎石和 63 组水泥处治天然砾石进行了弯拉弹性模量和弯拉强度测定试验(图 7-3),由此建立起弯拉弹性模量和弯拉强度的经验关系式[11],水泥处治碎石如式(7-7),水泥处治天然砾石如式(7-8):

$$E_b = 9\,500 f_b \tag{7-7}$$

$$E_b = 13\,000 f_b \tag{7-8}$$

式中:E_b——弯拉弹性模量(MPa);

f_b——弯拉强度(MPa)。

Mitchell 综合各类水泥处治材料的弯拉弹性模量与弯拉强度的测试结果,绘示于图 7-4[8]。

在没有试验数据时,弹性模量值的选用可参考美国力学—经验法路面设计指南[10](表 7-1)或者南非路面力学设计方法[16,19](表 7-2)。

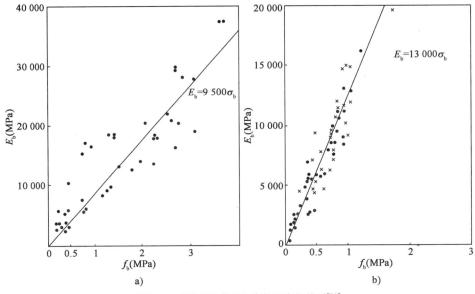

图 7-3 弯拉弹性模量与弯拉强度的关系[11]
a) 水泥处治碎石；b) 水泥处治天然砾石
×-室内试件　●-野外试件

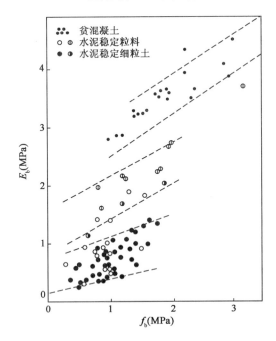

图 7-4 水泥处治类材料弯拉弹性模量与弯拉强度的关系

美国力学—经验法无机结合料处治材料压缩模量参考值　　表7-1

材料类型	弯拉强度（MPa）	初始模量值(MPa) 范 围	初始模量值(MPa) 代 表 值	损坏后代表值（MPa）
贫混凝土	3.14	10 500～17 500	14 000	2 100
水泥处治粒料	1.40	4 900～10 500	7 000	700
开级配水泥处治粒料	1.40	—	5 250	350
水泥土	0.70	350～7 000	3 500	175
石灰—水泥—粉煤灰	1.05	3 500～14 000	10 500	280
石灰稳定土	0.17	210～420	315	105

南非路面力学设计方法水泥处治材料在不同
性状阶段的弹性模量建议值　　表7-2

集料	开裂前抗压强度（MPa）	前期 完好无损（GPa）	前期 1阶段：收缩开裂（GPa）	后期开裂 2阶段：含微裂隙，伴有荷载裂缝（MPa）	后期开裂 3阶段：碎裂成粒料(MPa) 干燥	后期开裂 3阶段：碎裂成粒料(MPa) 潮湿
级配碎石	6～12	6～30	2.5～3.0	800～1 000	400～600	50～400
级配碎石天然砾石	3～6	3～14	2.0～2.5	500～800	300～500	50～300
天然砾石	1.5～3	2～10	1.0～2.0	500～800	200～400	20～200
砾石土	0.75～1.5	0.5～7	0.5～2.0	400～600	100～300	20～200

7.1.2 结构层有效弹性模量

由室内试验得到的试件弹性模量，反映的是无机结合料处治材料处于完好（完整）状态下的应力—应变关系，其数值较高。而在基层或底基层中，无机结合料处治材料的状态不完全相同于试件。在开放交通前和开放初期，由于干燥收缩和温度收缩受到约束，无机结合料处治层内会产生间距和缝隙大小不等的收缩裂缝。而在承受交通荷载作用时，处治层内所产生的拉应力（或拉应变）超出一定限度（弯拉强度的35%以上或断裂应变的25%以上）后，材料内部便会产生肉眼不能觉察的微裂隙。这些微裂隙的出现使处治层的性状发生变化，它们对材料抗压强度的影响很小，但对弯拉弹性模量却有较大的影响，使处治层承受荷载作用的能力下降。Jordaan对水泥处治基层沥青路面进行了重车模拟路面试验(HVS)和计算分析，认为在处治层上部40mm范围内出现的损坏，是由于荷载作用下微裂隙由水泥处治层底面逐渐向上发展，使该层的综合弹性模量值逐渐降低,从而在处治层上部 40mm 处出现最大拉应变,使其上层产生破坏[5]。

通常,基层或底基层的拉应力(或拉应变)随深度增加而增加,其底部的拉应力(或拉应变)最大[图 7-5a)],因而,微裂隙会首先在底部出现,使底部的弹性模

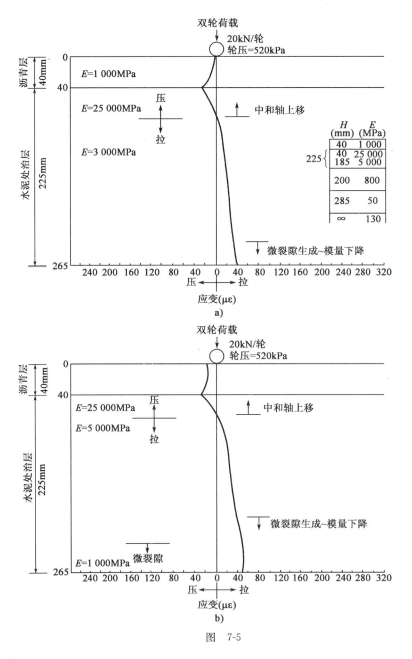

图 7-5

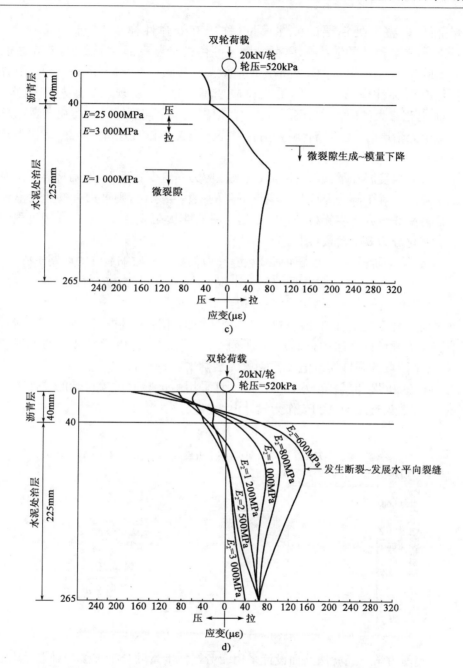

图 7-5　水泥处治层有效弹性模量的降低和水平拉应变的增加[5]

a)路面结构初始应变状态；b)微裂隙出现、模量下降；c)微裂隙发展,模量继续下降；d)最大拉应变随有效模量下降而增长和上移

量降低,即整个处治层的弹性模量(称作有效弹性模量)低于初始状态[图 7-5b)]。随着荷载的继续作用,微裂隙不断由处治层底部向上发展,使弹性模量降低的部分不断增大,整个处治层的有效弹性模量继续下降[图 7-5c)]。随着处治层有效弹性模量的降低,最大拉应变不断增大,出现的位置相应上移[图 7-5d)],当最大拉应变达到断裂应变时,便出现水平向裂缝[5]。而在微裂隙发展到整个处治层时,无机结合料处治材料完全失去了黏结力和整体性,退化为松散的粒料。

微裂隙发展和承载能力降低,反映在应力—应变关系上,便是材料弹性模量的下降。而对于部分厚度弹性模量下降的结构层来说,则可用有效弹性模量来表征。南非研究者将无机结合料处治材料的性状在基层或底基层使用过程中的发展变化分为 3 个阶段(图 7-6)[4]:

(1)第一阶段——无交通荷载裂缝和微裂隙但有收缩裂缝的前期阶段。
(2)第二阶段——结构层完整但出现微裂隙,并可能伴有荷载裂缝。
(3)第三阶段——结构层碎裂,相当于粒料层。

对各种无机结合料处治材料在 3 个阶段的弹性模量提出了建议值,列入南非路面力学设计方法中,如表 7-2 所列[16]。可以看出,由于微裂隙的出现和发展,各个阶段的弹性模量值要比完整无裂隙的室内试件模量值小很多。Pell 和 Brown 在 1972 年就提出水泥处治层不宜采用由试验室试验得到的试件弹性模量值,并建议选用 500MPa 作为设计模量值[13]。

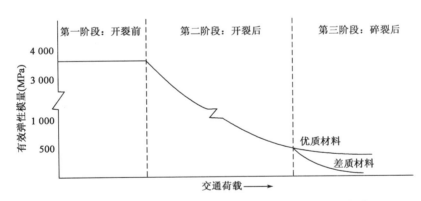

图 7-6 水泥处治层在不同使用性状阶段的有效弹性模量变化[4,5]

美国力学—经验法路面设计采用疲劳损耗增量的分析方法。对于无机结合料处治材料的弹性模量,按照在使用分析期内由初始值逐渐下降到完全损坏(相当于粒料层)的最低值的方案进行处理。弹性模量随时间而下降的关系用 S 形曲线拟合[10]:

$$E_c(D) = E_{c,\min} + \frac{E_{c,\max} - E_{c,\min}}{[1 + e^{(-4+14D)}]} \tag{7-9}$$

式中：D——无机结合料处治层的疲劳损耗率，以小数计；

$E_{c,\max}$——无机结合料处治层完好时的最大模量值（表 7-1）；

$E_{c,\min}$——无机结合料处治层完全损坏后的最小模量值（表 7-1）。

7.2 强 度 特 性

无机结合料类材料的强度，有采用 CBR 指标表征的。由于 CBR 主要为表征土和粒料承载力的指标，其数值一般低于 100，而无机结合料类材料的 CBR 值往往会超出很多，因而，不宜采用这一指标来表征其强度，但有时可用于 CBR 值较低的石灰土或者石灰—粉煤灰土。

无机结合料类材料的强度主要通过单轴压缩、直接拉伸、间接拉伸和弯拉试验确定。试件尺寸和制备、试验设备和方法等，均与弹性模量测定相似。

单轴压缩试验操作简便，其测定值（无侧限抗压强度）常用于表征无机结合料类材料的强度。美国力学—经验法设计指南规定：用于基层的无机结合料类材料的抗压强度不得低于 5.25MPa（水泥稳定类材料为 7d 强度，石灰和石灰—水泥—粉煤灰稳定类材料为 28d 强度），用于底基层时不得低于 1.75MPa[10]。南非的技术规程按无侧限抗压强度将无机结合料类材料分为 4 级：①抗压强度为 6~12MPa；②抗压强度为 3.5~6.0MPa（间接拉伸强度不低于 0.4MPa）；③抗压强度为 1.5~3.5MPa（间接拉伸强度不低于 0.25MPa）；④抗压强度为 0.75~1.5MPa（间接拉伸强度不低于 0.2MPa）[19]。

无机结合料类材料的抗拉强度低于抗压强度，在分析或评定该类结构层的使用寿命时，需验算其层底拉应力，因而，须选用材料的抗拉强度。Otte 认为，弯拉试验与野外结构层的实际受力状况较接近，宜采用梁试件试验测定的弯拉强度分析结构层的疲劳寿命[11]。

Balbo 对 14 组水泥处治碎石进行的直接拉伸试验和压缩试验，当 $R=0.825$ 时，通过回归分析建立了相关关系[1]：

$$f_t = 0.370 + 0.059 f_c \tag{7-10}$$

式中：f_t——直接拉伸抗拉强度（MPa）。

如果用比值表示上述试验结果，则直接抗拉强度约为抗压强度的 1/10（$f_t/f_c=0.10$）。

弯拉强度与抗压强度之间缺乏一致的关系。Otte 归纳了 7 位研究者的结果，其比例变动于 0.12~0.43 范围内，平均值大约为 0.2[12]。美国力学—经验法设计指南也建议,弯拉强度可按无侧限抗压强度的20%采用,各种无机结合料类材料的弯拉强度参考值列于表7-1[10]。Mitchell在综合他人的试验结果后,建议的经验关系为[8]:

$$f_b = 0.51(f_c)^{0.88} \tag{7-11}$$

7.3 疲 劳 特 性

7.3.1 室内疲劳特性

无机结合料类材料的抗疲劳性能随结合料类型和含量、集料类型和级配、含水率和密实度等因素而异,其规律可在室内通过梁试件的三分点或中点反复加载试验进行研究。通过对试件施加固定变化幅度的反复应力,测定试件出现断裂破坏时的反复应力作用次数(即疲劳寿命),由此建立不同反复应力级位同相应的疲劳寿命之间的经验关系。由于影响材料疲劳性能的一些材料性质变量,如集料性质、水灰比、龄期等,会同样影响到材料的弯拉强度性能,采用反复应力与弯拉强度之比(称作应力比)作为疲劳关系式的变量,便可在建立关系式时略去有关材料性质影响变量的考虑。然而,由于疲劳试验和强度试验不在同一根试件上进行,材料弯拉强度试验结果的变异性便会反映到应力比中,影响疲劳关系式的精度。

在作用次数为$10^2 \sim 10^6$范围内(或应力比小于$0.8 \sim 0.9$),疲劳试验结果往往可以在应力比与疲劳寿命之间整理成下述半对数或双对数疲劳关系式:

$$\frac{\sigma_b}{f_b} = a - b\lg N_f \tag{7-12}$$

$$\frac{\sigma_b}{f_b} = cN_f^d \tag{7-13}$$

式中:σ_b——弯拉应力;

f_b——弯拉强度;

N_f——疲劳破坏时的荷载作用次数;

a、b、c、d——由试验确定的参数。

试验参数a或c在半对数或双对数坐标上是疲劳曲线的截距,通常按标准差和采用的失效概率(或保证率)作相应变动,失效概率为50%时,其数值应为1.0左右。试验参数b或d则是疲劳曲线的斜率,与材料的性质有关,通常随结合料含量的增多(强度和弹性模量相应增大)而减小(斜率变缓)。表7-3汇总了一些研究者的疲劳试验结果和设计方法中采用的参数数值。

无机结合料类材料疲劳方程的试验参数　　　　　　　　　　表 7-3

作　者	材　料	$a(c)$	$b(d)$
Swanson 等[15]	石灰土	0.923	0.058
我国设计规范[17]	稳定粒料类	(1.317)	(0.065 8)
	稳定土类	(1.326)	(0.079 3)
美国力学—经验法[10]	水泥处治粒料	0.972	0.082 5
Shell[20]	水泥处治粒料	1.0	0.075
Brown 等[13]	贫混凝土	1.137	0.077
Van Cauwelaert 等[7]	水泥处治粒料	1.0	0.071 4
Dempsy 等[6]	水泥处治粒料	0.972	0.082 5
石小平等[18]	水泥混凝土	0.999	0.072 4

注：不带括号的为式(7-12)的参数值；带括号的为式(7-13)的参数值。

南非采用应变比，拉应变与断裂时应变之比，建立疲劳方程。Otte 对水泥处治碎石试件进行的弯拉试验得到的断裂时应变值结果很分散，但认为其平均值约为 $160\mu\varepsilon$；而水泥处治天然砾石的断裂应变则随弯拉模量降低而下降，建议采用 $120\mu\varepsilon$[11]。Freeme 等依据试验结果建议采用的各种处治材料的断裂应变值列于表 7-4[5]。

水泥处治粒料的断裂时拉应变　　　　　　　　　　表 7-4

水泥处治粒料的抗压强度(MPa)	集料类型	断裂时拉应变($\mu\varepsilon$)
6～12	碎石	145
3～6	石/砾石	120
1.5～3	砾石	125
0.75～1.5	砾石	145

Otte 依据以往对水泥处治粒料和水泥混凝土的疲劳特性研究成果认为，应力比为 0.5 时，可以承受荷载 100 万次的反复作用，应力比为 0.35 时，则可承受反复荷载无限次的作用；而采用应变比的话，其对应的数值相应为 0.33 和 0.25。在此基础上(应变比为 0.33 时疲劳寿命为 100 万次)，他提出的无机结合料类材料的应变比疲劳关系式为[11,12]：

$$\frac{\varepsilon_t}{\varepsilon_b} = 1 - 0.11 \lg N_f \tag{7-14}$$

$$\frac{\varepsilon_t}{\varepsilon_b} = N_f^{-0.079} \tag{7-15}$$

式中：ε_t 和 ε_b——反复作用拉应变和断裂时拉应变。

7.3.2 无机结合料类结构层的疲劳寿命预估

室内疲劳试验关系式应用于预估无机结合料处治层的疲劳寿命时，须考虑不同于室内疲劳试验的两个情况。

一个情况是，无机结合料处治层在荷载反复作用下开始在层底出现裂缝，而后逐渐向上扩展到层顶，使结构层开裂成大块状。裂缝开始出现时的疲劳寿命可按室内疲劳关系式估计，而考虑裂缝扩展过程的疲劳寿命增加则须在此基础上乘以修正系数。由于无机结合料类材料的脆性性质，裂缝向上扩展的速度当然要比沥青层快很多，因而，其修正系数要比沥青层的修正系数小很多。南非建议的修正系数值随结构层厚度变化，层厚小于102mm时，修正系数为1，层厚大于419mm时，修正系数为8，层厚介于二者之间时，修正系数按下述关系式取用[5,16]：

$$SF = 10^{0.00285h-0.293} \quad (7-16)$$

式中：SF——修正系数；

h——结构层厚度(mm)。

另一个情况是，由于温度收缩和湿度收缩受到约束，无机结合料处治层在尚未使用或使用初期即会出现收缩裂缝，使基层或底基层开裂成板块状。这种收缩开裂现象可以通过采取各种措施予以减轻，但无法根除。因此，荷载(通过面层)作用于处治层板块边缘(裂缝两侧)处产生的弯拉应力或弯拉应变要大于荷载作用于处治层板中时的情况，按不考虑裂缝的层状体系解计算得到的处治层应力或应变值偏小。Otte应用有限元法分析了带裂缝的无机结合料处治层的裂缝边缘应力，得到了平行边缘处的层底水平向拉应力要比无裂缝结构层增大40%以内的计算结果，同时，裂缝下的下卧层或路基的压应力会增大[11]。为此，在南非的设计方法中引入了应力增大系数，它随材料性质和结构层厚度而变，所建议的增大系数列于表7-5[5,16]。为此，应用室内疲劳关系式估计无机结合料处治层的疲劳寿命时，对式(7-12)～式(7-15)中的反复作用应力或应变应乘以表7-5中所列的应力(应变)增大系数。

由于湿度或(和)温度收缩裂缝引起的拉应变(拉应力)增大系数　　表7-5

裂　缝　类　型	材料抗压强度(MPa)	水泥处治层厚(mm)	
		<200	>200
中等开裂，裂缝宽<2mm (如石灰或2%～3%水泥处治天然材料)	0.75～1.5 1.5～3.0	1.1 1.15	1.2 1.3
大量开裂，裂缝宽>2mm (如4%～6%水泥处治优质天然砾石和碎石)	3～12	1.25	1.4

无机结合料处治层疲劳开裂后,在荷载继续反复作用下会进一步碎裂成小块,其尺寸小于层厚,有效模量值进一步降低成接近于粒料,使沥青面层出现较大变形和疲劳开裂。

依据无机结合料处治层在使用过程中的疲劳损坏性状,设置无机结合料处治层的沥青路面结构设计可以分为两个阶段:①无机结合料处治层出现疲劳损坏阶段。②沥青面层疲劳损坏阶段。路面结构的总寿命为两阶段疲劳寿命之和。在计算第一阶段的应力或应变时,应考虑收缩裂缝的影响而增大弯拉应力或弯拉应变量(表 7-5);在分析两个阶段的疲劳寿命时应考虑微裂隙和板块碎裂情况,分别降低室内试验的材料弹性模量值,采用相应的有效模量值。

7.4 小　　结

(1)由于结合料的品种、性质和含量以及集料的类型、性质和级配组成等的差别很大,并且,由于施工时对材料品质和混合料组成的控制以及施工质量的监管水平较低,无机结合料类材料的力学性质及其变异性的变化范围较沥青面层要大很多。因而,路上无机结合料类结构层各项力学性质指标的实际数值及其变异性,与由实验室试件得到的测定结果有较大的差异,前者往往低于后者,其变异性也大于后者。为此,在选用室内试件的数据表征结构层的力学性质时,应充分考虑这些影响因素产生的偏差。

(2)无机结合料类材料的力学性质试验,可以采用单轴压缩、直接拉伸、间接拉伸或弯曲试验等测定方法。单轴压缩试验操作简易,测试结果较可靠,变异性较小,常用以表征此类材料的力学性质。弯拉试验能较好地反映材料在处治层内的受力状况,但试件较难制备,测试结果不易准确,且变异性很大。各种强度和弹性模量试验方法会得到不同的测定结果,由于材料类型和组成的差异,它们之间很难建立稳定的相关关系。

(3)无机结合料处治层的弹性模量不能按照室内试件的测试结果确定,应考虑这类材料在结构层内出现微裂隙和裂缝的性状,按它们发生和发展的演变过程,分别采用相应的有效弹性模量值。其数值要比室内得到的数值小很多。

(4)由于无机结合料处治层不可避免地存在着干燥收缩和温度收缩裂缝,路面结构分析时,无机结合料处治层应按带裂缝的结构层处理;仍按无裂缝的结构层计算时,应对分析结果乘以拉应力或拉应变增大系数。

(5)室内试验得到的试件疲劳寿命,可以在经过路面结构的试验验证后,通过疲劳裂缝扩展系数的修正,演变为结构层的疲劳寿命。由于无机结合料结构层主要用作基层或底基层,属于隐蔽工程,试验验证时很难确定结构层顶面开裂的出现和开裂量的发展。因而,对室内试件疲劳模型进行野外结构层疲劳损伤验证的难度很大。

本章参考文献

[1] Balbo, J. T. High quality cement treated crushed stones for concrete pavement bases. University of Sao Paulo, 1996.

[2] Dac Chi, N. Nouvelles methods d'essais en laboratoire des graves traitees aux liants hydrauliques. Bulletin de Liasion des Laboratoires des Ponte e Chaussees, no. 91, 1977: 73-80.

[3] EN 13286-43. Test method for the determination of the modulus elasticity of hydraulically bound mixtures. CEN, 2003.

[4] Freeme, C. R., de Beer, M., and Viljoen, A. W. The behavior and mechanistic design of asphalt pavements. Proceedings, 6th International Conference on Structural Design of Asphalt Pavements, Vol. 1, Ann Arbor, 1987:333-343.

[5] Jordaan, G. J. Towards improved procedures for the mechanistic analysis of cement treated layers in pavements. Proceedings, 7th International Conference on Asphalt Pavements, Vol. 3, Nottingham, 1992:209-223.

[6] Judycki, J. Comparison of fatigue criteria for flexible and semi-rigid pavements. Proceedings, 8th International Conference on Asphalt Pavements, Vol. 2, Seattle, 1997:919-937.

[7] Leonard, D. and Francken, L. An improved tool for structural design of flexible, composite and rigid structures. Proceedings, 9th International Conference on Asphalt Pavements, Copenhagen, 2002.

[8] Mitchell, J. K. The properties of cement-stabilized soils. In: Materials and methods for low cost road, rail and reclamation works. 1976: 365-404.

[9] Mitchell, J. K., and Monismith, C. L. A thickness design procedure for pavements with cement stabilized bases and thin surfacings. Proceedings, 4th International Conference on the structural design of Asphalt Pavements, 1977.

[10] NCHRP Project 1-37A. Guide for mechanistic-empirical design of new and rehabilitated pavement structures. Final Report, March 2004.

[11] Otte, E. A structural design procedure of cement-treated layers in pavements. D Eng (Civil) thesis, University of Pretoria, Pretoria, 1978.

[12] Otte, E., Savage, P. F., and Monismith, C. L. Structural design of cemented pavement layers. Transportation Journal of ASCE, TE4, 1982: 428-445.

[13] Pell, P. S., and Brown, S. F. The characteristics of materials for the design of flexile pavement structures. Proceedings, 3rd International Conference on the structural design of asphalt pavements, Vol. 1, London, 1972.

[14] Pell, P. S. Keynote Address—Pavement materials. Proceedings, 6th International Conference on Structural Design of Asphalt Pavements, Vol. 2, Ann Arbor, 1987:35-70.

[15] Swanson, T. E., and Thompson, M. R. Flexural fatigue strength of lime-soil mixtures. HRR, 1967.

[16] Theyse, H. L., de Beer, M., and Rust, F. C. Overview of South African mechanistic pavement design method. TRR 1539, 1996: 6-17.

[17] 中华人民共和国行业标准. JTG D50—2006 公路沥青路面设计规范[S]. 北京:人民交通出版社,2006.

[18] 石小平,等. 水泥混凝土的弯曲疲劳特性[J]. 土木工程学报,1990,23(3): 11-22.

[19] Technical Recommendations for Highways, TRH 4. Structural design of flexible pavements for interurban and rural roads. DOT, RSA, 1996.

[20] Shell International Petroleum Co. Ltd. SHELL Pavement Design Manual—Asphalt Pavements and Overlays for Road Traffic, London, 1978.

第8章 沥青混合料的疲劳特性

8.1 疲劳开裂

开裂是沥青路面最主要的损坏形态之一。裂缝有多种形态,其生成是多种因素(荷载、环境、路面结构、材料和施工)单独或综合作用的结果。在远低于材料极限强度的应力反复作用下产生的开裂损坏,属于疲劳开裂损坏,主要与行车荷载的反复作用有关,有些则还有温度应力反复作用的参与。

沥青层表面沿轮迹带(带内或带外侧)出现一条或多条横向或纵向裂缝,逐步交错、连贯,并扩展成呈龟状开裂的疲劳裂缝,是沥青路面(特别是中、薄沥青层)最常见的一种损坏。这种主要由行车荷载反复作用产生的疲劳开裂损坏,是各国力学——经验法路面设计方法作为主要考虑对象的一种损坏模式。

疲劳开裂可以分为自下而上和自上而下两种类型。

开裂始于拉应力(拉应变)最大处。一般都认为沥青层的底面或接近底面处的拉应力(拉应变)最大,因而,疲劳开裂的初始裂缝出现在底面,而后,随着荷载的反复作用,裂缝逐渐由底面向上扩展到面层表面,贯穿整个沥青层。虽然美国路面长期使用性能(LTPP)损坏鉴别手册对疲劳开裂分为轻(短纵向裂缝)、中等(多条交错连贯的纵向裂缝)和重(龟状裂缝)三等,但根据一些路面实际疲劳开裂状况的调查,疲劳开裂起始于垂直于行车方向的短段横向裂缝,一些足尺试验环道的疲劳试验也出现类似现象[59]。Timm 等人对足尺试验环道(NCAT)进行的实际应力量测和应力分析结果表明,沥青层底面在单轴双轮或双轴双轮荷载作用下的纵向应变高于横向应变,因此,首先出现的是横向开裂[59]。

上述由下而上的疲劳开裂通常发生在沥青层较薄时。在厚度为 16~18cm 的厚沥青层表面,在轮迹带内或邻近轮迹带处有时会出现上宽下窄的纵向裂缝,并在轮载的反复作用下向面层下部扩展,但大多仅深及磨耗层与联结层的界面处,并不贯穿整个面层厚度[36,60]。对于这种自上而下的纵向裂缝的产生原因,有多种分析和解释[11]:

(1)由于轮胎与路表面间分布非常不均匀的三向接触应力[12,36],使接触面边缘处产生较大的水平向拉应力[10,52]。

(2)由于迅速降温产生的负温差,使沥青层上部产生较大的拉应力[30,37]。

(3)空隙过大(由于选用间断或半间断级配或者压实不足)引起的沥青加速老化和硬化,使沥青混合料劲度模量增大,其抗疲劳性能下降[21,29]。

(4)施工过程产生的集料离析和温度离析,使沥青混合料的匀质性差和空隙率变异大,在离析区易加速混合料的老化硬化和降低其抗疲劳能力,产生裂缝和松散病害[47]。

自上而下的纵向疲劳开裂产生的机理十分复杂,迄今尚无一个能包容各影响因素的综合模型,因而目前在设计方法中还难于为这种开裂损坏建立可靠和可信的疲劳损坏预估模型。

El-Basyouny等对美国路面长期使用性能(LTPP)640个观测路段进行的疲劳开裂统计数据表明,厚度为15～20cm的沥青层,出现龟状裂缝的比例最高,而薄沥青层出现龟状裂缝的比例也很高,但没有15～20cm厚的沥青层那么大,而厚度超过20cm的沥青层,龟状裂缝的比例迅速下降,到厚度为30～45cm时,龟状裂缝很少,甚至不出现[16]。

8.2 室内试验研究

材料的疲劳性状主要在实验室内开展试验研究。最早对材料疲劳性状进行试验室研究的是Wöhler。1852年,他对金属材料试件进行反复加载,记录下试件破坏时的反复作用次数(即疲劳寿命或疲劳强度),将反复加载(应力或应变)的振幅与相应的疲劳寿命(反复作用次数)点绘成曲线,即为材料的疲劳寿命曲线(称作Wöhler曲线)。通常表征为下述形式的关系式:

$$\sigma \text{ 或 } \varepsilon = AN^{-b} \tag{8-1}$$

式中:σ 或 ε ——反复加载(应力或应变)的振幅;

N——试件破坏时的反复作用次数;

A、b——试验参数。

此关系式在双对数坐标中表现为一直线(图8-1)。通常,疲劳试验的结果(破坏时的反复作用次数)往往很分散,同一项试验重复进行多次,所得到的疲劳寿命变异很大,金属可相差10倍,而沥青混合料则可相差30倍(20世纪80年代时)。现今,在量测设备和实验控制得到改善后,差别可缩小到10倍左右[14]。

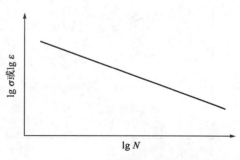

图8-1 加载(应力或应变)振幅与破坏时反复作用次数的关系(Wöhler曲线)

8.2.1 试验类型

在实验室内对沥青混合料试件进行疲劳性状研究,所采用的疲劳试验方法可按加载方式和试件形状的不同分为3大类:

(1) 弯曲试验:梯形梁试件2点法(底端为支点、顶端加载)、棱柱体梁试件3点法(两端为支点、中点加载,或称中点法)、半圆柱体3点法(两端为支点、中点加载)以及棱柱体梁试件4点法(两端为支点、三分点加载,或称三分点法)。

(2) 拉伸—压缩试验:圆柱体试件直接拉伸—压缩法。

(3) 间接拉伸试验:圆柱体试件径向施加反复荷载。

直接拉伸—压缩试验属于均一类试验,试件截面在反复加载的过程中受到均匀而单一的应力或应变的作用;而弯曲试验和间接拉伸试验属于非均一类试验,试件截面在反复加载的过程中受到不均匀而且非单一的应力或应变的作用。习惯上假设弯曲试验代表路面面层在车辆经过时受到的弯曲力的作用,而拉伸—压缩试验表征面层底面受到的拉应力或拉应变的作用。

为探讨沥青层疲劳寿命而进行的沥青混合料疲劳性状的研究,绝大多数研究人员采用弯曲疲劳试验。欧洲国家在开展疲劳特性研究时大多采用2点和3点弯曲疲劳试验方法,但迄今还没有制订出统一的标准试验方法。美国的研究工作大多在4点弯曲疲劳试验仪上进行。美国SHRP计划A003-A项目为沥青混合料4点法弯曲疲劳试验制订了标准试验方法[48],这一方法已被指定为AASHTO的标准方法[1]。半圆柱体3点弯曲疲劳试验起源于对软岩石的断裂试验,被南非的Van de Ven等应用于沥青混合料,作为间接拉伸试验的一种改进和替代试验[61]。

间接拉伸试验具有简单、快速以及易于从路面结构层内钻取试验用芯样的优点。但它存在应力状况复杂,应力分布精确性差(试件中间部分的水平向拉应力仅为竖向压应力的三分之一),顶底端支承点处局部压应力很高以及需假定泊松比的缺点[27,46]。

Myre对3点和4点弯曲疲劳以及间接拉伸疲劳的试验结果进行了对比[35]。由图8-2可看出,3点弯曲同4点弯曲的疲劳试验可以得到几乎相同的疲劳曲线,但间接拉伸试验得到的疲劳曲线同弯曲疲劳曲线的差别很大,前者的斜率要比后者大很多,即由

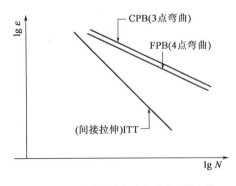

图8-2 不同疲劳试验方法的试验结果比较

间接拉伸疲劳试验得到的疲劳寿命小于弯曲疲劳试验。Aguirre 等进行的少量对比试验表明,拉伸—压缩疲劳试验得到的疲劳寿命要低于弯曲疲劳试验[14]。de la Roche 等的对比试验则表明,3 点弯曲疲劳试验得到的寿命要比 2 点弯曲疲劳试验的寿命大 40%～100%[14]。

Di Benedetto 等[13,14]认为,弯曲疲劳试验和间接拉伸疲劳试验时试件内不同点处于不同的应力或应变状态,只有在严格控制在线性范围内(弹性或黏弹性)的条件下,试验结果才能得到正确的阐述。但疲劳试验时所施加的反复应力或应变通常都超出了线性范围,弯曲疲劳试验和间接拉伸疲劳试验易于对试验结果做出错误的解释。因而,他们建议采用直接拉伸—压缩疲劳试验方法。

8.2.2 加载控制模式

各种室内疲劳试验可以采用两种加载控制的模式:控制应力(常应力)加载模式和控制应变(常应变)加载模式。

控制应力加载模式是在反复加载过程中保持作用力(应力)不变。由于反复加载使试件内产生疲劳损伤,出现微裂隙,混合料的劲度模量会在反复加载的过程中逐渐降低,因而导致试件的拉应变随着作用次数的增加而增大[图 8-3a)]。通常都以试件出现断裂定义为疲劳破坏,而 Van Dijk[62]和 Bonnuare 等[4]以拉应变增大到初始应变的 2 倍(即劲度模量下降为初始劲度模量的一半)时的状态定义为疲劳破坏。这时的反复加载次数作为该试件的疲劳寿命。

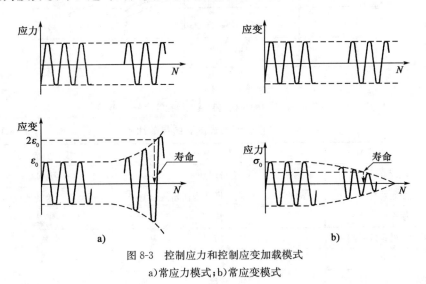

图 8-3 控制应力和控制应变加载模式
a)常应力模式;b)常应变模式

控制应变加载模式是在反复加载过程中保持试件的变形(应变)不变。由于试件在反复加载过程中出现疲劳损伤,混合料的劲度模量逐渐减小,为了保持每次加载作用产生相同的变形(应变),必须逐步降低作用力(应力)[图 8-3b]。通常以作用力降低到初始作用力的一半(即劲度模量下降为初始劲度模量的一半)时的状态定义为疲劳破坏,这时的反复加载次数作为该试件的疲劳寿命。

采用控制应力模式时,应变量随着作用次数的增加而逐步增大,试件较快地进入破坏状态,在缺乏支撑的情况下,会很快出现断裂。采用控制应变模式时,所施加的应力量随着作用次数的增加而逐步减小,试件缓慢地进入破坏状态,也很难出现断裂破坏。因此,两种控制模式得到的疲劳试验结果不相同,采用控制应变模式得到的疲劳寿命要高于控制应力模式的寿命(图 8-4)。Bazin 等的研究表明,在初始应变相同的情况下,采用控制应变模式得到的疲劳寿命为控制应力模式得到的疲劳寿命的 2~3 倍[3]。按照 Tayebali 等人的试验分析,控制应变法的疲劳寿命一般为控制应力法疲劳寿命的 2.4 倍[56]。表 8-1 比较了两种加载控制模式所得到的试验结果的差异。

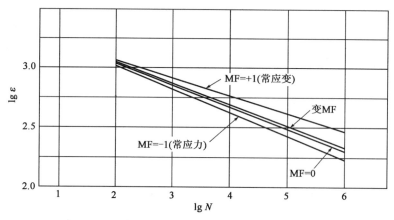

图 8-4 采用两种加载控制模式得到的疲劳曲线[35]

两种加载控制模式试验结果的比较 表 8-1

加载控制模式	控制应力	控制应变
试验过程的演变	变形增加	作用力减小
常用破坏标准	试件断裂或拉应变增大为初始值的两倍	作用力降低为初始值的一半
损伤增长	快	平缓
裂缝扩展延续时间	短	长
寿命	较短	较长
试验结果的离散性	较低	较高

续上表

加载控制模式	控 制 应 力	控 制 应 变
间歇时间影响	大	小
加载频率增加	寿命增加	寿命减小
试验温度增加（>0℃）	寿命减小	寿命增加
劲度模量增加	寿命增加	寿命减小

Van Dijk 应用轮轨仪在 0.95m×0.44m×0.04m 的沥青混凝土板上（基础为橡胶）对沥青混合料进行反复加载疲劳试验。轮胎直径 0.25m，接触面积 $15\times10^{-4}\sim30\times10^{-4}$ m^2，最大加载 160kg，轮迹长度 0.6m，宽度 0.05～0.07m。在反复加载的过程中，观测沥青层底面的应变变化以及裂缝发生和发展的过程。试验过程表明，裂缝的发生和发展可划分为三个阶段（图 8-5）[63]：

(1) 疲劳前阶段——应变开始增长，发状裂纹初现。

(2) 疲劳发展阶段——应变迅速增长，达到最大值，发状裂纹逐渐拓宽并逐步形成裂纹网。

(3) 疲劳和疲劳后期阶段——应变不再变化，裂缝形成，沥青层底面或表面出现破坏。

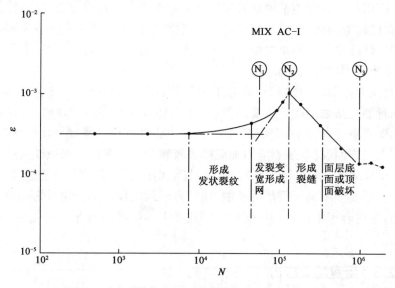

图 8-5 应变及裂纹和裂缝随作用次数增加而发展的过程

Van Dijk 认为轮轨仪上的疲劳发生和发展过程与路上的实际过程很相似。在疲劳发展阶段，裂纹的发展对路面的使用性能并不造成大的影响，因而，可以以第二阶段末作为路面疲劳破坏的标准，这时的重复作用次数为路面的疲劳寿命。轮轨仪试验结果表明,第二阶段末的疲劳寿命约为第一阶段末(裂纹初现时)的作用次数的 3 倍。他同时还对相同的混合料分别采用控制应力法和控制应变法,进行了 2 点弯曲疲劳试验和 3 点弯曲疲劳试验,并将疲劳试验结果与轮轨仪试验的疲劳发展阶段相对照。Van Dijk 发现控制应力法和控制应变法试验结果的寿命差别与轮轨仪上第一阶段末和第二阶段末的寿命差别很相近。这个情况表明,控制应力法疲劳试验结果只能表征裂纹开始发展的状态(试件在裂纹发展初期便因缺少支撑而断裂),而控制应变法疲劳试验结果可以包含裂纹扩展成裂缝的过程。因而,他建议进行路面疲劳设计时应选用控制应变法的疲劳试验结果。

Monismith 和 Deacon 提出了模式系数的概念,用以判别实际路面结构采用哪一种加载控制模式较合适[31]。模式系数 MF 的定义为:

$$\mathrm{MF} = \frac{A-B}{A+B} \tag{8-2}$$

式中:A——劲度模量下降 $C\%$ 时引起的应力变化(%);

B——劲度模量下降 $C\%$ 时引起的应变变化(%)。

常应力控制模式时,假设模式系数为 -1;常应变控制模式时,假设模式系数为 $+1$。应用多层弹性体系理论对多种路面结构进行的计算分析表明,控制应力加载模式接近于沥青层厚、劲度模量大的路面结构,而控制应变加载模式接近于沥青层薄、劲度模量小的路面结构。沥青层厚与薄的界限应随温度、混合料性质和沥青层相对刚度等因素而异。

通常认为控制应力加载模式适用于厚沥青层($>15\mathrm{cm}^{[14,33]}$ 或 $\geqslant 20\mathrm{cm}^{[15]}$)。这时,沥青层是路面结构的主要承重层,在重复荷载的作用下,结构层材料逐渐衰变,劲度模量逐渐减小,应变逐渐增大,但由于沥青层的厚度大,应力的变化并不大,因而,这种状况与控制应力加载模式较吻合。控制应变加载模式适用于薄沥青层($<6\mathrm{cm}^{[14]}$ 或 $\leqslant 5\mathrm{cm}^{[15,33]}$)。在这种路面结构中,沥青层不是主要的承重层,其应变主要受下面承重层的控制,而沥青层劲度模量的变化对它的影响不太大,因而,更适合于采用控制应变加载模式。中等厚度的沥青层宜采用中间的加载模式。

8.2.3 反复加载方式

疲劳试验所采用的加载波形,可为正弦形、半正弦形、脉冲形或矩形,各次加载之间可以有间歇时间或者是连续加载(图 8-6)。考虑到试验的简便和易于控制,通常采用正弦形连续加载波形。

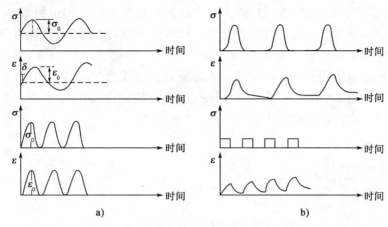

图 8-6 疲劳试验采用的反复加载波形
a)连续式加载；b)间断式加载

反复加载可以采用连续或间断两种方式。连续式加载是疲劳试验最常用的反复加载方式。然而，路上行车荷载的作用是不连续的，车辆前后轴以及相继车辆各轴对路面的作用存在着或长或短的间歇期。因而，间断式反复加载方式可能更符合实际情况。

由于沥青混合料的黏滞性质，在加载过程中产生的疲劳损伤有可能在间歇期内得到部分恢复，从而增加材料的抗疲劳能力。这种现象称作愈合作用。因此，间断式反复加载的疲劳寿命要长于连续式反复加载。不同长短的间歇期会带来不同程度的愈合作用，疲劳寿命增长的程度也不尽相同。许多研究人员对间歇期对疲劳寿命的影响进行了试验研究[5]。研究采用两种不同的间断加载方式，一种是连续反复加载一段时期后停顿一段时期不加载，另一种是间歇式反复加载，在每次加载后有一个不加载的间歇期。显然，后一种方式更符合路上的实际行车状况。

Bonnaure 等应用 3 点弯曲仪对沥青混凝土试件在 3 种温度(5℃、20℃和 25℃)条件下进行了不同间歇期(0、3、5、10 和 25 倍加载时间)的控制应变和控制应力疲劳试验[5]。试验结果表明，间歇期有利于增加试件的疲劳寿命。如图 8-7 所示，随着间歇期 I(以加载时间的倍数表示)的增长，间歇式加载的疲劳寿命比 N_I/N_C(N_I——间歇式加载的疲劳寿命；N_C——连续式加载的疲劳寿命)增大，但寿命比的增大趋势在长间歇期时趋于平缓，在间歇期约为 25 倍加载时间时达到最大。图 8-7 还显示了温度的影响，提高测试温度(由 5℃提高到 20℃或 25℃)，可以相应提高疲劳寿命比，即增加间歇期对疲劳寿命的有利影响；同时，温度对于硬沥青(针入度 45/60)的影响要大于软沥青(针入度 80/100)。此外,试验结果还表明,间歇期对疲劳寿命随沥青混合料劲度模量的减小而增大;初始应变或应力级位大小对于疲劳寿命增长的影响可忽略不计;控制应力加载模式的疲劳寿命比要高于控制应变加载模式。依据上述试验研究结果,Bonnaure 等认为,应用基于连续加载方式的疲劳关系式设计路面结构时,应引入考虑间歇期有利影响的修正系数,以反映行车荷载的间断式作用和沥青混合料的愈合作用。此修正系数约为 5~10。

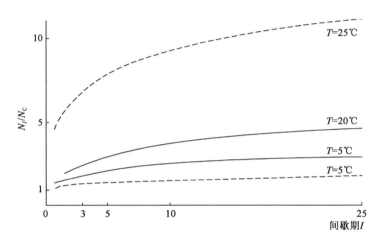

图 8-7 疲劳寿命比 N_I/N_C 随间歇期 I 的变化(控制应变模式)
实线-沥青针入度为 80/100 的混合料;虚线-沥青针入度为 45/60 的混合料

8.2.4 加载频率和试验温度

试验时的温度对疲劳寿命也有重大影响,但采用不同的加载控制模式可以得到不同的影响趋势。采用控制应变模式时,疲劳寿命随温度的增加而增长;而在采用控制应力模式时,疲劳寿命则随温度的增加而降低(图 8-8)。

加载频率也对疲劳寿命产生影响。与温度的影响规律相似,其影响趋势同加载控制模式有关。采用控制应变模式时,疲劳寿命随加载频率的增大而减小,而在采用控制应力模式时,则疲劳寿命随加载频率的增大而增加。

温度和加载频率也是影响沥青混合料劲度模量的两项主要的试验条件因素。因而,温度和加载频率对混合料疲劳寿命的影响可通过它们对劲度模量的影响得到反映。采用控制应变模式时,随着沥青混合料初始劲度模量的增加(温度降低或频率增大),疲劳寿命降低;而在采用控制应力模式时则相反,疲劳寿命随着劲度模量的增加而增长。

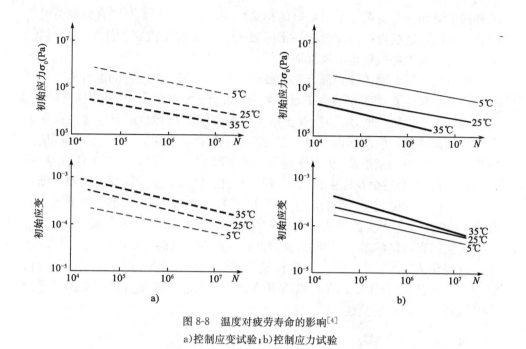

图 8-8 温度对疲劳寿命的影响[4]
a)控制应变试验；b)控制应力试验

8.3 影响疲劳特性的材料因素

除了试验条件外，影响沥青混合料疲劳特性的还有混合料组成和性质等材料方面的因素，其中最主要的因素有：沥青类型、沥青含量、空气含量以及集料性质和组成。分析这些因素的变化对混合料疲劳性状的影响，其目的是指导混合料的组成设计，以提供抗疲劳性能好的沥青混合料，并在建立疲劳预估方程时合理选择影响变量。然而，分析工作须通过室内疲劳试验进行，而试验条件(加载控制模式等)对试验结果有显著不同的影响，疲劳试验结果的离散性很大，并且各个混合料因素对疲劳性能的影响又是相互依赖的(非独立变量)，因此，试验结果往往会得到相互矛盾的结论，确切的影响分析显得相当复杂和困难。

8.3.1 沥青类型和含量

沥青类型对混合料的疲劳寿命有重大影响，不同类型或等级的沥青具有差别很大的混合料疲劳寿命。

控制应力疲劳试验的结果表明，沥青等级可影响混合料疲劳曲线的斜率，沥青越硬，其疲劳曲线的斜率越平缓；沥青越硬，其疲劳性能越好[3]。

Tayebali 等的控制应变疲劳试验研究表明，混合料的疲劳寿命同老化沥青的耗损模量比它同复数模量有更好的相关性,因而,沥青类型对混合料疲劳性状的影响可以通过沥青耗损模量这一指标表征[55]。在控制应变条件下,混合料的疲劳寿命随沥青耗损模量的增加而降低。

由改性沥青配制的沥青混合料的疲劳寿命通常高于纯沥青的混合料。

许多研究结果表明,沥青含量是影响沥青混合料疲劳寿命的重要因素[18,39]。

当沥青含量较少时,增加沥青含量可以减少空隙,因而,疲劳寿命随沥青含量的增加而增长。但当沥青含量较多,空隙已很少时,则进一步增加沥青,反而会降低混合料的劲度模量,从而使疲劳寿命下降。因此,存在一个最佳含量,超过此最佳值,疲劳寿命反而随沥青含量的增加而降低。Epps 等对美国加州沥青混合料的试验结果表明,沥青最佳含量约为 7% 左右,它随所用集料的类型而变化[18]。Harvey 等对美国加州沥青混合料进行的控制应变疲劳试验,得到混合料劲度随沥青含量的增加而降低,疲劳寿命随沥青含量的增加而增长的结果(沥青用量变化范围为 4%~6%,以集料质量的%计)[25]。Pellinen 等的疲劳分析结果表明,有效沥青含量和沥青填隙率(VFA)同西部环道项目的试验路实测疲劳开裂具有良好的相关性[41]。

8.3.2 空气含量

Bazin 等的试验结果表明,随着空气含量的降低,疲劳寿命增加,并且试验结果的离散性减小[3]。Doan 的研究结果为,空气含量的影响随试验混合料的类型以及加载控制模式而异[14]。采用应变控制模式时,对于密级配沥青混合料,降低空气含量会导致劲度模量增加,从而减少疲劳寿命;而对于低沥青含量的沥青稳定粒料,降低空气含量则会增加疲劳寿命。采用应力控制模式时,疲劳寿命随空气含量的降低而增加。

Tayebali 等依据控制应变疲劳试验结果的分析认为,采用沥青填隙率(VFA)或空气含量作为考虑空隙影响的指标,具有同等的精度,而疲劳寿命随沥青填隙率的增大或空气含量的减小而增加[55,56]。Harvey 等对美国加州沥青混合料的控制应变疲劳试验结果表明,增加空气含量,会引起劲度模量的降低和疲劳寿命的下降;空气含量变化对疲劳寿命的影响要大于沥青含量变化的影响(空气含量高于目标值 1%,疲劳寿命会减少 30%,而沥青含量低于目标值 1%,疲劳寿命降低 12%)[25]。因此,准确控制压实(空隙率)对于保证沥青路面的疲劳性能十分重要。

8.3.3 集料

集料的形状对混合料疲劳寿命的影响似乎不大[18,39]。集料的坚硬度以及它同沥青的黏附性会影响混合料的抗疲劳性能[28]。

Tayebali 等比较了由两种集料组成的混合料的疲劳性能,一种是表面纹理粗糙和不易剥落的花岗岩碎石,另一种是表面纹理光滑、易剥落、圆形颗粒、部分轧碎的燧石。疲劳试验结果表明,选用纹理粗糙的碎石集料可以增加沥青混合料的劲度模量,提高其疲劳寿命(不论采用控制应变或控制应力模式)[56]。

Sousa 等选用了 9 种不同最大公称粒径和级配的花岗岩碎石集料组成沥青混凝土,对集料级配的影响进行了疲劳试验(控制应变)研究[53]。试验结果表明,细集料级配(通过 Superpave 级配限制区或位于其上面)由于能够容纳较高的沥青用量,其抗疲劳性能要优于粗集料级配(位于限制区下面)。

Myre 比较了开级配与密级配沥青混合料的疲劳试验结果,认为开级配混合料的劲度模量低于密级配混合料,其疲劳寿命(控制应变模式)也相应降低[35]。

沥青混合料各因素对疲劳性能的影响分析试验研究结果,可汇总于表 8-2。表中反映的变化规律,只能适用于一般情况。对于某些特定的沥青混合料,还需要通过疲劳试验来具体确定混合料各因素对其疲劳性能的影响,以指导混合料组成设计。

类似于复数模量的情况,填料含量对疲劳的影响也存在最佳值。对于沥青稳定粒料,最佳值约为 7%~9%。影响混合料抗疲劳性能的主要是填料—沥青比。

沥青混合料因素对劲度模量和疲劳寿命的影响　　　　　表 8-2

因　素	变　化	劲度模量	疲劳寿命(控制应力)	疲劳寿命(控制应变)
沥青黏滞度(劲度)	增加	增加	增加	降低
沥青含量	增加	存在最佳值,低于最佳值时增加,高于最佳值时降低		
空气含量	降低	增加	增加	增加
集料类型	纹理光滑到粗糙	增加	增加	增加
	圆颗粒到轧碎	增加	增加	增加
集料级配	开级配到密级配	增加	增加	增加
	粗级配到细级配	增加	增加	增加
温度	降低(>0℃)	增加	增加	降低

8.4　疲劳试验分析

室内疲劳试验结果可以采用两种方法进行分析和表述,以反映沥青混合料的疲劳性状和疲劳寿命:①表象法;②能量耗散法。

8.4.1 表象法

这是最常用的一种按疲劳损坏的表象分析和描述疲劳特性的方法。将不同加载级位(初始应变或初始应力水平)下试件达到疲劳损坏时的重复作用次数测定结果,点绘在双对数坐标纸上,并应用统计方法整理成下述两种形式的疲劳关系式[18,39]:

$$N_f = k_1 \varepsilon_t^{-k_2} \tag{8-3}$$

$$N_f = k_3 \sigma_t^{-k_4} \tag{8-4}$$

式中:ε_t、σ_t——初始拉应变或拉应力振幅;

k_1、k_2、k_3、k_4——由疲劳试验确定的参数;

N_f——疲劳破坏时应变或应力作用次数。

Pell 等认为,最大拉应变是混合料出现疲劳裂缝的决定性因素,因而,建议疲劳关系式以拉应变作为自变量[39]。

疲劳关系式的试验参数 k_2 或 k_4 为疲劳曲线的斜率,k_1 或 k_3 为疲劳曲线的截距,这些参数随混合料的组成和性质以及试验条件而变化。许多研究人员进行了大量疲劳试验,试图解析和建立这些参数同混合料影响变量之间的定性和定量关系。

Ghuzlan 等[23]对由 10 种不同来源的 84 种沥青混合料组成的 470 根梁试件进行了 4 点弯曲疲劳试验(20℃,10Hz),按式(8-3)整理后得出,参数 k_2 变动于 3.17~6.13 之间,平均为 4.36;而参数 k_1 的变动范围很大,变动于 3.98×10^{-15}~1.247×10^{-7} 之间;但 k_1 与 k_2 之间存在着较一致的相关关系(图 8-9):

$$k_2 = -0.3269 \lg k_1 + 1.1857 \tag{8-5}$$

对各个影响变量的统计相关性分析表明,加载控制模式、试验温度和沥青含量对 k_1-k_2 关系有显著影响,而沥青类型、空气含量和集料级配对 k_1-k_2 关系的影响不大[23]。

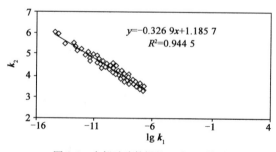

图 8-9 全部试验数据的 k_1 与 k_2 关系

Pell 等分析其疲劳试验结果后认为,沥青含量和空气含量是影响混合料疲劳寿命的两项材料性质方面的主要因素,其影响可以用指标 $v_b/(v_b+v_a)$ 来表征[40]。Santucci 在分析了 Pell 等的试验数据后提出,它们之间存在着下述关系[51]:

$$N_f \approx \left(\frac{v_b}{v_b+v_a}\right)^{4.84} \tag{8-6}$$

Francken 等对 40 种混合料进行 2 点弯曲控制应力疲劳试验(15℃,54Hz)后,选用与针入度指数相关的地沥青精含量以及混合料的体积组成作为影响变量,整理出下述疲劳关系式[20]:

$$N_f = A \times B\left(\frac{v_b}{v_b+v_a}\right)^{4.762} \varepsilon_t^{-4.762} \tag{8-7}$$

式中:v_b——沥青体积含量(%);

v_a——空气含量(%),试验的变化范围较小,为 3.5%~7%;

A——与沥青中地沥青精含量有关的参数;

B——与集料级配有关的参数。

Harvey 等对美国加州沥青混合料进行了控制应变疲劳试验(20℃,10Hz),由 96 根试件得到的试验结果,选用沥青含量和空气含量或者沥青填隙率 VFA 作为混合料影响变量,整理出下述疲劳关系式[25]:

$$N_f = 2.2953 \times 10^{-10} e^{0.594 v_b' - 0.164 v_a} \varepsilon_t^{-3.73} \quad (R^2 = 0.916) \tag{8-8}$$

$$N_f = 7.9442 \times 10^{-11} e^{0.044 \text{VFA}} \varepsilon_t^{-3.742} \quad (R^2 = 0.885) \tag{8-9}$$

式中:v_b'——沥青含量,以占集料质量的百分比计;

VFA——沥青填隙率(%)。

Finn 等认为沥青混合料的疲劳性状不仅与应变水平有关,也受混合料劲度模量的影响,建议将劲度模量引入疲劳关系式[19]。Monismith 等也提议关系式中包含劲度模量变量,以考虑加载频率和温度对混合料疲劳寿命的影响[34]。由此产生了下述形式的疲劳关系式:

$$N_f = A S_m^{-b} \varepsilon_t^{-c} \tag{8-10}$$

式中:S_m——沥青混合料的初始劲度模量;

A、b、c——由疲劳试验确定的参数。

疲劳关系式的试验参数 A、b 和 c 随沥青混合料组成和性质以及试验条件而变化。由于影响劲度模量的试验条件(加载频率和温度)因素和混合料因素,同样也影响疲劳寿命,纳入初始劲度模量的疲劳关系式,具有可以同时反映试验条件和混合料因素的影响,以减少关系式中影响变量的优点。然而,它也存在劲度模量变量与试验参数的混合料影响变量之间的互相关问题,给建立疲劳关系式时影响变量的选择添加了难度。

Finn 等利用加州大学柏克莱分校的室内控制应力疲劳试验结果[32]，并引入了 Pell 等依据其试验结果提出的与沥青含量和空气含量有关的 M 项[40]后，建立的疲劳关系式为[2,19]：

$$N_f = 0.004\,325 \times 10^M |E^*|^{-0.854} \varepsilon_t^{-3.291} \quad (8\text{-}11\text{a})$$

$$M = 4.84\left(\frac{v_{be}}{v_{be}+v_a} - 0.69\right) \quad (8\text{-}11\text{b})$$

式中：$|E^*|$——沥青混合料的压缩动态（复数）模量（psi，1psi=6.97kPa）；

v_{be}——有效沥青含量（%）。

Harvey 等对控制应变疲劳试验结果进行的统计相关性表明，沥青填隙率同混合料劲度模量的相关性不太密切（弱相关），因而建议疲劳关系式可同时将劲度模量和沥青填隙率两个影响变量包含进去。他们为美国加州沥青混合料建立的疲劳关系式为[25]：

$$N_f = 2.587\,5 \times 10^{-8} e^{0.053 \text{VFA}} S_m^{-0.726} \varepsilon_t^{-3.761} \quad (R^2 = 0.885) \quad (8\text{-}12)$$

式中：S_m——沥青混合料的初始弯曲劲度模量（MPa）。

Tayebali 等在 SHRP 的沥青混合料疲劳研究项目中对 44 种混合料的 196 根试件进行了 4 点弯曲控制应变疲劳试验（20℃，10Hz），经统计分析后认为沥青混合料采用耗损劲度模量替代复数劲度模量可以得到更高的相关性，因而建议采用下述疲劳关系式[57]：

$$N_f = 2.738 \times 10^5 e^{0.077 \text{VFA}} S_m''^{-2.720} \varepsilon_t^{-3.624} \quad (R^2 = 0.79) \quad (8\text{-}13)$$

式中：S_m''——沥青混合料的初始弯曲耗损劲度模量（psi，1psi=6.97kPa）。

Shell 设计方法中推荐的疲劳方程选用沥青含量和劲度模量作为混合料影响变量[49]：

$$N_f = (0.856v_b + 1.08)^5 S_m^{-1.8} \varepsilon_t^{-5} \quad (8\text{-}14)$$

式中：S_m——沥青混合料的初始弯曲劲度模量（Pa）。

Bonnaure 等汇总了欧洲 4 国（法国、英国、荷兰和比利时）5 个试验室的 146 条疲劳试验曲线（其中 75 条为控制应力法，71 条为控制应变法），通过统计分析，选用沥青针入度指数、沥青含量和弯曲劲度模量三项混合料影响变量，整理出下述疲劳关系式[4]。

控制应变模式（精度为 90% 试验结果在 ±50% 范围内）：

$$N_f = (4.102\text{PI} - 0.205\text{PI}v_b + 1.094v_b - 2.707)^5 S_m^{-1.8} \varepsilon_t^{-5} \quad (8\text{-}15)$$

控制应力模式（精度为 90% 试验结果在 ±40% 范围内）：

$$N_f = (0.30\text{PI} - 0.015\text{PI}v_b + 0.080v_b - 0.198)^5 S_m^{-1.4} \varepsilon_t^{-5} \quad (8\text{-}16)$$

式中：PI——沥青的针入度指数；

S_m——沥青混合料的初始弯曲劲度模量（Pa）。

Witczak 等[66]在对比分析了 Bonnaure 等的上述控制应变和控制应力疲劳关系式后发现,两个关系式的参数项中的 4 个系数彼此存在着固定的比例关系,其平均比值为 6.74,而这两个参数项相差的系数为 $6.74^5=13\,909$(Witczak 等进行对比分析时所用公式的系数值同上述两式有所不同,S_m 的单位为 psi);同时,两个关系式中劲度模量项的指数为 1.8 和 1.4,相差 0.4。因此,两种加载控制模式得到的疲劳寿命之间的关系为:

$$N_{f\varepsilon} = FN_{f\sigma} = 13\,909 S_m^{-0.4} N_{f\sigma} \tag{8-17}$$

式中:$N_{f\varepsilon}$——控制应变模式的疲劳寿命;

$N_{f\sigma}$——控制应力模式的疲劳寿命;

S_m——沥青混合料的劲度模量(psi,1psi=6.97kPa);

F——两种控制模式疲劳寿命的比值。

Witczak 等假设控制应变模式适用于厚度≤5cm 的薄沥青层,控制应力模式适用于厚度≥20cm 的厚沥青层;对于中间厚度的沥青层,其疲劳寿命介于两种模式的疲劳寿命之间,它同两种模式疲劳寿命的比值随层厚而连续变化,其变化函数可近似地以 S 形曲线拟合:

$$F_1 = 1 + \frac{F}{1+e^{1.354h-5.408}} \tag{8-18}$$

式中:h——沥青层厚度(in,1in=2.54cm)。

以上式纳入 Bonnaure 等的控制应力关系式,便得到可适用于不同沥青层厚度的通用疲劳关系式[16,65,66]:

$$N_f = \left(1 + \frac{13\,909 S_m^{-0.4} - 1}{1+e^{1.354h-5.408}}\right)(0.025\,2\text{PI} - 0.001\,26\text{PI}v_b + 0.006\,7v_b - 0.016\,7)^5 S_m^{-1.4} \varepsilon_t^{-5} \tag{8-19}$$

Myre 对挪威的 9 种沥青混合料的 336 根试件进行了 3 点弯曲疲劳试验(控制应变和控制应力模式),所建立的疲劳关系式,除了选用沥青含量、空气含量和劲度模量作混合料影响变量外,还引入了模式系数以考虑两种加载模式的不同影响[35]:

$$\lg N_f = 34.532\,6 - 0.078\,8v_a + 0.386\,4\lg v_b \text{MF} - 3.395\lg S_m - 6.144\,7\lg \varepsilon_t$$
$$(R^2 = 0.92) \tag{8-20}$$

式中:MF——模式系数,按 Monismith 的定义和式(8-2)确定。

Myre 按挪威路面结构设计指南设计了 464 种沥青路面,计算了相应的模式系数,分析了模式系数随路面结构的变化。在此基础上建立了模式系数回归关系式[35]:

$$\text{MF} = 1.99 - 3.37A/B - 0.003\,42B + 0.004A + 0.001\,53E_s \quad (R^2 = 0.95)$$
$$\tag{8-21}$$

$$A = \sum_{i=1}^{n}(h_i S_{mi}^{1/3}); B = \sum_{i=1}^{m}(h_i E_i^{1/3}) \tag{8-22}$$

式中：h_i——i 层的厚度（cm）；

　　　S_{mi}——i 层沥青层的弯曲劲度模量（MPa）；

　　　E_i——i 层底基层的模量（MPa）；

　　　E_s——路基的模量（MPa）；

　　　n——沥青层的层数；

　　　m——底基层的层数。

对不同沥青混合料进行的大量弯曲疲劳试验结果表明，影响混合料疲劳特性和疲劳寿命的因素包含试验条件（加载模式、频率和温度等）和混合料性质（沥青性质和沥青含量、集料性质和级配、空气含量等）两方面。

加载频率和温度对混合料疲劳寿命的影响可通过它们对劲度模量的影响得到反映。两种加载模式由于经历不同的损伤累积过程，采用不同的疲劳破坏标准，使得其他因素对疲劳寿命的影响表现出不同的变化规律和趋势，这种加载模式依赖性造成了疲劳寿命预估关系式建立和选用的困难。引入模式系数并建立它同沥青层厚度的关系，是目前提出的一个解决途径。

在整理试验数据以建立疲劳关系式时，各国选用不同的影响变量表征沥青和混合料性质对疲劳特性的影响。由于影响混合料疲劳寿命的各项材料变量，也不同程度地影响其劲度模量。部分材料变量（如沥青类型、集料类型和级配）的影响可通过混合料劲度模量得到反映。而不少疲劳模型则另外选用沥青含量和空气含量（二者可采用沥青填隙率指标表征）来反映混合料组成的对疲劳寿命的影响。

8.4.2 能量耗散法

沥青混合料的疲劳性状也可采用能量耗散法进行描述。最初进行这方面研究的是 Chomton 等[9] 和 Van Dijk 等[62,63,64]。

在室内动态疲劳试验中，由于沥青混合料的黏滞性质，试件在每一次加载周期内，其加载和卸载阶段的应力—应变曲线并不重合，而是形成一滞变回线（图 8-10）。这表明，有能量耗散在试件内。此能量可以通过计算该加载周期的应力—应变滞变回线的面积确定。对于正弦形加载条件，该周期耗散的能量可表示为：

$$w_i = \pi \sigma_i \varepsilon_i \sin\phi_i \tag{8-23}$$

式中：w_i——i 次加载周期耗散的能量；

　　　σ_i——i 次周期的应力振幅；

　　　ε_i——i 次周期的应变振幅；

　　　ϕ_i——i 次周期应力与应变间的相位角。

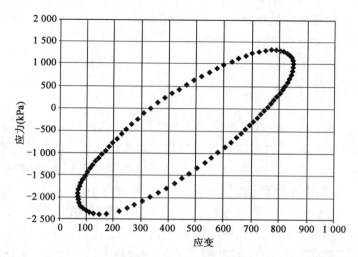

图 8-10　一次加载周期的应力—应变滞变回线(控制应变试验)

在反复加载的过程中,沥青混合料试件的劲度模量随着作用次数的增加而下降。每次加载耗散不等的能量,其变化同加载控制模式有关。对于控制应力加载模式,每次加载耗散的能量随着作用次数的增加而增大;而对于控制应变加载模式,每次加载耗散的能量随着作用次数的增加而减少(图 8-11)。

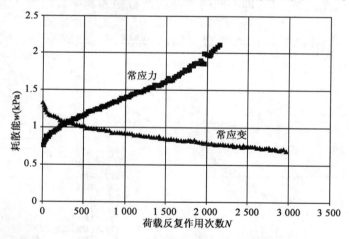

图 8-11　耗散能与作用次数关系曲线

每次加载耗散的能量累积到一定程度后,试件便出现疲劳破坏。试件达到疲劳破坏时总的能量耗散为各次加载的能量耗散的总和,它可以按耗散能—作用次数关系曲线下面所包容的面积确定或者表述为:

$$W_{N_f} = \sum_i^{N_f} w_i = \sum_i^{N_f} \pi \sigma_i \varepsilon_i \sin \phi_i \tag{8-24}$$

式中:W_{N_f}——达到疲劳破坏时的总耗散能;

N_f——达到疲劳破坏时的加载次数。

Chomton 和 Van Dijk 等在应用能量耗散法整理其疲劳试验结果后发现,达到疲劳破坏时的总耗散能与加载次数之间的关系可以采用下式表征[9,62]:

$$W_{N_f} = AN_f^z \tag{8-25}$$

式中:A、z——由疲劳试验确定的同混合料性质有关的参数。

上述关系表明,混合料的疲劳寿命与达到疲劳破坏时积累的总耗散能有关。疲劳寿命越长,所耗散的总能量越多。而达到破坏时的总耗散能取决于能量的供应率,每个加载周期的能量耗散越大,总耗散能便越小。

Chomton 等依据其拉伸—压缩疲劳试验(应变控制)结果认为,总耗散能是预估疲劳寿命的唯一独立因素,它与混合料的组成无关[9]。Van Dijk 等对同一种混合料采用不同温度(10℃和40℃)、不同加载频率(10Hz 和 50Hz)、不同试验方法(2点和3点弯曲)及不同加载控制模式(控制应力和控制应变)进行疲劳试验的结果表明,在总耗散能与达到疲劳破坏时的加载次数之间可以整理成唯一的关系式,即总耗散能与疲劳寿命之间关系与试验方法、温度和频率以及加载控制模式无关(图 8-12)[63]。而在采用 13 种不同的混合料进行疲劳试验时,得到了不同的关系式系数值(即不同的关系曲线截距和斜率),因而认为总耗散能

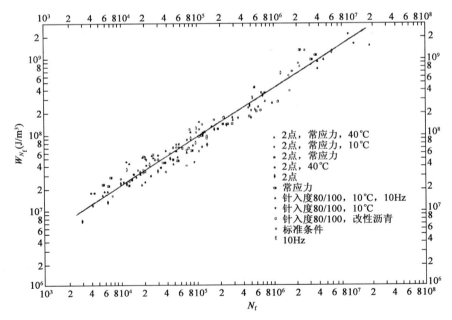

图 8-12 沥青混凝土在不同试验条件下的总耗散能与疲劳寿命的关系曲线

与疲劳寿命的关系同混合料的组成有关[64]。然而,Tayebali 等采用 2 点法和 4 点法弯曲疲劳试验的结果表明,采用不同试验方法、加载控制模式和温度所得到的总耗散能与疲劳寿命的关系曲线,具有不同的斜率和截距,无法整理成唯一的关系式。因而,认为 Van Dijk 等的结论不能成立,总耗散能与疲劳寿命的关系不仅同沥青混合料的组成有关,还依赖于试验条件(试验方法、加载控制模式和温度)[54]。

疲劳应变法将疲劳寿命与初始试验状况(应变和混合料的初始劲度模量)相关联,而能量耗散法则将疲劳寿命与最终试验状况(疲劳破坏时的总耗散能)相关联。为了能应用能量耗散法按混合料的初始试验状况预估其疲劳寿命,van Dijk 提出了引入一项能量比参数的方法,以考虑重复加载过程中应力(或应变)和相位角以及耗散能的变化[63]。此参数 ψ 为以初始试验状况为基础得到的假拟总耗散能 W_{ini} 与实际总耗散能 W_{N_f} 的比值:

$$\psi = \frac{W_{\text{ini}}}{W_{N_f}} \tag{8-26}$$

$$W_{\text{ini}} = w_0 N_f = \pi \sigma_0 \varepsilon_0 \sin\phi_0 N_f = \pi \varepsilon_0^2 S_{m0} \sin\phi_0 N_f \tag{8-27}$$

式中:W_{ini}——以初始试验状况为基础假拟的总耗散能;

w_0——初始加载周期的耗散能;

σ_0——初始应力振幅;

ε_0——初始应变振幅;

ϕ_0——应力与应变间的初始相位角;

S_{m0}——混合料初始劲度,为初始应力振幅与初始应变振幅之比。

组合式(8-26)、式(8-27)和式(8-25),便可得到依据混合料的初始试验状况预估其疲劳寿命的关系式:

$$N_f = \left(\frac{A\psi}{\pi\varepsilon_0^2 S_{m0}\sin\phi_0}\right)^{1/(1-z)} = \left(\frac{A\psi}{\pi\varepsilon_0^2 S'_{m0}}\right)^{1/(1-z)} \tag{8-28}$$

式中:S'_{m0}——混合料的损耗劲度模量,它是动态劲度模量的黏滞组分,$S'_{m0} = S_{m0}\sin\phi_0$。

能量比参数 ψ 主要随加载控制模式和混合料的劲度模量而异(图 8-13)[64],图中曲线上数字为混合料类别编号。在控制应力条件下,参数值小于等于 1,随着劲度模量的减小,参数值由接近于 1 下降到趋近于 0.5。在控制应变条件下,参数值大于等于 1,随着劲度模量的减小,参数值由接近于 1 增加到趋近于 1.5[63,64]。

如果采用控制能量的加载模式,即试验过程中保持每次加载的耗散能(应力—应变滞变回线的面积)为常量,则能量比参数便等于 1。此时,由式(8-28)可知,

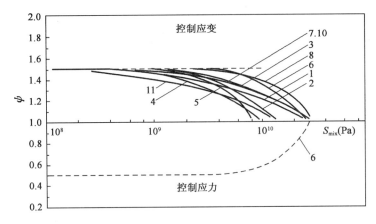

图 8-13 两种加载控制模式下不同混合料的能量比参数同劲度模量的关系

混合料的疲劳寿命主要取决于初始应变(或应力)大小和混合料的损耗劲度模量。如果确定了混合料的系数 A 和 z 值,则疲劳寿命与初始耗散能 w_0 之间存在着唯一的关系。

Tayebali 等为 SHRP 项目采用控制应变模式建立的耗散能疲劳模型为[57]:

$$N_f = 2.365 e^{0.069 VFA} w_0^{-1.882} \quad (R^2 = 0.76) \quad (8-29)$$

式中:w_0——初始耗散能(psi/次,1psi=6.97kPa);

VFA——沥青填隙率(%)。

重复加载过程中耗散在材料中的能量被转换成三部分:机械功、热量和混合料的损伤。在上述应用耗散能法阐述疲劳性能的研究中,假设全部耗散能对材料造成了损伤,显然不符合实际情况。这可能是造成总耗散能同疲劳寿命的关系依赖于试验条件的原因。

Pronk 对沥青混合料梁试件在 4 点弯曲控制应变疲劳试验时因重复加载引起的温度变化,进行了理论分析和实际量测[42]。测定结果表明,在控制室平均温度为 0.1℃的条件下,梁内温度随加载次数的增加而增大,由初始时的 0.6℃增加到加载约 50 000 次时的最大值 1.5℃,随后加载阶段,温度变化趋于平稳(图 8-14)。梁内温度变化的理论分析结果与实际测定基本吻合。如果按梁内最大增温为 2℃考虑,则混合料由于温度增加而引起的劲度模量降低约为 1 000MPa。在加载到 60 000 次的过程中,混合料劲度模量总共下降了 12 000MPa,与此相比,温度变化引起的劲度模量下降所占比重不大。因而,Pronk 认为疲劳试验过程中的温度增长影响可以忽略不计。

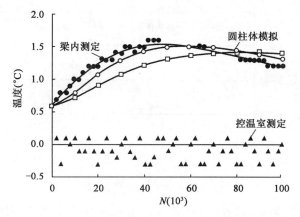

图 8-14 疲劳试验过程中试件内的实测温度和计算温度

Soltani 对沥青混合料圆柱体试件在 10℃ 和 10Hz 条件下进行拉伸—压缩控制应变疲劳试验,量测重复加载过程中试件内的温度变化(图 8-15)[13]。在重复加载的第一阶段(50 000～100 000 次之间),试件内的温度迅速增长到最大值(约 1.3℃)。在此温度迅速增长阶段,劲度模量相应下降了 15% 以上。考虑到控制应变法定义的疲劳破坏标准为劲度模量下降 50%,温度增加产生的影响占了所定义疲劳损伤的 30% 以上。因而,在损伤和温度变化共存的第一阶段,温度增长的影响起主要作用。随后的加载阶段,温度变化趋于稳定,劲度模量随加载次数的增长呈线性下降,反映了该阶段主要受疲劳损伤影响。Di Benedetto 等建议采用第 N 次加载周期的劲度模量变化率 D_N 作为阐述疲劳规律的损伤参数。$D_N = (|E_0^*| - |E_N^*|)/|E_0^*|$,其中,$D_N$ 为反映在 N 次加载周期中的损伤,$|E_0^*|$ 为初始劲度模量,$|E_N^*|$ 为第 N 次加载的劲度模量。并认为,在分析和建立疲劳损坏规律时,应按第二阶段劲度线性下降曲线的斜率修正初始状况(初始劲度模量),以消除在第一阶段转化成热量的那部分耗散能的影响(图 8-16)[13,14]。

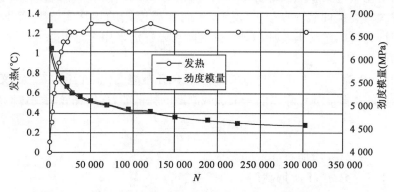

图 8-15 疲劳试验过程中试件内的温度和劲度模量变化

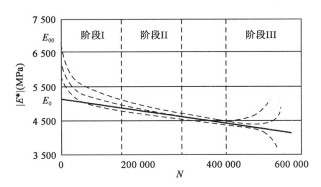

图 8-16　疲劳试验过程中劲度模量变化的 3 个阶段

以能量耗散法为基础的疲劳寿命预估关系式(8-28),采用初始加载周期的耗散能作为主要影响指标。Carpenter 等认为这一指标不能反映混合料中损伤是如何积累的,为此提出了以耗散能随加载次数变化的速率作为损伤指标的设想,并认为耗散能变化率同产生疲劳破坏的实际加载次数之间可以建立在损伤机理方面最为正确的关系。通过试验表明,耗散能变化率与疲劳寿命(以劲度模量下降 50％为标准)之间可以建立与试验条件(加载模式、频率等)无关的单一关系曲线[7]。

Ghuzlan 等认为,疲劳试验和分析中的加载模式依赖性问题,最好的解决方法是定义一个新的损坏标准,它可以统一各种加载模式的试验结果,并直接指明试件内损伤的累积[22]。Rowe 采用能量比指标,按能量比同加载次数的关系曲线定义新的损坏标准[45]。然而,两种加载模式得到不同的关系曲线;并且两种模式采用不同的损坏定义(控制应变试验采用能量比关系曲线转为非线性的起始点;控制应力试验采用能量比曲线的峰值点)。Pronk 也采用能量比指标(n 加载周期的耗散能同到 n 加载周期的总耗散能之比),按能量比同加载次数关系曲线的变化点定义新的损坏标准,但两种加载模式仍然得到两条不同的能量比—加载次数关系曲线[43,44]。这表明,不同加载模式的损坏定义具有不同的性质;同时,此损坏定义以总耗散能为基础,意味着仍采用全部耗散能对材料产生损伤的假设。

Ghuzlan 等[22]在上述研究的基础上,选用耗散能变化率指标,将它定义为相邻加载周期的耗散能变化除以前一个加载周期的耗散能,称作耗散能变化比 R_w:

$$R_w = \frac{w_{n+1} - w_n}{w_n} \tag{8-30}$$

式中:w_n——第 n 次加载周期的耗散能;

w_{n+1}——第 $n+1$ 次加载周期的耗散能。

这个指标表明相邻加载周期内对试件造成损伤的耗散能占前一个加载周期

的耗散能的比例。将耗散能变化比同加载次数点绘在图上,可以得到一条可区分为三个阶段的关系曲线(图 8-17)[22]。耗散能变化比在第一阶段随加载次数迅速下降。在随后的第二阶段,耗散能变化比在相当长的时段内基本上保持不变,表明前一个加载周期的耗散能中有固定比例的耗散能转化为对试件的损伤。此稳定的耗散能变化比称作耗散能变化比稳定值 PV,它代表试件稳定的抵抗疲劳损伤的能力。而到第三阶段耗散能变化比随加载次数迅速增长,说明前一个加载周期中转化为损伤试件的耗散能所占的比例迅速增大,对试件造成了破坏。因此,第三阶段代表混合料的最终破坏阶段。可将第二阶段终点(即耗散能变化比开始迅速增长)的加载次数定义为试件的疲劳损坏。Ghuzlan 对 79 种沥青混合料的试验结果进行整理后发现,按此疲劳损坏定义得到的疲劳寿命 N_f,同表象法分析中所选损坏标准(劲度模量下降 50%[55])时的加载次数 $N_{50\%}$ 之间存在着稳固的相关关系[8]:

$$N_f = 21\,758 + 1.307\,27 N_{50\%} \quad (R^2 = 0.91) \quad (8\text{-}31)$$

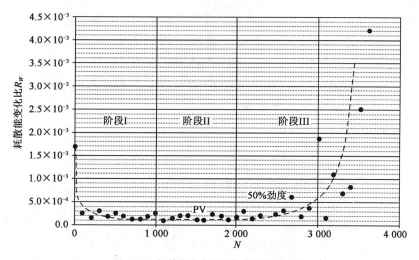

图 8-17 耗散能变化比随加载次数的变化

而耗散能变化比稳定值 PV,可代表每一个加载周期的损伤累积量不变的第二阶段,是一项可以在设计中应用的表征疲劳性状的指标。Shen 等对不同来源的各种沥青混合料梁试件的弯曲疲劳试验结果进行统计分析后证实,不同混合料和不同试验条件(加载模式、应变水平、频率、有或无间歇期)的试验数据,可以整理成唯一的耗散能变化比稳定值 PV 同疲劳损坏时加载次数 N_f 的关系曲线(图 8-18)[50]。这表明,耗散能变化比稳定值 PV 指标是一项包含混合料性质和加载条件影响的综合性的损伤参数,因而,它可能作为反映混合料基本疲劳性状的一种能量指标。

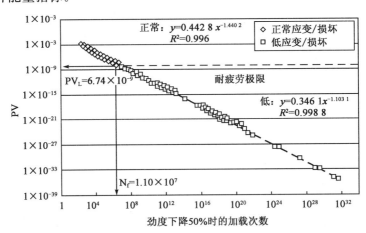

图 8-18 耗散能变化比稳定值同疲劳破坏时加载次数的关系曲线

Shen 等通过试验研究提出了耗散能变化比稳定值与沥青混合料组成和性质的经验关系式,并在此基础上建立了基于能量法的疲劳损伤模型[50]:

$$N_f = 0.48 PV^{-0.9007} \tag{8-32}$$

$$PV = 44.422 \varepsilon^{5.140} S_m^{2.993} V^{1.850} G^{-0.406} \tag{8-33}$$

式中:N_f——达到疲劳损坏(劲度模量下降为 50%)时的加载次数;

PV——耗散能变化比稳定值;

ε——初始应变水平;

S_m——沥青混合料初始弯曲劲度(MPa);

V——混合料组成体积参数,$V = v_a/(v_a + v_b)$;

v_a——空气含量(%);

v_b——沥青体积含量(%);

G——集料级配参数,$G = (P_{nm} - P_{pc})/P_{0.075}$;

P_{nm}——通过公称最大粒径筛孔的含量(%);

P_{pc}——通过主控粒径筛孔的含量(%);

$P_{0.075}$——通过 0.075mm 筛孔的含量(%)。

8.5 沥青层疲劳损坏预估模型

8.5.1 由试件疲劳到沥青层疲劳的转换

室内疲劳试验可用以探究沥青混合料的疲劳性状,分析影响其疲劳寿命的因素,比较不同混合料抗疲劳能力的优劣,以设计出经久耐用的沥青混合料。然

而,室内疲劳试验的结果直接用于估计路面的疲劳寿命,还存在不少问题需要解决。这表现在以下几方面:

(1)室内试件的疲劳寿命主要反映裂缝初现(第一阶段)时的疲劳损伤状况。在沥青面层内疲劳裂缝初现后,会逐渐向上扩展,经历荷载反复作用若干次后才发展到沥青层顶面(第二阶段),并进一步在轮迹带内或周围扩展,达到预定的破损状态(第三阶段)。因而,沥青层的疲劳寿命要大于室内混合料试件的寿命。

(2)室内试验时反复荷载是连续循环施加的,而路上的车辆荷载在不同时刻以不同时间间隔作用于路面。沥青混合料内的微裂隙在荷载作用的间歇期会有不同程度的愈合,从而延长其疲劳寿命。

(3)在室内,反复荷载在同一作用点施加于试件,而路上车辆的作用存在横向偏移分布。

(4)室内试验时,试件在常温控制下经受相同应力(或应变)水平的反复作用,总的疲劳损伤可以通过累计得到。而沥青层是在不断变化的温度条件下,承受各种行车荷载的反复作用。不同地区和道路有不同的温度变化状况和轴载谱,荷载每一次作用带来不同程度的疲劳损伤,沥青层的累积疲劳损伤通常都采用 Miner 假设,按线性叠加的方法进行分析和综合。但 Miner 假设并未经受过实际验证,因而沥青层的累积疲劳损坏,仍然同实际情况和实际产生的疲劳损坏存在较大的偏差。

(5)在预估沥青层疲劳寿命时,还应考虑到材料性质、路面结构和交通荷载的变异性以及路面结构破坏的风险(失效概率)要求等。

为此,由室内疲劳试验建立的疲劳模型,须经过野外试验路或使用路的标定和修正,才能转换成可供路面设计应用的沥青层疲劳损坏预估模型。各国研究人员采用不同的方法和手段,如加速加载试验(ALF 或 HVS)、环道试验(如 AASHO、MNRoad、WesTrack 和 NCAT 等)以及长期使用性能 LTPP 观测路段等,对试验路段的疲劳试验数据和室内疲劳模型进行对比验证和修正,寻求由室内试件疲劳到沥青层疲劳的转换函数关系,以建立可供路面设计用的沥青层疲劳寿命预估模型。显然,由于各种野外试验方法在试验加载条件(交通荷载状况、加载速度和频率、轮迹横向分布等)、环境条件以及材料性质变化(老化)等方面的差异,所得到的验证结果(转换函数或数值)会有差别。

8.5.2 Shell 法

Shell 试验室采用常应变模式对 13 种常用沥青混合料进行疲劳试验,在假设疲劳关系式(8-14)中应变项的指数(疲劳曲线的斜率)为 5 以及弯曲劲度模量项的指数为 1.8 后,整理得到室内疲劳关系式[49]。而后,考虑室内与路上加载条件的不同,进行适当的系数修正后成为 Shell 设计方法中推荐的沥青层疲劳寿命预估关系式,如式(8-14)所示。

考虑到路上反复加载的间歇和混合料疲劳裂隙的愈合作用,室内关系式得到的疲劳寿命须乘以修正系数 2~10[5]。系数取值与混合料类型有关,开级配、低沥青用量取低限;密级配、高沥青用量取高限。考虑到轮载横向分布的影响,同一地点实际承受的反复作用次数比总次数要少,疲劳寿命可以相对增加,室内疲劳寿命须乘以修正系数 2.5。由于沥青层内温度变化的差异,室内疲劳寿命须除以修正系数 1~3。综合上述考虑,建议室内疲劳关系式的总修正系数为 10~20。式(8-14)中已计入的修正系数为 10[49]。

Shell 方法没有考虑裂缝扩展的影响。他们认为采用常应变模式得到的疲劳寿命,与沥青板在轮载试验时的裂缝扩展破坏阶段的相关性很好[62]。

澳大利亚的路面设计指南采用 Shell 的疲劳预估模型。在近年的修订过程中发现,路上观测到的沥青层疲劳寿命一般均比预估寿命长,因而,在 2002 年新版设计指南中将由式(8-14)得到的预估寿命再乘以修正系数 5[26]。

8.5.3 AI(MS-1)法

美国沥青协会(AI)设计方法选用 Finn 等建立的疲劳预估模型[2]。这一模型以加州柏克莱大学的室内控制应力疲劳试验结果为基础[式(8-11)],利用 AASHO 试验路中 17 个试验路段(单轴荷载,80~133kN)的疲劳开裂观测资料进行标定:

$$N_f = A_f \times 0.004\,325 \times 10^M |E^*|^{-0.854} \varepsilon_t^{-3.291} \qquad (8-34)$$

式中:A_f——室内试验结果转换为野外预期结果的修正系数;

其他符号见式(8-11)。

与室内疲劳寿命相比,路面疲劳开裂率为≥20%时的疲劳寿命修正系数 A_f 为 18.4。

8.5.4 美国力学—经验法路面设计指南

美国力学—经验法路面设计指南(MEPDG)选用经过修正的 Bonnaure 疲劳关系式(8-19)以及 AI 法的疲劳关系式(8-11)进行标定和验证。对这两个关系式进行初步标定和比较后发现,前者的损伤预估结果很分散,而后者的损伤预估结果离散性小得多,并且在损伤和开裂量之间存在着较固定的变化趋势[15]。因此,MEPDG 决定采用 AI 法的疲劳关系式作为基本模型,对之进行标定和验证[15,16,17]。

用于标定的疲劳模型采用下述一般形式:

$$N_f = \beta_1 A \varepsilon_t^{-\beta_2 b} |E^*|^{-\beta_3 c} \tag{8-35}$$

式中：A,b,c——试验参数，选用式(8-11)中的系数；

β_1,β_2,β_3——标定参数。

标定工作利用长期使用性能项目(LTPP)在 24 个州的 82 个路段上的使用性能观测数据进行。采集这些路段的路面结构(沥青层厚度等)、环境(温度和湿度)、混合料动态模量和路基回弹模量、交通轴载谱以及路面自下而上的龟状裂缝开裂量(以占车道面积的百分比计,车道面积以 150m 长,3.6m 宽作为一个单元)等数据。应用 MEPDG 的分析方法和不同的标定参数,对这些路段的路面结构进行疲劳损伤模拟分析。分析时,选用的标定参数为:$\beta_2 = 0.8,1.0$ 和 1.2；$\beta_3 = 0.8$、1.5 和 2.5。将标定参数不同组合的疲劳损伤模拟分析结果同相应路段的疲劳开裂观测数据进行对比(疲劳损伤达 100% 时,龟状裂缝开裂量为 50%),选择离散性最小的标定参数组合,由此得到标定后的疲劳损坏预估模型[16]。

标定结果表明,β_2 取为 1.2,β_3 取为 1.5,可得到预估误差最小的结果。而 β_1 则为沥青层厚度的函数,它反映了 AI 疲劳关系式采用控制应力模式,主要适用于厚沥青层的特性。为此,进一步对不同厚度的沥青层进行标定,得到反映层厚影响的 β_1 函数关系式：

$$\beta_1 = \left(0.000\,398 + \frac{0.003\,602}{1 + e^{11.02 - 3.49h}}\right)^{-1} \tag{8-36}$$

式中：h——沥青层厚度,$\text{in}(1\text{in} = 2.54\text{cm})$。

经标定后,MEPDG 采用下述沥青层疲劳损坏预估模型(自下而上疲劳开裂)：

$$N_f = 0.004\,325 \beta_1 10^M |E^*|^{-1.281} \varepsilon_t^{-3.949} \tag{8-37}$$

式中：$|E^*|$——沥青混合料的动态(复数)模量(psi,$1\text{psi} = 6.97\text{kPa}$)；

M——见式(8-11)。

8.5.5 经验统计法

上述沥青面层疲劳损坏预估模型的建立方法为,首先通过试验室试验建立沥青混合料的疲劳开裂预估模型,而后考虑试验室试验条件同实际路面沥青层的差别,或者选择试验路段进行使用观测,验证和修正室内预估模型。近年来,随着试验路的增多以及长期使用性能(LTPP)路段观测资料的积累,提出了较为简便的损坏预估模型建立方法。这种方法无需对沥青混合料进行室内疲劳试验以首先建立混合料的疲劳损坏预估模型,而是直接通过采集试验观测路段的野外数据进行结构和疲劳损伤分析后建立沥青层的损坏预估模型。其过程大致为:调查路面的疲劳开裂损坏、路面结构断面、交通组成和轴载谱,应用落锤弯沉仪测定和反算各结构层的模量参数,通过力学模拟计算沥青层底面的弯拉应变和沥青层在不同季节的疲劳损伤，应用 Miner 定律总和得到总疲劳损伤，综合许多试验路段的分析结果，通过迭代分析和评价确定总疲劳损伤为 1 时的疲劳损坏预估模型中系数[58]。这种简便的建模方法在条件相似的地区范围内具有较好的可靠性。

Timm 等采用上述方法对明尼苏达州试验路的路面疲劳损坏进行调查和计算分析后建立了下述疲劳损坏预估模型[58]：

$$N_f = 2.83 \times 10^{-6} \varepsilon_t^{-3.206} \tag{8-38}$$

式中：N_f——10％的轮迹带出现疲劳裂缝时的寿命（标准轴载累计作用次数）；

ε_t——沥青层底面的弯拉应变。

这样标定的预估模型，显然主要适用于路面结构和材料以及荷载和环境条件与明尼苏达州试验路相似的场合。

Harichandran 等利用在密歇根州 14 个试验路段上采集到的数据，选用较式(8-38)详尽的路面结构和材料参数作为自变量，通过回归分析建立了下述疲劳寿命预估模型[24]：

$$\ln N_f = -3.454\ln l_s + 0.018F_c - 0.223\ln\varepsilon_t + 3.477\ln h_1 - \\ 3.521\ln\eta + 0.053E_1 - 1.027\ln E_2 - 1.515\ln E_3 + 32.156 \tag{8-39}$$

式中：N_f——当量单轴轴载（80kN）累计作用次数；

l_s——路表弯沉值（in，1in=2.54cm）；

F_c——沿试验路段出现疲劳开裂（轻到中等程度）的长度占路段总长度的百分率；

h_1——沥青层的厚度（in，1in=2.54cm）；

ε_t——沥青层底面的拉应变；

E_1、E_2、E_3——沥青层、基层和路基的回弹模量（psi，1psi=6.97kPa）；

η——沥青的动黏滞度。

由于融入了路面结构和材料参数，这一预估模型可适用于不同结构的路面，但仍然主要适用于密歇根州或与密歇根州的环境条件相似的场合。

8.6 小　　结

对沥青混合料和沥青层疲劳特性的研究，始于 20 世纪 50 年代末，迄今已有半个多世纪，是沥青路面各种损坏模式中最受关注、投入研究最多的一种损坏模式。虽然对疲劳特性已进行了大量的试验研究，积累了丰富的试验数据，取得了深入的认识，但仍然未能得到理想或满意的结果，在疲劳损伤的机理和寿命预估的精度等方面还存在着不少问题。

(1)对沥青混合料疲劳特性的研究主要采用室内试件疲劳试验的方法,将材料的初始状况(混合料性质和试验条件)与疲劳损坏时的荷载反复作用次数(寿命),应用统计分析方法联系起来。这是一种宏观的、表象的研究方法。它并未记录和探讨疲劳损伤产生和发展的机理,也没有建立起统一的疲劳损坏标准。因而,各混合料因素和试验条件因素对疲劳性状和寿命的影响,只能依靠试验数据和统计方法给予粗略的分析,使得分析结果或结论缺乏充足的论据或普适性。

(2)影响沥青混合料疲劳特性和疲劳寿命的因素包含试验条件(加载模式、频率和温度等)及材料性质和组成(沥青性质和沥青含量、集料性质和级配、空气含量等)两方面。试验条件方面,加载频率和温度对混合料疲劳寿命的影响,可通过它们对劲度模量的影响得到反映;而最主要的影响因素是加载控制模式。控制应力和控制应变两种加载模式,由于经历不同的损伤累积过程,采用不同的疲劳损坏标准,使得其他因素对疲劳寿命的影响表现出不同的变化规律和趋势,这种加载模式依赖性造成了疲劳寿命预估关系式建立和选用的困难。在两种加载模式的疲劳方程之间引入模式系数,并建立它同沥青层厚度的函数关系,是目前提出的一个暂时解决途径。应用能量耗散法对试件内疲劳损伤积累规律的研究,提出了采用耗散能变化比稳定值 PV 或劲度模量变化率作为阐述疲劳损伤规律的参数,这些新探索和新方案或许有望克服现有方法存在的加载模式依赖性问题。

(3)在整理试验数据以建立疲劳关系式时,各国选用不同的影响变量表征沥青混合料性质和组成对其疲劳性状的影响。由于影响混合料疲劳寿命的各项材料变量,也不同程度地影响其劲度模量。部分材料变量(如沥青类型、集料类型和级配)的影响可通过混合料劲度模量得到反映。许多试验分析表明,影响疲劳寿命最主要的混合料因素是空气含量和沥青含量(或者采用沥青填隙率指标表征),因而,不少疲劳预估模型除了选用混合料的劲度模量外,还选用沥青含量和空气含量或沥青填隙率来反映混合料组成的对疲劳寿命的影响。

(4)沥青层的疲劳寿命,随材料、路面结构、施工、环境和荷载作用等条件的不同变异很大。沥青层疲劳损坏预估模型的建立,主要依靠室内试件的疲劳损坏模型以及通过野外验证和修正得到的转换函数关系。由于疲劳寿命的期限较长,在此期间交通荷载作用、环境、材料性质变化等影响因素复杂多变,很难为室内疲劳损坏模型的野外验证和修正积累准确可靠的实际数据,而疲劳累计损伤的分析又建立在未经确证的线性假设的基础上,因此,验证结果的离散性很大,转换函数关系的准确性和可靠性并不很高,目前已建立的各个沥青层疲劳损坏预估模型难免带有经验性的特点。

本章参考文献

[1] AASHTO: T321-03. Determination the fatigue life of compacted hot-mix asphalt (HMA) subjected to repeated flexural bending. AASHTO Standard Specifications for Transportation Materials and Method of Sampling and Testing (23rd edition, Part 2B), 2003.

[2] Asphalt Institute. Thickness Design Manual (MS-1), 9th ed. The Asphalt Institute, College Park, Maryland, 1981.

[3] Bazin, P., and Saunier, J. B. Deformability fatigue and healing properties of asphalt mixes. Proceedings, 2nd International Conference on the Structural Design of Asphalt Pavements. University of Michigan, 1967: 553-568.

[4] Bonnaure, F., Gravois, A. and Udron, J. A new method of predicting the fatigue life of bituminous mixes. Journal of AAPT, Vol. 49, 1980: 499-529.

[5] Bonnaure, F. P., Huibers, A. H. J. J., and Boonders, A. A laboratory investigation of the influence of rest periods on the fatigue characteristics of bituminous mixes. Journal of AAPT, Vol. 51, 1982: 104-128.

[6] Boussad, N., Des Croix, P., and Dony, A. Prediction of mix modulus and fatigue law from binder rheological properties. Journal of AAPT, Vol. 65, 1996: 40-63.

[7] Carpenter, S. H., and Jansen, M. Fatigue behavior under new aircraft loading conditions. In Aircraft/Pavement Technology: In the Midst of Change. Proceedings of the Airfield Pavement Conference, ASCE, 1997: 259-271.

[8] Carpenter, S. H., Ghuzlan, K., and Shen, S. Fatigue endurance limit for highway and airport pavements. TRB: TRR 1832, 2003:131-138.

[9] Chomton, G., and Valayer, P. J. Aplied rheology of asphalt mixes, practical applications. Proceedings, 3rd International Conference on the Structural Design of Asphalt Pavements, London, Vol. 1, 1972.

[10] Collop A. C. and Cebon, D. A theoretical analysis of fatigue cracking in flexible pavements. Journal of Mechanical Engineering Science, Vol. 209, 1995:345-361.

[11] Collop, A. C., and Roque, R. Report on the prediction of surface-initia-

ted longitudinal wheel path cracking in asphalt pavements. International Journal of Road Materials and Pavement Design, Vol. 5, No. 4, 2004: 409-534.

[12] De Beer, M., Fisher, C. and Jooste, F. J. Determination of pneumatic tyre/pavement interface contact stresses under moving loads and some effects on pavements with thin asphalt surfacing layers. Proceedings, 8th International Conference on Asphalt Pavements. Vol. 1, 1997.

[13] Di Benedetto, H., Soltani, A. A., and Chaverot, P. Fatigue damage for bituminous mixtures: A pertinent approach. Journal of AAPT, Vol. 65, 1996:142-158.

[14] Di Benedetto, H., and de la Roche, C. State of the art of stiffness modulus and fatigue of bituminous mixtures. RILEM Report 17, Bituminous Binders and Mixes, edited by L. Francken. E & FN Spon, London, 1998.

[15] El-Basyouny, M. M., and Witczak, M. Development of the fatigue cracking models for the 2002 Design Guide. Presented at TRB 2005 Annual Meeting, 2005.

[16] El-Bayouny, M. M., and Witczak, M. Calibration of the alligator fatigue cracking model for the 2002 Design Guide. Presented at TRB 2005 Annual Meeting, 2005.

[17] El-Basyouny, M., and Witczak, M. W. Verification of the calibrated fatigue cracking models for the 2002 Design Guide. Journal of AAPT, Vol. 74, 2005.

[18] Epps, J. A. and Monismith, C. L. Influence of mixture variables on the flexural fatigue properties of asphalt concrete. Journal of AAPT, Vol. 38, 1969: 423-464.

[19] Finn, F., Saraf, C. L., Kulkarni, K., Nair, K., Smith, W., and Abdullah, A. The use of distress prediction subsystems for the design of pavement structures. Proceedings, 4th International Conference on the Structural Design of Asphalt Pavements, Vol. 1, 1977:3-38.

[20] Francken, L., and Verstraeten, J. Methods for predicting moduli and fatigue laws of bituminous mixes under repeated bending. TRR 515, 1974.

[21] Gerristen, A. H., Van Gurp, C. A., Van der Heide J. P., and Molenaar, A. A. A. Prediction and prevention of surface cracking in asphalt

pavements. Proceedings, 6th International Conference on the Structural Design of Asphalt Pavements. Vol. 1, 1987;. 378-392.

[22] Ghuzlan, K. A., & Carpenter, S. H. Energy-derived, damage-based failure criterion for fatigue testing. TRB: TRR 1723, 2000;141-149.

[23] Ghuzlan, K. A., & Carpenter, S. H. Traditional fatigue analysis of asphalt concrete mixtures. Paper submitted to TRB 2003 Annual Meeting, 2003.

[24] Harichandran, R. S., Buch, N., and Baladi, G. Y. Flexible pavement design in Michigan—Transition from empirical to mechanistic methods. TRB: TRR 1778, 2001; 100-106.

[25] Harvey, J. T., Deacon, J. A., Tsai, B. W., and Monismith, C. L. Fatigue performance of asphalt concrete mixes and its relationship to asphalt concrete pavement performance in California. Report prepared for California DOT. UC Berkeley, 1995.

[26] Jameson, G., Sharp, K., and Potter, D. New guidelines for the design of flexible pavements for Australia conditions. Proceedings, 9th International Conference on Asphalt Pavements, Copenhagen, 2002.

[27] Kennedy, T. W. Characterization of asphalt pavement materials using the indirect tensile test. Journal of AAPT, Vol. 46, 1977.

[28] Kim, Y. R., Kim, N., and Khosla, N. P. Effects of aggregate type and gradation on fatigue and permanent deformation of asphalt concrete. ASTM STP 1147, 1992.

[29] Leech, D. and Nunn, M. E. Deterioration mechanisms in flexible roads. Proceedings, 2nd European Symposium on the Performance and Durability of Bituminous Materials, 1997;272-292.

[30] Matsuno, S. and Nishizawa, T. Mechanism of longitudinal surface cracking. Proceedings, 7th International Conference on Asphalt Pavements. Vol. 1, 1992.

[31] Monismith, C. L., and Deacon, J. A. Fatigue of asphalt paving mixtures. Journal of Transportation Engineering, ASCE, Vol. 95 (2), 1969; 317-346.

[32] Monismith, C. L., Epps, J. A. Kasianchuk, D. A., and McLean, D. B. Asphalt mixture behavior in repeated flexure. Report TE 70-5. ITTE, UC Berkeley, 1971.

[33] Monismith, C. L., and Salam, Y. M. Distress characteristics of asphalt concrete mixes. Proceedings, AAPT, Vol. 42, 1973:321-350.

[34] Monismith, C. L., Epps, J. A., and Finn, F. N. Improved asphalt mix design. Journal of AAPT, Vol. 54, 1985:347-406.

[35] Myre, J. Fatigue of asphalt materials for Norwegian conditions. Proceedings, 7th International Conference on Asphalt Pavements, Vol. 3, 1992: 238-251.

[36] Myers, L. A., Roque, R., and Ruth, B. E., and Drakos, C. Measurement of contact stresses for different truck tire types to evaluate their influence on near-surface cracking and rutting. TRR, 1655,1999:175-184.

[37] Myers, L. A., Roque, R., and Ruth, B. E. Mechanisms of surface-initiated longitudinal wheel path cracking in high-type bituminous pavements. Journal of AAPT, Vol. 67, 1998:401-432.

[38] Nunn, M. E. Long-life flexible Roads. Proceedings, 8th International Conference on Asphalt Pavements. Vol. 1, 1997.

[39] Pell, P. S. Fatigue characteristics of bitumen and bituminous mixes. International Conference on the Structural design of asphalt pavements. Michigan, 1962.

[40] Pell, P. S. and Cooper, K. E. The fatigue of testing and mix variables on the fatigue performance of bituminous materials. Journal of AAPT, Vol. 44, 1975: 1-37.

[41] Pillinen, T. K., Christensen, D. W., Rowe, G. M., and Sharrock, M. Fatigue transfer functions—how do they compare? Presented at TRB 2004 Annual Meeting, 2004.

[42] Pronk, A. C., Rutger, L. K., and van Gogh, F. Temperature increase in an asphalt beam during fatigue; theory and practice. Proceedings Wegbouwkundige Werkdagen 1996, CROW. Ede, The Netherland, 1996.

[43] Pronk, A. C. Comparison of 2 and 4 point fatigue tests and healing in 4 point dynamic bending test based on the dissipated energy concept. Proceedings, 8th International Conference on Asphalt Pavements. Seattle, Washington, 1997:987-994.

[44] Pronk, A. C. Fatigue lives of asphalt beams in 2 and 4 point dynamic bending tests based on a 'new' fatigue life definition using the "dissipa-

ted energy concept". W-DWW-99-006. Road and Hydraulic Engineering Division, Rijkswaterstaat, The Netherlands, 1999.

[45] Rowe, G. M. Performance of asphalt mixtures in the trapezoidal fatigue test. Journal of AAPT, Vol. 62, 1993:344-384.

[46] Said, S. F. Variability in roadbase layer properties conducting indirect tensile test. Proceedings, 8th International Conference on Asphalt Pavements, Vol. 2, 1977: 977-986.

[47] Schorsch, M. , Chang, C-M. , Baladi, G. Y. Effects of segregation on the initiation and propagation of top-down cracks. Paper submitted to TRB 2003 Annual Meeting, 2003.

[48] SHRP Designation: M-009. Standard method of test for determining the fatigue life of compacted bituminous mixtures subjected to repeated flexural bending. 1995. (AASHTO TP8-94).

[49] Shell. Pavement Design Manual. Shell International Petroleum Company, Ltd. , London, 1978.

[50] Shen, S. , and Carpenter, S. H. Development of an asphalt fatigue model based on energy principles. Journal of AAPT, Vol. 76, 2007:525-574.

[51] Santucci, L. E. Thickness design procedure for asphalt and emulsified asphalt mixes. Proceedings, 4th International Conference on the Structural Design of Asphalt Pavements, Vol. 1, 1977: 424-456.

[52] Soon, S. C. , Drescher, A. , and Stolarski, H. K. Tire-induced surface stresses in flexible pavements. Paper submitted to TRB 2003 Annual Meeting, 2003.

[53] Sousa, J. B. , Pais, J. C. , Prates, M. , Barros, R. , Langlois, P. , and Leclerc, A. Effect of aggregate gradation on fatigue life of asphalt concrete mixes. TRR 1630, 1998:62-68.

[54] Tayebali, A. A. , Rowe, G. M. , and Sousa, J. B. Fatigue response of asphalt-aggregate mixtures. Journal of AAPT, Vol. 61 , 1992:333-360.

[55] Tayebali, A. A. , Deacon, J. A. , Coplantz, J. S. , and Monismith, C. L. Modeling fatigue response of asphalt-aggregate mixtures. Journal of AAPT, Vol. 62, 1993:385-421.

[56] Tayebali, A. A. , Deacon, J. A. , Coplantz, J. S. , Harvey, J. T. , and Monismith, C. L. Mix and mode-of-loading effects on fatigue response of asphalt-aggregate mixes. Journal of AAPT, Vol. 63, 1994.

[57] Tayebali, A. A., Deacon, J. A., and Monismith, C. L. Development and evaluation of surrogate fatigue models for SHRP A-003A abridged mix design procedure. Journal of Association of Asphalt Paving Technologists, Vol. 64, 1995: 340-366.

[58] Timm, H. P., and Newcomb, D. E. Calibration of flexible pavement performance equation. Paper presented at 82nd TRB Annual Meeting, 2003.

[59] Timm, H. P., and Priest, A. L. Flexible pavement fatigue cracking and measured strain response at the NCAT test track. Presented at 87th TRB Annual Meeting, 2008.

[60] Uhlmeyer, J. S., Willoughby, K., Pierce, L. M., and Mahoney, J. P. Top-down cracking in Washington state asphalt concrete wearing courses. TRR 1730, 2000: 110-116.

[61] Van de Ven, M., de F. Smit, A., and Krans, R. L. Possibilities of a semi-circular bending test. Proceedings, 8th International Conference on Asphalt Pavements, Vol. 2, 1977: 939-950.

[62] Van Dijk, W., Moreaud, A., Quedeville, A. and Uge, P. The fatigue of bitumen and bituminous mixes. Proceedings, 3rd International Conference on Structural Design of Asphalt Pavements, Vol. 1, London, 1972: 354-366.

[63] Van Dijk, W. Practical fatigue characterization of bituminous mixes. Journal of AAPT, Vol. 44, 1975: 38-74.

[64] Van Dijk, W. and Visser, W. The energy approach to fatigue for pavement design. Journal of AAPT, Vol. 46, 1977: 1-40.

[65] Witczak, M. W., Pellinen, T., El-Basyouny, M. Pursuit of simple performance test for asphalt concrete fracture/cracking. Journal of AAPT, Vol. 71, 2002.

[66] Witczak, M. W., and Mirza, M. W. AC fatigue analysis for 2002 Design Guide. Research Report for NCHRP 1-37A Project. Arizona State University, Tempe, Arizona, 2000.

第9章 沥青面层的低温开裂

低温或者温度周期变化会使沥青面层产生开裂。由于温度一次下降而引起的沥青面层收缩开裂，通常称作低温缩裂，常出现在北方季节性冰冻地区。由温度周期性变化反复作用而产生的沥青面层开裂，称作温度疲劳开裂，主要发生在日温差很大的地区。其中，一次降温产生的低温缩裂是沥青面层低温缩裂最主要的损坏机理。

随着气温的下降，沥青面层的温度相应降低，并伴随着产生收缩变形。在收缩变形不受到约束时，面层不会产生约束应力。但面层为连续体，温度下降所产生的收缩变形受到周围介质的约束而产生温度应力。在寒冷地区，气温下降幅度大，温度收缩应力也较大，当此应力等于沥青混合料的抗拉强度时，沥青面层便会出现开裂，以释放收缩应力。气温下降时，面层内温度降低的幅度随深度增加而递减，而由此产生的温度应力也相应地由表面向下递降。沥青混合料的劲度随温度降低而增高，其抗拉伸变形的能力相应下降。因而，温度收缩裂缝首先出现在沥青面层的表面。在随后的温度下降周期内，相应产生的温度应力等于沥青混合料的抗拉强度时，表面裂缝不断向沥青面层的深度扩展。

在中等温度情况下，路面温度在晚上下降较多，所产生的温度收缩应力较大，但仍远低于沥青混合料的抗拉强度。因此，沥青面层不会立即产生收缩开裂。但在温度收缩应力多次反复作用的情况下，有可能产生类似于行车荷载反复作用引起的疲劳开裂。这种损坏主要出现在日温差变化很大的地区。

低温开裂大都是垂直于行车方向的横向裂缝，横向间距的范围为 1~100m，裂缝初现时，间距较大，随着使用年数的增加，裂缝增多，间距不断减小。横向裂缝可能横贯路面全宽，或者半个路幅（一个车道），也可能仅出现在部分路面宽度内。在横向间距小于路面的宽度时，有可能出现纵向裂缝，形成块状裂缝。此外，沿着沥青层的纵向摊铺接缝，也可能出现纵向温度裂缝。

温度收缩裂缝的出现，使表面水易于渗入面层，引起下卧层出现变形或冲刷，裂缝处产生唧泥和凹陷。在冬季，进入裂缝内的水会形成冰棱，使裂缝边沿出现上翘；而冰雪融剂的进入会使基层局部融化而在该处产生凹陷变形。上述情况的出现，均会导致行驶质量的下降和路面寿命的减少。

9.1 影响因素

影响沥青面层产生低温收缩开裂的因素可以大致分为3大类：①材料因素，包括沥青性质、集料类型和级配、沥青含量和空隙率等；②环境因素，包括最低温度和降温速率等；③路面结构因素，包括路面宽度和厚度、路基类型、路面龄期、沥青层与基层之间的摩阻和施工裂隙等。这些影响因素及其影响程度可以归纳如表9-1所列。

沥青面层低温开裂的影响因素及其影响程度　　　　表9-1

影响因素		影响程度	说　明
沥青	沥青性质	很高	主要考虑沥青的蠕变劲度和感温性；选用合适的沥青
	沥青含量	低	在最佳含量的合理范围内变动沥青用量时影响很小
沥青混合料	集料类型	低	高抗磨、低冻融损失和低吸附性的集料有利于抗低温开裂
	集料级配	低	空隙率大的密级配或者间断级配可以降低温度收缩系数
	劲度随温度变化	很高	主要为所用结合料的函数
	温度收缩系数	中等到高	采用花岗岩集料的温缩系数要比石灰岩集料的大一倍
	抗拉强度	低	集料和沥青性质对抗拉强度影响很小
气候	最低温度	很高	大多数低温裂缝起始于温度下降到低于临界开裂温度并保持一段时间
	温度下降速率	很高	下降速率越快，低温开裂越多
路面结构	沥青层厚度	中等到高	增加厚度可以降低开裂密度(间距)
	路基土类型	中等到低	黏性土路基的开裂密度低于砂性土路基
	基层约束	中等	增加基层的摩阻约束可以降低开裂温度
	路面龄期	高	龄期越长，低温周期次数和极端低温的概率越大，沥青劲度增长越多
施工	路碾的碾压裂隙	未知	产生初始裂纹

9.1.1 沥青性质

随着温度的下降，沥青结合料逐渐由简单牛顿液体状转变成玻璃态状，即其性状逐渐变硬和变脆，蠕变劲度增大，断裂破坏时的容许应变量减小。在温度很低时，其剪切模量可达到1.1GPa，容许应变量很小。因而，在低温收缩时，极易因变形受阻而产生断裂。为此，大家都认为，沥青的性质是影响沥青层是否会产生低温开裂的最关键的因素。沥青的低温性质主要以低温时的蠕变劲度或稠度

(如黏滞度或针入度)及其温感性(随温度变化的程度)表征。选用黏滞度等级较低(或针入度等级较高)的沥青,其蠕变劲度随温度下降而增加的速率较低,可以减少低温开裂。

1967 年,在加拿大 Manitoba 省修建了 Ste. Anne 试验路(29 个路段、4 种沥青、粒料基层、黏土和砂两种路基)。对试验路低温开裂频率的观测以及对沥青流变性质和开裂温度计算的分析结果表明,沥青的蠕变劲度是决定沥青层会否开裂的关键因素。沥青的临界蠕变劲度为 240MPa(加载时间半小时),如果沥青在路面使用期间出现低温时的蠕变劲度值低于此临界劲度,则沥青层不会出现开裂[8]。

Deme 在分析了 Ste. Anne 试验路使用 8 年后的观测资料后也认为,试验路的低温开裂同沥青结合料的蠕变劲度有着密切的相关性,沥青的劲度性质是决定路面是否会出现低温开裂的最重要的因素,如果沥青结合料在当地的最低气温下不变脆,则沥青面层不会产生低温开裂;如果沥青在最低气温下变脆,则沥青面层会产生低温开裂;而只有在采用了会变脆开裂的沥青的情况下,其他影响因素,如沥青层温度低于临界开裂温度的程度、沥青混合料组成、路面厚度、路基类型和交通状况等,才会对沥青面层开裂的严重程度(开裂频率或裂缝密度)发生作用。因此,选用在该地区最低气温下不会变脆的沥青结合料是预防沥青面层低温开裂的关键[11,12]。

9.1.2 沥青含量

增加沥青用量会增大温度收缩系数,但也会降低混合料的劲度,使产生温度应力的净效应没有变化。因而,在最佳含量的合理范围内变动沥青用量,对混合料的低温开裂影响不大,对裂缝密度(开裂频率)也影响很小。

9.1.3 沥青混合料性质

影响低温开裂的沥青混合料性质主要有:沥青混合料的蠕变劲度及其随温度的变化、温度收缩系数、抗拉强度等,而沥青混合料的组成,包括集料类型和性质、集料级配、沥青性质和用量以及空隙率等,也都影响沥青混合料的低温性状。

降低沥青混合料的低温蠕变劲度,可以相应减少沥青面层的低温开裂。沥青混合料的蠕变劲度和断裂温度随温度和温度变化速率变动在很大的范围内。低温蠕变劲度小的沥青混合料,其低温开裂的可能性相应降低。而沥青混合料的蠕变劲度随温度的变化,在很大程度上决定于所用的沥青。选用较软的沥青可以有效地降低沥青混合料的低温蠕变劲度。

沥青混合料的温度收缩系数也是影响低温开裂的一项重要因素。收缩系数小的沥青混合料，收缩变形相应较小，因而可以减少低温开裂。沥青混合料温度收缩系数是各组分的收缩系数及其体积组成的函数。虽然沥青结合料的收缩系数比集料收缩系数大近 100 倍，比沥青混合料收缩系数大 10 倍，但由于沥青的含量较小，它对沥青混合料收缩系数的影响程度相应降低。由花岗岩集料组成的沥青混合料，其收缩系数为石灰岩集料组成的沥青混合料的 2 倍，因此，选用石灰岩集料可以减少低温开裂。空隙含量高的沥青混合料具有较低的收缩系数。空隙率较大的密级配混合料，其温度收缩系数较低；含有大粒径集料的间断级配沥青混合料具有较大的空隙率和较低的沥青含量，因而其温度收缩系数较低。

在低温和慢加载速率条件下，集料类型或沥青性质对沥青混合料抗拉强度的影响很小。吸附性好的集料可使沥青混合料中起黏结作用的沥青量少于无吸附性的集料，因而会降低沥青混合料的抗拉强度。集料级配对沥青混合料低温抗拉强度的影响也很小。

9.1.4　环境

路表面温度同大气温度和风速有关。路表面温度越低，出现低温开裂的概率越大。当温度下降到低于沥青的玻璃态转换温度并保持一段时间时，沥青面层便会发生低温开裂。出现低温开裂的低温周期越长，次数越多，面层的裂缝深度和开裂密度越大。

降温速率越快，相应产生的温度收缩应变速率越大，低温开裂的可能性越大。有证据表明，在秋季或春季当路面经历最大的日夜温差时，面层会出现开裂。

路面龄期越长，遇到极端低温的概率便越大；同时，沥青的劲度也随龄期而增加，产生低温开裂的事件便越多。

9.1.5　路面结构

路面结构组合对沥青面层的低温开裂频率或密度有影响[25]。

厚的沥青面层可以较好地保存热量，使降温速率变慢，因而，沥青层厚度越大，出现的低温开裂量越少。加拿大 Ste. Anne 试验路的观测数据表明，沥青层厚度由 100mm 增加到 250mm 时，在其他变量保持不变的情况下开裂密度可以减少一半（图 9-1）[12]。图中第一年冬路表最低温度−38℃，第一年冬开裂，沥青 PI-2.7，针入度 150/200，劲度限值温度−28℃，斜率 m 限值温度−26℃。

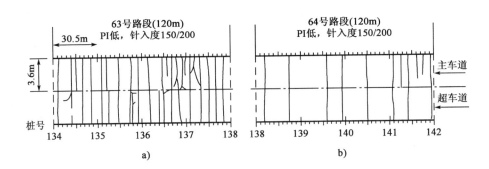

图 9-1 Ste. Anne 试验路段(长 120m)使用 8 年后的路面开裂状况
a)沥青层厚 100mm,砾石基层厚 250mm,黏土路基;b)沥青层厚 250mm,黏土路基

宽度窄的路面,温度裂缝的间距较小,而宽度大的路面,裂缝间距较大。如,7.5m 宽的路面,其初始温度裂缝的间距约为 30m,15～30m 宽的机场道面,初始温度裂缝的间距约为 45m。

沥青层与基层间的摩阻情况会影响低温开裂。在粒料基层上洒透层油,使沥青层同基层有较好的黏结,由于粒料层的温度收缩系数较低,可以带动沥青层降低其温度收缩系数,从而减少沥青层面的低温开裂密度。

砂性土路基出现低温开裂的频率通常要大于黏性土路基(图 9-2)[12]。第一年冬路表最低温度:黏土路基段 −38℃,砂土路基段 −36℃,第一年冬开裂,沥青 PI-2.7,针入度 150/200,劲度限值温度 −28℃,斜率 m 限值温度 −26℃。

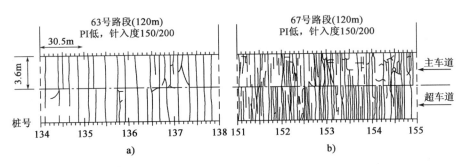

图 9-2 Ste. Anne 试验路段(长 120m)使用 8 年后的路面开裂状况
a)沥青层厚 100mm,砾石基层厚 250mm,黏土路基;b)沥青层厚 100mm,砾石基层厚 250mm,砂土路基

采用钢轮碾压高温和低劲度的沥青混合料时,沥青层内会出现横向裂隙。降温时,在这些裂隙处会产生间距小于车道宽度的温度裂缝。

此外,交通荷载状况对低温开裂的频率(密度)也有影响,交通量大、轴载重的路段,其开裂频率要大于交通量小、轴载轻的路段。

9.2 沥青低温性能评定

9.2.1 评定指标和标准

沥青的性质是影响或决定沥青面层是否会产生低温开裂的最重要的因素，因而，选择与当地最低气温相适应的沥青，是控制沥青面层低温开裂的关键。

影响沥青低温性能的沥青性质由两个方面组成：流变性质和断裂破坏性质。

Readshaw 在分析了加拿大 4 个省的沥青面层低温开裂数据后认为，当沥青的蠕变劲度随温度下降而增加到某一限值时，沥青面层便会产生低温开裂，此劲度限值约为加载 2h 的蠕变劲度为 200MPa，他建议 British Columbia 省以此劲度限值作为该省评定沥青低温性能的规范标准[22]。达到劲度限值时的温度，称作劲度限值温度，当沥青面层的最低温度低于此劲度限值温度时，面层便会产生低温开裂。按照上述劲度限值标准计算其劲度限值温度，对于常用的沥青等级，大致变动于 $-35 \sim -15$℃ 范围内。

上述沥青蠕变劲度是依据沥青的针入度指数，由 Van der Poel 诺谟图计算确定的。美国战略公路研究计划(SHRP)在研究制订基于使用性能的沥青规范时认为[5]：

(1) 现有的以黏滞度和针入度为基础的沥青规范是经验性的，不适合于在沥青性质和混合料的性质之间建立起合理的关系。

(2) 老化的纯沥青和改性沥青的性状含有相当多的弹性响应，不能用以牛顿液体为基础的毛细黏度测定法来表征其性状。

(3) 由于无法定义试件内的应力—应变场以及试验时的应变过大，针入度和延度试验也不适合用作表征沥青低温流变性的基本量测方法。

SHRP 研究项目在制订沥青规范时，对于低温性能采用弯曲梁流变仪(BBR)试验测定沥青的蠕变劲度和劲度随时间变化曲线的斜率，以此两项指标来表征沥青的流变性质；并采用直接拉伸(DT)试验测定沥青的破坏应变作为沥青断裂性质的一项指标。

SHRP 项目采纳了加拿大关于劲度限值的研究成果，但认为 200MPa 的规定过于严格，2h 的加载时间太长，为此，将蠕变劲度限值降低为 300MPa，并依据时间—温度叠合原理将 2h 加载等值转换为最低路面设计温度加 10℃ 时加载 60s[5,6]。沥青需经过压力老化容器(PAV)的处理。

除了蠕变劲度限值，沥青劲度的时间依赖性会影响到低温收缩应力。不同的沥青结合料，其蠕变劲度随时间变化曲线的性状差异很大。为此，选用双对数蠕变主曲线在加载时间60s处的斜率m来反映沥青蠕变劲度的时间依赖性对温度应力的影响。斜率m值低的结合料，在温度下降时其应力松弛较慢，因而导致温度收缩应力生成的速率较斜率m值大的结合料快。早先，对斜率m值的最低限值定为0.35，在蠕变劲度的限值由200MPa调整为300MPa后，斜率m的最低限值相应降低为0.30[6]。

沥青在低温断裂时的极限应变量可以用于判断沥青的断裂特性。断裂应变通过直接拉伸试验进行测定。研究表明，沥青由延性转变为脆性时，其断裂应变量约为1%（应变速率为4%/min，或者，应变计长27mm时为1.0mm/min）[5,6]。此延性—脆性转变温度同玻璃态转变温度是一致的。因此，断裂应变为1%时的温度也可以作为控制沥青面层低温开裂的指标，保持沥青面层的最低温度高于此延性—脆性转变温度时，可以保证沥青结合料不进入脆性状态。

对于大多数纯沥青，由直接拉伸得到的断裂应变同蠕变劲度有极好的相关性。然而，对于添加了聚合物的改性沥青，添加剂对沥青在低温时的断裂应变或应力有很大的影响，可以提高沥青的抗低温开裂性能，但对其流变性质（蠕变劲度或斜率m值）往往没有影响。因而，单独采用弯曲梁流变（BBR）试验不能充分地评定各种沥青（特别是改性沥青）的低温性能。为此提出了将容许断裂应变指标列入沥青结合料规范，作为一项控制低温开裂的平行指标。如果沥青的蠕变劲度小于300MPa，不需要进行直接拉伸试验；而如果沥青的蠕变劲度处于300~600MPa范围内，则需要进行直接拉伸试验，其断裂应变应大于1%，但斜率m的最低限值的规定仍需满足。

上述沥青低温性能的评定指标和标准汇总列入美国AASHTO的沥青规范（AASHTO MP1-98）内[3]。随后，课题组通过研究又提出了利用弯曲梁流变试验结果计算不同温度条件下的温度应力，并利用直接拉伸（DT）试验得到抗拉强度随温度变化的关系，综合两方面的结果得到沥青的临界开裂温度（图9-3）[6,7]。路面最低温度低于此临界开裂温度时，路面即会开裂。这一沥青低温性能评定指标已被AASHTO采纳，补充进沥青规范内（AASHTO MP1a），用于判断所选用沥青的低温性质对当地最低温度的适用性。仅采用依据沥青性质计算的温度应力来预估路面的临界开裂温度，具有沥青试验要比沥青混合料试验简便而标准化的优点，但需要对沥青的温度应力与沥青面层的温度应力之间的关系进行标定。

依据弯曲梁流变试验的沥青蠕变劲度试验数据预估沥青的温度应力，其过程大致为：

(1)选用两个温度进行BBR试验，并按较高的温度建立蠕变劲度主曲线。

(2)将蠕变劲度（蠕变柔量）主曲线转换为松弛模量主曲线。

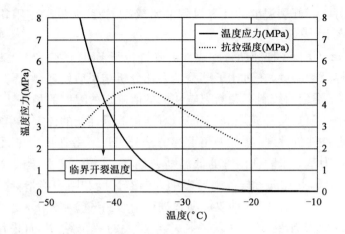

图 9-3 沥青的临界开裂温度

(3)利用 Arrhenius 函数建立移位系数函数。

(4)由松弛模量主曲线和移位系数,按下式计算不同温度下的温度收缩应力:

$$\sigma(\xi) = \int_0^\xi E(\xi - \xi') \frac{\partial(\varepsilon - \varepsilon_{th})}{\partial(\xi)} d\xi' \quad (9-1)$$

式中:$\sigma(\xi)$——在当量时间(reduced time)ξ时的温度应力(MPa);

　　ξ——当量时间(s);

　　ξ'——积分变量;

　　E——沥青的松弛模量(MPa);

　　ε——体应变(力学);

　　ε_{th}——体应变(温度)。

当量时间 ξ 利用移位系数得到:

$$\xi = \int_0^t \frac{dt}{\alpha(T)[T(t')]} \quad (9-2)$$

式中:dt——加载时间增量(s);

　　T——温度(℃);

　　t'——积分变量;

　　$\alpha(T)$——沥青的时间—温度移位系数。

(5)将计算所得的沥青温度收缩应力,乘以经野外标定得到的路面常数后,转换为沥青混合料中沥青膜的有效温度收缩应力。

(6)利用直接拉伸试验的断裂应力数据,可以绘出不同温度下的断裂强度曲线;与温度收缩应力曲线的相交点,即为沥青的临界开裂温度(图 9-3)[13]。

上述沥青临界开裂温度的计算过程非常繁杂,为此开发了商用软件 TSAR Plus 以方便使用[24]。

Anderson 等用 42 种纯沥青和改性沥青进行了 BBR 试验和 DT 试验,并计算分析了临界开裂温度,在对比了试验结果和分析结果后发现,临界开裂温度与依据蠕变劲度、蠕变曲线斜率和断裂应变标准值确定的温度的相关性很好,这表明采用原规范(MP1)与补充规范(MP1a)对沥青低温性能的评定结果很相近[6]。

沥青低温性能的评定,除了采用上述方法外,Hesp 等还提出了采用以线性断裂力学原理为基础来表征沥青的低温断裂性状,建议在弯曲梁试验的试件底面加刻 V 形沟槽,并在沥青规范中考虑纳入断裂韧度和断裂能指标[28,29]。Anderson 等用 1 种纯沥青和 13 种改性沥青进行了对比试验和分析,发现采用断裂韧度评价沥青低温开裂性能可以得到差异性大的评价结果,而采用 MP1 和 MP1a 指标的评价结果很相近[6]。

9.2.2 低温性质测定

沥青结合料低温性质的测定试验包括:①确定沥青弯曲蠕变劲度的弯曲梁流变仪(BBR)试验;②确定沥青断裂性质的直接拉伸(DT)试验(断裂应变和应力)。

9.2.2.1 低温弯曲蠕变劲度测定试验

沥青结合料的低温弯曲蠕变劲度应用弯曲梁流变仪(BBR)(图 9-4)进行测定[4]。沥青试件(6.35mm×12.7mm×127mm)安置在恒温室内间距为 102mm 的简支支点上。试验温度按沥青使用地点的最低气温加 10℃确定。在试件中点施加 980mN 恒定荷载,并在加载 8s、15s、30s、60s、120s 和 240s 后量测试件中点的挠度(图 9-5)。

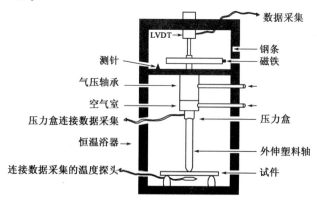

图 9-4 弯曲梁流变仪简图

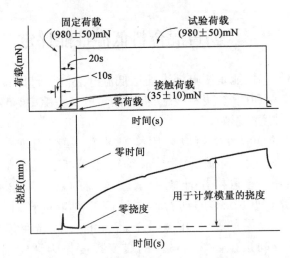

图 9-5 弯曲梁流变试验的加载和挠度测定曲线

按下式,将不同加载时刻的最大弯曲应力除以量测到的最大弯曲应变,可以得到该时刻 t 的弯曲蠕变劲度 $S(t)$:

$$S(t) = \frac{PL^3}{48bh^3\delta(t)} \tag{9-3}$$

式中:P——所施加的恒定荷载(N);

L——跨长(mm);

b、h——梁试件宽度和高度(mm);

$\delta(t)$——t 时刻梁中点的挠度(mm)。

对不同加载时刻量测到的弯曲蠕变劲度采用二次多项式进行拟合后,即可得到随时间变化的弯曲蠕变劲度关系式,并进而计算不同加载时刻蠕变劲度—时间双对数曲线上的斜率 m。

9.2.2.2 低温直接拉伸断裂性质测定试验[2]

试件在规定的温度(按沥青规范 MP1 的要求为最低路面设计温度加 10℃)下,以恒定的拉伸速率(1.0mm/min)施加荷载,直至试件破坏。试件破坏可能有 3 种情况:

(1)试验中,破坏点前的应力—应变曲线基本呈直线状,破坏时试件突然断裂,试件横断面无明显减小,这种破坏为脆性破坏。

(2)应力—应变曲线呈曲线状,破坏时试件突然断裂,断裂前试件横断面有少量减小,这种破坏为脆性—延性破坏。

(3)试验中,试件不出现断裂,在达到最大应力后,应变继续增长,这种破坏称作延性破坏。

以施加的最大应力为破坏应力,达到最大应力时的应变作为破坏应变。

9.3 沥青混合料低温性能评定

虽然沥青的低温性能是影响沥青面层低温开裂的关键因素,沥青混合料的组成(包括集料类型和性质、集料级配、沥青用量以及空隙率等)对沥青面层的低温开裂也有一定程度的影响。

沥青混合料的低温性能可以采用蠕变劲度(蠕变柔度)、温度收缩系数和抗拉强度等性能指标表征。Witczak 等在开展沥青混合料设计简单性能试验(SPT)项目中,将间接拉伸蠕变试验得到的蠕变劲度(蠕变柔度)同 Minnesota 试验路(MnRoad)的沥青面层温度开裂量进行对比,发现二者的相关性很好,沥青面层的平均开裂量随沥青混合料蠕变柔度的增加而降低[27]。为此,推荐间接拉伸蠕变试验的蠕变柔度作为评定沥青混合料低温开裂性能的指标。

由于沥青混合料的组成变化较大,而且其低温性能指标和标准对沥青面层的低温开裂有着更直接的关联,对沥青混合料低温性能的评定通常都同沥青面层的临界开裂温度结合在一起进行。

9.3.1 临界开裂温度

伴随着温度的下降,沥青面层出现体积收缩。由于沥青层的收缩变形受到约束,层内便产生拉应力。在温度较高的情况下,沥青混合料为黏弹性材料,所产生的温度应力可以通过应力松弛得到消散。而在低温范畴内,沥青混合料的性状接近于脆性,所产生的温度应力难于消散。当温度应力等于沥青混合料的抗拉强度时,沥青面层便出现开裂,从而使温度应力得到释放。出现开裂时的温度称作临界开裂温度。图 9-6 所示为 Ste. Anne 试验路,降温速率 10℃/h,临界开裂温度 −35℃。通过对温度应力的分析和沥青混合料抗拉强度的量测,可以预估沥青面层的临界开裂温度,以此作为评定沥青混合料低温性能的一个指标。

对沥青层作不同的假设,可推演出各种温度应力计算公式。Hills 等在假设沥青层为两端完全受约束的无限长条后,提出了层内温度应力的近似计算公式[18]:

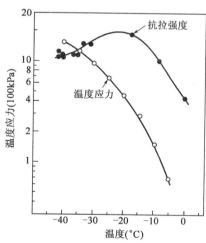

图 9-6 沥青层临界开裂温度预估

$$\sigma(\dot{T}) = \alpha \sum_{T_0}^{T_f} S_m(t,T) \times \Delta T \qquad (9\text{-}4)$$

式中：$\sigma(\dot{T})$——在特定降温速率 $\dot{T}$ 下产生的累积温度应力(MPa)；

T_0、T_f——初始和终端温度(℃)；

α——温度收缩系数，取温度下降范围(T_0-T_f)内的平均值，一般为 $(2\sim2.5)\times10^{-5}℃^{-1}$；

$S_m(t,T)$——随时间和温度而变的沥青混合料的蠕变劲度(MPa)；

ΔT——用于确定蠕变劲度值的温度增量(℃)。

如果假设沥青层为完全受约束的无限大板，须对式(9-4)乘以系数[$1/(1-\nu)$]，ν 为泊松比。采用长条的假设，计算得到的温度应力偏小，而采用板的假设，所得到的温度应力偏大。沥青层实际上处于两者之间[25]。

Christison 等采用多种方法(弹性和黏弹性、梁和板)对沥青面层内的温缩应力进行计算，并将计算结果同加拿大的低温开裂试验路段(Ste. Anne)进行对比分析后认为，伪弹性梁分析方法可以得到合理的分析结果[10]。伪弹性梁分析假设路面为无限长(两端完全约束)，两侧无侧向约束，由于温度收缩受阻而产生的温缩应力按下式计算：

$$\sigma(t) = \int_{t_0}^{t} S_m(\Delta t, T) \alpha(T) dT(t) \qquad (9\text{-}5)$$

式中：$\sigma(t)$——由 t_0 到 t 时刻的温度收缩应力；

$S_m(\Delta t, T)$——沥青混合料在温度应力作用时段 Δt 和温度为 T 时的蠕变劲度；

$\alpha(T)$——沥青混合料在温度为 T 时的温度收缩系数。

沥青混合料的蠕变劲度可通过低温蠕变试验确定。或者，利用 Van der Poel 诺谟图，由针入度指数 PI 和软化点值查得不同加载时间时沥青的劲度—温度关系，再利用 Bonnaure 诺谟图，由沥青劲度和沥青混合料体积组成估算得到沥青混合料的低温蠕变劲度。但 Buttlar 等经过比较分析后认为，利用沥青劲度—沥青混合料劲度的关系确定的沥青混合料低温蠕变劲度，不能正确地评价沥青混合料的低温开裂性能[30]。

沥青混合料的温度收缩系数由试验测定或者采用经验值。

温度应力也可以在试验室内应用试件完全受约束时温度应力测定仪(TSRST)直接量测得到：在特定降温速率下，量测为保持试件长度不变所需的应力值。

沥青混合料的抗拉强度可以在试验室内通过直接拉伸或间接拉伸试验得到。

9.3.2 沥青混合料低温性质测定

沥青混合料低温性质的测定试验主要有:①低温蠕变劲度(蠕变柔度)试验;②低温抗拉强度试验;③温度收缩系数测定试验。此外,还有收缩变形受约束试件的温度应力测定试验(TSRST)等[32]。

9.3.2.1 低温蠕变劲度试验

沥青混合料的低温蠕变劲度可以采用直接拉伸、间接拉伸和弯曲试验方法进行测定。

Fromm 等曾在矩形梁试件(尺寸为 38mm×38mm×150mm)上施加恒定荷载,测定沥青混合料在不同温度(4.4～−23.3℃)下的拉伸蠕变[15],以研究其低温拉伸应力—应变特性。Busby 等曾在 88mm×88mm×380mm 的矩形梁试件上进行低加载速率(0.5mm/min)的 3 点弯曲试验,测定沥青混合料在低温(4℃、−21℃和−37℃)时的弯曲蠕变劲度和弯拉强度[9]。

美国 SHRP 研究项目开发了低温间接拉伸试验方法(ITLT)以测定沥青混合料在低温时的黏—弹性性质(3 种温度下的蠕变柔度曲线)和断裂性质(抗拉强度)[1,23]。圆柱体试件的尺寸为直径 150mm,高 38～50mm。试验温度分别为 0℃、−10℃和−20℃。沿试件的径向施加静荷载,其大小按产生的水平向变形控制在 0.00125～0.00190mm 范围内(应变量约低于 5×10^{-5} mm/mm)确定,以保证其应力—应变关系在线性黏弹性范畴内。加载时间为 1 000s(沥青有弯曲梁流变 BBR 测试数据时可采用 100s)。量测竖向和水平向变形的位移计(LVDT)安置在试件两个端面的中心处(图 9-7),其标距长度为 38mm。

量测到的数据需进行 3 方面的修正以保证测定结果的准确性[23]:

(1)安装在端面上的位移计量测到的变形量,进行考虑试件侧向鼓出影响的修正。

(2)由特定标距长度(38mm)量测到的变形量得到的平均应变,转换成试件端面中心点处的点应变。

(3)按二维平面应力解预估的应力,考虑三维影响进行调整。

通过上述量测方法改进和分析方法修正,

图 9-7 装置在试件端面中心处的位移传感器

可以使蠕变模量的误差小于0.5%,泊松比的误差小于2.1%。依据修正后的数据计算不同时刻的蠕变柔度(图9-8)。由蠕变柔度曲线,可以生成蠕变柔度主曲线(图9-9),得到任何时刻和温度的松弛模量,并进而分析沥青层内的温度应力。

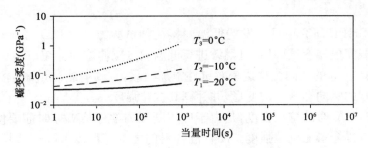

图9-8 3种试验温度下的蠕变柔度曲线

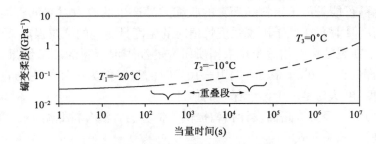

图9-9 蠕变柔度主曲线的生成(参照温度-20℃)

美国力学—经验法路面设计指南建立了蠕变柔度同沥青混合料性质间的经验回归关系式[21]。在t时刻的蠕变柔度响应可以表述为:

$$D(t) = kt^m \tag{9-6}$$

$$\lg k = -8.5241 + 0.01306T + 0.7957\lg v_a + 2.0103\lg VFA - 1.923\lg A \tag{9-7}$$

$$m = 1.1828 - 0.00185T - 0.04596v_a - 0.01126VFA + 0.00247Pen_{77} + 0.001683Pen_{77}^{0.4605}T \tag{9-8}$$

式中:t——加载时间(s);

T——试验温度(℉,1℉=5/9℃);

v_a——空隙率(%);

VFA——沥青填隙率(%);

Pen_{77}——77℉(25℃)时沥青的针入度(mm/10);

A——沥青的黏度—温度关系曲线的截距。

9.3.2.2 低温抗拉强度试验

沥青混合料的低温抗拉强度,可以采用直接拉伸试验或间接拉伸试验测定。

Haas 等曾对矩形杆试件(3.8cm×3.8cm×10.2cm)两端用环氧基树脂黏住顶板和底板后,在低温条件下(最低可达-40℃),以匀速施加拉伸力(拉伸变形 $2.5×10^{-3}$~$12×10^{-3}$ mm/min),量测不同温度时的拉伸应力—应变特性和抗拉强度[25]。

美国 SHRP 研究项目开发的低温间接拉伸试验方法(ITLT),在对试件施加恒定荷载完成蠕变试验后,可继续进行低温间接拉伸试验。在-10℃条件下,以 12.5mm/min 的竖向位移速率对试件施加荷载,直到荷载开始减小为止。记录试件两端的竖向和水平向变形,并计算其抗拉强度[1]。

采用-10℃时的抗拉强度,是由于应用断裂力学评价破坏时需要使用未经损伤的沥青混合料的抗拉强度。沥青混合料的强度随温度下降而增长,温度下降到某个数值时,强度达到峰值,而后随温度降低而下降(图 9-6)。强度随温度降低而下降,可能是由于集料和沥青的收缩差异产生的应力引起沥青混合料出现内部损伤。因而,在低于出现强度峰值时的温度量测到的抗拉强度,同应用断裂力学预估断裂破坏不相适应。依据所研究的沥青混合料的测试结果,强度峰值的出现都低于-10℃。因此,选用-10℃时的强度作为未经损伤沥青混合料的抗拉强度,可认为是一个偏于保守的估计。

美国力学—经验法路面设计指南提供了估算沥青混合料低温(-10℃)抗拉强度的经验回归关系式[21]:

$$f_t = 7416.712 - 114.016v_a - 0.304v_a^2 - 122.592\text{VFA} + 0.704\text{VFA}^2 + 405.71\lg\text{Pen}_{77} - 2039.296\lg A \tag{9-9}$$

式中:f_t——沥青混合料抗拉强度(psi,1psi=6.97kPa)。

其他符号意义同前。

9.3.2.3 线温度收缩系数试验

沥青混合料的线温度收缩系数试验,ASTM 和 AASHTO 都还没有标准试验方法。

美国力学—经验法路面设计指南建议采用下式计算沥青混合料的线温度收缩系数[21]:

$$\alpha_m = \frac{\text{VMA}\alpha_b + V_{ag}\alpha_{ag}}{3V_t} \tag{9-10}$$

式中:α_m——沥青混合料的线温度收缩系数(℃$^{-1}$),变动范围为 $2.2×10^{-5}$~$3.4×10^{-5}$ ℃$^{-1}$;

α_b——固态沥青的体积温度收缩系数(℃$^{-1}$),变动范围为 $3.5×10^{-4}$~$4.3×10^{-4}$ ℃$^{-1}$;

α_{ag}——集料的体积温度收缩系数(℃$^{-1}$),变动范围为 $2.1×10^{-6}$~$3.7×$

10^{-6} ℃$^{-1}$；

VMA——矿料间隙率(%)；

V_{ag}——集料体积(%)；

V_t——总体积(100%)。

9.4 开裂量预估

沥青面层在使用期间产生的低温开裂量(开裂频率或开裂密度)，可以采用两种方法建立预估模型，力学—经验法和经验法。

9.4.1 力学—经验法

美国 SHRP 研究计划 A-005 项目为沥青路面低温开裂量建立了预估模型 TCMODEL[19]。经评估后认为此模型的预估结果较为可靠[26]，在重新标定和适当补充后被采纳于力学—经验法路面设计指南中[21]。

在此之前建立的以力学为基础的低温开裂预估模型，虽然也考虑到了沥青混合料的黏弹性性质(蠕变劲度)和断裂性质(低温抗拉强度)，但主要用于预估沥青混合料低温开裂的潜在可能性，如本章 9.3.1 中所介绍的临界开裂温度计算分析方法。

而预估沥青面层低温开裂量的 TCMODEL 模型，有下述主要特点：

(1)以间接拉伸试验得到的沥青混合料时间和温度—依赖性性状为基础，计算沥青面层内低温收缩应力随时间和沿深度的变化。

(2)应用应力强度因子模型估算竖向裂缝尖端处的应力，并应用 Paris 定律分析裂缝的扩展深度。

(3)按照路段内沥青面层温缩裂缝的深度呈对数正态分布的假设，估计沥青面层的低温开裂量。

整个模型由 5 个主要部分组成：①输入模块；②沥青混合料低温间接拉伸试验和试验结果的转换模型；③环境影响模型；④路面结构响应分析模型；⑤路面损坏模型。各个模块和模型之间的关系如图 9-10 所示[19]。

(1)输入模块：包括路面结构信息(结构层类型和层厚)、主要用于路面温度预估的材料性质信息(沥青混合料的温度收缩系数和热特性参数和冻深等)以及环境数据(日最高和最低气温及出现时间、月平均风速、日照和高程等)。

(2)低温间接拉伸试验和转换模块：由 -20℃、-10℃ 和 0℃ 温度下的蠕变试验(加载 1 000s 或 100s)得到蠕变柔度曲线(图 9-8)，然后在 -10℃ 温度下进行抗拉强度测定以确定其断裂性质[1]。试验结果按 3 个试件平行试验的平均值取用。

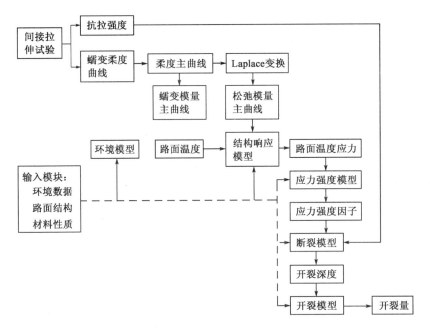

图 9-10 低温开裂预估模型 TCMODEL 的组成

蠕变柔度试验曲线按参照温度-20℃整理成蠕变柔度主曲线(图 9-9),并进而通过 Laplace 变换建立松弛模量主曲线以及移位系数—温度关系曲线。

(3)环境影响模块:利用已建立的环境影响模型[20]和当地气象站最大和最小日气温资料,预估每小时沥青面层温度随深度(间隔 51mm)的变化。

(4)路面结构响应分析模块:利用路面结构信息、松弛模量主曲线和路面温度预估数据,估算沥青层内不同深度处(间隔 51mm)的应力。计算模型选用基于两端固定的一维杆件本构方程:

$$\sigma(t)=\int_0^t E(t-t_1)\frac{d\varepsilon}{dt_1}dt_1 \qquad (9-11)$$

$$\varepsilon=\alpha[T(t_1)-T_0] \qquad (9-12)$$

式中:$\sigma(t)$——时间为 t 时的应力;

$E(t-t_1)$——当量时间为 $(t-t_1)$ 时的松弛模量;

ε——时间为 t 时的应变;

α——线温度收缩系数;

$T(t_1)$——时间为 t_1 时沥青层的温度;

T_0——$\sigma=0$ 时沥青层的温度;

t_1——积分变量。

以 Prony 级数替代松弛模量 $E(t)$,应用有限差分法解上述方程,得到不同深度处应变随时间的变化以及温缩应力随时间的变化。

(5)路面损坏模块:由应力强度因子模型、裂缝深度扩展模型和开裂量预估模型3部分组成。

①应力强度因子模型——应用二维有限元程序以裂缝尖端单元模拟沥青层内的竖向裂缝,经过对各种情况的大量计算分析后,建立了具有合理精度的应力强度因子回归方程供计算分析用:

$$K = \sigma(0.45 + 1.99C_0^{0.56}) \tag{9-13}$$

式中:σ——由路面结构响应分析模块得到的裂缝尖端处的应力;

C_0——当前的裂缝深度。

②裂缝深度扩展模型——在一次降温过程中裂缝深度的变化,利用基于Paris定律的裂缝扩展模型确定:

$$\Delta C = A\Delta K^n \tag{9-14}$$
$$n = 0.8(1 + m^{-1}) \tag{9-15}$$
$$\lg A = \beta[4.389 - 2.52\lg(\beta_0 n f_t)] \tag{9-16}$$

式中:ΔC——在一个降温周期内裂缝深度的增量;

ΔK——在一个降温周期内应力强度因子的增量;

A, n——沥青混合料的断裂参数[31];

m——蠕变柔度主曲线(对数)的斜率;

f_t——沥青混合料的抗拉强度(kPa);

β_0, β——标定参数。

③开裂量预估模型——假设路段内沥青层各个裂缝的开裂深度呈对数正态分布,其均值等于模型预估的裂缝深度 $\lg C_0$,方差为 s^2。开裂量是裂缝深度等于或大于沥青层厚度的概率的函数,即:

$$C_f = \beta_1 P(\lg C > \lg h) \tag{9-17}$$

或者

$$C_f = \beta_1 N\left[\frac{\lg(C/h)}{s}\right] \tag{9-18}$$

式中:C_f——单位路段长度内的开裂量(ft,1ft=0.305m);

β_1——通过野外标定确定的参数;

C——裂缝深度(ft,1ft=0.305m);

h——沥青层厚度(ft,1ft=0.305m);

$N(\cdot)$——标准正态分布;

s——裂缝深度(对数)的标准偏差。

美国力学—经验法路面设计指南采用的全国性野外标定的结果为:$\beta_0 = 10\,000$,$\beta_1 = 400$,$s = 0.769$,$\beta = 5$(一级水平)、1.5(二级水平)或3(三级水平)[21]。

9.4.2 经验法

沥青面层低温开裂量预估模型的另一种建模方案,是调查开裂路段,通过回归分析选取主要影响变量,建立开裂量与各影响因素之间的经验回归关系。

Fromm 和 Phang 对加拿大 Ontario 省的 33 个路段进行了沥青层低温开裂调查,并取样进行了材料的室内试验,通过回归比选影响变量后提出下列经验关系式[15]:

$$CI = 52.22(\eta_{60F}/\eta_{275F}) + 0.0007093FI + 0.4529T_c - 1.348v_a + \\ 0.4687SR - 0.7903Pen_{77} - 0.4887AT - 0.1258B_{200} - 0.1961AC_{200} \tag{9-19}$$

式中:CI——开裂指数,在 150m 路段长度内全横贯裂缝数和半横贯裂缝数(以半数计)之和;

η_{60F}/η_{275F}——60℉(1℉=5/9℃)黏度(megapoises)与 275℉(1℉=5/9℃)黏度(centistokes)之比;

FI——冰冻指数(℉-日);

T_c——临界温度(℉);

v_a——空隙率(%);

SR——剥落率;

Pen_{77}——77℉时回收沥青的针入度(0.1mm);

AT——地沥青精(质量%);

B_{200}——200 号筛粒料基层的通过率(%);

AC_{200}——200 号筛沥青混合料的通过率(%)。

黏度比是沥青温感性的一个近似指标,黏度比大表明低温时沥青的稠度较硬。临界温度越大,开裂的潜在可能性越大。空隙率、回收沥青针入度、地沥青精和细料含量,用以反映沥青混合料的性质。基层粒料的细料含量增加,开裂的可能性下降。混合料的湿感性(剥落率)越高,开裂的潜在可能性越大。关系式没有考虑到沥青面层的龄期和厚度的影响。

Haas 等依据加拿大 26 个机场沥青道面的低温开裂调查数据和钻芯取样的测试数据,通过统计分析选取了影响低温开裂的主要变量(回收沥青的温感性指标 PVN 或沥青混合料的温感性指标 ΔS_m、沥青层厚度、当地的最低温度和沥青混合料的温度收缩系数),在此基础上建立了预估沥青面层横向裂缝平均间距的回归方程[16]:

$$C_s = 218 + 1.28h_a + 2.52T_{min} + 30PVN - 60\alpha \quad (R^2 = 0.70) \tag{9-20}$$

$$\text{PVN} = -1.5\frac{\lg L - \lg X}{\lg L - \lg M} \tag{9-21}$$

式中：C_s——横向裂缝平均间距(m)；

T_{min}——现场记录到的最低温度(℃)；

h_a——沥青混凝土层厚度(cm)；

α——温度收缩系数[mm/(1 000mm·℃)]；

PVN——MacLeod 提出的沥青温感性指标，无量纲；

X——沥青在 135℃时的动力黏度(centistokes)；

L——在 PVN=0 时与 P 对应的 135℃动力黏度(centistokes)，$\lg L$=4.258 00−0.796 74$\lg P$；

M——在 PVN=−1.5 时与 P 对应的 135℃动力黏度(centistokes)，$\lg M$=3.462 89−0.610 94$\lg P$；

P——沥青在 25℃时的针入度。

9.5 小　　结

(1)沥青面层由于低温收缩受到约束而引起的横向开裂，是冰冻地区沥青路面的一种常见损坏。这种损坏主要是由于环境温度的变化(低温和降温速率)和面层材料性能的不相适应所产生的。在给定的环境温度条件下，使沥青面层出现开裂和影响开裂量的因素，主要是沥青和沥青混合料的低温性能，沥青路面的结构特性(沥青层的厚度、龄期和路基类型)仅影响到沥青面层开裂量(频率或密度)。

沥青的低温性能是决定沥青面层会否出现低温开裂最主要的因素，因而，合理选择能适应当地气温条件的沥青是免除或减轻低温开裂损坏的关键。

(2)沥青的低温性能包含流变性质和断裂性质两方面。沥青的流变性质采用低温蠕变劲度(或蠕变柔度)和蠕变劲度曲线(双对数)的斜率作为评定指标。沥青的断裂性质采用低温断裂应变和断裂应力作为评定指标。此外，还可采用综合这两方面性质的临界开裂温度作为沥青低温性能的评定指标。

加拿大的沥青路面使用经验和研究分析表明，沥青的低温蠕变劲度如果在当地最低路面温度时能保持低于 200MPa(加载时间 2h)，沥青面层便可不出现低温开裂损坏。美国 SHRP 研究项目以此为基础，提出了在最低路面设计温度加 10℃时沥青的低温蠕变劲度应不大于 300MPa(加载时间 60s)以及蠕变劲度曲线(双对数)在 60s 处的斜率不小于 0.30，作为沥青的低温性能标准。同时，还认为应考虑沥青的低温断裂性质指标，以保证沥青在低温使用期内不进入脆性范围,并提出了在最低路面设计温度加10℃时沥青的直接拉伸断裂应变应大于1‰的低温性能标准。这些指标和标准都列入了沥青规范(AASHTO MP1)。后来,又将综合这两方面指标的临界开裂温度纳入了沥青补充规范(AASHTO MP1a)。选用多项标准的目的,是为了能覆盖住各种不同性质的沥青(普通沥青和改性沥青)。

(3)沥青混合料的低温性能主要决定于沥青的低温性能。因而,也可采用类似的指标(蠕变劲度和蠕变曲线斜率、断裂应变以及临界开裂温度等)对其低温性能进行评定。评定宜结合环境温度条件和路面结构状况进行,通过低温蠕变劲度的测定和温度应力的计算分析以及低温抗拉强度的测定,确定沥青面层出现低温开裂的临界温度。通过比较临界开裂温度和路面最低设计温度,可以判别沥青混合料的低温性能是否满足要求。美国SHRP研究项目制订了采用间接拉伸试验测定沥青混合料蠕变劲度和断裂应变(应力)的方法。

(4)对沥青面层低温开裂量的预估,提出过两类方法和模型。一类是力学—经验法:分析沥青面层内温度沿深度和随时间的变化;利用沥青混合料低温蠕变柔度试验数据,计算沥青层内温度应力沿深度和随时间的变化;应用断裂力学和沥青混合料抗拉强度(−10℃)的测定结果,分析开裂的发生和裂缝的发展(裂缝深度);通过野外标定建立开裂量概率模型。另一类是经验法:通过大量沥青面层低温开裂路段的调查、测试和统计分析,建立开裂量与影响变量(沥青和沥青混合料的低温性质指标、环境温度、路面结构、路面龄期、路基类型等)之间的经验回归关系式。

应用力学—经验法预估模型,需要提供沥青面层内的温度数据(分析期内不同时刻不同深度处的温度)以及沥青混合料的低温性质参数(蠕变劲度、温度收缩系数和抗拉强度)测定数据。模型预估的精度主要依赖于所提供的这两类数据的完整性和准确性。

建立经验模型需要在不同气候条件地区进行大量的调查、测试和分析工作,并选取合适的影响变量。经验模型的适用范围和预估精度,受调查地区、路面结构和沥青类型覆盖范围以及测试数据量的约束,需要不断地补充、扩大和改善。

(5)沥青面层低温开裂产生的横向裂缝会降低行驶质量(平整度变差)、增加养护维修费用(封缝、罩面等)、加速面层的损坏(路表水的渗入等)和降低其使用寿命。因而,沥青面层的容许低温开裂量需要依据道路等级、使用要求、寿命周期费用等因素,综合考虑后才能合理确定。

与沥青层永久变形的预估相似,应用低温开裂模型预估得到的临界温度或者开裂量,如果超出了设计预期或使用要求,设计时所能进行的改进,除了变更沥青面层的厚度(增加层厚以降低开裂量)外,主要从改善沥青的性质和和沥青混合料的组成着手。因此,为了控制冰冻地区沥青面层的低温开裂损坏,首要的是对沥青和沥青混合料的低温性能提出指标和标准方面的要求,并分别在沥青、沥青混合料和沥青路面设计规范中得到反映。

本章参考文献

[1] AASHTO Designation: TP 9-96. Standard test method for determining the creep compliance and strength of hot mix asphalt (HMA) using the indirect tensile test device. AASHTO, 1996.

[2] AASHTO Designation: TP 3-98. Standard method of test for determining the fracture properties of asphalt binder in direct tension. AASHTO, 1998.

[3] AASHTO. Specification for performance graded asphalt binder. AASHTO MP1-98. AASHTO Provisional Standards, 1999.

[4] ASTM Designation: D 6648-01. (or AASHTO Designation: TP1). Standard test method for determining the flexural creep stiffness of asphalt binder using the bending beam rheometer (BBR). Annual Book of ASTM Standards. Vol. 04.03, 2001.

[5] Anderson, D. A. and Kennedy, T. W. Development of SHRP binder specification. Proceedings, AAPT, Vol. 62, 1993: 481-507.

[6] Anderson, D. A., Lapalu, L., Marasteanu, M. O., Le Hir, Y. M., Planche, J-P., and Martin. Low temperature thermal cracking of asphalt binders as ranked by strength and fracture properties. TRR 1766, 2001: 1-6.

[7] Bouldin, M. G., Dongre, R., Rowe, G. M., Sharrock, M. J., and Anderson, D. A. Predicting thermal cracking of pavements from binder properties: theoretical basis and field validation. Proceedings, AAPT, Vol. 69, 2000.

[8] Burgess, R. A., Kopvillem, O., and Young, F. D. St. Anne test road. Relationships between predicted fracture temperatures and low temperature field performance. Proceedings, AAPT, Vol. 40, 1971.

[9] Busby, E. O. and Rader, L. F. Flexural stiffness properties of asphalt concrete at low temperatures. Proceedings, AAPT, Vol. 41, 1972: 163-187.

[10] Christison, J. T., Murry, D. W., and Anderson, K. O. Stress prediction and low temperature fracture susceptibility. Proceedings, AAPT, Vol. 41, 1972: 494-523.

[11] Deme, I. J., and Young, F. D. Ste. Anne test road revisited twenty years later. Canadian Technical Asphalt Association, 1987.

[12] Deme, I. Submitted discussion on "Predicting thermal cracking of pavements from binder properties: theoretical basis and field valuation". Proceedings, AAPT, Vol. 69, 2000: 493-498.

[13] Dongre, R., Bouldin, M. G., and Maurer, D. A. Field validation of new superpave low-temperature binder specification procedure. Performance data from Pennsylvania test sections. TRR 1728, 2000: 60-67.

[14] Finn, F., Saraf, C. L., Kulkarni, R., Nair, K., Smith, W., and Abdullah, A. Development of pavement structural subsystems. NCHRP 291, 1986.

[15] Fromm, H. J. and Phang, W. A. A study of transverse cracking of bituminous pavements. Proceedings, AAPT, Vol. 41, 1972: 383-423.

[16] Haas, R., Meyer, F., Assaf, G., and Lee, H. A comprehensive study of cold climate airport pavement cracking. Proceedings, AAPT, Vol. 56, 1987: 198-245.

[17] Haas, R. C. G. and Phang, W. A. Relationship between mix characteristics and low-temperature pavement cracking. Proceedings, AAPT, Vol. 57, 1988: 290-319.

[18] Hills, J. F., and Brien, D. The fracture of bitumens and asphalt mixes by temperature induced stresses. Proceedings, AAPT, Vol. 35, 1966: 292-309.

[19] Hiltumen, D. R. and Roque, R. A mechanics-based prediction model for thermal cracking of asphalt concrete pavements. Journal of AAPT, Vol. 63, 1994: 81-108.

[20] Lytton, R. L., Pufahl, D. E., Michalak, C. H., Liang, H. S., and Dempsey, B. J. An integrated model of the climate effects on pavements. FHWA: Report No. FHWA-RD-90-033, 1989.

[21] NCHRP Project 1-37A. Guide for mechanistic-empirical design of new and rehabilitated pavement structures. Final Report. 2004.

[22] Readshaw, E. E. Asphalt specifications in British Columbia for low tem-

perature performance. Proceedings, AAPT, Vol. 41, 1972: 562-581.

[23] Roque, R., and Buttlar, W. G. The development of a measurement and analysis system to accurately determine asphalt concrete properties using the indirect tensile mode. Journal of the AAPT, Vol. 61, 1992: 304-332.

[24] TSAR and TSAR-Plus Software Version 1.2.6. Abatech Inc. Wichita, Kansas, 1999. Doylestown, Pa., 1999. http://www.abatech.com/tsar.htm.

[25] Vinson, T. S., Janoo, V. C., and Haas, R. C. G. Summary report on low temperature and thermal fatigue cracking. SHRP-A/IR-90-001, 1989.

[26] Witczak, M. W., Von Quintus, H. L., Schwartz, C. W. Superpave support and performance models management: evaluation of the SHRP performance models system. Proceedings, 8th International Conference on Asphalt Pavements, Vol. 3, Seattle, 1997:175-195.

[27] Witczak, M. W., Kaloush, K., Pellinen, T., El-Basyouny, M., and Von Quintus, H. Simple performance test for mix design. NCHRP Report 465, 2002.

[28] Lee, N. K., Morrison, G. R., and Hesp, S. A. M. Low temperature fracture of polyethylene-modified asphalt binders and asphalt mixes. Journal of AAPT, Vol. 64, 1995: 534-574.

[29] Roy, S. D., and Hesp, S. A. M. Low temperature binder specification development—Thermal stress restrained specimen testing of asphalt binders and mixtures. TRR 1766, 2001: 7-14.

[30] Buttler, W. G., and Roque, R. Evaluation of empirical and theoretical models to determine asphalt mixture stiffnesses at low temperatures. Journal of AAPT, Vol. 65, 1996: 99-130.

[31] Roque, R., Hiltunen, D. R., and Stoffels, S. M. Field validation of SHRP asphalt binder and mixture specification tests to control thermal cracking through performance modeling. Journal of TTPA, Vol. 62, 1993 : 615-638.

[32] Kanerva, H. Prediction of low temperature cracking of asphalt concrete mixtures with Thermal Stress Restrained Specimen Test. Ph. D. disssertation, Oregon State University, June 1993.

第10章 粒料层和路基的永久变形

10.1 永久变形性状

路面结构在反复荷载作用下产生的过量永久(塑性)变形累积,会使路表面出现影响行车安全和舒适性的不平整(车辙),或者导致面层底面因出现过大的拉应变(或拉应力)而加速疲劳开裂。因而,限制路面结构的永久变形量是路面结构设计必须满足的一项基本要求,也是各国力学—经验法路面设计方法都考虑的一种损坏模式。

路面的永久变形为路基和路面各结构层(面层、基层和底基层)的永久变形的总和。粒料基层或底基层以及路基的永久变形是整个路面结构永久变形的一部分,所占比重随路面结构层厚度和沥青层厚度而异。据美国 AASHO 试验路的分析数据,在沥青路面结构中,沥青混凝土面层、基层、底基层和路基的永久变形对路表面永久变形(车辙)的平均贡献分别为 32%、14%、45% 和 9%[51]。因而,粒料层和路基的永久变形可占整个路面永久变形的一半,其中,绝大部分是粒料层的永久变形。AASHO 试验路的交通荷载较轻,路面结构较薄。随着路面结构的增厚,特别是沥青层厚度的增大,粒料层和路基的永久变形所占的比重逐渐降低。表 10-1 所示为美国力学—经验法路面设计指南中对现今路面各结构层永久变形所占比重的分析[33]。可看出,粒料层和路基的永久变形所占比重要比 AASHO 试验路的小得多,并且随沥青层厚度增加到 20cm 以上后下降到微量。随着沥青层厚度的减薄,传给粒料层和路基的压应力相应增加,粒料层和路基产生的永久变形所占比重也相应增大。厚度小于 10cm 的薄沥青层路面,粒料层和路基的永久变形可占到 30%。因而,粒料层和路基的永久变形对薄沥青层路面结构的影响要比对厚沥青层路面结构的影响大得多。为控制沥青路面,特别是薄沥青层路面的车辙损坏,必须限制粒料层和路基的永久变形量。

粒料和土是非线性的弹—塑性材料。粒料和土在荷载作用下的应变由可回复(回弹)应变和残余(永久)应变两部分组成。回弹应变性状通常以回弹模量指标表征,主要反映材料的刚度(抗变形能力或承载能力)。虽然每次荷载作用产生的永久应变量很小,但永久应变会在行车荷载的大量反复作用下逐步积累,从而影响到粒料层和路基以及面层的长期使用性能(图 10-1)。

各结构层永久变形所占比重随沥青层厚度的变化[33]　　　　表 10-1

结构层所占比重（%）　沥青层厚度（cm） 各结构层	<10	10～20	>20
沥青层	70	80	100
粒料基层	15	10	0
粒料底基层	10	5	0
路基	5	5	0

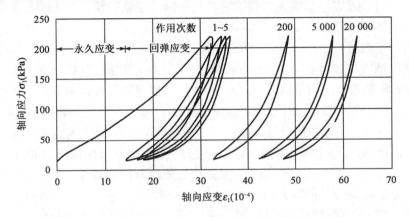

图 10-1　粒料和土在反复荷载作用下的变形

粒料和土产生永久变形的机理,迄今尚未取得充分的认识。通常认为,永久变形有三种主要机理:固结、畸变和磨损[28]。固结是颗粒组合体的形状和可压缩性的变化。由于颗粒排列和定向的变化以及集合体在不改变结构的情况下收缩,固结会导致体积减小。它主要出现于路基和粒料层的修筑(压实)过程中以及路面结构的使用初期。畸变是各个颗粒的弯曲、滑动和滚动,弯曲主要发生于扁平颗粒,而滑动和滚动出现于圆形颗粒。畸变主要受控于接触颗粒间的嵌锁作用,抵抗颗粒间滑动和滚动的阻力取决于颗粒集合体内的粒间摩阻力。磨损产生于颗粒接触点的作用应力超过颗粒强度时出现的颗粒破碎。颗粒破碎是一个渐进过程,可起始于较低的应力水平,并导致粒料和土的颗粒组成和填塞程度逐渐发生变化。只要颗粒集合体内产生磨损,永久变形便会不断累积。对粒料和土的性状进行宏观分析时,可将变形分为体积变形和剪切变形两种。这两种变形由上述三种变形机理的不同组合而成。畸变可能主要造成剪切变形,而固结和磨损可能主要对体积变形产生作用,但这种区分并不是绝对的,剪应变通常也会伴随有体积变形出现,如密实材料的膨胀。

对粒料和土永久应变性状的研究,主要应用室内反复三轴试验仪进行。在分析试验结果的基础上,了解影响永久应变性状的因素,并建立反映永久应变性状特性的模型,用于预估永久应变的累积量。由于对永久应变的研究主要探讨其长期性能,试验加载往往需要数十万乃至数百万次,因而,试验周期很长,难度较大。除了室内试验外,可在现场进行足尺路面结构的加速加载试验[4],但这类试验需耗费大量资金和人力。也许是由于这些方面的原因,对粒料和土永久应变性状的研究和取得的成果,远不及回弹应变性状。

路面结构设计对于限制粒料层和路基过量永久变形的考虑,迄今提出过多种方案。这些方案可归纳为两类。一类是依据所建立的粒料和土的永久应变预估模型,采用分层应变总和法估算永久变形累积量。这类方法需要对所选用的材料进行室内重复三轴试验,以确定相关的预估模型参数值,因而,需要进行大量的室内试验、试验路观测和验证以及路面结构的应力—应变分析工作。另一类是通过限制粒料层和路基的应力水平,使它们在重复荷载作用下产生的永久变形趋近于稳定(安定),其累积量不会对路表面的车辙或面层的开裂产生不利影响。现有的一些沥青路面结构设计方法(如 AI 法、Shell 法等)采用的路基顶面竖向压应变控制指标,可归于这类方案。这是一种适应设计实用要求的近似方法。

本章综合国外对粒料和土永久应变性状的已有研究成果,着重阐述影响粒料和土永久应变性状的各方面因素,永久应变性状本构关系模型的建立,安定理论和概念的应用以及路面设计所采用的控制永久变形累积量的方法。

10.2 试 验 方 法

粒料和土在反复荷载作用下的永久应变性状的室内试验研究,主要采用反复加载三轴试验。在试件尺寸、成型方法和围压应力施加方法(变围压或常围压)等方面,与研究回弹应变性状时的三轴试验相同(见第 5 章第 5.2 节内容)。

试件在施加反复应力之前,不需要像回弹应变性状试验那样,为消除永久应变而进行反复加载预处理。但施加反复应力的初期阶段,各个试件的永久应变试验数据变异很大,情况类似于路面施工时的压实阶段,因而,在建立永久应变与作用次数关系时,通常将前 100 次的永久应变量略去不计。

反复加载可以采用两种方式[61]:

(1)一阶段加载——以一种应力路径反复施加到每个试件。

(2)多阶段加载——按不同的应力路径,由低到高相继施加到同一个试件。

一阶段加载试验可以采用常围压或变围压应力,用以建立粒料和土在不同反复应力级位下的永久应变随作用次数变化的关系。

多阶段加载试验采用常围压应力,用以确定不产生过量永久变形时的最大应力水平。所施加的反复应力级位,应覆盖材料在路面结构中实际经受到的应力范围。可以采用高应力级位和低应力级位两种加载序列(表 10-2)。对于厚度小于 8cm 的薄沥青层下的粒料基层,应采用高应力级位加载序列;对于粒料底基层或者厚沥青层下的粒料基层,可以采用低应力级位加载序列。从序列 1 开始,每个应力路径反复施加 10 000 次;当每个加载序列结束或者轴向永久应变达到 0.5%时,转为下一个加载序列。

多阶段试验高应力和低应力级位加载序列 表 10-2

序列 1		序列 2			序列 3			序列 4			序列 5		
σ_3(kPa)	σ_d(kPa)	σ_3(kPa)	σ_d(kPa)		σ_3(kPa)	σ_d(kPa)		σ_3(kPa)	σ_d(kPa)		σ_3(kPa)	σ_d(kPa)	
常数	高 低	常数	高	低	常数	高	低	常数	高	低	常数	高	低
20	50 20	45	100	60	70	120	80	100	200	100	150	200	100
20	80 40	45	180	90	70	240	120	100	300	150	150	300	200
20	110 60	45	240	120	70	320	160	100	400	200	150	400	300
20	140 80	45	300	150	70	400	200	100	500	250	150	500	400
20	170 100	45	360	180	70	480	240	100	600	300	150	600	500
20	200 120	45	420	210	70	560	280	100	—	350	150	—	600

注:偏应力 σ_d 的最低均为 0;高-高应力级位加载序列;低-低应力级位加载序列。

10.3 影 响 因 素

影响粒料和土永久变形量和累积规律的因素有 3 个方面:作用应力(应力状况和水平、荷载作用次数、应力历史及主应力变向等)、组成和性质(集料类型、级配、细料含量等)以及状况(含水率和密实度)。

10.3.1 应力状况和应力水平

反复应力的水平是影响粒料和土永久变形发生和发展的最重要的因素之一。

许多反复荷载三轴试验结果表明,轴向永久应变及其累积同反复偏应力的大小直接相关,随着偏应力的增大,轴向永久应变量和应变累积速率相应增加。图 10-2 所示为 Muhanna 等采用不同的偏应力对黏土质砂(A-6)进行反复荷载三轴试验的结果[32]。图中,偏应力以相对于未固结和不排水(U-U)静态试验的破坏强度(最大偏应力)的百分率表示。由图中曲线可看出,随着加载次数的增加,轴向永久应变不断增长,作用的偏应力水平越高,永久应变越大,永久应变累积的速率越快。Werkmeister 对花岗闪长岩碎石粒料采用不同偏应力进行的反复荷载三轴试验也得到相同的结果(图 10-3)[54]。图中的曲线表明,在偏应力较小时(曲线 A),轴向永久应变的累积曲线在荷载作用一定次数后趋于平缓,即此时不再产生永久应变,粒料的应变成为完全回弹性的。而在偏应力较大时(曲线 C),轴向永久应变的累积曲线为上凹形,表明每一次荷载作用产生的永久应变不断增加,直到粒料出现破坏。图中曲线 B 为偏应力水平介于上述两者之间的情况,在荷载反复作用次数达到一定数量之前,轴向永久应变速率随作用次数的增加而下降到近乎不变的水平(曲线 B 的接近直线段),粒料表现出似乎达到稳定状态的性状,但随后,随着荷载作用次数的继续增加,永久应变速率又出现不断增长(曲线 B 的呈上凹形段),粒料转向破坏。图 10-3 的试验曲线表明,反复应力水平的大小不仅影响永久应变量和累积速率,也影响到粒料和土在反复荷载作用下会出现稳定或破坏的性状。

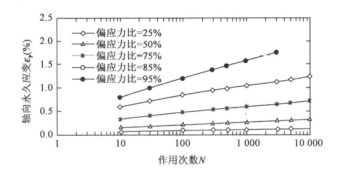

图 10-2 压实黏性土(黏土质砂)在不同偏应力比作用下的轴向永久应变累积

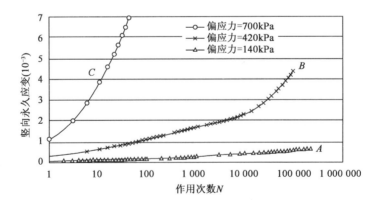

图 10-3 花岗闪长岩碎石粒料在不同反复偏应力作用下的轴向永久应变累积
注:围压应力 140kPa

除了偏应力外,围压应力也对轴向永久应变产生重大影响。随着围压应力的增大,土和粒料的永久应变量和速率相应减小,即抗永久变形能力增加。图10-4 所示为 Barksdale 对花岗片麻岩碎石粒料采用不同的常围压应力进行反复三轴试验的结果,以荷载反复作用 100 000 次后的累积永久应变表示[2]。可看出,常围压应力越小,轴向永久应变量越大。

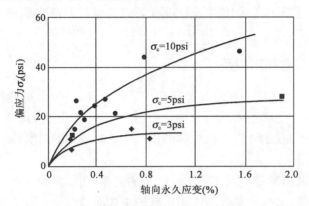

图 10-4　围压应力对轴向永久应变累积量($N=100\ 000$ 次)的影响

注:细料含量 11.25%,含水率 5.2%,1psi=6.97kPa

一些研究者依据试验结果认为,粒料的永久变形主要受偏应力与围压应力之比控制[2](图10-5)。Lashine 等在进行部分饱和碎石的反复荷载三轴排水试验时发现,轴向永久应变趋近于某个稳定值,此值直接同偏应力与围压应力的比

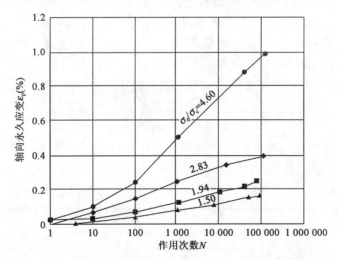

图 10-5　偏应力与围压应力之比对轴向永久应变累积的影响[2]

注:花岗片麻岩粒料,细料含量 3%,含水率 4.2%

值有关[25]。Brown 等对碎石进行的定围压应力和变围压应力的三轴试验研究，也得到了相同的结果[6]。

一些研究者采用占材料极限剪切强度的比值来解释反复荷载作用下的永久应变性状。但 Lekarp 等认为[27]，粒料在反复荷载作用下的破坏是一个渐进的过程，并不像静力破坏试验时出现的突然破坏。所以，以引起突然破坏的极限剪切强度为基数的应力比对于分析永久应变增长呈渐进式的材料性状用处不大。

10.3.2 荷载作用次数

粒料和土的永久应变在反复加载作用下的增长，是一个渐进的积累过程，每一次加载，永久应变产生微小的增量，而在作用一定次数后，永久应变便达到一定的累积量。因而，在分析土和粒料的长期性状时，荷载作用次数是一项重要的考虑因素。

永久应变累积量随荷载作用次数增长的规律，同反复荷载的应力水平有关。在高应力水平时，永久应变会随作用次数的增加而持续增长并导致材料的破坏，如图 10-3 中的曲线 C。在应力水平足够低时，永久应变的累积速率会随作用次数的增加而不断减小到一定程度，使永久变形的累积量趋近一个极限值，材料达到稳定（或平衡）状态，如图 10-3 中的曲线 A。

Morgan 的反复加载试验表明，永久应变在荷载作用了 200 万次后还在继续增加[31]。Barksdale 的试验结果还表明，在荷载作用大量次数后，永久应变的累积速率会出现突然增加[2]。而 Kolisoja 进行的研究表明，粒料在经历大数量作用次数而趋近稳定状态后，可能在随后的加载中再次出现不稳定。永久应变的这种性状犹如图 10-3 中的曲线 B，Werkmeister 称之为塑性蠕变[54]。

因此，永久应变随荷载作用次数的累积规律不能用简单的函数关系建模。

10.3.3 应力历史

粒料和土在任何时刻的永久变形同它先前经受过的应力历史（不同荷载的作用序列）有关。应力历史的影响表现为每一次荷载作用都会使材料逐渐硬化，因而，在荷载下一次作用时，所产生的永久应变占回弹应变的比例较前一次下降。图 10-6 所示为 Brown 等的试验结果[6]，可看出，应力水平采用由小到大逐次增长的顺序作用（偏应力由 250kPa 增加到 650kPa）时，所产生的永久应变要比立即作用高偏应力（650kPa）时小很多。然而，即便意识到应力历史对永久变形的影响，对这一影响的研究仍很有限。在进行永久应变的室内试验时，由于为每次施加的应力路径使用新的试件，应力历史的影响通常被消除。

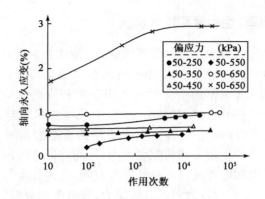

图 10-6　应力历史对永久应变的影响(围压应力 50kPa)

10.3.4　主应力变向

行车荷载作用下,粒料层和路基中的应力状况相当复杂。通常,粒料层和路基中的竖向应力和水平向应力为正的(压应力)。但在车辆驶近和驶离过程中,剪应力会随荷载脉冲的经过而变换方向,导致主应力轴出现转向(图 10-7)。

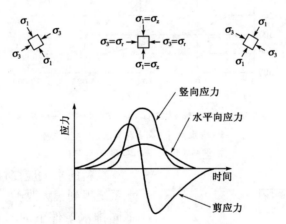

图 10-7　路基和粒料层在车轮驶经时的应力状况

为了对现场性状有可靠的预估,需要考虑主应力方向变化对土和粒料的强度和应力—应变响应的影响。主应力变向对永久应变的影响,还没有得到充分的认识。这可能是由于室内试验所采用的反复荷载三轴试验不能提供主应力方向的连续变化。但已有的研究表明,粒料在行车荷载作用下的主应力变向会产生较反复三轴试验大得多的永久应变。

10.3.5 含水率、饱和度和排水状况

含水率对粒料和土的永久变形有重大影响,特别在粒料中的细料含量较高时。图10-8所示为 Gomes Correia 对不同含水率的花岗岩粒料进行重复三轴试验的结果,可看出,含水率的变化对永久应变有较大的影响[17]。含水率的影响程度取决于土和粒料的水饱和程度。在低于最佳含水率时,增加含水率可以对强度和刚度产生积极影响。但在含水率增加到接近饱和时,土和粒料会在行车荷载的快速作用下产生较大的孔隙水压力,从而降低有效应力,减小其抗永久变形能力。许多室内和野外试验研究结果都表明,高饱和度与低透水性(排水不良)的组合会产生超孔隙水压力和低有效应力,导致土和粒料的刚度(模量)和抗永久变形的能力下降[2,13,18,29,46]。Haynes 等在早期的一项试验研究指出,饱和度由 60% 增加到 80% 时,轴向永久应变可以增大 100% 以上[18]。Barksdale 也观测到饱水试件的轴向永久应变要比部分饱和试件的大 68%[2]。Thom 等的试验表明,含水率的增加也会引起永久应变速率的较大增长,同时,即便没有产生超孔隙水压力,永久应变也会由于水的润滑作用而出现增长[46]。

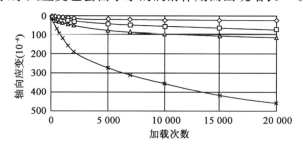

图 10-8 含水率对花岗岩粒料永久应变的影响

注:细料含量 10%,压实度 97% 左右

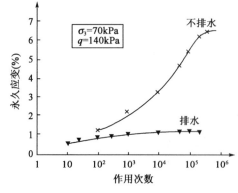

图 10-9 排水条件对永久应变的影响

粒料的永久应变性状可以通过排水系统得到很大改善。图10-9显示了不同排水条件下的三轴试验结果,表明排水对粒料永久应变的积极影响[12]。

10.3.6 密实度(压实度)

密实度(压实度)对粒料的长期性状有重要影响[2,47]。增加密实度(压实度)可以大大改善粒料在反复荷载作

用下的抗永久变形能力。图 10-10 显示了 Gomes Correia 对不同压实度的花岗岩粒料的反复三轴试验结果,可看出,压实度由 95% 提高到 100% 时,粒料的永久应变可降低 3/4 以上[17]。Barksdale 的研究表明,有些粒料在压实度由 100% 下降为 95% 时,轴向永久应变可平均增加 185%[2]。Allen 的研究结果为,密实度由轻型压实标准(Proctor)提高到重型压实标准(修正 Proctor)时,碎石的永久应变可减少 80%,砾石可减少 22%。Holubec 认为,在密实度增加时,如果反复加载时不出现瞬时孔隙压力增加,则多棱角粒料产生的永久应变减小要比圆粒料显著得多,因为在压实功相同的条件下圆粒料的初始相对密实度要比多棱角粒料高。

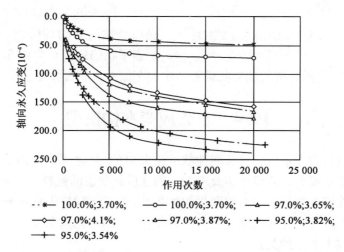

图 10-10　密实度(以压实度表示)对花岗岩粒料永久应变的影响
注:细料含量 5%,含水率低于最佳值 2%;图例中数值,前者为压实度,后者为含水率

10.3.7　级配、细料含量和集料类型

粒料的级配对永久变形有一定的影响。级配良好的密实粒料通常具有较单粒径的开级配粒料要大的抗永久变形能力。Dunlap 指出,在压实功相同的情况下,如果变化粒料的级配会引起相对密度的增加,则永久应变会减小。Thom 等的研究发现,级配对永久应变的影响随压实功水平变化[47]。如图 10-11 所示,未压实时,均匀级配粒料的永久应变较密级配粒料小;而当试件受到重压实时,各种级配粒料抵抗永久应变的能力基本相同。但 Dawson 等得到不同的试验结果,发现级配对永久变形的影响要比压实度大得多,最密实的混合料具有最大的抗永久应变能力[13]。Kamal 等的室内和野外试验也得出了类似的结果[21]。

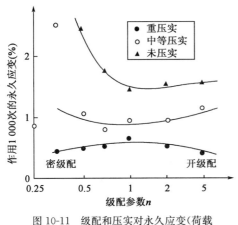

图 10-11 级配和压实对永久应变(荷载作用 1 000 次)的影响

Barksdale[2] 和 Thom 等[47] 研究了细料含量对永久变形的影响,得到了粒料抗永久变形能力随细料含量增加而降低的结论。Allen 将相同密实度的各类粒料在永久应变上的差别同颗粒的表面特性相关联,认为棱角状的碎石具有比圆粒状的砾石要小的塑性变形,此性状是由于棱角状材料因颗粒间较好的嵌锁而具有较高的抗剪摩阻角。Barksdale 等研究了集料形状和表面特性对车辙的影响,得到的结论是扁平状的碎石产生的车辙略多于其他形状碎石,表面光滑的圆粒状砾石产生的车辙要比碎石大得多[3]。

10.4 永久应变本构模型

研究粒料和土永久应变长期性状的主要目的,是建立可以预估永久应变累积的本构关系模型。此模型主要考虑不同性质和状态的粒料和土的永久应变如何随荷载作用次数的增加而逐渐累积的规律,以及不同应力状况和水平所起的重要作用。迄今建立的模型可分为 3 种类型,分别考虑永久应变累积同荷载作用次数和应力水平的关系。

10.4.1 同荷载作用次数相关的模型

Barksdale 对不同基层材料的永久应变性状进行了广泛的反复加载三轴试验(作用 10^5 次)后发现,在偏应力与围压应力之比不变的条件下,轴向永久应变的积累同加载次数的对数成正比(图 10-5)[2]:

$$\varepsilon_{1p} = a + b\lg N \tag{10-1}$$

式中:a、b——试验确定参数。

Sweere 研究了粒料的长期响应,发现在重复作用 10^6 次后的试验结果不能用上述半对数关系式拟合,为此建议在大量反复作用次数时采用双对数关系式[44]:

$$\varepsilon_{1p} = aN^b \tag{10-2}$$

Wolff 等采用重车模拟设备(HVS)在足尺试验路段上进行数百万次作用后,对上述双对数关系式提出了质疑。他们认为,永久变形由两阶段构成:初始阶段(作用 120 万次之前),永久变形快速发展,但增长率不断减小;第二阶段,永久变形的发展速率要慢得多,其增长率趋近于一个定值。由于双对数关系式对大荷载作用次数的永久应变不能给出可靠的估计,Wolff 等建议采用下述永久应变模型[55]:

$$\varepsilon_{1p} = (cN + a)(1 - e^{-bN}) \tag{10-3}$$

式中:a、b、c——试验确定参数。

Khedr 对石灰岩碎石进行永久应变性状研究后认为,永久应变累积速率随作用次数呈对数下降,可采用下式表述[22]:

$$\frac{\varepsilon_{1p}}{N} = BN^{-m} \tag{10-4}$$

式中:m——材料参数;

B——材料和应力—应变参数,为剪应力比和回弹模量的函数。

上述关系式都暗示,永久应变会随作用次数无限累积。但许多研究结果表明,当作用的重复应力保持在某一水平下时,所产生的永久应变最终会停止增加,达到平衡状态。

Paute 等假设永久应变的逐渐增长趋向一个渐近值,在反复荷载作用 100 次后的轴向永久应变累积可用下式表述(不计反复荷载头 100 次作用产生的轴向永久应变)[34]:

$$\varepsilon_{1p} = A\left[1 - \left(\frac{N}{100}\right)^{-b}\right] \tag{10-5}$$

式中:A、b——试验确定参数。

当荷载作用次数趋近于无限时,永久应变趋近于极限值 A,此值即为总轴向永久应变。Lekarp 等对 5 种粒料进行重复三轴试验以验证 Paute 的关系式,依据试验结果认为,Paute 等建议的关系式在作用应力水平低,永久应变会停止增长而达到平衡状态的情况下可以成功地应用于预估永久应变,但在作用应力水平高,永久应变累积会不断增长的情况下,此关系式预估永久应变的准确度较差[26,27]。

上述模型都未直接显示永久应变累积同应力状况的关系,但各个模型都是在一定的应力状况和作用次数条件下建立的,因而它们间接地反映了相应的应力状况和作用次数适用范围。

10.4.2 同应力状况相关的模型

许多研究结果都表明,应力状况对永久应变的发展有重大影响,永久应变的性状主要受某种形式的应力比控制。

Lashine 等对部分饱和的碎石进行反复荷载三轴排水试验,进行 20 000 次反复作用后量测到的轴向永久应变稳定在一个不变的水平,它可直接同偏应力与围压应力的比值相关联[25]：

$$\varepsilon_{1p} = 0.9 \frac{q}{\sigma_3} \tag{10-6}$$

式中:q——偏应力；

σ_3——围压应力。

Barksdale 利用土和粒料的反复荷载三轴试验结果,将轴向永久应变同反复偏应力和常围压应力之比相联系,应用 Duncan 和 Chang 依据静三轴试验提出的复双曲线表达式[15],推导了荷载反复作用一定次数后的轴向永久应变与作用应力的关系式[2]：

$$\varepsilon_{1p} = \frac{q/(a\sigma_3^b)}{1 - \left[\dfrac{(R_f q)/2(c\cos\varphi + \sigma_3 \sin\varphi)}{1 - \sin\varphi}\right]} \tag{10-7}$$

式中:c,φ——黏结力和摩阻角；

　　R_f——联系抗压强度和渐近应力差的常数；

　　a、b——试验参数。

Paute 等为最大轴向永久应变定义了极限值,即式(10-5)中的参数 A,并认为它随最大剪应力比(应力参数参照图 10-12 确定)按双曲线关系式变化[34]：

$$A = \frac{\dfrac{q_{max}}{p_{max} + p^*}}{b\left[m - \dfrac{q_{max}}{(p_{max} + p^*)}\right]} \tag{10-8}$$

式中:q_{max}——最大偏应力；

　　p_{max}——最大平均法向应力；

　　p^*——静破坏线同 p 轴相交的应力参数；

　　m——静破坏线的斜率；

　　b——回归系数。

Lekarp 等利用三轴试验结果对 Paute 等的上述关系式进行了验证,发现静破坏线的估算会导致不合理的参数数值,或者与实测值的相关系数很低,并认为总轴向永久应变同静破坏线没有明显的关联[26]。Lekarp 还认为,由于粒料的性状很复杂,反复加载和静加载并不一定产生相同的结构响应,因而,寻找将永久变形同某种静破坏或屈服标准相关联的方法,都存在前面提到的静载一次性破坏同反复作用渐进性破坏的性状不相同的问题[28]。

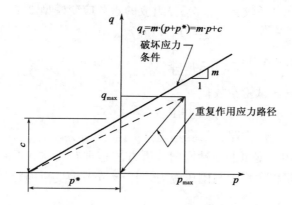

图 10-12　式(10-8)中应力参数的确定

Lekarp 等分析了粒料的反复加载三轴试验结果后发现,在累计永久应变、应力路径长度以及最大剪应力和法向应力比之间可以建立下述形式简单的关系[27]:

$$\frac{\varepsilon_{1p}(N_r)}{L/p_0} = a\left(\frac{q}{p}\right)^b_{\max} \tag{10-9}$$

式中：$\varepsilon_{1p}(N_r)$——在作用 N_r 次($N_r>100$)后的累积轴向永久应变；

　　　L——应力路径长度，$L^2 = q^2 + p^2$；

　　　p_0——参照应力(kPa)；

　　　a、b——回归系数。

10.4.3　同作用次数和应力状况相关的模型

Kim 等采用 13 种应力组合对基层粒料进行常围压应力三轴试验,依据试验结果(共 3250 组数据)将永久应变累积同作用次数和应力水平(偏应力 q 和围压应力 σ_3)联系起来,通过回归分析认为,下述指数或对数形式的模型具有较高的相关性[23]:

$$\varepsilon_{1p} = aq^b\sigma_3^c N^d \quad (R^2 = 0.843) \tag{10-10}$$

$$\varepsilon_{1p} = a\left(\frac{q}{\sigma_3}\right)^b N^d \quad (R^2 = 0.617) \tag{10-11}$$

式中：a、b、c、d——由回归分析得到的模型参数。

Gidel 等采用分阶段反复加载的试验方法得到的试验结果表明[57],永久应变随平均主应力 p 及偏应力与平均主应力之比 q/p 的增加而增长,并与应力比 q/p 的应力路径长度高度相关。在此基础上,建立了由作用次数函数 $f(N)$ [式

(10-5)]和作用应力函数 $g(p_{max},q_{max})$ 组成的永久应变模型[57]:

$$\varepsilon_{1p} = f(N)g(p_{max},q_{max})$$

$$\varepsilon_{1p} = A\left[1-\left(\frac{N}{100}\right)^{-b}\right]\varepsilon_0\left(\frac{L_{max}}{p_a}\right)^n\left(m+\frac{s}{p_{max}}-\frac{q_{max}}{p_{max}}\right)^{-1} \quad (10\text{-}12)$$

式中:ε_0, m, n, s——试验参数;

p_a——参照应力(100kPa);

L_{max}——应力路径长度,$L_{max}^2 = p_{max}^2 + q_{max}^2$。

Perez 等采用多变量非线性回归分析方法整理花岗岩碎石粒料的永久应变试验结果,建立了以主应力与围压应力之比(σ_1/σ_3)为变量的粒料永久应变累积模型[58]:

$$\varepsilon_{1p}(\%) = AN^B + (CN+D)(1-e^{-EN}) \quad (10\text{-}13)$$

$$A = a_1\left(\frac{\sigma_1}{\sigma_3}\right)^{a_2}; B = b_1\left(\frac{\sigma_1}{\sigma_3}\right)^{b_2}; C = c_1\left(\frac{\sigma_1}{\sigma_3}\right)^{c_2}; D = d_1\left(\frac{\sigma_1}{\sigma_3}\right)^{d_2}; E = e_1\left(\frac{\sigma_1}{\sigma_3}\right)^{e_2}$$

式中:A, B, C, D, E——应力比和材料性质的函数;

A——截距系数;

B——控制弯曲的系数;

C——渐近线的坡度;

D——渐近线的截距;

E——第二段曲线的弯曲。

上式第一项,永久应变与作用次数成双对数关系;上式第二项,永久应变在荷载反复作用一定次数后随作用次数呈线性增长。在应力比小、永久应变累积速率下降而达到稳定状态时,应变完全为回弹性的,式中参数 C, D 和 E 均为零。

Veverka 在研究了粒料的回弹和塑性性状后发现,塑性应变和回弹应变之间存在相关关系,建议采用以下简单关系式表述[50]:

$$\varepsilon_{1p} = a\varepsilon_r N^b \quad (10\text{-}14)$$

式中:ε_r——回弹应变;

a、b——回归系数。

欧盟委员会的 COST337 项目认为,在永久应变与回弹应变之间建立关系可便于采用增量损坏方式计算永久变形累积量,所建议的关系式形式为[11]:

$$\varepsilon_p = a\varepsilon_r^b N^c \quad (10\text{-}15)$$

或

$$\varepsilon_p = a\varepsilon_r^b\left(\frac{\sigma_r}{p_a}\right)^c N^d \quad (10\text{-}16)$$

式中:σ_r——回弹应力;

p_a——参照应力,通常取为大气压力(100kPa);

a、b、c、d——回归系数。

Tseng 等采用回弹应变变量建立的永久应变模型为[48]：

$$\frac{\varepsilon_p}{\varepsilon_r} = \left(\frac{\varepsilon_0}{\varepsilon_r}\right) e^{-\left(\frac{\rho}{N}\right)^\beta} \tag{10-17}$$

式中：ε_p、ε_r——永久应变和回弹应变；

N——作用次数；

ε_0、ρ、β——与材料性质有关的参数。

Uzan 认为粒料的永久应变和回弹应变之比是体应力和八面体剪应力的函数，其关系式为[49]：

$$\lg \frac{\varepsilon_p}{\varepsilon_r} = \left[a_0 + a_1\left(\frac{\theta + k_6}{p_a}\right) + a_2\left(\frac{\tau_{oct}}{p_a}\right)\right] + \left[b_0 + b_1\left(\frac{\theta + k_6}{p_a}\right) + b_2\left(\frac{\tau_{oct}}{p_a}\right)\right]\lg N \tag{10-18}$$

式中：θ——体应力；

τ_{oct}——八面体剪应力；

p_a——参照应力；

k_6——参数，代表吸力和残留应力；

a_i、b_i——常数。

黏性土路基的永久应变和回弹应变之比与作用次数之间，可采用下述关系式[49]：

$$\lg \frac{\varepsilon_p}{\varepsilon_r} = a_0 + b_0 \lg N \tag{10-19}$$

式中：a_0——常数，$a_0 = -1.38164$；

b_0——常数，$b_0 = 0.324655$。

10.5 安定理论

粒料和土的永久应变累积规律同反复荷载的水平和作用次数有关。在应力水平低时，永久应变的累积随作用次数的增加而逐渐趋于稳定，最终达到平衡状态，永久应变不再继续累积。而在高应力水平时，永久应变随作用次数的增加而加速积累，并最终导致破坏。这种性状表明，存在一个区分粒料层和路基在反复荷载作用下趋向稳定或破坏状况的临界应力水平的可能性。此临界应力水平可称作"安定极限"。如果使路面结构内粒料层或路基土所承受的最大应力水平不超过此安定极限，则粒料层或路基可在荷载多次反复作用后表现出回弹性状，而其永久变形累积量可以控制在有限的范围内。此安定极限可应用安定理论或其概念通过理论分析或试验研究确定。

安定理论是塑性理论的一个分支,探讨结构在反复荷载作用下的不可回复响应。最初被提出以分析压力仓承受周期热加载的性状,随后应用于分析金属表面在反复滚动和滑动荷载作用下的性状。

材料在反复加载作用下的响应可分为4种类型[10,53]:

(1)纯弹性——所作用的反复应力足够小,以致没有材料单元达到屈服状态,在整个加载进程中,全部变形完全恢复,其响应是纯弹性的。

(2)弹性安定——所作用的反复应力略低于产生塑性安定所需的水平,在有限的荷载作用次数内,材料的响应是塑性的,然而最终的响应仍然是纯弹性的,此时,可认为材料处于安定状态,所达到的最大应力水平称作弹性安定极限。

(3)塑性安定——所作用的反复应力略低于塑性应变累积产生增量性破坏所需要的水平,材料最终达到的长期稳态响应是,塑性应变不再累积,每一次加载的响应都是滞回的,一旦达到纯回弹响应,便可认为材料已安定,在这种状态下可达到的最大应力水平称作塑性安定极限。

(4)增量性破坏——所作用的反复应力足够大,使材料达到或超过屈服状态,其响应都是塑性的,每一次加载都导致塑性应变量的增长,材料在较短时间内出现破坏。

依据对材料性状的上述认识,Sharp首先探讨了安定概念在路面设计中应用的可能性[40,41]。而后,Raad[37,38]和Collins等[5,10]分别应用静力学安定原理和运动学安定原理推演了路面结构中粒料层(基层或面层)的安定极限的上限解和下限解,并分析了材料性质参数(粒料的黏结力和内摩阻角)和粒料层厚度对安定极限荷载的影响。

Werkmeister等对砂砾和花岗闪长岩粒料进行了反复荷载三轴试验,以研究其永久应变性状[54]。在定围压压力和不同偏应力条件下得到的反复加载试验数据,可以整理成竖向永久应变随作用次数累积的曲线,这些曲线按作用偏应力大小的不同而呈现出3种形态(图10-3)。试验数据还可按另一种方法整理,将竖向永久应变累积同(每次荷载的)竖向永久应变速率点绘成图10-13所示的曲线。这种表述可以更清楚地区分或确认出图10-3中的3种永久应变累积曲线的性状。

图10-13中不同偏应力的3种试验曲线形态分别聚集在标示为A、B和C的3个区域内。图中A区内的曲线和图10-3中最下面的一条曲线处于塑性安定范畴。在荷载作用有限次数内粒料的响应是塑性的,但永久应变速率随作用次数的增加而逐渐减小,到一定次数后保持微小的波动(图10-14),其响应变成完全回弹的。这就有效地阻止了永久应变的继续积累,使之逐渐趋近于最终稳

定的永久应变累积值。比较 A 区内的各条曲线，可看出永久应变累积量同反复荷载水平有关，它们随反复偏应力的增大而增加。同时，在永久应变停止前所需的作用次数也随反复偏应力的增大而增加。处于这种状态的粒料层在反复荷载的作用下会"安定下来"，具有稳定的平衡性状。如果总的永久应变累积量足够小的话，便是路面所容许的一种性状。

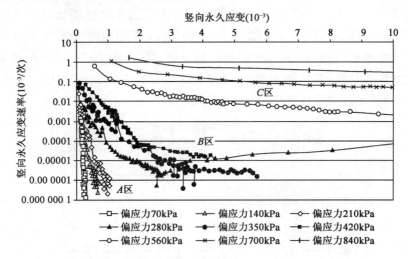

图 10-13　竖向永久应变速率与竖向永久应变量的关系曲线
注：花岗闪长岩，围压应力 140kPa

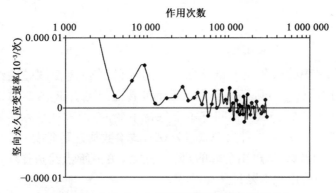

图 10-14　竖向永久应变速率随荷载作用次数的变化
注：砂砾，偏应力 70kPa，围压应力 70kPa

图 10-13 中 C 区内的曲线和图 10-3 中最上面的一条曲线处于增量性破坏范畴。粒料的应变响应完全是塑性的，每一次加载的永久应变在不断增长，应变累积没有停止迹象。比较 C 区内的曲线可以看出，永久应变速率随反复偏应力水平的增大而增加；同 A 区和 B 区相比，应变速率下降很缓慢，甚至没有下降。

259

处于 C 区内的路面会由于粒料层产生的剪切变形而在路表面出现车辙。设计良好的路面不应出现这种性状。

图 10-13 中 B 区内的曲线和图 10-3 中间的一条曲线处于塑性蠕变范畴。在荷载反复作用的初期,永久应变速率由高水平下降为低的接近于不变的水平。达到这一常应变速率水平所需的加载次数取决于材料性质和反复偏应力水平。由于应变速率水平几乎不变,可以观测到永久应变近乎线性增加(图 10-3)。但随着荷载作用次数的进一步增加,永久应变速率又开始缓慢地增加,并在继续作用一定次数后出现象图 10-13 中 C 区的增量性破坏。图 10-15 所示为 B 区内一条曲线的试验结果,在作用 380 000 次后永久应变速率开始出现缓慢的增长,到 700 000 次时出现增量性破坏。

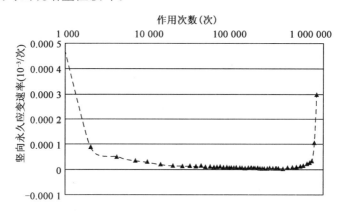

图 10-15 竖向永久应变速率随作用次数的变化
注:花岗闪长岩,偏应力 280kPa,围压应力 140kPa

与图 10-13 中的永久应变试验曲线相对应的回弹应变试验曲线绘示于图 10-16。由竖向回弹应变随荷载作用次数的变化曲线可看出,A 区和 B 区的试件的回弹应变水平在整个试验期间基本上保持不变,而回弹应变水平则取决于反复偏应力水平。但 B 区试件出现增量性破坏时,回弹应变会增长。C 区试件的回弹应变随作用次数的增加而显著下降。因而,图中所示的回弹应变随作用次数的不同响应,可用于区分 B 区和 C 区。

Werkmeister 等总结以上试验结果和分析后认为,粒料的永久变形性状可以更恰当地分为 3 种类型(图 10-17)[54]:

(1)塑性安定(A 区)。

(2)塑性蠕变(B 区)。

(3)增量性破坏(C 区)。

第 10 章 粒料层和路基的永久变形

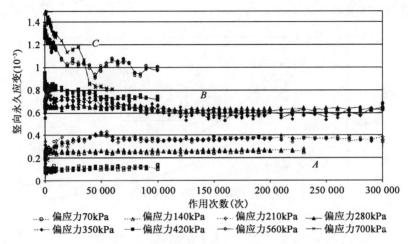

图 10-16 竖向回弹应变随作用次数的变化
注：花岗闪长岩，围压应力 140kPa

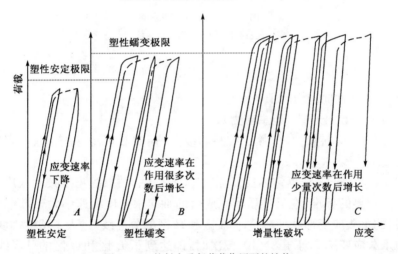

图 10-17 粒料在重复荷载作用下的性状

如果作用荷载低于塑性安定极限值（控制在 A 区内），永久应变的增长会逐渐趋于稳定，粒料层便会达到一个与荷载相适应的安定状态，在随后的荷载作用下粒料的响应将会是完全回弹性的。为了实现这一点，需要确定区分 A 区和 B 区的分界应力水平。Werkmeister 等分析试验结果后认为，可以依据永久应变和回弹应变试验数据，在作用应力比及 A 区和 B 区应变性状的差异之间建立关系。图 10-18 即是按这一方法确定的区分 A 区和 B 区的分界应力比，图中低线按回弹应变数据确定，高线按永久应变数据确定，高线和低线之间为粒料由 A 区性状向 B 区性状过渡。参照图中的分界曲线，Werkmeister 等提出了采用下述指数关系定义各区的边界：

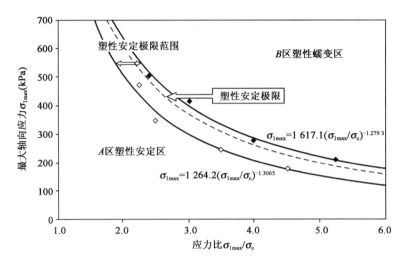

图 10-18 塑性安定极限区
注：花岗闪长岩，含水率 4%

$$\sigma_{1\max} = \alpha \left(\frac{\sigma_{1\max}}{\sigma_3} \right)^\beta \tag{10-20}$$

式中：$\sigma_{1\max}$——轴向应力峰值；

σ_3——围压压力（小主应力）；

α、β——材料参数，依赖于粒料的级配、颗粒形状、颗粒表面、压实程度和含水率等。

Werkmeister 还依据室内反复加载三轴试验的结果提出了按永久应变速率划分各区边界的标准：在后期压实完成后的轴向永久应变速率大于 $1×10^{-8}$/次时，粒料的永久应变形状便越过了 A 区和 B 区的分界线，进入了塑性蠕变区；而在轴向永久应变速率等于 $8×10^{-8}$/次时，即达到了 B 区和 C 区的分界线，并认为这些标准似乎与材料的性质无关[59]。

Muhanna 等对 A-6 黏性土（黏土质砂，塑性指数 18.5，最大干重度 17.52kN/m³，最佳含水率 15.7%）进行反复荷载不固结、不排水三轴试验（半正弦脉冲 0.1s，间歇 0.9s，最大加载次数 10 000 次），以研究路基土的回弹应变和永久应变性状[32]。在 3 种含水率（最佳、低于最佳 2.5%、高于最佳 2.5%）和不同应力水平（以偏应力同破坏时偏应力或 5%轴向应变时偏应力的比值来定义）时，量测不同加载次数时的轴向回弹应变和永久应变。部分试验数据（最佳含水率时）绘示于图 10-19。

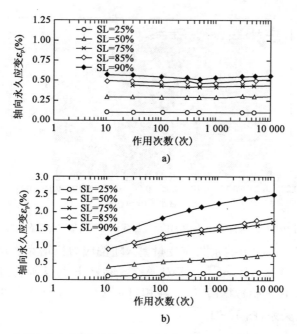

图 10-19 不同应力比时压实黏性土的回弹应变和永久应变累积随作用次数的变化
a)回弹应变;b)永久应变
注:图中 SL 为偏应力比

回弹应变的试验结果表明,3 种含水率、不同应力水平的回弹应变随作用次数的变化很小;含水率越大或应力水平越高,回弹应变越大。永久应变的试验结果表明,永久应变随作用次数不断增加;应力水平越高,永久应变量越大;含水率越高,永久应变量也越大。

路基土在反复荷载作用下会按作用应力水平的不同进入两种状态。应力水平高时,永久变形随作用次数迅速增长,积累到足够大后便进入破坏状态。应力比低时,永久应变的累积速率($\varepsilon_p/\Delta N$)随作用次数迅速下降,直到一个很小的值(大部分试件在作用 10 000 次时的速率为 10^{-5}/次)。可以认为这一速率很小,在荷载随后的作用下,永久变形仅有微小的增长,应力—应变形成一个稳定的滞回线。处于这一状态的土可以称之为似安定。

将不同应力水平(以偏应力比表示)和不同相对含水率[以$(w-w_0)/w_0$ 定义]的反复加载试验结果点绘成图 10-20,可以按试件所达到的状态的不同,划出似安定状态的边界线 AB 和不稳定状态的边界线 $A'B'$ 线。由于两条边界线之间的过渡区间很小,可以在其中间绘出一条曲线,作为似安定状态的包线,由此可以得到区分两种状态的偏应力比和相对含水率条件。

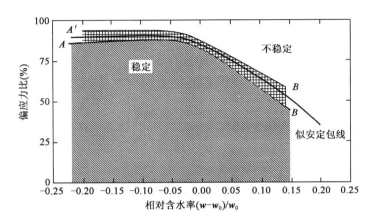

图 10-20 压实黏性土(A-6)在反复加载作用下的似安定状态包线

处于似安定状态的土的永久应变量 ε_p^* ,随偏应力比增大而增加,也随相对含水率的增加而增长。Raymond 等对 A-7-6 黏性土也得到了相同的性状[39]。Muhanna 等在整理试验数据后发现,在相对永久应变的对数和相对含水率之间可以建立线性关系(图 10-21)[32]:

$$\lg\left[\frac{\varepsilon_p^*}{S^{7/4} \cdot e^3}\right] = 1.3 + 2.476 \times \frac{w - w_0}{w_0} \tag{10-21}$$

$$(R^2 = 0.915, s = 0.242)$$

式中:ε_p^*——处于似安定状态下不同应力水平的永久应变量;

S——偏应力水平,q/q_f;

q、q_f——反复偏应力和破坏偏应力;

e——孔隙比;

w、w_0——含水率和最佳含水率(%)。

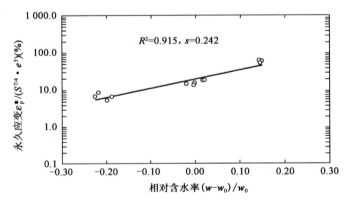

图 10-21 压实黏性土(A-6)在似安定状态下的永久应变累积模型

Muhanna 等还发现,处于似安定状态的永久应变量同相对回弹应变之间也可建立线性关系(图10-22)[32]:

$$\varepsilon_e^* = (0.0132 + 0.27\varepsilon_p^*)[1-(w-w_0)/w_0]^4$$
$$(R^2 = 0.94, s = 0.05) \qquad (10\text{-}22)$$

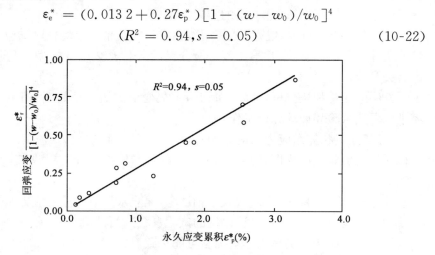

图 10-22 压实黏性土(A-6)在似安定状态下的回弹应变同永久应变量的关系

10.6 路面设计中的应用

粒料层和路基产生过量的永久变形会促使路面出现车辙或者加速面层的疲劳开裂。为此,路面结构设计要考虑限定粒料层和路基产生的永久变形量。各种设计方法采用不同的思路和方案。一种方案是预估使用期内粒料层和路基的累积永久变形量,并依据使用要求设定永久变形量的容许标准,而永久变形量的预估采用分层应变总和法进行。另一种方案是限制传到粒料层和路基内的应力水平,以保证粒料层和路基不产生过量的永久变形或者处于安定状态,使累积永久变形量控制在不使路面结构产生损坏的容许范围内。

10.6.1 分层应变总和法

分层应变总和法是一种分析永久变形的方法。将各结构层划分为若干个薄层;分别计算该层中点的应力和相应的永久应变平均值;在与该层的厚度相乘后得到其永久变形;然后迭加各薄层的永久变形便可得到该结构层的总永久变形量 $\delta_p(N)$[2],即:

$$\delta_p(N) = \sum_{i=1}^{n}[\varepsilon_{pi}(N)h_i] \qquad (10\text{-}23)$$

式中:N——荷载反复作用次数;

n——结构层的分层数；

h_i——第 i 层的厚度；

$\varepsilon_{pi}(N)$——作用 N 次时第 i 层的竖向永久应变。

各层材料的竖向永久应变随作用次数增长的关系，与材料性质、应力水平和环境条件有关，须利用本章第 4 节中所介绍的各种永久应变模型并通过试验确定有关参数。

分层应变总和法分析计算路面结构永久变形的概念很简明，但具体实施时需进行下述试验和计算分析工作：

(1) 建立层状体系应力—应变响应模型，由于材料的应力（应变）依赖性，它们往往呈现出非线性特性，因而，须采用非线性弹性理论分析模型和有限元分析方法。

(2) 对各层材料进行反复加载三轴试验，建立永久应变量与应力水平和作用次数的试验关系式（或确定已选模型的试验参数），而试验条件（环境、应力状况）须与当地路面结构的实际工作状况尽可能一致。

(3) 应用试验结果建立各层材料的作用应力与弹性和塑性应变的本构关系（材料的永久应变性状曲线）。

(4) 将室内试验和分析结果同试验路面或使用路面的观测结果相对比，以修改和完善计算模型和有关参数。

在上述试验、理论和计算分析的基础上，才有可能按式(10-23)计算粒料层或路基的永久变形量。因而，这一方法的实际应用难度较大，试验和计算分析工作量很繁重，适宜于作为研究工具以了解和比较各结构层材料和路面的性状和性能，而很难应用于路面结构的日常设计。

美国力学—经验法路面设计指南采用了分层应变总和法预估粒料层和路基的永久变形量。它以 Tseng 等建立的永久应变预估模型[式(10-17)][48]为基础，进行了简化和标定，提出了预估粒料层和路基各分层永久变形的修正模型[33]：

$$\delta_p(N) = \beta_c \left(\frac{\varepsilon_0}{\varepsilon_r}\right) e^{-\left(\frac{\rho}{N}\right)^\beta} \varepsilon_v h \tag{10-24}$$

$$\lg\beta = -0.61119 - 0.017638 w_c \tag{10-25}$$

$$\lg\left(\frac{\varepsilon_0}{\varepsilon_r}\right) = 0.5(e^\beta \times a_1 E_r^{b_1}) + 0.5\left[e^{\left(\frac{\rho}{10^7}\right)^\beta} \times a_2 E_r^{b_2}\right] \tag{10-26}$$

$$\rho = 10^7 \left[\frac{c_0}{1-(10^7)^\beta}\right]^{-\beta} \tag{10-27}$$

$$w_c = 51.712 \left[\left(\frac{E_r}{2555}\right)^{\frac{1}{0.64}}\right]^{-0.3586 \times d_w^{0.1192}} \tag{10-28}$$

$$c_0 = \ln\left(\frac{a_1 E_r^{b_1}}{a_2 E_r^{b_2}}\right) \tag{10-29}$$

式中： $\delta_p(N)$ ——荷载作用 N 次后该分层的永久变形(in,1in＝2.54cm)；

$\varepsilon_0, \beta, \rho$ ——该分层材料性质参数；

ε_r ——为获得上述材料性质参数在实验室试验中所施加的回弹应变；

ε_v ——从基本响应模型得到的该分层的平均竖向回弹应变；

h ——该分层的厚度(in,1in＝2.54cm)；

β_c ——该模型的标定系数；

w_c ——含水率(%)；

E_r ——该分层的回弹模量(psi,1psi＝6.97kPa)；

d_w ——地下水位深(ft,1ft＝0.305m)；

a_1, b_1, a_2 和 b_2——系数，相应为 $1.094\,2\times10^{-18}$，$3.520\,049$，$0.031\,622\,78$ 和 0.5。

利用 28 个州的 88 个长期使用性能(LTPP)项目新建路段的 387 个车辙观测数据，对预估模型进行标定，得到粒料层的标定参数 $\beta_c=2.2$，模型的相关系数 $R^2=0.623\,5$，估计误差 $S_e=0.014$in；路基土的标定参数 $\beta_c=8.0$，模型的相关系数 $R^2=0.190\,8$，估计误差 $S_e=0.056$in。

10.6.2　路基顶面竖向压应变法

1962 年，Pettie 和 Dormon 相应提出了通过控制路基顶面的竖向压应力或压应变来限制路基土的永久变形，并进而限制路面结构永久变形的构想[14,35]。其论点是，路面结构的功能是防止路基受到过量的应力，因为后者会使路基产生过量的永久变形，并使路面结构相应产生过大的永久变形或(和)开裂；材料的塑性应变与弹性应变成正比，弹性应变限定在规定的范围内，塑性应变也就可相应地被限定；而控制住路基的弹性应变水平，路基以及路面结构的塑性应变以及永久变形量也可相应地得到控制。对于路基顶面的容许竖向压应变或压应力值，建议通过对使用性能已知的路面结构进行路基压应变或压应力反算后确定(例如，利用 CBR 设计曲线，AASHO 试验路等)。这一采用路基顶面竖向压应变指标的构想为许多设计方法所采用[42,43,52,9,1,19,20]。

Pettie 利用 CBR 设计曲线反算得到路基压应力与路基土 CBR 值的关系曲线。Dormon 等则利用 AASHO 试验路的观测资料(50 个试验段)，按现时服务能力指数 PSI 为 2.5 的路面状况(1.8m 直尺量测的车辙深度小于 20mm)，通过结构反算，建立了标准轴载(80kN)作用次数与路基顶面容许竖向压应变的经验关系式：

$$\varepsilon_z = aN^{-b} \qquad (10\text{-}30)$$

式中：ε_z——路基顶面容许竖向压应变；

N——荷载反复作用次数；

a,b——经验回归系数。

在整理分析时发现，采用路基压应变替代压应力可以使关系式不随路基模量而变化。这一压应变关系式随后成为 Shell 设计方法的一项设计指标。其经验回归系数经历了多次修正，1987 年，利用 AASHO 试验路全部试验段（300个）的观测资料重新整理后得到的不同保证率时的系数值[16]，列于表 10-3。

诺丁汉大学通过分析已知使用性能的英国路面（沥青面层年平均温度 15℃，热碾沥青混合料 HRA），按临界和破坏两种路面状况（车辙量相应为 10mm 和 20mm）分别得到的经验回归系数[8,9]也列于表 10-3。由于密实型沥青碎石混合料 DBM 的抗车辙能力优于 HRA，路面结构采用这种混合料时，采用式(10-30)计算路基顶面容许竖向压应变时须将轴载作用次数除以系数 1.56。

AI 选用 Monismith 等依据美国加州的情况和车辙量为 12.7mm 的标准反算出的关系式[30]，其经验回归系数列于表 10-3[43]。

路基顶面容许竖向压应变关系式的经验回归系数　　　表 10-3

方　法		$a(\times 10^{-2})$	b
Shell[16]	PSI＝2.5（车辙深 20mm）	2.8（保证率 50%） 2.1（保证率 85%） 1.8（保证率 95%）	0.25
AI[43]	车辙深 12.7mm	1.05	0.223
诺丁汉[9]	临界（车辙深 10mm） 破坏（车辙深 20mm）	1.04 2.16	0.27 0.26
比利时[50]		1.1	0.23
澳大利亚[19]		0.93	0.143
新西兰[36]	按 5 种试验路面测定得到	1.20	0.145
法国[20]	平均日轴次＞150 轻交通	1.2 1.6	0.222

澳大利亚选用 Shell 的方案，在按澳大利亚设计方法计算得到的路基压应变与观测到的因粒料层和路基而产生的车辙量和平整度所容许的加载次数之间建立关联，在此基础上制订出 1992 年路面设计指南中的路基压应变标准。2002 年的设计指南又对 1992 年指南中的标准进行了修正[19]，其系数值列于表 10-3。新西兰自 1995 年起也采用澳大利亚 1992 年的标准。1990～1996 年间，新西兰

在室内加速试验装置(环道)上对4种路面结构,并在运营道路上对一种路面结构,进行了反复加载情况下的路基顶面和粒料层的竖向压应变测定[36]。测定结果表明,路基顶面和粒料层的竖向压应变实测值均要比按Shell、澳大利亚和新西兰老关系式计算得到的预估值高许多,这表明这些预估关系式偏于保守[36]。但须指出的是,这一结论还须考虑路上实际情况(例如,环境影响)与室内试验条件存在的差异。

其他国家设计方法中采用的经验回归系数也列于表10-3。

图10-23绘示了各设计方法的容许压应变与轴载作用次数的关系曲线。可看出,除了诺丁汉临界状态、Shell50%保证率以及澳大利亚的曲线外,其他各方法的曲线较接近;如果不考虑法国轻交通和Shell85%保证率的曲线,则余下各设计方法的曲线更为接近,在相同压应变级位时的寿命相差约5倍。

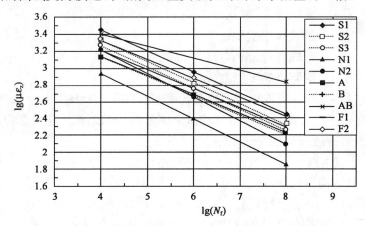

图10-23 各种路基顶面容许竖向压应变预估关系式比较

S1-Shell50%保证率;S2-Shell85%保证率;S3-Shell95%保证率;N1-诺丁汉临界状态;N2-诺丁汉破坏状态;A-AI;B-比利时;AV-澳大利亚;F1-法国重交通;F2-法国轻交通

限制路基顶面竖向压应变以控制路表面永久变形量的方法,较简便易行。由于将路基顶面竖向压应变指标同已有路面的使用性能(PSI、车辙等)相联系,这一设计指标可在一定程度上反映包括面层、基层和路基在内的总永久变形。但这种设计标准类似于假设路面结构的永久变形主要来源于路基,对于薄沥青层而言,路基和粒料层的永久变形占大部分,这种假设同实际的偏差可能不太大;而对于承受重交通的厚沥青层,路表车辙量大部分产生于沥青层,重点放在控制沥青层的永久变形可能是更为适宜的方案。然而,如果将限制路基和粒料层顶面竖向压应变作为控制路基和粒料层永久应变的设计指标,这种方案还是值得考虑的。

式(10-30)的另一个主要缺点是,路基顶面容许竖向压应变指标仅同轴载作用次数有关,路基土质和环境(湿度)条件的不同影响均未能得到反映。为了改善这一关系式,美国、丹麦和芬兰进行了"路基使用性能研究"课题的国际合作,从 1994 年起在丹麦的道路试验机上开展了三种路面结构的荷载和冻融循环试验[24,56]。依据延续 6 年的试验结果,回归整理出下述路基竖向塑性压应变、车辙和平整度的经验关系式[56]:

$$\varepsilon_{pz} = 0.087 N^{0.333} (\sigma_z/p)^{0.333} \varepsilon_z \tag{10-31}$$

$$\delta_p = 5.54 (N/10^6)^{0.333} (\sigma_z/p)^{0.333} (\varepsilon_z/1\,000) \tag{10-32}$$

$$IRI = 0.871 (N/10^6)^{0.333} (\sigma_z/p)^{0.333} (\varepsilon_z/1\,000) \tag{10-33}$$

式中:ε_{pz} 和 ε_z——相应为距路表面深度 z(mm)处的路基竖向塑性和弹性压应变,以微应变计;

σ_z——距路表面深度 z(mm)处的路基竖向压应力(MPa);

p——参照应力,取 0.1MPa;

N——轴载作用次数;

δ_p——车辙深(mm);

IRI——国际平整度指数(m/km)。

参照这些关系式,可以更全面地分析路基竖向压应变同路基永久变形、路表车辙量和路面平整度的关系。按上述试验结果得到的路基压应变要为按各设计标准确定的容许压应变的 2~15 倍。

Theyse 应用重车模拟装置(HVS)对南非的道路路面进行了反复荷载试验,测定路面结构不同深度处的弯沉曲线、竖向压应力和永久变形,由此建立了粒料层和路基的永久变形与荷载作用次数以及永久变形与压应力级位的经验关系式,并综合成可按作用次数和压应力级位预估永久变形(车辙量)的经验关系式[45]:

$$\delta_p = 18 \times 10^{-6} N^{0.813} (eB\sigma_v - 1) \tag{10-34}$$

式中:δ_p——永久变形量(mm);

σ_v——竖向压应力(kPa);

B——与材料性质有关的系数,对于南非标准的材料,CBR≥80%的粒料层,$B=0.01$;CBR≥45%或 25%的粒料层,$B=0.017$;CBR≥10%或 7%的路基土,$B=0.025$。

Theyse 等利用美国加州的 8 个重车模拟装置(HVS)试验段的多深度弯沉(MDD)测试结果,整理了路基顶面永久变形同荷载反复作用次数,以及同路基顶面竖向压应变和顶面初始弹性弯沉的关系,发现路基永久变形与路基压应变的相关性不好,而与路基顶面初始弹性弯沉的相关性好,为此,建议以路基顶面弯沉作为控制路基变形的主要参数以取代压应变[60]。

10.7 小　　结

(1)影响粒料和土永久应变性状最主要的因素是反复应力的水平。应力水平低时,粒料和土的永久应变速率在荷载的反复作用下逐步降低,趋近稳定,进入安定状态,荷载的继续作用仅产生回弹应变。应力水平高时,粒料和土的永久应变速率不断增长,并迅速进入破坏状态。应力水平略高时,粒料和土的永久应变累积速率在初期逐渐下降,并趋于稳定,但在荷载反复作用足够多次数后,永久应变速率又会出现增长,并迅即进入破坏状态。路面设计的目标,应使粒料层和路基所受到的应力水平能维持在保证它们处于安定状态的范围内。

(2)粒料和土的永久应变累积量同应力状况、荷载反复作用次数、材料组成和性质(级配组成、细料含量等)和状态(含水率和密实度)有关。已建立的各种永久应变预估模型,分别选用作用次数、应力状况以及作用次数和应力状况作为自变量,而材料性质和状态的影响主要反映在模型的参数上。同作用次数相关的模型,主要用以了解和分析在不同应力状况下永久应变累积的规律。应力状况可以采用偏应力、围压应力、平均法向应力和各种相应应力之比以及应力路径表征。同应力状况相关的模型,主要用以了解和分析各种应力状况变量的不同影响。显然,前两种预估模型主要适用于一定的条件,如一定的应力状况范围内或限定的作用次数时。兼有作用次数和应力状况两方面变量的模型,适用范围要广些,可用于预估粒料和土在不同条件下的永久应变累积量,但建成可靠、精确的模型的试验工作量和难度要大得多。对粒料和土永久应变性状的试验和研究工作开展得还很不够,因而,现有的模型较为粗糙,特别是对粒料和土性质和状态的影响方面考虑得不够,需要通过试验研究进一步细化。

(3)安定理论和概念在粒料层路基土中的应用可以采用两种途径。一种途径是采用塑性理论推演塑性安定极限荷载。目前,只有简单路面结构的粒料基层和粒料路面的解可供参考和应用。这种方案需采用黏结力和内摩阻角作为粒料和土的性质参数,它们不同于目前路面设计习用的参数——回弹模量和泊松比。因而会给设计工作带来一定的困难和不适应。另一种途径是通过永久应变试验确定塑性安定极限荷载(偏应力比),并建立它同粒料和土的性质和状态参数的经验关系。这种方案需要进行大量的室内试验和野外验证工作。

(4)粒料层和路基的永久变形累积量可以利用所建立的永久应变预估模型通过分层应变总和法进行估算。然而,为确定符合实际的预估模型参数,需进行大量的室内试验和野外验证工作。同时,如何依据路面的使用性能要求来确定粒料层和路基土的容许永久变形量,还需要进行研究和分析。

(5)一些设计方法中采用的通过控制路基顶面竖向压应变来限制路面永久变形的方案,路基顶面竖向压应变的控制标准,通过对已有路面结构的使用调查和反算后得到。这种方案实质上也可看作是安定概念的一种应用:控制路基的应力水平,使之不产生影响路面结构使用性能(平整度或车辙量)的永久变形。因而,这种方案的思路和方法在对之进行适当改进(如,压应变指标改为其他偏应力比指标,路基顶面扩充到粒料层顶面,增加材料性质和状态参数等)后,仍有参考应用的价值。

本章参考文献

[1] Autret, P., De Boissoudy, A. B. and Marchand, J. P. ALIZE Ⅲ practice. Proceedings, 5th International Conference on Structural Design of Asphalt Pavements, Vol. 1, Ann Arbor, 1982:174-191.

[2] Barksdale, R. D. Laboratory evaluation of rutting in base course materials. Proceedings, 3rd International Conference on Structural Design of Asphalt Pavements, Vol. 1, London, 1972:161-174.

[3] Barksdale, R. D. and Itani, S. Y. Influence of aggregate shape on base behavior. TRR 1227, 1989:173-182.

[4] Bejarano, M. O. Characterization of plastic deformation of unbound materials using accelerated pavement testing. Presented at TRB 2005 Annual Meeting, 2005.

[5] Boulbibane, M., Collins, I. F., Ponter, A. R. S., and Weichert, D. Shakedown of unbound pavements. Road Materials and Pavement Design, 6(1), 2005:81-96.

[6] Brown, S. F. and Hyde, A. F. L. Significance of cyclic confining stress in repeated-load triaxial testing of granular material. TRR 537, 1975:49-58.

[7] Brown, S. F., Brunton, J. M. and Pell, P. S. The development and implementation of analytical pavement design for British Conditions. Proceedings, 5th International Conference on Structural Design of Asphalt Pavements, Vol. 1, Ann Arbor, 1982:3-16.

[8] Brown, S. F. and Brunton, M. Improvements to pavement subgrade strain criterion. Journal of Transportation Engineering, ASCE, 1984, Vol. 106 (6):551-567.

[9] Brunton, J. M., Brown, S. F. and Pell, P. S. Developments to the Not-

tingham analytical design method for asphalt pavements. Proceedings, 6th International Conference on Structural Design of Asphalt Pavements, Vol. 1, Ann Arbor, 1987:366-377.

[10] Collins, I. F., Wang, A. P., and Saunders, L. R. Shakedown theory and the design of unbound pavements. Road and Transportation Research, 2(4), 1993: 28-37.

[11] COST 337 Final Report. Unbound granular materials for road pavement. European Commission Editor, 2003.

[12] Dawson, A. R. Introduction to soils and granular materials. Lecture Notes. University of Nottingham, 1990.

[13] Dawson, A. R., Thom, N. H., and Paute, J. L. Mechanical characteristics of unbound granular materials as a function of condition. Flexible Pavements. Proceedings, European Symposium on Euroflex 1993, Correia, A. G. ed., Balkema, Rotterdam, 1996:35-44.

[14] Dormon, K. R. The extension to practice of a fundamental procedure for the design of flexible pavements. Proceedings, International Conference on the Structural Design of Asphalt Pavements. Ann Arbor, 1962: 785-793.

[15] Duncan, J. M., and Chang, C. Y. Nonlinear analysis of stress and strain in soils. Journal of Soil Mechanics and Foundation Division, ASCE, 96(5), 1970: 1629-1653.

[16] Gerristsen, A. H. and Koole, R. C. Seven years' experience with the structural aspects of the Shell pavement design manual. Proceedings, 6th International Conference on Structural Design of Asphalt Pavements, Vol. 1, Ann Arbor, 1987:94-106.

[17] Gomes Correia, A. Influence of compaction conditions on the resilient and permanent deformations of aggregates mixtures of granite. Compaction of soils and granular materials, Gomes Correia, A., and Quibel, A. (Eds.), Presses de l'Ecole Nationale des Ponts et Chaussees, Paris, 2000:27-39.

[18] Haynes, J. G., and Yoder, E. J. Effects of repeated loading on gravel and crushed stone base course materials used in the AASHO road test. HRR 39, 1963.

[19] Jameson, G., Sharp, K., and Potter, D. New guidelines for the design

of flexible pavements for Australia conditions. Proceedings, 9th International Conference on Asphalt Pavements, Copenhagen, 2002.

[20] Judycki, J. Comparison of fatigue criteria for flexible and semi-rigid pavements. Proceedings, 8th International Conference on Asphalt Pavements, Vol. 2, Seattle, 1997:919-937.

[21] Kamal, M. A., Dawson, A. R., Farouki, O. T., Hughes, D. A. B., and Sha'at, A. A. Field and laboratory evaluation of the mechanical behavior of unbound granular materials in pavements. TRR 1406, 1993: 88-97.

[22] Khedr, S. Deformation characteristics of granular base course in flexible pavement. TRR 1043, 1985:131-138.

[23] Kim, T., Kwon, J., and Tutumluer, E. Rutting of airport pavement granular layers. Airfield Pavements—Challenges and New Technologies. Edited by M. Karakoujian, 2004: 334-347.

[24] Larsen, H. J. E. and Ullidtz, P. Pavement subgrade performance study in the Danish road testing machine. Proceedings, 8th International Conference on Asphalt Pavements, Vol. 1, Seattle, 1997:843-857.

[25] Lashine, A. K., Brown, S. F., and Pell, P. S. Dynamic properties of soils. Rep. No. 2, University of Nottingham, 1971.

[26] Lekarp, F., Richardson, I. R., and Dawson, A. Influences on permanent deformation behavior of unbound materials. TRR 1547, 1996: 68-75.

[27] Lekarp, F. and Dawson, A. Modeling permanent deformation behavior of unbound granular materials. Construction and Building Materials, 12(1), 1998: 9-18.

[28] Lekarp, F., Isacsson, U., and Dawson, A. State of the art. II: Permanent response of unbound aggregates. Journal of Transportation Engineering., ASCE, Vol. 126(1), 2000:76-83.

[29] Maree, J. H., Freeme, C. R., Van Zyl, N. J. and Savage, P. F. The permanent deformation of pavement with untreated crushed stone bases as measured in heavy vehicle simulator tests. Proceedings, 11th ARRB Conference, Part 2, 1982: 16-28.

[30] Monismith, C. L. and McLean, D. B. Structural design considerations. Proceedings, AAPT, Vol. 41, 1972: 258-305.

[31] Morgan, J. R. The response of granular materials to repeated loading. Proceedings, 3rd Conference of ARRB, 1966:1178-1192.

[32] Muhanna, A. S., Rahman, M. S., and Lambe, P. C. Model for resilient modulus and permanent strain of subgrade soils. TRR 1619, 1998: 85-93.

[33] NCHRP Project 1-37A. Guide for mechanistic-empirical design of new and rehabilitated pavement structures. Final Report. 2004.

[34] Paute, J. L., Hormych, P., and Benaben, J. P. Repeated load triaxial testing of granular materials in the French network of Laboratoires des Ponts et Chaussees. Flexible Pavements, Proceedings, European Symposium Euroflex 1993, Correia, A. G. edited, Balkema, Rotterdam, 1996:53-64.

[35] Peattie, K. R. A fundamental approach to the design of flexible pavements. Proceedings, International Conference on the Structural Design of Asphalt Pavements, Ann Arbor, 1962: 403-411.

[36] Pidwerbesky, B. D. and Arnold, G. Subgrade strain criterion for limiting rutting in asphalt pavements. Proceedings, 8th International Conference on Asphalt Pavements, Vol. 2, Seattle, 1997:1529-1544.

[37] Raad, L., Weichert, D., and Haidar, A. shakedown and fatigue of pavements with granular bases. TRR 1227, 1989: 159-172.

[38] Raad, L., and Minassian, G. The influence of granular base characteristics on upper bound shakedown of pavement structures. Road Materials and Pavement Design, 6(1), 2005:53-79.

[39] Raymond, G. P., Gaskin, P. N., and Addo-Abedi, F. H. Repeated compressive loading of Leda clay. Canadian Geotechnical Journal, 6(1), 1979: 1-10.

[40] Sharp, R. W. and Booker, J. R. Shakedown of pavements under moving surface loads. Journal of Transportation Engineering, ASCE, 110(1), 1984: 1-14.

[41] Sharp, R.. Pavement design based on shakedown analysis. TRR 1022, 1985: 99-107.

[42] Shell International Petroleum Co. Ltd. Shell Pavement Design Manual—Asphalt Pavements and Overlays for Road Traffic, London, 1978.

[43] Shook, J. K., Finn, F. N., Witczak, M. W., Monismith, C. L. Thick-

ness design of asphalt pavements—the Asphalt Institute Method. Proceedings, 5th International Conference on Asphalt Pavements, Vol. 1, Delft, 1982:17-44.

[44] Sweere, G. T. H. Unbound granular bases for roads. PhD thesis, University of Delft, The Netherlands, 1990.

[45] Theyse, H. L. Mechanistic-empirical modeling of the permanent deformation of unbound pavement layers. Proceedings, 8th International Conference on Asphalt Pavements, Vol. 2, Seattle, 1997:1579-1594.

[46] Thom, N. H., and Brown, S. F. Effects of moisture on the structural performance of a crushed limestone road base. TRR 1121, 1987:50-56.

[47] Thom, N. H. and Brown, B. F. The effect of grading and density on the mechanical properties of a crushed dolomitic limestone. Proceedings, 14th ARRB Conference, Vol. 14, Part 7, 1988: 94-100.

[48] Tseng, K., and Lytton, R. Prediction of permanent deformation in flexible pavement materials. In "Implication of aggregates in the design, construction, and performance of flexible pavements". ASTM STP 106, 1989: 154-172.

[49] Uzan, J. Permanent deformation in flexible pavements. Journal of Transportation Engineering, Vol. 130(1), 2004:6-13.

[50] Verstraeten, J., Ververka, V. and Franken, L. Rational and practical design of asphalt pavements to avoid cracking and rutting. Proceedings, 5th International Conference on Structural Design of Asphalt Pavements, Vol. 1, Ann Arbor, 1982: 45-58.

[51] Vesic, A. S., and Domaschuk, L. Theoretical analysis of structural behavior of road test flexible pavements. NCHRP Report 10, 1964.

[52] Walker, R. N., Patterson, C. R., Freeme, C. R. and Marais, C. P. The South African mechanistic pavement design procedure. Proceedings, 4th International Conference on Structural Design of Asphalt Pavements, Vol. 2, Ann Arbor, 1977.

[53] Werkmeister, S., Wellner, F., and Dawson, A. R. Permanent deformation behavior of unbound granular materials and the shakedown theory. TRR 1757, 2001: 75-81.

[54] Werkmeister, S., Dawson, A. R., and Wellner, F. Permanent deformation behavior of granular materials. Road Materials and Pavement De-

sign, 6(1), 2005: 31-51.

[55] Wolff, H. and Visser, A. T. Incorporating elasto-plasticity in granular layered pavement design. Proceedings, Institute of Civil Engineers and Transportation, 105, 1994:259-272.

[56] Zhang, W. and Ullidtz, P. Estimation of the plastic strain in the pavement subgrade and the pavement functional condition. Proceedings, 9th International Conference on Asphalt Pavements, Copenhagen, 2002.

[57] Gidel, G., Hornych, P., Chauvin, J-J., Bresse, D., Denis, A. A new approach for investigating the permanent deformation behaviour of unbound granular material using the repeated load triaxial apparatus. Bulletin des Laboratoires des Pont et Chaussees- 233, 2001: 5-21.

[58] Perez, I., Romana, M. G., Medina, L. Influence of stress levels on the development of permanent deformation in unbound granular materials. ASCE: Geotechnical Special Publication No. 154, 2006: 180-188.

[59] Werkmeister, S. Permanent deformation behaviour of unbound granular materials. PhD Thesis, University of Technology, Dresden, Germany.

[60] Theyse, H. L., Hoover, T. P., Harvey, J. T., Monismith, C. L. and Coetzee, N. F. A mechanistic-empirical subgrade design model based on Heavy Vehicle Simulator test results. ASCE Geotechnical Special Publication No. 154, 2006: 195-202.

[61] European Standard. EN 13286-7:2004: E. Unbound and hydraulic bound mixtures—Part 7. Cyclic load triaxial test for unbound mixtures. Brussels, CEN, 2004.

第 11 章 沥青层的永久变形

沥青层的永久变形(车辙)是沥青路面的主要病害之一。由于气候变暖(夏季平均温度增高)和交通荷载(包括轴载和轮压)的增大,沥青路面出现车辙病害的几率近年来迅速增加,成为一种最主要的路面病害。

永久变形的产生,使路表面出现不平整的现象,影响到行车的舒适性。更重要的是,路表面的低洼处在降雨时会形成水塘,当车辙超过一定深度时,会使高速行驶的车辆产生漂滑,造成交通事故[4]。因此,为了保证行车的安全(特别在高速公路上),必须控制沥青路面的永久变形(车辙)量。

沥青层的永久变形占沥青路面永久变形量的 70% 以上,随着沥青层厚度的增加,所占的比重也相应增大(表 10-1)。对沥青层永久变形量的控制也就成为控制沥青路面车辙量的关键。

沥青层永久变形问题的研究和分析包含两个方面。一方面是研究分析沥青混合料抗永久变形的性能和影响因素,探讨评断沥青混合料抗永久变形性能好坏的方法和指标,以便设计出(提供)能满足使用要求的沥青混合料。另一方面则是研究分析沥青层在特定的环境温度和交通荷载条件下的永久变形累积规律,以便能预估出永久变形量,并按照容许车辙量对之进行控制。

11.1 车辙形成机理

沥青混合料是弹—黏—塑性材料。在荷载作用下,沥青混合料会产生弹性、黏弹性、塑性和黏塑性应变;而卸载后,前两部分应变回复,构成回弹应变,后两部分塑性应变则成为永久应变(图 11-1)。

荷载反复作用下,每一次荷载作用产生的永久应变随着作用次数的增加而逐步积累。在沥青路面表面,沥青混合料的这种永久应变积累表现为沿轮迹带的纵向凹陷变形,并在轮迹带两侧伴随有隆起变形。这种变形类病害称作车辙。

车辙变形由两部分组成。一部分是体积减小的压密变形,这是由沥青混合料的空隙减小(密实度增加)所形成的。另一部分是体积不变的剪切变形,这种剪切变形促使混合料侧向位移,并产生侧向隆起变形。许多在出现车辙的路面上开挖沟槽观测到的沥青层变形现象都表明,体积不变的剪切变形是车辙形成

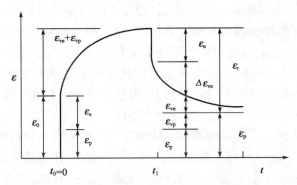

图 11-1　沥青混合料在加载—卸载周期内的应变组成

注：ε 为应变，下标 0 为瞬时，下标 e 为弹性，下标 p 为塑性，下标 v 为黏性，下标 r 为回弹

的主要机理，压密变形仅占车辙变形的小部分。

Eisenmann 等在沥青路面结构（0/11mm 集料 50mm 厚沥青磨耗层、0/32mm 集料 184mm 厚沥青联结层和弹性模量为 130MPa 的橡胶板）上，应用直径 850mm、宽度 241mm 的径向帘布轮胎（最大载质量 47.5kN），以 1km/h 的行驶速度进行单方向反复加载试验（沥青层的顶面温度为 44℃，底面温度为 28.5℃），分别量测路面表面在单轮和双轮荷载作用不同次数后的变形横断面，并计算轮胎下永久变形的体积和轮胎旁隆起的体积[12]。图 11-2 所示为其中一个双轮荷载的变形横断面测试结果。

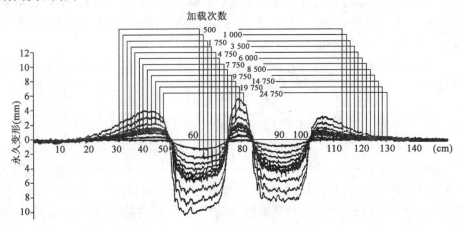

图 11-2　双轮荷载不同作用次数时路面表面变形横断面的演变

由图 11-2 可以得出以下两点结论[12]：

（1）在反复加载的初始阶段（约 2 000 次），轮胎下的沥青层永久变形增长量要比轮胎旁隆起变形的增长量大得多，这表明在此初始阶段车轮压实在永久变形的积累中起着主导作用。

(2)在反复加载2 000~3 000次后,轮胎下的沥青层永久变形体积的增长量与轮胎旁隆起变形体积的增长量大致相等,这表明车轮的压实作用已大体上完成,车辙的进一步发展主要由体积不变的剪切位移所造成。这一阶段可用以表征路面使用期内大部分时段的永久变形性状。在单轮反复加载的末期,轮胎旁隆起变形体积的增长量大于轮胎下的,这可能是由于隆起部分材料的变松。

Eisenmann等还在沥青层内设置了竖向孔,并在各层次的顶面埋设了标记,在反复加载后切割出结构层横断面以观测沥青层内的竖向和水平向变形。利用此方法观测到,车辙的发展同混合料的侧向位移有关,在车辙的边缘和侧向隆起处磨耗层有显著的水平向变形,沥青联结层的上部也有侧向位移,而在磨耗层与联结层的界面处可观测到侧向错位,表明磨耗层出现少量滑移。在离表面130~145mm深处可观测到竖直方向的变形,此处的永久变形随轮载的减小和由单轮改为双轮而显著减少。因此,不仅是磨耗层,较深的沥青结构层对路面表面的永久变形也有影响。Hofstra等在试验路段的反复加载试验中发现,沥青层的永久变形在接近受荷表面处为最大,并随深度逐渐减小[16]。由于车辙主要起因于混合料的塑性流动,而深度越大,剪应力越小,抗塑性流动的能力越大,永久变形随深度而减小的分布规律是合理的。Brown等对美国14个州的沥青路面车辙情况进行的开挖调查表明,车辙量大部分发生在含细集料级配和高沥青含量的沥青层上部7.5~10cm范围内[5]。Uge等的研究认为,沥青层的永久变形在其层厚增加到一定阈限(其研究结果为13cm)后便不再增长[33]。AASHO试验路的量测结果表明,沥青层的厚度达到25cm时,路面表面的车辙深度达到了极限值,更厚的沥青层并不增加车辙深度[1]。

这些试验和观测结果表明,车辙的形成主要是沥青层内沥青混合料的塑性剪切流动。沥青混合料的抗永久变形性能实质上就是抗塑性剪切流动的性能。

11.2 影 响 因 素

车辙是一种由行车荷载作用所产生的病害。而影响沥青层永久变形量或者车辙量的因素,除了行车荷载(包括轴—轮载、轮胎压力和反复作用次数等)外,还有沥青混合料的性质(包括集料和沥青的性质及混合料的体积组成等)以及环境温度等。

11.2.1 集料

集料的影响包括级配、类型(表面构造)、形状、最大粒径等方面。

集料级配对车辙的形成有重要影响,加强集料的级配对于提高混合料抗永久变形性能的作用要大于改变沥青等级或用量的作用。通常都认为,密级配或连续级配的集料在充分压实后,其空隙较开级配或间断级配集料小,颗粒间的接触点较开级配或间断级配集料多,集料间的嵌锁作用也较强,因而,密级配混合料的永久变形较开级配或间断级配混合料小。特别在高温时,沥青的劲度很小,集料的嵌锁作用起着更为重要的作用,间断级配混合料便更容易产生车辙。为此,美国 Superpave 混合料设计方法建议集料采用指数 0.45 的级配,使集料得到最大密度,并且还在最大密度级配线上 2.36mm(或 4.75mm)筛孔和 0.3mm 筛孔之间引入限制级配曲线通过的区域。

然而,Kandhal 等[20]和 Hand 等[13]采用轮载仪和剪切仪进行了试验研究,比较了级配曲线位于 Superpave 提出的限制区上、限制区下和限制区内时的轮辙深度和剪切应变或剪切强度。Kandhal 等得出的结果是,在限制区上、下和内的三种级配混合料的轮辙深度存在显著的差别,而在限制区内的混合料并不一定具有较大的车辙量。Hand 等的结论是,三种级配都可以得到抗车辙性能好的混合料,因而建议在 Superpave 混合料设计方法中取消限制区的规定。

有些试验结果表明,间断级配混合料(如 SMA)也可具有良好的抗车辙性能。

集料级配对沥青混合料抗永久变形性能的影响,长期来一直是个有争议的问题,不同的研究者可以得出相异的试验结果。在 Kandhal 等的上述试验研究中,对于花岗岩和石灰岩集料,限制区下的级配混合料的车辙量最大,限制区内的级配混合料的车辙量最小,限制区上的级配混合料的车辙量居中;而砾石集料的情况则不同,限制区下的级配混合料的车辙量最小,限制区上的级配混合料的车辙量最大,限制区内的级配混合料的车辙量居中[20]。出现这种情况的一个原因是,除了级配外,集料的其他性质也对沥青混合料的抗永久变形性能起着不同程度的作用。

集料类型(表面构造)在混合料的抗车辙性能中起着重要作用,特别在高温和厚沥青层的情况下,需要采用表面构造粗糙的集料。集料的颗粒形状也有重要影响。Uge 等的试验表明,由轧制的多棱角碎石集料组成的混合料,其永久变形要小于由圆集料(河砾石)组成的级配和组成相同的混合料[33]。

Huschek 认为采用较大的集料粒径,可以降低沥青用量,在避免离析和保证充分压实的条件下,能获得抗永久变形性能优良的沥青混合料[18]。Davis 采用大粒径集料(≥37.5mm)、高集料体积集度、低空隙率和软沥青修筑的沥青层具有良好的抗车辙性能。依据此研究结果,Davis 认为采用较大的集料最大粒径(约为层厚的 2/3)有利于减少混合料在承受高轮压荷载时产生车辙的可能性[10]。

11.2.2 沥青

沥青的黏度越低,沥青混合料的劲度便越小,荷载作用下产生的永久变形就越大。因而,对于厚沥青层和炎热气候,建议采用较黏(较硬)的沥青[25]。

应用各种改性沥青,可以增加沥青结合料在高温时的黏度,因而改善混合料的抗车辙性能。

沥青含量对混合料的抗永久变形能力有影响。沥青用量太少,集料覆盖的沥青膜过薄,混合料容易出现耐久性问题。适当增加沥青用量以增厚沥青膜,可以提供充足的黏结力,提高混合料的稳定性。但随着沥青用量的继续增大和沥青膜的继续增厚,车辙的深度会相应增加。Mahboub 等指出,较高的沥青含量会产生较低的空隙率,使空隙内充满沥青,这相当于在集料颗粒间添加润滑剂,从而增加车辙出现的可能性[23]。Monismith 等建议沥青含量按混合料的空隙率达到4%左右确定,而为了不出现永久变形问题,建议空隙率的最小限值为3%[25]。

11.2.3 混合料的体积组成

沥青混合料的体积组成是指集料(粗集料和细集料)、沥青和空隙各个组成部分所占体积的相对关系,其表征指标有矿料间隙率(VMA)、沥青填隙率(VFA)、空隙率和沥青含量等。不同的组成比例,对沥青混合料的抗永久变形性能有着重要影响。

Williams 应用 APA 轮载仪进行的试验结果表明,轮辙深度随矿料间隙率(VMA)的增加而增大(图 11-3),而 VMA 是轮辙深度预估的最重要影响变

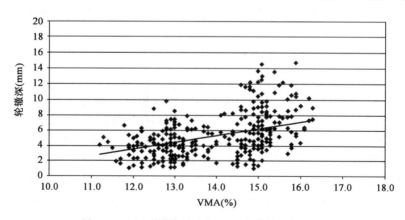

图 11-3　APA 轮载仪试验中 VMA 与轮辙深度的关系

量[37]。Cooper等认为,抗永久变形性能好的混合料要求具有较低的矿料间隙率(VMA),但也不希望VMA太小,否则集料间的空隙无法容纳足够的沥青,使得混合料在保证充分压实时产生泛油[9]。

  Huber等在20世纪80年代对加拿大Saskatchwan省的沥青路面进行了车辙情况的野外调查,并对沥青混合料的性质进行了试验测定[17]。测试结果表明,空隙率、沥青填隙率(VFA)和沥青含量是影响抗车辙性能的首要参数,破裂面、矿料间隙率(VMA)和Hveem稳定度是次要影响参数,而Marshall稳定度和流值以及沥青的针入度和黏度与抗车辙性能的相关性很小。车辙深度与混合料性质难以建立满意的统计关系;而车辙形成速率(mm/10^6标准轴次)可以同空隙率、填隙率、沥青含量和Hveem稳定度建立良好的统计关系。同时,Huber等以使用期末车辙深度小于20mm作为路面车辙性能可以接受的标准,以此判别满足抗车辙性能要求的沥青混合料组成参数的阈限值(表11-1)。

满足抗车辙性能要求的沥青混合料组成参数的阈限值   表11-1

混合料组成参数	空隙率	VMA	沥青含量	VFA	破裂面	Hveem稳定度
阈限值	≥4%	≥13.5%	≤5.1%	≤70%	≥60%	≥37%

  Brown等在20世纪80年代后期对美国14个州的沥青路面车辙情况进行了调查,并对混合料的性质进行了试验测定[5]。调查分析结果表明:

  (1)69%的调查路面按击实50次的Marshall方法设计,导致了高沥青含量、通车后的低空隙率和车辙,为此,建议重交通路面的沥青混合料采用击实75次的Marshall方法设计,最佳沥青含量按空隙率为4%选取。

  (2)现场空隙率低于3%便会大大增加使用期间出现车辙的可能性,因此,铺筑的沥青混合料必须使现场空隙率高出3%(通常为5%~7%),并采用足够高的压实功进行压实,以保证空隙率在行车作用下维持在3%以上。

  Monismith等试验研究了混合料密实度与稳定性的关系,指出密实度的影响取决于混合料的组成。在一定限度内降低空隙率(即增加密实度),可以增加混合料的抗车辙性能;但超过此限度,增加密实度反而会降低稳定性[24]。在工地上,通常采用高压实功来获得低空隙率。Uge等发现,沥青混合料中矿质集料在高温摊铺或压实时产生的相对位移,其性质与中等温度持久荷载作用下所产生的相同,因此,建议采用和易性较差的粗粒混合料和重型路碾充分压实,以改善矿质骨架的排列,从而增加其内摩阻力,获得抗永久变形能力好的混合料[33]。Linden等强调充分压实的重要性,指出压实度是主要质量指标之一,特别是对于采用低沥青含量以获得高抗永久变形性能的混合料[22]。

  因此,为获得抗永久变形性能好的沥青混合料,须在保证充分压实和适当沥青用量的前提下,控制混合料的体积组成,使其空隙率不要太小(≥4%),沥青填隙率(VFA)不要太大(≤70%)。

11.2.4 行车荷载

行车荷载和轮胎内压对车辙的形成有重要影响。增大轮载,或者增大轮胎内压力,都会显著增加车辙量。Eisenmann 等的试验表明,随着轮胎平均接触压力(由不同的轮载和轮胎内压力得到)的增加,车辙深度的增长率呈线性增大(图11-4)[12]。如图中,双轮荷载的平均接触压力由 0.6MPa 增加到 0.9MPa 时,车辙深度的增长率提高了 2 倍。图中,单轮荷载的试验曲线位于双轮荷载试验曲线的上方,这表明,在轴载相同的情况下,将单轮荷载改为双轮荷载可以显著降低车辙深度增长率(即减少车辙量)。车辙深度增长率随平均接触压力呈线性变化的规律说明,轮载和轮胎内压力对车辙深度增长率具有相同程度的影响,变化轮载或者变化内压力都会影响车辙量。Eisenmann 等还通过结构分析发现,增加轮胎内压力(轮载不变),主要影响沥青层上部近表面处的变形(竖向压应变有较大增长);而增加轮载(轮胎内压力不变),则主要影响沥青层下部产生较大的变形(图 11-5)[12]。

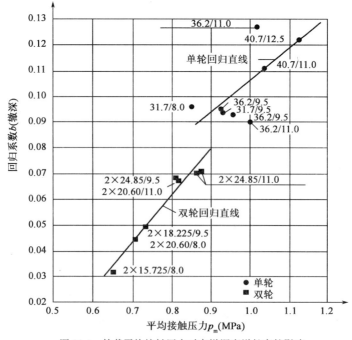

图 11-4 轮载平均接触压力对车辙深度增长率的影响

注:图中各试验点旁的数字,分子为轮胎质量(kN),分母为轮胎内压(bar,1bar=0.1MPa)

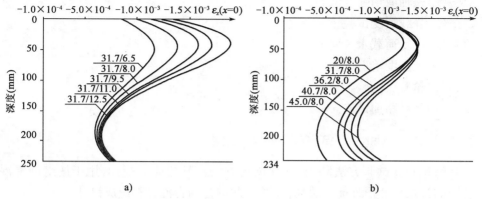

图 11-5 变化轮胎内压力或轮载时沥青层内轮轴线上竖向压应变的变化
a)轮载不变(31.7kN);b)轮胎内压力不变(0.8MPa)
注:图中各数分子为轮重(kN),分母为轮胎内压(bar,1bar=0.1MPa)

沥青混合料应按照路面使用期间可能经受的行车荷载强度(轮载和接触压力)进行设计,并考虑行车荷载的压密作用。

11.2.5 温度

沥青混合料是温感性材料,因而,环境温度对车辙的形成也有重要影响。Hofstra 等在试验路上的反复加载试验中将温度由 20℃提高到 60℃时,量测到的车辙量增加 250~350 倍[16]。

Mahboub 等对美国 Texas 州的路面的永久变形积累进行观测后认为[23]:
(1)永久变形每天出现在 7:30~17:30 时段内。
(2)永久变形仅发生在 4 月到 10 月。
(3)温度低于 10℃时,永久变形可忽略不计。

进行室内试验时,试验温度应按野外可能遇到的高温范围选取。法国按最不利条件选取较高的温度——沥青混凝土磨耗层为 60℃,联结层为 50℃。

11.3 测试和评定方法

沥青混合料的永久变形性状主要通过各种试验进行研究。试验所得的各种指标用于评定沥青混合料抗永久变形性能的高低,指导混合料组成设计;或者,用于建立永久变形预估模型,进行车辙量预估。迄今,许多研究人员从不同的角度提出了多种试验方法和评定指标。这些方法主要有:

(1)Marshall 试验和 Hveem 试验。

(2)三轴剪切强度试验。

(3)静载蠕变试验。

(4)反复荷载永久变形试验。

(5)定高度单剪试验。

(6)轮载仪试验。

(7)足尺路面试验。

11.3.1 Marshall 试验和 Hveem 试验

Marshall 试验方法和 Hveem 试验方法及其相应的指标,用于评定沥青混合料的抗永久变形性能或热稳性,并由此进行沥青混合料组成设计。

Marshall 试验的原型由 B. Marshell 开发,后经美国陆军工程兵部队研究、发展和完善。这个方法测试沥青混合料试件在高温下能承受的最大荷载。它采用锤击法制备直径 101.6mm、高 63.5mm 的试件,在 60℃条件下以 51mm/min 的变形速率沿试件径向施加竖向荷载,直到试件发生破坏。试件破坏时记录到的最大荷载称作 Marshall 稳定度,以 kN 计;在最大荷载时记录到的竖向变形量称作流值,以 0.25mm 计(我国以 0.1mm 计)。稳定度值大、流值小的沥青混合料,其高温稳定性好。

Hveem 试验使用 F. Hveem 开发的稳定度仪进行。这个方法主要量测高温下沥青混合料中的内摩阻力。它采用搓揉压实法制备直径 101.6mm、高 63.5mm 的试件,在 60℃条件下以 1.3mm/min 的速率施加竖向荷载,从压力表上读取竖向力为 13.4kN、22.3kN 和 26.7kN 时的水平向压力,并量测水平向压力由 34.5kPa 增加到 689kPa 时的位移量。而后,按下式定义稳定度值 S:

$$S = \frac{22.2}{\frac{p_v D}{p_v - p_h} + 0.222} \tag{11-1}$$

式中:p_v——竖向荷载为 22.3kN 时的竖向压力(kPa);

p_h——与 p_v 相对应的水平向压力(kPa);

D——试件的位移。

Marshall 试验和 Hveem 试验及其相应的指标,是沥青混合料组成设计的主要试验方法和评价标准,后者在美国的 10 个州得到使用,而前者则在美国其余州以及许多国家(包括中国)得到应用。然而,这些试验方法和指标都是经验性的,不能真实反映沥青路面的受力状况以及沥青混合料在高温下的力学特性和抗永久变形的性能,也不能用以预估沥青层的永久变形(车辙)量。并且,试验量测到的指标(稳定度和流值或者稳定度值)与混合料体积组成性质之间的关系,同路面的实际使用性能进行了经验性的关联,随着荷载条件的变化以及改性沥青等新材料的应用,按照这种经验性关联难以设计出适用的沥青混合料。

11.3.2 三轴剪切强度试验

三轴压缩试验可用于测定沥青混合料的抗剪强度。抗剪强度由黏结力和内摩阻角两部分组成。在不同的围压应力下,对直径100mm、高度200mm(或150mm)的圆柱体试件分别施加竖向压力(应变速率为每分钟1.27mm/mm),直到试件破坏。由3组或以上的围压应力和相应的竖向(破坏)应力绘制的应力圆,可以得到Mohr-Coulomb破坏包线,此包线的截距为黏结力,与法向应力坐标的夹角为内摩阻角。抗剪强度的定义为:

$$\tau = c + \sigma\tan\varphi \tag{11-2}$$

式中:τ、σ——剪应力和法向应力;

c、φ——黏结力和内摩阻角。

黏结力主要由沥青结合料的黏附性所提供,它同所用沥青的性质(黏度)和用量有关,并随温度而变化。沥青的黏度越高(针入度越小),黏结力越大。黏结力随沥青含量的增加而增大,但含量过多时反而会使黏结力下降,因而存在最佳沥青含量。随着温度的升高和剪切速率的降低,沥青的黏度下降,黏结力也相应降低。密级配沥青混合料的黏结力值一般变动于35~245kPa范围内[27]。

内摩阻力主要由集料骨架的嵌锁作用所提供,它同集料的形状、级配、表面构造和最大粒径等因素有关。随着沥青含量的增加,集料表面的沥青膜厚度相应增厚,内摩阻角迅速下降。而随着温度的升高,沥青的黏度下降,内摩阻力对沥青混合料抗剪强度的贡献比例相应增大。密级配沥青混合料的内摩阻角值一般变动于35°~48°范围内[27]。

Witczak等将沥青混合料的三轴剪切试验结果同试验路段的沥青路面车辙量测定结果相关联,发现混合料的抗剪强度同美国Minnesota试验路(MN-Road)的车辙量有良好的相关性(法向应力420kPa,54.4℃,$R^2=0.90$),同联邦公路局Turner-Fairbank的加速加载试验(ALF)的车辙量的相关性一般(法向应力140kPa,54.4℃,$R^2=0.54$),而同西部环道(WesTrack)的车辙量的相关性很差(法向应力280kPa,54.4℃,$R^2=0.35$);但其他强度参数(黏结力和内摩阻角)同车辙量的相关性都很差[27]。

三轴压缩试验得到的抗剪强度参数是力学性指标,可以同路面结构的力学响应(剪应力)相呼应,从剪切强度的角度判断沥青混合料的热稳定性。然而,三轴剪切强度试验需要进行至少3组围压应力的破坏试验,以准确确定Mohr-Coulomb破坏包线,得到相应的抗剪强度参数,试验工作量较大。此外,抗剪强度指标不能反映混合料的永久变形量,因而,无法用以确定反复荷载作用下的永久变形累积量(车辙深)。

11.3.3 静载蠕变试验

在沥青混合料圆柱体试件上施加静态轴向荷载,量测轴向永久应变随时间的增长。试验可以在无围压或者有围压的条件下进行。

20世纪70年代,Shell实验室的Van de Loo等对直径100mm高50mm的圆柱体试件进行了大量无围压静载蠕变试验,发现在低应力水平(100kPa)下进行的蠕变试验结果与试验环道上的相对辙深有良好的对比性[34,35]。在此基础上,Van de Loo等制订了蠕变试验标准,并提出了应用蠕变试验结果预估沥青层车辙量的方法,作为Shell沥青路面设计方法的一个组成部分[40]。

静载蠕变试验的圆柱体试件尺寸通常为直径100mm、高150mm(或200mm)。试验时的温度,采用设计项目所在地的不利温度或当量温度,其范围变动于25~60℃。所施加的轴向应力,按设计应力水平确定,其范围变动于69~207kPa(无围压)或者483~966kPa(有围压),围压应力的范围为35~207kPa[27]。

无围压压缩蠕变试验较简便,易于实施,但施加的轴向应力和试验温度不能太高,以免试件由于侧向变形无约束而很快出现破坏。此外,无围压不太符合路面的实际受力状况。

蠕变试验输出的轴向永久应变随加载时间变化的曲线,如图11-6所示。此曲线可以分为三个区段:

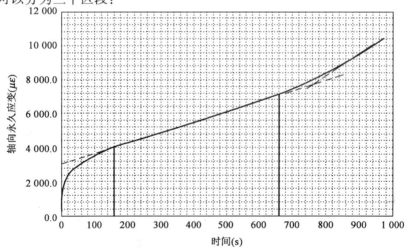

图11-6 由压缩蠕变试验得到的轴向永久应变—时间曲线

(1) 第一区段——永久应变随作用时间增加迅速积累,而永久应变速率随作用时间的增加而减缓,试件显示出应变硬化的特性。

(2) 第二区段——永久应变速率随作用时间增加而维持不变,试件内开始出现微裂隙。

(3) 第三区段——永久应变速率随作用时间增加而迅速长,试件出现大裂隙或裂缝而破坏。

作用的轴向应力较低时,永久应变—时间曲线主要出现第一区段,应变速率逐渐下降到零,总永久应变趋近一定值。在轴向应力较高时,第二区段出现的时段长短取决于作用应力的水平。这一区段的曲线是线性的,它对时间(水平向)轴的斜率,反映了永久应变增长的速率,它的后延与永久应变(纵向)轴的截距反映了永久应变量的大小。

在应变速率迅速增长的第三区段内,试件的体积通常保持不变,表明永久应变主要由剪切应变组成。为此,将体积不变的剪切应变起始的时间(第二区段和第三区段的连接点)定义为流动时间 F_t。流动时间随轴向应力的增大而迅速减小。图 11-7 为以应力—强度比表示的流动时间变化曲线(强度为由三轴剪切强度试验测定的破坏时最大偏应力)。可以看出,无围压试验时,流动时间随应力—强度比增大而迅速下降,在应力—强度比增加到 0.35~0.40 后,流动时间趋近一定值;而有围压试验时(围压应力 138kPa),应力—强度比增加到 0.75~0.80 后,流动时间趋近一定值[19]。

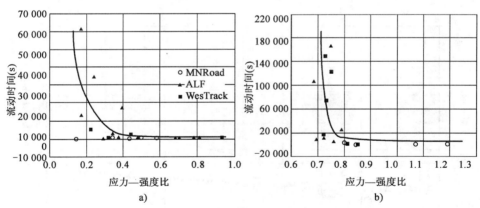

图 11-7 流动时间随应力—强度比的变化
a) 无围压试验; b) 有围压试验

蠕变曲线的特性,可以用斜率、截距和流动时间三个指标表征,而这三个指标也可以用以判别各种沥青混合料抗永久变形性能的高低。

静载蠕变试验的测定结果(温度为 54.4℃)同三个试验段(MNRoad、

ALF 和 WesTrack)的沥青路面车辙量相关联后发现,流动时间同车辙量有良好的相关性(无围压的 $R^2=0.91$,有围压的 $R^2=0.87$),可以有效地区分不同沥青混合料抗永久变形性能的优劣,蠕变曲线的斜率同车辙量的相关性较好(无围压的 $R^2=0.70$,有围压的 $R^2=0.71$),而截距同车辙量的相关性较差[27,19]。

11.3.4 反复荷载永久变形试验

反复荷载永久变形试验是在直径 100mm、高 150mm(或 200mm)的沥青混合料圆柱体试件上反复施加半正弦波轴向荷载(每次作用时间 0.1s,停歇时间 0.9s),量测轴向永久应变和径向应变随时间的增长。试验可以在无围压或者有围压的条件下进行。试验时采用的温度和所施加的应力,与静载蠕变试验时的考虑相同[27]。有围压的反复荷载永久变形试验比较符合路面的实际受力状况,但试验装置和过程较为复杂。

试验持续时间 3h 或重复作用 10 000 次。试验输出的轴向永久应变随作用次数变化的曲线类似于图 11-6。与静载蠕变试验一样,永久应变随次数变化曲线也可以分为三个区段,由标志第三区段起点的作用次数作为开始出现体积不变的剪切应变的指标,称作流动数 F_n。将轴向永久应变速率和反复作用次数点绘成图 11-8 所示的曲线,便可以由曲线的最低点确定流动数(图中试验的流动数为 2 200)。

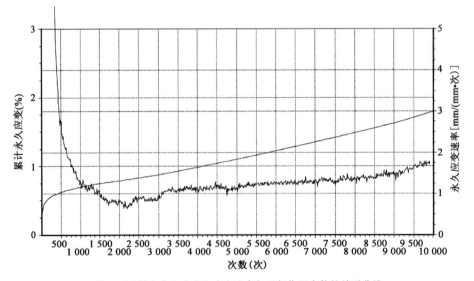

图 11-8 轴向永久应变和应变速率与反复作用次数的关系曲线

反复荷载永久变形曲线也可采用第二区段曲线的斜率和截距以及流动数三个指标来表征其特性。

Witczak 等将反复荷载永久变形试验的测定结果（温度为 54.4℃）同三个试验段（MNRoad、ALF 和 WesTrack）的沥青路面车辙量相关联后发现，流动数同车辙量有良好的相关性（无围压的 $R^2=0.90$，有围压的 $R^2=0.75$），曲线斜率同车辙量的相关性较好（无围压的 $R^2=0.87$，有围压的 $R^2=0.65$），而截距同车辙量的相关性很差[27]。

Monismith 等比较了无围压的静载蠕变试验和反复荷载永久变形试验的结果后认为，在作用时间相等的情况下，后者的永久变形量大于前者[26]。Huschek 的比较结果为，当所施加的静荷载为正弦式动荷载峰值的 50%～63%时，试验得到的总应变量相等[18]。Kaloush 等将无围压的静载蠕变试验的流动时间同反复荷载永久变形试验的流动数相关联，发现二者的相关性很好（$R^2=0.81$），流动数（次数）为流动时间(s)的 1.6 倍[19]。此外，Barksdale 等对两种试验方法进行比较后认为，反复荷载永久变形试验对混合料组成变量的敏感性要比静载蠕变试验强，因而，检测沥青混合料车辙特性的能力高于静载蠕变试验[4]。而 Monismith 等对由不同沥青组成的混合料进行的比较试验也表明，反复荷载永久变形试验要比静载蠕变试验更适用于研究沥青混合料的永久变形特性[26]。

11.3.5 定高度单剪试验

沥青层的永久变形（车辙）由两部分组成：位于轮迹下部分的压密变形和向轮迹两侧隆起的剪切变形，而无体积变化的侧向剪切变形是永久变形的主要组成部分。

美国公路战略研究计划（SHRP）针对沥青层的永久变形主要是剪切变形这一机理，提出了单剪试验（SST）方法，并研制出了相应的试验设备[2,31]。单剪试验仪可进行两种试验：定高度频率扫描试验（见第 6 章第 6.2 节）和定高度反复加载单剪试验（RSST-CH）。

定高度反复加载单剪试验是在直径 150 或 200mm、高 50mm 左右（按集料最大粒径选取，但应小于试件直径的 1/3）的圆柱体试件底面反复施加半正弦波的剪切应力（剪应力 68.9kPa，作用时间 0.1s，间歇时间 0.6s）。试验温度按设计项目路面表面下高剪应力区（50～75mm）处的不利温度（最高温度 7d 平均值）控制。剪切应力反复作用的次数为 5 000～10 000 次或者剪应变达到 5%。试验期间，连续量测垂直变形、剪切变形和剪切应力，并保持试件高度不变，以消除体积变形的影响。由试验输出可得到永久剪切应变与反复加载次数的关系曲线（类似于图 11-8），并可得到截距、斜率和流动数（曲线第三阶段的起点）三个特征值。

此外,由第 100 次加载时量测到剪应力和可回复剪切应变,可计算得到混合料的回弹剪切模量。

Witczak 等将上述两种试验的测定结果同三个试验段(MNRoad、ALF 和 WesTrack)的沥青路面车辙量相关联后发现,由定高度频率扫描试验得到的剪切动态模量(剪应变 100 微应变,温度 37.8℃和 54.4℃)同试验段的车辙量有良好的相关性($R^2=0.70$ 和 0.79);由定高度反复单剪试验得到的永久剪切应变累积量(反复作用 3 000 次和 1 000 次,温度 54.4℃)同试验段的车辙量也有良好的相关性($R^2=0.88$ 和 0.75)[27]。

由于定高度反复加载单剪试验能突出反映沥青混合料产生永久变形(车辙)的机理,因而,能较有效地应用于比较各种沥青混合料的抗永久变形性能,并与沥青层车辙量建立相关关系,用于路面使用性能的预估。

11.3.6 轮载仪试验

除了上述试验方法外,在工程实践中还应用各种轮载仪(Loaded Wheel Tester)测试和评价沥青混合料的抗永久变形性能。轮载仪是一种小比例尺的室内车辙模拟试验设备,可以较迅速、经济地评价沥青混合料的抗车辙性能,在各国混合料设计及质量控制和检验中得到广泛应用,如美国的沥青路面分析仪(APA)、德国汉堡的轮载仪(HWTD)、法国路桥研究中心(LCPC)的轮载仪(FRT)、美国 Purdue 大学轮载仪(PURW)等[7]。我国应用的轮载仪引自日本。各种轮载仪的简要特性如表 11-2 所列。

各种轮载仪的简要特性 表 11-2

类型	试件尺寸	成型方法	空隙率	轮载	来回次数	温度(℃)	测定指标
APA (美)	125mm×300mm ×75mm(梁)	振动或搓揉	7%	线形软管 445N, 690kPa	8 000 次	40.6~64	辙深
	150mm×75mm (圆柱)	旋转	4%和 7%				
HWTD (德)	260mm×320mm ×40mm(板)	搓揉	7%±1%	47mm 宽铁轮 705N	20 000 次或 20mm	25~70	辙深,蠕变斜率,剥落反弯点和斜率
FRT (法)	180mm×50mm ×(20~100)mm (板)	轮胎压实	—	400×8 光气胎 5 000N, 600kPa	—	60(磨耗层) 50(联结层)	辙深 (板厚%)

续上表

类型	试件尺寸	成型方法	空隙率	轮载	来回次数	温度(℃)	测定指标
PURW（美）	290mm×310mm×(38、51、76)mm（表层,联结层,基层）	线性压实机具	6%~8%	气胎175kg,620kPa	20 000次或20mm	—	辙深
中国	150mm×300mm×50mm(板)	轮碾	—	橡胶实心轮700kPa	1h或25min	60	动稳定度

轮载仪试验的输出结果为作用预定次数后的永久变形量(辙深)。在此基础上可以绘出辙深—次数曲线,并进而得到各种特性指标,如曲线的斜率和截距等。我国采用45~60min时段曲线变形速率的倒数作为指标,称作动稳定度(次/mm)。德国汉堡轮载仪(HWTD)的试验是在水中进行的,试验结果采用4项指标表征(图11-9):辙深、蠕变斜率(直线段变形速率的倒数)、剥落反弯点和剥落斜率(出现剥落后直线段的变形速率的倒数)。

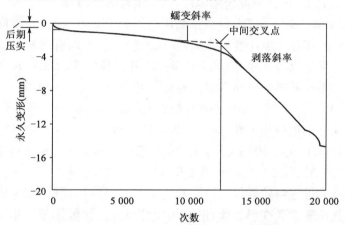

图11-9 德国汉堡轮载仪(HWTD)的典型试验结果

影响轮载试验测定结果的试验参数主要有:空隙率、温度、试件压实方法、荷载等。空隙率和温度对辙深的影响最大。辙深随空隙率增大或温度增高而增加。各轮载仪对空隙率的考虑,有两种不同的出发点,一种考虑选用7%左右的空隙率,认为它代表了施工通常达到的压实度;另一种考虑选用4%左右的空隙率,认为混合料的剪切破坏通常发生在空隙率为3%以下。前者主要从考察轮辙量大小出发,用于估计车辙量;而后者则主要考察混合料的热稳性,用以评定其抗永久变形性能。试验温度和所施加的荷载大小,应按路面所在地区的温度状况和实际的交通荷载状况确定。试件的压实方法对轮辙试验结果也可能产生较大的影响。Cooley等从三个试验段(MNRoad、ALF和WesTrack)上选用10

种已知路上使用性能的沥青混合料,应用 APA 仪进行轮辙试验(作用 10 000 次来回),以比较轮载仪不同试验参数的测试结果与试验路上实际车辙量的相关性。对比结果表明,空隙率为 4% 的圆柱体试件和 5% 的梁试件的测试结果,比空隙率为 7% 的圆柱体和梁试件更接近于路上的车辙性能;试验温度选用项目所在地标准 PG 等级的上限温度,测定结果可以比选用高于上限 6℃ 的温度更好地预估路上的车辙性能;橡胶管带的直径(标准的 25mm 或增大的 38mm)对预估结果没有影响,但标准直径预估结果的变异性较小;采用不同形状的试件(梁或圆柱体),所预估的路上车辙性能结果几乎相同[8]。Shami 等采用不同温度和作用次数进行轮载仪的轮辙深度测定试验,建立了考虑温度影响的经验关系式[30]:

$$\left(\frac{RD}{RD_0}\right) = \left(\frac{T}{T_0}\right)^{2.625} \left(\frac{N}{N_0}\right)^{0.276} \tag{11-3}$$

式中:T_0、N_0、RD_0——标准(参照)条件时的温度、作用次数和轮辙深;

T、N、RD——试验测定的温度、作用次数和轮辙深。

Choubane 等比较了 APA 轮载仪测定结果同 Florida 州三条不同抗车辙性能的沥青路面的实际车辙深度的相关性,认为轮载仪可以有效地对沥青混合料抗车辙性能的优劣进行排序,但试验结果的变异性较大,因而,APA 轮载仪的测定结果还不宜用作明确判别沥青混合料是否可用的标准[6]。Williams 等将法国 FRT、德国 HWTD 和美国 APA 轮载仪试验结果同西部环道(WesTrack)的 10 个试验段的车辙量进行相关性分析,结果表明三种轮载仪的测定结果都同试验段的抗车辙性能有良好的相关性,其中,同德国 HWTD 的相关性最好($R^2 = 0.905$),其次是 APA($R^2 = 0.899$)和 FRT($R^2 = 0.834$)[36]。

一些研究人员还将轮载仪试验同其他永久变形性质试验(如定高度反复单剪试验和反复荷载永久变形试验)进行相关性研究。张静娜等选用了不同组成的沥青混合料进行 APA 试验(64℃,8 000 次来回),并对相同的混合料进行定高度反复加载单剪试验(50℃,5 000 次)和有围压反复荷载永久变形试验(60℃,3 600 次)。三种试验结果的对比分析表明,彼此之间具有显著的相关性:APA 轮辙深与剪应变之间的相关系数为 0.827,APA 轮辙深与轴向永久应变之间的相关系数为 0.725[38]。Bhasin 等选取了美国中南部 6 个州的 9 种常用沥青混合料以及 2 种改性沥青混合料和 1 种砾石砂沥青混合料,进行了 APA 和 HWTD 试验结果同三轴压缩动态模量、静载蠕变、反复荷载永久变形和定高度单剪频率扫描 4 种试验结果的对比,以分析它们的相关性。试验结果的统计分析表明,APA 试验结果同静载蠕变试验和反复荷载永久变形试验的相关性,要高于同动态压缩模量和动态剪切模量试验结果的相关性;与 APA 试验轮辙深指标相关性最好的 5 项指标依次为：柔度—时间曲线的斜率（相关系数 $R^2=0.84$）、流动数（$R^2=0.63$）、动态压缩模量（$R^2=0.63$）、轴向永久应变—次数曲线的斜率（$R^2=0.62$）、流动时间（$R^2=0.61$）[3]。

上述对比试验研究结果表明，模拟车辙形成过程的轮载仪试验同路上车辙的形成以及混合料基本性质试验和指标之间存在着较好的相关性。因而，应用轮载仪试验结果可以评价沥青混合料抗车辙性能的优劣，并用于混合料组成设计以及控制和检验混合料质量。但轮载仪的测试方法和指标（如轮压、温度、试件成型方法和空隙率等）还有待于进一步完善，此外，轮载仪试验的轮辙量与路上沥青层的车辙量之间的定量关系，还需要进行大量对比试验研究才能建立，以供车辙量预估和制订标准用。

11.3.7 足尺路面试验

在足尺路面结构上应用轮载进行反复加载试验，测定路表横断面（辙深）随轮载作用次数的变化。这类试验包括：

(1) 路面加速试验 APT（采用加速加载设备 ALF 或重车模拟设备 HVS）。

(2) 试验环道（如美国 AASHO 试验环道、MNRoad 试验环道、WesTrack 试验环道和 NCAT 试验环道等）。

(3) 路面长期使用性能 LTPP 观测路段等。

路面加速试验是在足尺沥青路面结构上应用加速加载设备（ALF）或重车模拟设备（HVS）进行反复加载试验，车轮可采用单轮或双轮，轮载和轮压可按实际需要调整。试验温度也可按设计要求进行控制（一般在 40～70℃ 范围内）。试验环道采用不同轴—轮型和载重的车辆进行反复加载，试验的环境条件受当地气候（温度和降水）自然控制。路面长期使用性能观测路段，则完全按实际运营状况采集路面使用性能随行车荷载和环境作用而变化的数据。

足尺路面试验比前述其他室内试验方法更接近于路面的实际工作状况，因而，测定结果的可信度要优于其他方法，常用于鉴别和比较各种沥青和改性沥青、沥青混合料组成以及沥青路面结构的抗车辙性能[14,32]。但它试验周期较长，试验所需投入的人力、设备和资金都很大。

试验测定结果可绘制成车辙深（永久变形）—重复作用次数曲线，图 11-10 所示为美国联邦公路局采用加速加载设备 ALF 对各种沥青混合料进行的车辙深度试验结果[39]。

周富杰等汇总分析了美国联邦公路局、加州公路局和澳大利亚的 49 个 APT 试验段（ALF 和 HVS）的试验数据，发现绝大部分试验段（43 个）的车辙深—作用次数试验曲线仅出现第一区段（永久变形随作用次数迅速积累，而永久变形速率随作用次数减缓),并未出现永久变形速率保持不变的第二区段和永久变形速率快速增长的第三区段[39]。

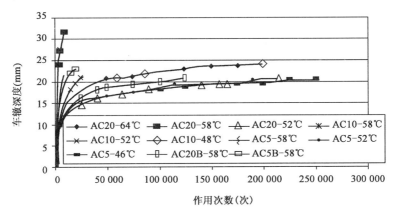

图 11-10　车辙深—作用次数曲线(ALF 试验)

注:沥青面层厚 200mm,沥青混合料类型为 AC20、AC20B、AC10、AC5、AC5B,试验温度为 46～64℃,单轮载 43kN,内压 690kPa

11.4　永久应变模型

由静载蠕变试验、反复荷载永久应变试验、定高度单剪试验或足尺路面试验得到的永久应变—作用次数(作用时间)关系曲线,可以建立多种形式的永久应变模型。其中,最常用的是下述乘幂函数:

$$\varepsilon_p(N) = aN^b \qquad \gamma_p(N) = aN^b \qquad (11-4)$$

$$\varepsilon_p(t) = at^b \qquad (11-5)$$

式中:$\varepsilon_p(N)$、$\gamma_p(N)$——反复作用 N 次时的累积轴向永久应变或剪切永久应变(mm/mm);

$\varepsilon_p(t)$——作用持续时间 t 时的累积轴向永久应变;

N、t——作用次数或作用持续时间(s);

a、b——试验回归系数,a 为双对数坐标上曲线的截距,b 为双对数坐标上曲线的斜率。

试验参数 a 与沥青混合料的性质和初始密实度有关,斜率参数 b 反映沥青混合料永久应变的累积速率,同混合料类型、温度和反复荷载水平有关。

Tseng 等提出下述形式的永久应变模型[41]:

$$\varepsilon_p(N) = \varepsilon_0 e^{-\left(\frac{\rho}{N}\right)^\beta} \qquad (11-6)$$

式中:ε_0、ρ、β——与材料性质有关的试验回归系数。

当 $N \to \infty$ 时,$\varepsilon_0 = \varepsilon_p$,即永久应变累积随作用次数增加而趋近于某个定植。

Leahy 将回弹应变引入模型,采用永久应变与回弹应变之比作为因变量,并引入温度自变量,构成下述永久应变模型:

$$\frac{\varepsilon_p}{\varepsilon_r} = aN^b T^c \tag{11-7}$$

式中:ε_p——荷载反复作用 N 次数后的累积永久应变;

ε_r——回弹应变,通常与反复作用次数无关,是沥青混合料性质和组成、应力状况以及温度的函数;

T——温度;

a,b,c——试验回归系数。

Leahy 应用 250 个沥青混合料试件的 2 860 个永久应变试验数据,按式(11-7)建立了永久应变预估模型。随后,Kaloush 又利用 Leahy 的试验数据和 Superpave 模型课题组的试验数据(共 3 476 个),按式(11-7)回归分析后得到了下述经验关系式:

$$\lg\left(\frac{\varepsilon_p}{\varepsilon_r}\right) = -3.15552 + 0.39937\lg N + 1.734\lg T$$

$$(R^2 = 0.644) \tag{11-8}$$

式中:T——温度(°F)。

这一关系式为美国力学—经验法路面设计指南所采用,作为建立沥青层车辙量预估模型的基础[28]。

之后,El-Basyouny 等又对式(11-8)进行了考察,利用 Maryland 大学和 Arizona 州立大学在过去 15 年内积累的反复荷载永久应变试验数据,重新进行了回归分析,并对各种模型方案进行比较后认为[42]:

(1)温度在回归关系式中并不是一个重要的影响变量,温度对永久应变的影响已在回弹应变中得到反映,因而,可以取消这一影响变量。

(2)在回归模型中,把回弹应变 ε_r 作为自变量,而不是放在因变量应变比 $\varepsilon_p/\varepsilon_r$ 中,模型的相关系数可以得到提高。

由此,提出了新的永久应变模型形式为:

$$\lg\varepsilon_p = C + a\lg\varepsilon_r + b\lg N \tag{11-9}$$

式中:a、b——试验回归系数;

C——试验回归参数,与应力状况、沥青性质、细料含量和混合料体积组成等因素有关。

利用数据库内 4 915 个永久应变试验数据(温度覆盖范围 18.3~65.5℃),经回归分析和比选各种影响变量的重要性后,建议采用下述 9 个自变量的永久应变预估模型[42]:

$$\lg\varepsilon_p = 1.681 + 0.671\lg\varepsilon_r + 0.338\lg N - 1.376\lg p + 1.620\lg q -$$
$$0.077\left(\lg\frac{G^*}{\sin\delta}\right)^2 - 2.673\lg P_{200} - 1.611\lg R_{\frac{3}{8}} + 1.007(\lg R_4)^2 +$$
$$0.540\lg\text{VMA} \quad (R^2 = 0.78) \tag{11-10}$$

式中：G^*、δ——沥青的动态剪切模量和相位角；

p、q——平均法向应力和偏应力；

P_{200}——200 号筛(0.075mm)通过量；

$R_{3/8}$、R_4——3/8in 筛(9.5mm)和 4 号筛(4.75mm)筛余量；

VMA——矿料间隙率。

11.5 车辙量预估

11.5.1 分层应变法

对沥青层永久变形量的预估通常采用分层应变法。类似于预估粒料层和路基永久变形的分层应变法，预估沥青层的永久变形量时可参照以下步骤：

(1)将沥青层划分为若干个分层。

(2)应用线弹性层状体系或非线性有限元程序分析轮载作用下路面结构中各分层中点的应力状况。

(3)按当地气候数据和温度场模型分析各分层的温度状况。

(4)利用已建立的沥青混合料永久应变—荷载作用次数模型，通过对所用沥青混合料进行永久变形试验，确定有关的模型参数。

(5)按各分层的应力状况和温度状况以及荷载作用次数，计算相应分层的永久应变，并迭加各分层的永久变形后得到该结构层的总永久变形量：

$$\delta_p(N) = \sum_{i=1}^{n}[\varepsilon_{pi}(N)h_i] \tag{11-11}$$

式中：$\delta_p(N)$——荷载反复作用 N 次数后的沥青层永久变形；

$\varepsilon_{pi}(N)$——作用 N 次时第 i 分层的永久应变；

h_i——第 i 分层的厚度；

n——沥青层的分层数。

分层应变法的概念很简明，具体实施时除了需要有路面结构应力状况和温度场的分析模型外，还需要提供：

(1)沥青混合料永久应变随荷载作用累积的模型。

(2)行车荷载作用次数(时间)与试验荷载作用次数(时间)间的转换关系。

(3)沥青层温度状况与室内试验温度间的转换关系。

(4) 在给定荷载作用和温度条件下进行试验得到的永久应变模型参数。

(5) 室内试验和分析结果同路面车辙实测结果对比后得到的模型标定和验证系数。

11.5.2　Shell 方法

Shell 研究人员采用简化的线弹性应力分析和室内无围压静载蠕变试验,建立了预估沥青层永久变形的方法[34,35,40]。

Van de Loo 等通过大量静载蠕变试验证实了沥青混合料的蠕变劲度只与沥青的蠕变劲度相关,由此,为各种沥青混合料建立了二者的转换关系曲线,以便由沥青的劲度转换为沥青混合料的劲度。而沥青的蠕变劲度是总劲度的黏滞部分,可以由下式确定:

$$S_{b,v} = \frac{3\eta}{Nt} \tag{11-12}$$

式中:$S_{b,v}$——沥青蠕变劲度的黏滞部分(Pa);
　　　η——沥青的黏滞度(Pa·s);
　　　N——荷载总作用次数;
　　　t——荷载每次作用的时间(s)。

按沥青层温度和沥青性质利用诺谟图确定沥青的黏滞度,并按荷载作用时间和次数由上式确定沥青劲度后,利用相关沥青混合料的沥青劲度—沥青混合料劲度关系曲线,得到沥青混合料的蠕变劲度。再按下式(分层应变总和法)计算得到沥青层的永久变形[40]:

$$\delta_{ap} = C_m \sum_{i=1}^{n} h_i \frac{\sigma_{ai}}{S_{mi}} \tag{11-13}$$

式中:δ_{ap}——沥青层的永久变形量(mm);
　　　h_i——i 分层的厚度(mm);
　　　σ_{ai}——i 分层的平均竖向应力(MPa);
　　　S_{mi}——i 分层沥青混合料在该层特定温度和加载时间条件下的蠕变模量(MPa);
　　　n——沥青层的分层数;
　　　C_m——考虑静载蠕变试验与车辆动载特性之间差异的修正系数,可通过比较静载蠕变试验和车辙试验结果后得到。

Shell 方法采用无围压静载蠕变试验结果分析沥青层的永久变形,同沥青层的实际工作状况出入较大,因而,按式(11-13)得到的沥青层永久变形预估值的精度较差,但这种方法可用以比较不同沥青混合料抗永久变形的相对性能。此外,也可通过比较静载蠕变试验和试验路车辙观测结果后得到合适的修正系数 C_m,由此可得到较可靠的永久变形估算值。

Finn 和 Monismith 对 Shell 方法提出了修正,建议直接采用在给定的荷载应力和温度条件下进行静载蠕变试验得到的沥青混合料劲度,替代 Shell 方法中由沥青劲度确定沥青混合料的劲度[25]。

11.5.3 美国力学—经验法

美国力学—经验法路面设计指南中的沥青层永久变形量预估采用分层应变法。

各分层沥青混合料的永久应变—荷载作用次数关系模型,以 Kaloush 等建立的试验关系式[式(11-8)]为基础。利用 28 个州 88 个路面长期使用性能 LTPP 观测路段的 387 组观测数据,对该关系式进行标定和验证后,得到了修正后的沥青层永久应变预估模型[28]:

$$\frac{\varepsilon_p}{\varepsilon_r} = k_z 10^{-3.449} N^{0.479} T^{1.561} \quad (R^2 = 0.6425) \quad (11\text{-}14)$$

式中:k_z——考虑沥青层厚度和计算点深度的影响而引入的系数,利用 MnRoad 试验段的观测数据,建立了确定此系数的经验关系式:

$$k_z = (C_1 + C_2 z) \times 0.328^z$$
$$C_1 = -0.104 h_a^2 + 2.487 h_a - 17.342$$
$$C_2 = 0.017 h_a^2 - 1.733 h_a + 27.428 \quad (11\text{-}15)$$

式中:h_a,z——沥青层厚度和计算点深度(in,1 in = 2.54cm)。

11.5.4 剪切应变法

SHRP 研究课题制订了应用定高度单剪试验的永久剪切应变—作用次数测定结果预估沥青层车辙量的方法。

建立此方法须解决或提供的转换关系:
(1)路上的车辙量(深度)与单剪试验的永久剪切应变量的转换关系。
(2)车辆荷载的作用次数与单剪试验剪应力作用次数的转换关系。
(3)现场的温度与单剪试验温度之间的转换关系。

Sousa 等采用有限元法对一些沥青层高剪应力区(轮胎边缘下 51mm 深度处)的最大剪切应变和车辙深度进行了分析,发现车辙深度与定高度单剪试验(剪应力 68.9kPa)的剪切永久应变之间存在稳定的比例关系,而且,此关系不随沥青混合料性质、温度、轮胎压力和作用时间而变化[31]:

$$\delta_{pa} = A \gamma_p \quad (11\text{-}16)$$

式中：δ_{pa}——沥青层的车辙深度（mm）；

γ_p——定高度单剪试验量测到的永久剪切应变；

A——永久剪切应变转换成车辙深度的系数，沥青层厚度约100mm及以上时，$A = 250$，小于100mm时，A减小。

对32个路面长期使用性能LTPP观测路段进行了调查和测定，并对相关沥青混合料进行了定高度单剪试验，在产生相对应的永久剪切应变的条件下，单剪试验的加载次数与路段上的标准轴载（80kN）作用次数之间，可建立起下述经验统计关系：

$$N_{ss} = 0.04 \times N_{esal} \tag{11-17}$$

式中：N_{ss}——单剪试验作用次数；

N_{esal}——标准轴载（80kN）的作用次数。

定高度单剪试验是在不利温度（表面下约50mm处7d最高温度平均值）条件下进行的。而沥青层在使用期间会经受不同的温度，相应产生不同的永久变形。为了考虑温度分布频率的影响，采用了类似于轴载当量换算的概念和方法，将各个温度分布频率下的标准轴载作用次数，按损伤（永久变形）当量的原则，换算为不利温度的标准轴载作用次数，由此得到相应的温度当量系数TEF[11]。

综合上述考虑，单剪试验所需要满足的加载次数为：

$$N_r = 0.04 \times N_e \times \text{TEF} \times M \tag{11-18}$$

式中：N_r——按设计要求，设计沥青混合料应能经受住的单剪试验作用次数；

N_e——设计期内标准轴载累计作用次数；

TEF——温度当量系数；

M——考虑不同可靠度水平要求与交通荷载预估方差和单剪试验方差的系数。

M可按下式确定：

$$\ln M = Z_R (s_t^2 + s_r^2)^{0.5} \tag{11-19}$$

式中：s_t^2、s_r^2——交通荷载预估方差和单剪试验方差；

Z_R——要求置信水平为R的标准正态偏差。

按照式（11-18）确定的单剪试验的要求作用次数，由单剪试验的永久剪切应变—作用次数曲线，可以得到相应的最大永久剪切应变。再利用式（11-16）转换成相应的车辙深度。此深度应小于容许车辙深度。

或者，按照沥青层容许车辙量和式（11-15），先确定容许的最大永久剪切应变，并按照单剪试验的永久剪切应变—作用次数曲线，判别设计沥青混合料所能提供的作用次数N_s。此次数应大于等于式（11-18）要求能经受的作用次数N_r，即$N_s \geqslant N_r$。

在不满足上述要求时,应改善沥青混合料,如调整沥青含量、集料类型或级配,或采用改性沥青等。

11.5.5 试验路统计分析法

建立车辙预估模型的另一种直接方法是,利用试验路段或长期使用性能(LTPP)路段多年积累的观测资料(车辙量、轴载和作用次数、温度等),通过路面结构参数的测定和力学分析(厚度、模量、特征点的应力和应变等),由统计分析建立路面表面车辙量与有关影响变量之间的回归关系式。这种建模方法较为简便,可以免去建立室内关系模型所需的大量沥青混合料试验工作,但它需要观测资料和数据的长期积累,并存在仅在条件相似的地区范围内具有较好的可靠性和适用性的缺点。

Kim 等利用 1991~1997 年间在密歇根州 39 个试验路段的 930 个试验点采集到的数据,通过结构分析(有限元)和非线性回归分析,在车辙量与路面结构和材料参数以及轴载作用次数之间建立了下述车辙预估模型[21]:

$$\delta_p = [-0.016h_1 + 0.033\ln l_s + 0.011T_a - 0.01\ln\eta]$$
$$\left[-2.703 + 0.657\varepsilon_{2,v}^{0.097} + 0.271\varepsilon_{3,v}^{0.883} + 0.258\ln N - 0.034\ln\left(\frac{E_1}{E_3}\right)\right] \quad (11-20)$$

式中:δ_p——车辙深(in,1in=2.54cm);

N——当量单轴轴载(80kN)累计作用次数;

l_s——路表弯沉值(in,1in=2.54cm);

E_1、E_3——沥青层和路基的回弹模量(psi,1psi=6.97kPa);

$\varepsilon_{2,v}$、$\varepsilon_{3,v}$——基层顶面和路基顶面的竖向压缩应变($\times 10^{-3}$);

T_a——年气温(°F);

η——沥青的动黏滞度(cSt,1cSt=10^{-6}m²/s)。

上述预估模型的相关性很好(R^2=0.95),其预估值同长期使用性能路段的观测值(1998 年)吻合得很好。

11.5.6 容许车辙量

沥青路面车辙量的容许标准,主要依据行车安全和行车舒适性要求确定。

美国联邦公路局在 1979 年曾将车辙量划分为 4 个轻重等级:漂滑(5.1~6.4mm);低(6.4~12.7mm);中(12.7~25.4mm);高(>25.4mm)。

Barksdale 发现,在横坡为 2%的路面上车辙深超过 13mm 时所形成的水池,就会使车速 80km/h 以上的行驶车辆出现漂滑[4]。许多研究人员认为,应该以影响行车安全的漂滑作为唯一合理的容许车辙量标准。因而,这个标准应同公路等级(行车速度和舒适性要求)和当地气候条件(降水量)有关。

Shell 设计方法中考虑的容许车辙量标准为：高速公路 10mm，一般公路 30mm。美国沥青协会(AI)法考虑的容许标准为 13mm。美国力学—经验法采用的路面结构容许车辙量为 7.6～12.7mm。南非沥青路面结构设计指南中采用的标准为：警告值 10mm，极限值 20mm。

11.6 小　　结

(1) 沥青混合料的永久变形或沥青层的车辙由压密变形和剪切变形两部分组成，其中，对路面使用性能影响最大的是体积不变的剪切变形。最大剪应力一般出现在轮胎边缘下距沥青层表面 50～75mm 深度处，大部分永久变形(车辙量)发生在沥青层上部 75～100mm 范围内，沥青层厚度超过一定限值(130～250mm)后，车辙量不会随层厚增加而增大。

(2) 沥青混合料是由粗细集料、沥青和空气组成的三相材料。各组分的性质和各组分间的组成比例都会对沥青混合料的抗永久变形性能产生影响。选用黏稠的沥青或改性沥青，可以增加沥青混合料的抗永久变形性能。但沥青是温感性材料，在高温时其黏度会下降，这时，集料对沥青混合料抗永久变形性能的影响要大于沥青。集料的级配、表面构造、颗粒形状和最大粒径等对沥青混合料的抗永久变形性能都有影响。选用表面粗糙、多棱角的碎石，增加集料间的接触点(密实级配)和嵌锁作用，选用大粒径集料等，可以提高沥青混合料的抗永久变形性能。沥青混合料的三相组成的比例要合适，在对沥青混合料进行充分压实以保证集料有足够多的接触点和嵌锁作用，以及选用适中的沥青用量的前提下，使沥青混合料的空隙率不要太小($\geqslant 4\%$)，沥青填隙率(VFA)不要太大($\leqslant 70\%$)。对沥青混合料抗永久变形性能的要求，同所在地区的温度状况和所需承受的交通荷载强度(轴载和接触压力)有关，须依据客观条件和要求来相应变更沥青混合料的性质和组成。由于影响因素众多，而且各因素的影响往往相互交叠，对于所选用的集料、沥青和组成设计，必须进行沥青混合料永久变形性能的测试和比较分析，以检验是否符合使用要求。

(3) 用于沥青混合料组成设计的 Marshall 试验和 Hveem 试验，是经验性的工程性质测试。它们并未真实反映沥青混合料的力学特性，也不能用于准确判别沥青混合料抗永久变形性能的优劣，更无法用于预估沥青层的车辙量。三轴剪切强度试验和指标、定高度频率扫描试验和动态剪切模量、定高度反复单剪试验和永久剪切应变、静载蠕变试验和流动时间、反复荷载永久应变试验和流动数以及轮载仪试验和轮辙深度等，这些试验方法和相应的测定指标分别从某个角度反映了沥青混合料或沥青层永久应变中的剪切应变特性,其试验测定结果同各试验段沥青层的车辙量都有较好的关联性,这些试验方法的测定结果相互之间也有着较好的关联性,因而,他们都可以用于判别由体积法组成设计得到的沥青混合料的抗车辙性能的优劣。然而,要依据这些试验方法的测定结果来正确选定在特定使用条件下满足抗永久应变性能要求的沥青混合料,尚需要进行大量的试验研究和野外路面验证工作,为相关的测定指标制订出相应的控制标准。此外,要依靠这些试验方法来建立永久变形(车辙)量预估,也还需要进行深入的研究和分析工作。

(4)沥青层车辙量预估模型的建立,主要依靠在室内反复荷载试验的永久应变累积量与路上(或路面加速试验)实际车辙累积量之间找到对应的转换关系。由于路上的实际荷载条件(轴型、轴载、接触压力、作用频率)和环境条件(温度及其变化)与试验室内施加的条件有很大差异,很难找到稳定、准确的对应关系,因而,预估模型的精度和可靠性不可能很高。

利用所建立的预估模型可以分析得到沥青层的永久变形量,但如果预估量超出了路面使用性能所容许的限值时,路面结构设计所能变更的只是沥青层厚度,而这种变更对于减少永久变形量的效果很有限,这时,需要改变沥青混合料的组成设计来满足使用性能的要求。因而,对于控制永久变形而言,单单能预估出永久变形量是不够的,还必须结合考虑问题的另一方面,探讨如何判别沥青混合料的抗永久变形能力以及按容许车辙量的要求组成抗永久变形性能好的沥青混合料。

本章参考文献

[1] AASHO. AASHO road test. HRB, 1962.

[2] AASHTO Designation TP7-00, Standard test for determining the permanent shear strain and stiffness of asphalt mixtures using the Superpave Shear Tester (SST). AASHTO, 2000.

[3] Bhasin, A., Button, J. W., and Chowdhury, A. Evaluation of Simple Performance Tests on HMA mixtures from the South Central U. S. A. Report No. FHWA/TX-03.9-558-1, 2003.

[4] Barksdale, R. D. Laboratory evaluation of rutting in base course materials. Proceedings, 3rd International Conference on Structural Design of Asphalt Pavements, Vol. 1, London, 1972:161-174.

[5] Brown, E. R. and Cross, S. A. A national study of rutting in hot mix asphalt (HMA) pavements. Proceedings, Association of Asphalt Paving

Technologists, Vol. 61, 1992: 535-582.

[6] Choubane, B., Page, G. C., and Musselman, J. A. Suitability of Asphalt Pavement Analyzer for predicting pavement rutting. TRR 1723, 2000: 107-115.

[7] Cooley, Jr., L. A., Kandhal, P. S., Buchanan, M. S., Fee, F., and Epps, A. Loaded wheel testers in the United States: State of the practice. Transportation Research E-Circular, No. E-C016, 2000.

[8] Cooley, Jr., L. A., and Kandhal, P. S. Evaluation of asphalt pavement analyzer as a tool to predict rutting. Proceedings, 9th International Conference on Asphalt Pavements, Copenhagen, 2002.

[9] Cooper, K. E., Brown, S. F., and Pooley, G. R. The design of aggregate gradings for asphalt basecourses. Proceedings Association of Asphalt Paving Technologists, Vol. 54, 1985: 324-346.

[10] Davis, R. Large stone mixes: an historical insight. IS-103, National Asphalt Paving Association, 1988.

[11] Deacon, J. A., Coplantz, J. S., Tayebali, A. A., and Monismith, C. L. Temperature considerations in asphalt-aggregate mixture analysis and design. TRR 1454, 1994: 97-112.

[12] Eisenmann, J. and Hilmer, A. Influence of wheel load and inflation pressure on the rutting effect at asphalt pavements—experiments and theoretical investigations. Proceedings, 4th International Conference on Structural Design of Asphalt Pavements, Vol. 1, Ann Arbor, 1987: 392-403.

[13] Hand, A. J., Stiady, J. L., White, T. D., Noureldin, A. S., and Galal, K. Gradation effects on hot-mix asphalt performance. TRR 1767, 2001: 152-157.

[14] Harvey, J., and Popescu, L. Accelerated pavement testing of rutting performance of two Caltrans overlay strategies. TRR 1716, 2000: 116-125.

[15] Harvey, J., Guada, I., Monismith, C. L., Bejarano, M. Repeated simple shear test for mix design: A summary of recent field and accelerated pavement test experience in California. Proceedings, 9th International Conference on Asphalt Pavements, Copenhagen, 2002.

[16] Hoftra, A. and Klomp, A. J. P. Permanent deformation of flexible pavements under simulated road traffic conditions. Proceedings, 3rd Interna-

tional Conference on Structural Design of Asphalt Pavements, Vol. 1, London, 1972:613-621.
[17] Huber, G. A. and Heiman, G. H. Effect of asphalt concrete parameters on rutting performance: a field investigation. Proceedings, Association of Asphalt Paving Technologists, Vol. 56, 1987: 33-62.
[18] Huschek, S. The deformation behavior of asphaltic concrete under triaxial compression. Proceedings, AAPT, Vol. 54, 1985: 407-431.
[19] Kaloush, K. E. and Witczak, M. W. Tertiary flow characteristics of asphalt mixtures. Proceedings, AAPT, Vol. 71, 2002 : 248-280.
[20] Kandhal, P. S. and Mallick, R. B. Effect of mix gradation on rutting potential of dense-graded asphalt mixtures. TRR 1767, 2001: 146-151.
[21] Kim, H. B. , Buch, N. , and Park, D-Y. Mechanistic-empirical rut prediction model for in-service pavements. TRR 1730, 2000: 99-109.
[22] Linden, F. and van der Heide, J. Some aspects of the compaction of asphalt mixes and its influence on mix properties. Proceedings, Association of Asphalt Paving Technologists, Vol. 56, 1987: 408-426.
[23] Mahboub, K. and Little, D. N. Improved asphalt concrete design procedure. Research Report 474-1F, Texas Transportation Institute, 1988.
[24] Monismith, C. L. and Vallerga, B. A. Relationship between density and stability of asphaltic paving mixtures. Proceedings, AAPT, Vol. 25, 1956:88-104.
[25] Monismith, C. L. , Epps, J. A. , and Finn, F. N. Improved asphalt mix design. Proceedings, Association of Asphalt Paving Technologists, Vol. 54, 1985: 347-406.
[26] Monismith, C. L. , and Tayebali, A. A. Permanent deformation (rutting) consideration in asphalt concrete pavement sections. Proceedings, Association of Asphalt Paving Technologists, Vol. 57, 1988: 414-463.
[27] NCHRP Project 9-19. Simple performance test for Superpave mix design. NCHRP Report 465, 2002.
[28] NCHRP Project 1-37A. Guide for mechanistic-empirical design of new and rehabilitated pavement structures. Final Report, 2004.
[29] Qi, Xicheng and Witczak, M. W. Time-dependent permanent deformation models for asphaltic mixtures. TRR 1639, 1998: 83-93.
[30] Shami, H. I. , Lai, J. S. , D'Angelo, J. A. , and Harman, R. T. P. De-

velopment of temperature effect model for predicting rutting of asphalt mixtures using Georgia Loaded Wheel Tester. TRR, 1590, 1997.

[31] Sousa, J. B. , et al. Permanent deformation response of asphalt aggregate mixes. SHRP Report No. SHRP-A-415, 1994.

[32] Stuart, J. B. , Mogawer, W. S. , and Romero, P. Validation of asphalt binder and mixture tests that measure rutting susceptibility using the accelerated loading facility. Final Report. FHWA-RD-99-204, 1999.

[33] Uge, P. and van de Loo, P. J. Permanent deformation of asphalt mixes. Koninklijke/Shell-Laboratorium, Amsterdam, 1974.

[34] Van de Loo, P. J. Practical approach to the prediction of rutting in asphalt pavements: the Shell method. TRR, 616, 1976: 15-21.

[35] Van de Loo, P. J. The creep test: a key tool in asphalt mix evaluation and in prediction of rutting. Proceedings, AAPT, Vol. 47, 1978: 522-557.

[36] Williams, C. R. , and Prowell, B. D. Comparison of laboratory wheel-tracking test results to WesTrack performance. TRB: Journal of TRR 1681, 1999: 121-128.

[37] Williams, S. G. The effects of HMA mixture characteristics on rutting susceptibility. Paper submitted to TRB 82th Annual Meeting, 2003.

[38] Zhang, J. , Cooley, Jr. , L. A. , and Kandhal, P. S. Comparison of fundamental and simulative test methods for evaluating permanent deformation of hot mix asphalt. TRB: Journal of TRR 1789, 2002.

[39] Zhou, Fujie and Scullion, T. Discussion: Three stages of permanent deformation curve and rutting model. The International Journal of Pavement Engineering, Vol. 3(4), 2002: 251-260.

[40] Shell. Pavement Design Manual. Shell International Petroleum Company, Ltd. , London, 1978.

[41] Tseng, K. H. , and Lytton, R. L. Prediction of permanent deformation in flexible pavement materials. In " Implication of aggregates in the design, construction, and performance of flexible pavements". ASTM STP 106, 1989: 154-172.

[42] El-Basyouny, M. M. , Witczak, M. W. , and Zapata, C. Development of AC rutting model using permanent strain database. Paper submitted for TRB 86th Annual Meeting, 2007.

第 12 章 我国沥青路面结构设计方法的改进

由第 2 章第 2.4 节对我国沥青路面设计规范方法的评析可知,其结构设计方法存在下述主要缺陷和问题:

(1)路表弯沉难以同路面结构的特定损坏相关联,以它作为主要设计指标,不能如实反映各类沥青路面结构的损坏现象和机理以及路面的实际使用性能和使用寿命,因而,无法有效控制各结构层的疲劳开裂损坏或永久变形量。

(2)反映结构总刚度的路表弯沉综合性指标,与控制有关结构层疲劳开裂损坏的单项指标,存在不协调和相互矛盾的状况;而这种状况也难以通过调整予以协调解决。

(3)沥青结合料类结构层和无机结合料类结构层的层底容许拉应力公式(疲劳开裂损坏模型)的建立,具有严重缺陷,既缺少正确而数量足够的试验数据的支撑,也存在公式推演的错误。因而,难以为设计提供正确的分析和判断依据。

(4)所采用的路基和路面材料力学性质指标和测试方法,未能确切反映土和材料的力学性状,即非线性、弹塑性或黏弹性等性质(应力依赖性及温度和湿度依赖性)。

(5)对全国各地的环境因素(湿度和温度)影响的差异缺少考虑,因而,无法按地区条件的不同,如实反映土和粒料回弹模量的湿度依赖性以及沥青混合料劲度模量的温度依赖性。

为了改善现行的沥青路面结构设计方法,2002 年年初交通部(现更名为"交通运输部")开始立项开展研究,计划提出新的结构设计指标和相应的设计参数。此项研究共经历了三个阶段,2002~2003 年、2004~2007 年和 2009~2011 年。考虑到现行结构设计方法存在着诸多严重不足,在各国的设计方法中处于特立独行的孤立状态,要沿着以路表弯沉作为主要设计指标的路线继续发展,很难再取得实质性的突破和改进,并且还会阻碍我国路面研究的发展和技术进步。为此,研究工作选择的路线是,在认真学习和分析评价国内和国外沥青路面结构设计方法和指标的基础上,结合我国沥青路面的使用特点和经验,构建一个新的沥青路面结构设计方法和参数体系。

12.1 技 术 方 案

所构建的沥青路面结构设计新指标和参数体系,应能反映沥青路面的结构性能和材料的力学特性以及各级路面不同的使用性能要求,充分考虑行车荷载的作用和环境因素的影响,吸取国内外沥青路面的修筑和使用经验以及已有的研究成果和水平。具体采用下述指导思想:

(1)沥青路面结构设计方法仍遵循力学—经验法的基本思路。20世纪50年代以来,我国各版路面设计规范方法均采用力学方法(解析法)分析路面结构的行车荷载响应,没有考虑过采用经验法,也未进行过建立经验法所依据的足尺路面结构试验,因而,缺乏试验研究结果和数据,现今也就无法采用经验法建立沥青路面结构设计方法。国外在20世纪60年代以后,持续开展了解析法和力学经验法的研究工作,提供了许多研究成果以及试验和验证数据,并相应建立了多个结构设计方法。基于现状和发展趋势,决定继续采用力学经验法的基本思路和要义来构建我国的沥青路面结构设计方法。

(2)针对沥青路面为多层次的层状复合结构与损坏类型多样化的特点,采用多个单项设计指标体系,各项指标分别控制对应的损坏类型;按照使用要求和结构层组合特性,针对各等级路面的主要损坏类型选择相应的设计指标和标准;各项指标的标准之间应相互协调,使整个路面结构达到平衡设计的要求。

(3)各种损坏模型(使用性能分析或预估模型)的建立,以室内试验为基础,考虑到项目研究阶段的时间限制以及其他设备和试验路段观测等条件的约束,室外标定和验证工作只能进行少量路面加速加载试验(ALF),主要依赖国外许多足尺试验路(环道或加速加载试验)和长期使用性能(LTPP)项目的试验和观测数据。在初步建成损坏预估模型后,实际路面使用效果的检验,留待今后长期使用和观测,在积累经验和数据后对模型的有关系数数值进行逐步修正。

(4)行车荷载作用在设计分析期内对路面的累计损伤,仍采用当量损耗法进行分析,即采用当量设计轴载作用次数、当量温度等概念考虑荷载和环境对路面的损伤影响。这种方法为多种解析法(力学—经验法)所采用。虽然美国力学—经验法设计指南采用的增量损伤法(incremental damage),可以计算分析设计期内逐个时段(月)轴载和环境对路面结构的各种损伤,符合荷载和环境对路面结构损伤的渐进性和逐步积累规律,并且也便于对各个损坏模型进行验证分析,但对于新建路面结构的设计,要准确可靠地提供(预估)设计期内各时段的荷载和环境参数并非易事,特别是对于交通荷载迅猛发展的发展中国家更难办到。虽然现在计算工具的运算能力足够强大和快速,在缺乏可靠而可信的参数数据的条件下,所得到的设计结果是难以置信的。因此,与其采用貌似考虑细致、科学而先进的增量损伤法,耗费大量精力进行数据采集和计算分析工作,不如依然采用较为简便而直观的当量损伤法,考虑行车荷载的累积损伤作用和环境因素的影响。

(5)路基土和路面材料的力学性质指标的选用,应能充分反映它们在行车荷载和环境因素作用下的性状(应力依赖性、温度依赖性和湿度依赖性),并与路面损坏模型中所选用的土和材料性质变量协调一致。这些性质指标,按现有的认识和发展水平,采用科学的试验方法测定。虽然,这样做会带来设备更新、概念和认知的更新以及对新参数值的适应等问题,但它可提供并积累较为科学的试验数据,推动人们对土和材料性质的认识不断深化。

(6)按所设计项目的重要性(等级)、工程规模和投资量的不同,即设计要求的精确性和可靠程度的不同,对土和材料性质参数的采集要求分为三个层次,分别规定不同精细或准确程度的方法。第一个层次,制定标准试验规程,通过直接试验测定取得参数数值。第二个层次,建立土和材料性质指标与相关物性指标的经验关系,通过较简便的物性指标试验,利用经验关系确定参数数值;第三层次,提供标准条件下的参数参考值,供设计人员直接选用。

(7)路面结构在交通荷载和环境因素作用下的力学响应,仍利用弹性层状体系理论和相应的解析解程序进行分析。虽然二维或三维有限元数值分析方法和计算程序已相当成熟,具有可以考虑非线性性质的优点,但用于设计仍显得较为繁杂。分析时,土和材料性质参数数值的选用须考虑温度和湿度的地区差异(采用当量温度和湿度调整系数)。

12.2 路面结构层组合方案和损坏类型

12.2.1 结构层组合方案

路面结构由面层、基层和底基层组成。用于路面结构的材料可以分为三大类:

(1)沥青结合料类——密级配沥青混合料、沥青玛蹄脂碎石(SMA)、开级配沥青磨耗层(OGFC)或多空隙沥青透水层、沥青稳定碎石(半开级配、开级配)、沥青表面处治和沥青贯入碎石等。

(2)无机结合料类——水泥混凝土(设传力杆水泥混凝土、连续配筋混凝土、贫混凝土、碾压混凝土)、水泥稳定粒料(级配碎石、级配砾石、未筛分碎石、天然砂砾等)、石灰—粉煤灰稳定粒料(级配碎石、级配砾石、未筛分碎石、天然砂砾等)、水泥土、石灰土、石灰—粉煤灰土等。

(3)无结合料类——级配碎石、级配砾石、填隙(水结)碎石、天然砂砾等。

各类材料具有不同的力学性质,适用于不同的结构层次。沥青结合料类材料主要用于面层和基层;无机结合料类材料主要用于基层和底基层,个别用作复合式面层的下面层;无结合料类材料则主要用于基层或底基层。

沥青路面的面层当然都采用沥青结合料类材料,而按基层材料选用类型的不同,可以将沥青路面结构层组合方案归纳成以下四类:

(1)选用无机结合料类材料做基层的沥青路面(表1-12)。

(2)选用沥青结合料类材料做基层的沥青路面(表1-13)。

(3)选用无结合料类材料做基层的沥青路面(表1-14)。

(4)以热拌沥青混合料做磨耗层和水泥混凝土做下面层的复合式路面(表1-15)。

在这四类组合方案中,又可按底基层材料类型的不同分为:①无底基层;②粒料类底基层;③无机结合料类底基层三个亚类。

路面结构除了上述基本结构层次外,还可能根据特定需要设置各种功能结构层次,如排水层、应力吸收层、夹层、封层、隔离层或防冻层(若不纳入路基范畴时)等。

路基的承载力要求分为三个等级:弱(路床顶面回弹模量$\geqslant$40MPa)、中等(回弹模量$\geqslant$60MPa)和强(回弹模量$\geqslant$80MPa)。可依据交通等级选用路基承载力等级,并按照路床压实土层(整平层)顶面的模量值以及要求的路基承载力等级确定是否需要增设改善(或加固)层。改善(或加固)层属路基范畴。

路面结构层组合的原则和组合方案的选择,已在第1章第1.6节阐述。

12.2.2 损坏类型

沥青路面的结构性损坏可归纳为开裂和永久变形两大类。而开裂可以再分为疲劳开裂(沥青结合料类结构层疲劳开裂、无机结合料类结构层疲劳开裂)、低温缩裂和反射裂缝三类。沥青路面的永久变形(车辙)由路基、粒料层(基层或底基层)和沥青层(面层或基层)三部分的永久变形组成。

由不同的结构层组合方案和材料类型组成的沥青路面,具有不同的结构特性,表现出不同的损坏机理和形态。

12.2.2.1 无机结合料类基层沥青路面

无机结合料类基层的刚度较大,沥青面层的底面基本上处于压应力(应变)或低拉应力(应变)状态,因而,在基层产生疲劳开裂破坏之前,沥青面层不会出现自下而上的疲劳开裂损坏,但无机结合料类基层出现的干缩裂缝和温度收缩裂缝,可使沥青面层产生反射裂缝。采用较厚的沥青面层,可以减缓反射裂缝的出现,但也相应地出现车辙量增大的可能性。路基顶面或粒料底基层顶面的压应力很小。因此,路基或粒料基层的永久变形量不大,在车辙总量中仅占很小的比重。

这类路面的主要损坏类型为:无机结合料类基层的疲劳开裂,沥青面层的反射裂缝,厚沥青面层的永久变形,无机结合料类基层碎裂后沥青面层的疲劳开裂。

12.2.2.2 沥青结合料类基层沥青路面

这类路面结构的主要损坏类型为沥青层的疲劳开裂和永久变形(车辙)。疲劳开裂可能为起源于沥青基层底面的自下而上的龟状裂缝;沥青层较厚时,也可能为起源于表面层的自上而下的局部深度纵向裂缝。

沥青面层的厚薄可影响到面层内的应力—应变状况,从而影响到疲劳开裂或永久变形损坏出现的轻重程度。因而,可按沥青面层的厚薄将沥青路面分为厚沥青面层($\geqslant 150mm$)、中厚沥青面层($50 \sim 150mm$)和薄沥青面层($\leqslant 50mm$)三种情况。对于厚沥青面层,由于面层底面产生的拉应变较小,疲劳损伤的程度较轻,因而,以沥青面层的永久变形类损坏作为设计的主要控制对象,辅以疲劳开裂控制。对于薄沥青面层,面层产生的拉应变很小,因而,主要控制基层和路基的永久变形。对于中厚沥青面层,面层产生的拉应变和相应的疲劳损伤较大,因而,以控制沥青面层的疲劳开裂类损坏为主,辅以对永久变形类损坏的控制。

12.2.2.3 无结合料类基层沥青路面

这类路面结构的基层刚度较低。在面层厚度为中等或厚时,其主要损坏类型为沥青面层的疲劳开裂和整个结构的永久变形;在薄沥青面层时,主要损坏类型为粒料层和路基的永久变形。

底基层选用无机结合料类材料时,由于其刚度可以降低路基顶面的压应力,并使粒料基层底面不出现拉应力,粒料基层的抗剪切变形能力可以由此而得到提高。但在底基层与路床的刚度比(模量比)较大时,底基层底面会产生因拉应力过大而引起的疲劳开裂。因而,需要控制底基层的刚度(模量),保证它与路床的模量比在适中的范围内。

12.2.2.4 复合式沥青路面

复合式沥青路面的主要损坏为设传力杆水泥混凝土下面层的疲劳开裂、沥青表面层的反射裂缝以及由于沥青表面层与水泥混凝土下面层之间的层间结合不良而产生的剪切推移变形。

由于沥青表面层较薄,永久变形不会成为控制因素。基层、底基层和路基所受到应力水平和产生的永久变形量都很小,因而也不会出现较大永久变形的问题。

复合式沥青路面的水泥混凝土下面层,按水泥混凝土路面结构设计方法进行设计。

在季节性冰冻地区,上述四类沥青路面的设计,均需考虑控制沥青面层的低温缩裂损坏。

综合上述各类沥青路面可能产生的损坏类型,沥青路面结构设计主要针对以下六类损坏:

(1)沥青结合料类结构层的疲劳开裂。
(2)无机结合料类结构层的疲劳开裂。
(3)沥青面层的永久变形。
(4)粒料层和路基的永久变形。
(5)沥青面层的低温缩裂。
(6)沥青面层的反射裂缝。

前三类沥青路面结构层组合方案在结构设计时所需考虑的损坏类型,汇总于表12-1。

前三类沥青路面所需考虑的损坏类型　　　　表12-1

类型	沥青结合料类和无结合料类基层			无机结合料类基层	
面层厚度 (mm)	厚 (≥150)	中厚 (50～150)	薄 (≤50)	厚 (≥150)	中厚、薄 (<150)
主要损坏	面层永久变形	沥青层疲劳开裂	永久变形	无机结合料类结构层疲劳开裂	
次要损坏	沥青层疲劳开裂	沥青层永久变形	—	面层永久变形	面层反射裂缝
季冻地区	面层低温缩裂				

12.3　使用性能标准、设计寿命和设计可靠度

12.3.1　使用性能标准

沥青路面出现的各类损坏,使路面的结构性或功能性使用性能逐步衰退,以致于丧失结构承载能力或无法满足行车安全或舒适性要求。为此,需对各类损坏设定使用性能标准,以便对使用性能及时修复做出合理的决策。

12.3.1.1 沥青结合料类结构层疲劳损坏

室内梁试件的疲劳损坏,按弯拉模量下降到初始值的50%时的寿命(反复作用次数)确定。将室内试件疲劳模型转换成沥青层疲劳模型而进行的验证试验时,曾采用多种疲劳损坏标准,如裂缝密度1.0或2.5m/m²(加速加载试验ALF或HVS)、轮迹带内开裂率10%或45%(AI法、WesTrack试验路)、车道内开裂率50%(美国力学—经验法路面设计指南利用LTPP数据)或20%(NCAT试验路)。

虞将苗等在建立沥青层疲劳模型时,采用了轮迹带开裂率10%(试验路)和裂缝密度1.0m/m²(加速加载试验)两种疲劳损坏标准,并认为两者具有较好的对等关系[8]。

12.3.1.2 无机结合料类结构层疲劳损坏

室内梁试件的疲劳损坏,按试件断裂破坏时的寿命(反复作用次数)确定。由于无机结合料类结构层主要用作基层或底基层,属于隐蔽工程,在将室内疲劳模型转换成结构层疲劳损坏的试验验证时,很难确定结构层顶面开裂的出现和开裂量的发展。因而,目前尚缺乏明确的损坏指标和标准以及可靠的转换函数,仅南非提出了疲劳裂缝向层顶面扩展的修正系数(随层厚由102mm厚的1.0增大到419mm厚的8.0)[34]。而美国力学—经验法路面设计指南所提出的破坏指数值为25%的损坏标准[29],既无实际依据,也无法对它的正确性进行验证。

12.3.1.3 沥青路面永久变形损坏

沥青路面永久变形(车辙)量的容许标准,主要依据行车安全(不出现漂滑)和行车舒适性要求确定。因此,其容许值应随公路等级(行车速度和舒适性要求)和当地气候条件(降水量)而异。

据Barksdale的观察,在横坡为2%的路面上车辙深超过13mm时所形成的水池,会使车速80km/h以上的行驶车辆出现漂滑[23]。壳牌(Shell)设计方法中采用的容许车辙量标准为,高速公路10mm,一般公路30mm。美国沥青协会(AI)设计方法采用的容许标准为13mm。美国力学—经验法路面设计指南采用的沥青路面容许车辙量为7.6～12.7mm[29]。南非沥青路面结构设计指南中采用的标准为,警告值10mm,极限值20mm。

综合上述各个设计方法中的规定,沥青路面永久变形(车辙)量的容许标准,建议采用10～25mm,高速公路采用低限值,四级公路采用高限值。

沥青路面的永久变形量由沥青层、粒料层和路基三部分的永久变形组成。各部分所占比重与基层的类型有关。无机结合料类基层由于刚度大,其永久变形量很小，并使粒料底基层和路基的永久变形量也很小，可认为这类路面的永久变形基本上由沥青层的永久变形组成。对于非无机结合料类基层沥青路面，Vesic等依据美国AASHO试验路的测试数据分析得出，在沥青路面的永久变形中，沥青混凝土面层、粒料基层、底基层和路基的永久变形的平均贡献分别为32%、14%、45%和9%[35]。美国力—学经验法路面设计指南对现今路面各结构层永久变形所占比重的分析列于表10-1[29]。可看出，各结构层永久变形所占的比重随沥青层的厚度而变化。厚沥青层时，沥青层的永久变形占绝大部分；薄沥青层时，粒料层和路基的永久变形所占比重增大。综合上述分析，各结构层永久变形所占的比重可参考表12-2。

各结构层永久变形所占比重随沥青层厚度的变化　　表 12-2

沥青层厚度(mm)	<50	50～100	101～200	>200
沥青层(%)	30	70	80	100
粒料基层(%)	15	15	10	0
粒料底基层(%)	45	10	5	0
路基(%)	10	5	5	0

12.3.1.4　沥青面层低温缩裂损坏

低温缩裂一方面使路表平整度变差，影响路面的行驶质量和安全，另一方面裂缝会使路表水易于渗入路面结构内，加速路面损坏，为此，需要养护部门及时予以涂封，由此增加维护工作量和费用。低温缩裂的损坏标准基于这两方面的考虑予以制订。

美国力学—经验法路面设计指南对沥青面层低温缩裂设定的控制标准为，横向裂缝的总长度不大于186m/km[29]。

冯德成等以裂缝间距和裂缝指数（双车道100m区间内全幅横向裂缝数加上半幅横向裂缝数的一半）为低温缩裂的指标，通过对黑龙江、辽宁和吉林省各方面专家的调查，在此基础上提出了低温缩裂指标的分级标准以及各冰冻区不同等级公路控制低温缩裂的设计标准（表12-3和表12-4）[12]。

低温缩裂分级标准　　表 12-3

等级	I	II	III	IV	V	VI
开裂间距(m)	>100	100～50	50～35	35～25	25～15	<15
裂缝指数	<1	1～2	2～3	3～4	4～7	>7
路面状况	优	良	中	及格，通过养护可维持于可接受状态	次，进入中修临界状态	差，已达到中修、大修临界状态

各冰冻区各级公路低温缩裂设计标准 表12-4

公路等级	特重冻区 (冰冻指数≥2 800℃·日)	重冻区 (冰冻指数 2 800～2 000℃·日)	中冻区 (冰冻指数 2 000～800℃·日)
高速	Ⅲ级	Ⅰ级或Ⅱ级	Ⅰ级
一级	Ⅵ级	Ⅱ级或Ⅲ级	Ⅰ级或Ⅱ级
二级	—	Ⅲ级或Ⅳ级	Ⅱ级或Ⅲ级

12.3.2 设计寿命和设计分析期

路面结构从开始使用起到损坏程度达到预定的使用性能标准时止,这一时段称作路面结构的设计寿命。

路面结构的设计寿命,习惯于按年数计,称作设计年限。现行规范为各等级公路的沥青路面规定了不同的设计年限,高速公路和一级公路的设计年限为15年,二级公路为12年,三级公路为8年,四级公路为6年[1]。路面结构的损坏主要受交通荷载的影响,设计时预测的交通荷载作用与实际发生的肯定会有相当大的出入,因而,路面结构的实际使用年数往往会偏离设计年限,从而常常使公众对公路部门产生误解。

设计寿命可以采用的另一种表述方式为,路面结构能承受的交通荷载作用的程度,以设计轴载的累积作用次数计。这种表述与各类损坏模型中的反复作用荷载变量相一致,但缺乏明显的时段观念,与传统习惯不相协调。虽然如此,它仍然要比设计年限这个表述更科学合理些。为此,可以采用设计轴载作用 10^5、10^6、10^7、10^8 或 10^9 次等,来反映路面结构的不同设计寿命。

路面结构包括面层、基层和底基层,面层又往往由磨耗层和联结层组成。同时,路面结构又会出现不同类型的损坏。路面设计寿命或设计年限,是指整个路面结构的,还是指某个主要结构层次(面层或基层)的,还是指的某种损坏类型的设计寿命。例如,沥青结合料类基层或无机结合料类基层沥青路面在改建时,最好是不要去翻动基层,这样,这类基层宜选用较长的设计寿命;而沥青面层的磨耗层和部分联结层,由于功能性使用性能(抗滑、平整度、车辙)的较快衰退,需要在较短的使用期限进行修复,因而,其设计寿命与基层相比要短得多。因此,宜按照不同的设计思想(如耐久性路面或长寿命路面等),为不同的结构层次,针对不同的损坏类型选定相应的设计寿命,而不是为不同公路等级的沥青路面笼统地规定一个使用年限,从而使设计人员按各自的理解设计出目标含混不清的路面结构来。

设计分析期是对各个路面结构设计方案进行经济性、合理性分析评价时所采用的时间段。设计分析期应至少包含一次或一次以上的路面改建活动。设计寿命为 10 年及以上的路面,分析期一般取为 30~40 年,长设计寿命路面的分析期可取为 50 年。

12.3.3　设计可靠度

路面结构的可靠度可定义为,在预定的设计使用期内,在预定的交通荷载作用和环境因素影响下,设计路面的使用性能满足预定使用性能标准的概率。

力学—经验法所采用的各项路面使用性能(损坏类型)指标的极限状态关系式,很难像水泥混凝土路面或者 AASHTO 经验法(PSI 经验关系式)那样用显式表达出来,因而,没法明确表明结构几何尺寸的变异、材料性质参数的变异和作用(荷载、环境)的变异对结构极限状态变异的影响关系。

美国力学—经验法路面设计指南将各个使用性能(损坏类型)模型的预测结果,同已有路面结构(LTPP 路段)上的实测结果进行验证,认为其预估误差的分布接近于正态。由此确定,各类损坏可以按损坏模型预估的均值(模型各参数采用平均值代入)及其标准偏差确定,而各类损坏的可靠度分析可按下式进行[29]:

$$\text{可靠度水平为 } R \text{ 的损坏} = \text{损坏模型预估的均值} + \beta s$$

式中:s——模型参数采用平均值代入后得到的损坏预估值的标准偏差;

β——与可靠度水平 R 相对应的可靠指标(标准偏差)。

美国力学—经验法路面设计指南采用的可靠度分析方法,类似于在验证理论可靠度时通常采用的校正法,它只代表现有条件下(验证路段)的结构可靠度,并在假设今后路面结构的条件与现有的相似的情况下才能说它是可靠的。

要准确地按可靠度理论推演路面结构各类损坏的可靠度,目前还是件难以胜任的事情。况且,荷载和环境这两方面的"作用",不可能预估准确,也不可能得到可靠的变异信息。而可靠度说到底无非是在为设计结构给出安全系数时,对选取的系数值有个所谓科学的说法或依据而已。所以,美国力学—经验法路面设计指南的可靠度分析方法虽然粗略,但易于建立,采用它也无妨。

参照美国力学—经验法路面设计指南规定的路面结构的设计可靠度(表 2-3)以及水泥混凝土路面设计规范,提出表 12-5 所示的各级公路沥青路面的设计可靠度。

沥青路面结构设计可靠度　　　　表 12-5

公路技术等级	高速公路	一级公路	二级公路	三、四级公路
设计可靠度(%)	80~95	75~95	70~85	50~75
可靠指标 β	0.84~1.65	0.67~1.65	0.52~1.04	0~0.67

12.3.4 使用性能评定流程

综合以上所述,沥青路面结构的使用性能评定可以参照图12-1所示流程进行。

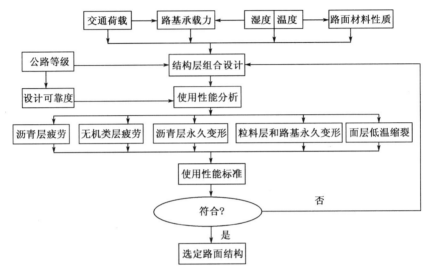

图12-1 沥青路面使用性能评定过程框图

12.4 交通荷载作用

交通荷载参数是路面结构设计最基本的依据。采用当量损伤法分析交通荷载作用时,所需的各项交通荷载数据包括:

(1)交通数据——初期年货车交通量(双向)、货车交通的方向分配系数和车道分配系数、设计寿命期或设计分析期内的货车交通年平均增长率、货车类型及其组成(货车类型分布系数)。

(2)荷载数据——各类货车各种轴型的平均轴数系数、各类货车各种轴型的轴重分布(轴载谱)、设计轴载的当量换算系数、轮胎内压力等。

上述各项数据用于计算确定设计车道在设计寿命期或设计分析期内的设计轴载累积作用次数。

各项交通荷载参数在设计项目实地利用交通量观测、车辆自动识别仪、固定式或移动式称重设备等手段采集,并充分收集和利用本项目或类似项目已往的历史数据。在缺乏观测手段或者无法采集到充足的数据时,可参考已有的各项地区性或全国性的统计数据。

12.4.1 交通分析

12.4.1.1 车辆分类

行驶在路上的车辆,可以分为客车和货车两大类。其中,客车可再分为小汽车、中型客车和大型客车三类;货车可再分为轻型货车、中型货车和重型货车三类,或者,按车身组合情况分为整车和组合车两类。组合车又可分为单拖挂车(半挂式)和多拖挂车(全挂式),前者由牵引车和半拖挂车组合而成,后者则由单拖挂车和拖挂车组合而成。

整车的前轴和中轴(若有)都为单轴,其两侧车轮均为单轮胎;而后轴可由单轴、双联轴或三联轴组成,两侧的车轮可为单轮胎或双轮胎组。组合车的前轴也为单轴-单轮,后面的车轴可以有 2~5 个(单拖挂车)或者 4~6 个(多拖挂车),由单轴、双联轴或三联轴组成。

交通调查时,应将车辆分为若干个类别进行观测和分别统计。

公路几何设计时,所关心的是车辆类型(尺寸)对公路通行能力的影响。路面结构分析和设计时,所关心的是不同车辆的总重和轴重对路面结构的损伤影响。因而,车辆类型应主要按轴型和轴数进行分类。如,美国联邦公路局采用的车辆分类为:①摩托车;②小汽车;③2 轴 4 轮整车;④公共汽车;⑤2 轴 6 轮整车;⑥3 轴整车;⑦4 轴或以上整车;⑧4 轴或以下单拖挂车;⑨5 轴单拖挂车;⑩6 轴或以上单拖挂车;⑪5 轴或以下多拖挂车;⑫6 轴多拖挂车;⑬7 轴或以上多拖挂车[29]。

此外,车辆类型的划分还需结合路上行驶车辆的实际情况,对于所占比重很小的车辆类型可以归并入相近的类别,以方便数据的采集和分析。赵延庆等对江苏和山西省公路上行驶的车辆进行类型调查后,建议将车辆类型分为 10 类(表 12-6)[3]。

赵延庆等建议的车辆类型分类[3] 表 12-6

编号	1	2	3	4	5
类型	2 轴 4 轮	2 轴 6 轮及以上客车	2 轴 6 轮整车	3 轴及以上整车	双前轴整车
编号	6	7	8	9	10
类型	4 轴及以下单拖挂车	5 轴单拖挂车	6 轴及以上单拖挂车	双前轴单拖挂车	多拖挂车

12.4.1.2 设计车道年平均日货车交通量

路面结构分析和设计时,不需要考虑 2 轴 4 轮的各种客车和货车,因为这些车辆对路面的损伤作用很小,可以忽略不计。对于 2 轴 6 轮及以上车辆,包括货车和大客车，统称为货车。

设计车道的初期年平均日货车交通量，利用当地交通量观测站的观测和统计资料，或者通过实地设立站点进行交通量观测和统计，获取所设计公路的初期年平均日交通量（双向）及其车辆类型组成数据，剔除 2 轴 4 轮及以下的客、货运车辆交通量，得到包括大型客车交通量在内的初期年平均日货车交通量（双向）。

调查分析所设计公路客货运输的双向分布情况，在所设计公路交通量双向分布有明显差异时，通过实测确定货车交通量的方向分配系数。一般情况（双向分布不明显时），可在 0.5～0.6 范围内选用。

按所设计公路的车道数，通过调查观测确定货车交通量的车道分配系数。赵延庆等对江苏、山西、山东、辽宁省各级公路上货车交通量的车道分配进行了调查观测，据此提出了表 12-7 所示的货车交通量车道分配系数[3]。在不进行实地观测时，可供参照使用。

货车交通量的车道分配系数　　　　　　　　表 12-7

单向车道数		1	2	3	≥4
车道分配系数	高速公路	1.00	0.70～0.85	0.45～0.60	0.40～0.50
	其他等级公路*		0.50～0.75	0.50～0.75	—

注：*交通受非机动车和行人影响严重的取低限，不严重的取高限。

初期年平均日货车交通量（双向）乘以方向分配系数和车道分配系数，即为设计车道的年平均日货车交通量（ADTT）。

依据公路等级和功能以及所在地区的经济和交通运输发展情况，通过调查分析，预估设计寿命期或设计分析期内的货车交通量增长趋势，确定该设计时期内的货车交通量年平均增长率。年平均增长率一般变动于 2%～6% 范围内，初期交通量越大，所选用的增长率应越小。所选定的年平均增长率，应控制在设计期末的交通量不超出车道通行能力的合理范围内。

12.4.1.3　货车类型分布系数

利用交通调查观测数据，经过分类统计后可以得到各类货车的分布系数（各类货车数占总货车数量的百分率）。

在不同使用功能和特点的公路上行驶的车辆，有着不同的货车类型组成。美国力学—经验法路面设计指南将货车类型分布系数分为 17 种组合，并按道路的功能等级分别提出了货车类型分布系数组合的选用建议[29]。赵延庆等对江苏、山西、山东、辽宁省各级公路上货车交通量的车道分配进行了调查观测，按公路的功能等级提出了表 12-8 所示的货车类型分布系数[3]。

各级公路货车类型分布系数　　　　　　　　　表 12-8

公路等级	货车类型分布系数（%）	车辆类型							
		2	3	4	5	6	7	8	9	10
高速	均值	15.6	27.8	2.5	11.4	5.6	12.7	11.7	12.7	—
	变异	63.9	39.4	42.3	83.6	61.0	46.7	85.4	76.9	—
一级	均值	25.3	47.7	7.2	7.7	2.1	4.3	3.2	2.4	0.14
	变异	53.2	29.3	75.4	38.9	89.1	62.0	75.1	66.6	265
二级	均值	27.2	43.8	7.7	8.0	1.5	3.8	4.6	2.8	0.58
	变异	25.0	39.6	65.6	59.9	142	59.8	99.3	125	200
三、四级	均值	14.8	40.7	16.2	10.6	1.0	3.5	8.1	3.6	1.53
	变异	81.7	39.1	112	65.4	111	59.9	152	103	203

12.4.2 轴载分析

12.4.2.1 轴重分布(轴载谱)

轴重分布是指各类货车各种轴型的每个轴重极位的作用次数占该轴型总作用次数的百分率，或称作轴载谱。各种轴型的轴重分布通过称重设备实测后，按轴重级位整理分析得到。轴重分级的级位可按轴型的不同分别取为：前轴 2.5kN、单轴 4.5kN、双联轴 9.0kN 和三联轴 13.5kN[3]。

美国力学—经验法路面设计指南对路面长期使用性能(LTPP)观测路段的多年轴载称重资料进行分析后发现，各类货车每一种轴型的轴载谱不随月份或年份的变化而变化(图 12-2)，但不同货车类型的轴载谱具有不相同的分布图形(图 12-3)[29]。设计指南在利用 LTPP 数据库的基础上，为各类货车的各种轴型整理出了相应的各级位轴重分布(轴载谱)数值[29]。

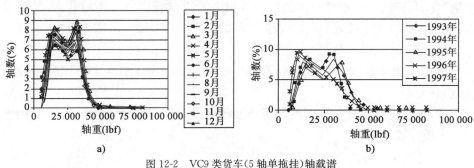

图 12-2　VC9 类货车(5 轴单拖挂)轴载谱

a)月变化；b)年变化

(1 lbf=4.45N)

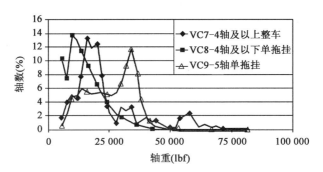

图 12-3　第 7、8 和 9 类货车的双联轴轴载谱
(1 lbf=4.45N)

12.4.2.2　设计轴载

目前,我国法定的车辆轴质量为:单轴 100kN、双联轴 100kN(单轮)或 180kN(双轮)和三联轴 120kN(单轮)或 220kN(双轮)。现行路面设计规范采用单轴—双轮 100kN 作为标准轴载。

近年来我国车辆的车型、轴型、轮型和轴重的变化范围很宽,特别是车辆改装及超载和超限情况十分严重。路面结构设计继续采用单轴—双轮 100kN 作为标准轴载,将面临所设计路面结构无法如实反映及适应实际状况的困境。

针对这种情况,应考虑放弃标准轴载,按公路实际承受的交通荷载(车型和轴重)特性分类,分别采用不同的设计轴载的方案。例如,特重交通荷载型公路(以集装箱车辆为主的货运干线公路、以运送大宗散装货物为主的货运专用公路等)、重交通荷载型公路(兼有繁重客货运车辆的干线公路等)、中等交通荷载型公路(一般公路、风景区旅游公路等)、轻交通荷载型公路(村镇地方公路等)、行驶特种车辆或承担特定任务的专用公路等,分别为各类公路选取代表性的设计车辆(货车类型、轴—轮型和轴载),并按相应的货车类型分布和轴载谱,换算成设计车辆(或设计轴载)的累计作用次数,据此设计路面结构所需厚度。

设计车辆(或设计轴载)的选取可以采用几种方案,如:

(1)选用该类路上行驶的主要重型车辆(或最重车辆)作为设计车辆(或设计轴载)。

(2)按该类路上行驶车辆的轴型和轴载谱,计算分析与其疲劳损伤当量的轴载作为设计轴载等等。

12.4.2.3　轴载当量换算

采用当量损伤法分析交通荷载对路面结构的损伤作用时,须将各类货车不同轴载的作用换算为设计轴载的当量作用。不同轴载的作用当量是指相对于同一类损坏的损伤等效，即每一类损坏（疲劳开裂、永久变形等）具有对应的当量换算关系。

设计轴载 P_s 在路面结构上作用一次所产生的损伤为 $D_s(=1/N_{fs})$，轴载 P_i 在同一个路面结构上作用一次所产生的损伤为 $D_i(=1/N_{fi})$。按损伤等效原则，轴载 P_i 作用 N_i 次所产生的损伤应对等于设计轴载 P_s 作用 N_s 次的损伤，即 $N_iD_i=N_sD_s$。定义 N_i 与 N_s 的转换关系为轴载换算系数 k_{Pi}，则

$$k_{Pi}=\frac{N_s}{N_i}=\frac{D_i}{D_s}=\frac{N_{fs}}{N_{fi}} \tag{12-1}$$

式中：k_{Pi}——轴载 P_i 作用次数转换为设计轴载 P_s 作用次数的轴载换算系数；

N_{fs}、N_{fi}——设计轴载 P_s 和轴载 P_i 作用下路面结构达到某类损坏使用性能标准的寿命（以作用次数计）。

由于是同一个路面结构上作用轴载次数的转换，各类损坏预估模型中的各项材料性质参数值不变，各类损坏的使用寿命 N_f 仅与模型中的应力或应变变量 ϕ 有关，而后者是轴载 P_i 或设计轴载 P_s 作用下路面结构的力学响应量。

$$\phi=p\overline{\phi} \tag{12-2}$$

式中：p——轮载作用均布压力；

$\overline{\phi}$——应力或应变量系数，三层体系时，它是 $\left(\frac{h_1}{\delta},\frac{h_2}{\delta},\frac{E_2}{E_1},\frac{E_0}{E_2}\right)$ 的函数；

δ——轮载作用面（当量圆）的半径；

h——结构层厚度和材料弹性模量；

E——路基或结构层弹性模量。

由此，式(12-1)可改写为：

$$k_{Pi}=\frac{N_{fs}}{N_{fi}}=\left(\frac{\phi_i}{\phi_s}\right)^b=a\left(\frac{P_i}{P_s}\right)^b \tag{12-3}$$

式中：ϕ_i、ϕ_s——轴载 P_i 和设计轴载 P_s 所产生的应力或应变变量，如沥青层底面拉应变、无机结合料结构层底面拉应力、粒料层应力比、路基顶面压应变等；

b——各类损坏预估模型中应力或应变变量项的乘幂数（见第12.7节有关预估模型），例如，用于沥青层疲劳模型时，$b=3.97$，用于水泥稳定碎石层疲劳模型时，$b=12$，用于路基顶面压应变时，$b=4.30$；

a——与轴型、轮型（包括 δ）和结构层厚度有关的参数。

对于同一个路面结构，在轴载 P_i 和设计轴载 P_s 的轴型和轮型相同（包括 δ）时，应力或应变量系数 $\overline{\phi}$ 为一常量，因而，参数 $a=1$。在轴型或轮型（包括 δ）

不相同时,荷载作用图式不同,应力或应变量系数便不是常量。此外,在设计轴载为单轴而换算轴载为双联轴或三联轴时,由于后面轴对前面轴的应力叠加作用随路面结构和损伤计算点位置的不同而变化,双联轴或三联轴作用一次并不是单轴作用两次或三次。因此,式(12-3)中后两项的转换关系,即 ϕ 和 P 的关系,需要按荷载作用图式、结构层厚度和损伤计算点位置(损坏类型)进行计算分析后建立,由此确定参数 a 的函数关系式。

12.4.2.4 设计车道初期设计轴载日作用次数

各类货车按轴型称质量和统计时,可采用以轴型为基础的轴载当量换算系数法计算分析设计车道使用初期的设计轴载日作用次数。

统计 3 000 辆货车中单轴、双联轴和三联轴等不同轴型出现的次数,并分别称取其轴重。按轴型和轴重级位分别统计整理后得到各种轴型的轴载谱,并按式(12-3)计算确定各种轴型 i 不同轴重级位 j 的设计轴载当量换算系数 $k_{p,ij}$。

依据各种轴型的轴重分布(轴载谱)和相应的设计轴载当量换算系数,按下式计算得到设计车道使用初期的设计轴载日作用次数。

$$N_s = \frac{\mathrm{ADTT}}{3\,000} \sum_i n_i \sum_j (k_{p,ij} \times p_{ij}) \tag{12-4}$$

式中:N_s——设计车道的设计轴载日作用次数,[轴次/(车道·d)];

ADTT——设计车道的年平均日货车交通量,[轴次/(车道·d)];

n_i——每 3 000 辆货车中 i 种轴型出现的次数;

p_{ij}——i 种轴型 j 级轴重的频率(以分数计)。

以货车类型为基础进行各种轴型的轴载称重和统计时,可采用货车当量轴载系数法计算分析设计车道使用初期的设计轴载日作用次数。

将货车分类,每类车再按轴型细分。分别按车型和轴型称重后得到各自的轴载谱。由式(12-3)和下式计算得到各类货车的设计轴载当量换算系数。

$$k_{p,k} = \sum_i \left[\sum_j (k_{p,ij} \times p_{ij}) \right] \tag{12-5}$$

式中:$k_{p,k}$——k 类货车的设计轴载当量换算系数;

p_{ij}——i 种轴型 j 级轴重的频率(以分数计)。

依据调查所得的货车类型分布系数数据,按下式计算确定设计车道使用初期的设计轴载日作用次数。

$$N_s = \mathrm{ADTT} \times \sum_k (k_{p,k} \times p_k) \tag{12-6}$$

式中:p_k——k 类货车的类型分布系数(以分数计)。

设计寿命期或设计分析期内设计车道所承受的设计轴载累计作用次数 N_e,按下式计算确定。

$$N_e = \frac{N_s \times [(1+g_r)^t - 1] \times 365}{g_r} \tag{12-7}$$

式中：t——设计寿命期或使用分析期(年)；

g_r——设计寿命期或设计分析期内货车交通量的年平均增长率(以分数计)。

12.5 环境因素影响

环境参数主要包括温度和湿度两方面：沥青层内不同深度处温度随时间的变化，路基和粒料层内不同深度处的平衡湿度以及季节性冰冻地区路基的冰冻和融解过程。这些参数影响到沥青层动态模量随时间的变化，粒料层和路基土回弹模量随时间的变化。

12.5.1 路基平衡湿度

路基湿度是影响路基回弹模量值的重要因素，在年循环内发生着周期性的变化。因而，路基的回弹模量值在年循环内也会随湿度的变化出现相应的周期性变化。现行设计规范仅按最不利时期的路基湿度状况选定其回弹模量值，在路面结构分析和设计时未充分考虑路基湿度季节性变化对路基回弹模量值的影响。

12.5.1.1 路基湿度状况分类和湿度指标

现行沥青路面设计规范将路基按其干湿状态分为 4 种类型(过湿、潮湿、中湿和干燥状态)，并以路床顶面以下 80cm 深度的平均稠度作为路基湿度的指标。4 类路基干湿状态按路基临界高度划分，划分的标准沿用 20 世纪 50 年代末到 20 世纪 60 年代初期的全国调查结果。

路基湿度状况受大气降水和蒸发、地下水、温度和路面结构及其透水程度等多种因素的影响。许多观测资料表明，在路面完工后的 2~3 年内，路基的湿度变化逐渐趋近于某种平衡湿度状态。依据路基的湿度来源，可将路基的平衡湿度状况分为 3 类：

(1)地下水控制类的路基——地下水位高，路基工作区(路床顶面下 80cm 深度范围)处于地下水毛细润湿区影响范围内，路基平衡湿度由地下水位升降所控制。

(2)气候因素控制类的路基——地下水位很低，路基工作区处于地下水毛细润湿区之上，路基平衡湿度由气候因素变化所控制。

(3)兼受地下水和气候因素影响的路基——地下水位较高，路基工作区下部处于地下水毛细润湿区影响范围内,而其上部则受气候因素影响,路基平衡湿度兼受地下水和气候两方面的影响。

采用稠度表征路基的湿度,一方面无法反映非黏性土的湿度状态,另一方面单以含水率表征湿度,也无法准确反映它对回弹模量的影响,因为含水率变化会同时引起土密实度发生变化,而后者也是影响回弹模量的一项主要因素。而土的饱和度既反映了含水率,也包含了密实度的影响。为此,采用饱和度来表征路基土的湿度状态较为合适。饱和度按下式确定:

$$S = \frac{w_v}{1 - \frac{\gamma_s}{G_s \gamma_w}} \text{ 或 } S = \frac{w}{\frac{\gamma_w}{\gamma_s} - \frac{1}{G_s}} \quad (12\text{-}8)$$

$$w_v = w \frac{\gamma_s}{\gamma_w} \quad (12\text{-}9)$$

式中:S——饱和度(%);

w_v——体积含水率(%);

w——质量含水率(%);

γ_s、γ_w——土的干密度和水的密度(g/cm³);

G_s——土的相对密度。

12.5.1.2 地下水控制类路基的平衡湿度

地下水位随气候因素影响在年内发生升降变化。设计时,通过调查选取平均地下水位作为设计水位。

路基湿度受地下水影响的临界水位深度随路基土质而异,依据世界各地的野外观测资料,黏土的临界深度约为 6m,砂质黏土或粉土约为 3m,砂约为 0.9m[28,33]。地下水位在此深度范围内时,路基的平衡湿度可根据地下水位的高度来确定。

受地下水影响的路基平衡湿度可以应用土的基质吸力以及土—水特性曲线来估算。土的基质吸力与离地下水位的距离成线性关系,可按式(3-14)计算确定,而利用基质吸力和土的物性指标 wPI 或 D_{60},可以由土—水特性曲线(图 3-3)确定土的饱和度,进而利用式(12-8)确定体积含水率和质量含水率。参照所述方法,按各类土物理性质指标 wPI 或 D_{60} 等数值的大致变化范围(表 12-9),计算得到各类土在距地下水位不同距离处的平衡湿度(质量含水率),如表 12-10 所示。

各类土物理性质指标的数值变动范围 表 12-9

土 组	D_{60}(mm)	PI	wPI	G_s	S_{opt}(%)	w_{opt}(%)	$\gamma_{d,max}$
粉土质砾 GM	—	0~6	2.1~0.1	2.70~2.67	85.5~82.8	13.20~11.24	1.77~1.96
黏土质砾 GC	—	7~20	5.5~1.2	2.72~2.69	86.7~84.9	15.51~12.49	1.83~1.93

续上表

土 组	D_{60}(mm)	PI	wPI	G_s	S_{opt}(%)	w_{opt}(%)	$\gamma_{d,max}$
砂(级配好)SW	0.4~2.7	—	—	2.65	78	9.54~7.80	2.00~2.09
砂(级配差)SP	0.2~0.7	—	—	2.65	78	10.37~8.94	1.96~2.03
粉土质砂 SM	—	0~8	3.8~1.2	2.71~2.69	86.2~84.9	14.43~12.49	1.86~1.93
黏土质砂 SC	—	7~20	8.9~3.8	2.73~2.71	87.3~86.2	17.43~14.43	1.77~1.86
低液限粉土 ML	—	<20	11.5~5.1	2.73~2.72	87.7~86.7	18.73~15.25	1.72~1.84
低液限黏土 CL	—	7~22	19.2~5.5	2.75~2.72	88.4~86.7	22.25~15.51	1.62~1.83
高液限粉土 MH	—	15~40	24.4~11.5	2.75~2.73	88.8~87.7	24.38~18.73	1.57~1.72
高液限黏土 CH	—	22~50	33.0~19.2	2.76~2.75	89.3~88.8	27.68~22.25	1.49~1.62

注:1. 土组按美国统一土分类系统(USCS)划分。
2. w_{opt}——最佳含水率(%);$\gamma_{d,max}$——最大干密度(g/cm³);S_{opt}——最佳含水率和最大干密度时的饱和度(%)。

各类土在距地下水位不同距离处的平衡湿度 w_{equ} 表 12-10

土 组		计算点距地下水位的距离(m)						
		0.3	1.0	1.5	2.0	2.5	3.0	4.0
粉土质砾 GM	S(%)	84.0~69.3	69.2~54.6	64.8~50.3	61.5~49.0	58.7~44.8	57.1~42.9	—
	w(%)	15.3~11.3	12.6~8.9	11.8~8.2	11.2~8.0	10.7~7.3	10.4~7.0	—
黏土质砾 GC	S(%)	96.2~79.0	82.9~64.1	78.5~59.5	75.1~56.1	72.6~53.8	70.7~52.1	—
	w(%)	19.6~13.8	16.9~11.2	16.0~10.4	15.3~9.8	14.8~9.4	14.4~9.1	—
砂(级配好) SW	S(%)	100	100~89.5	—	—	—	—	—
	w(%)	17.7~13.8	15.0~11.2	—	—	—	—	—
砂(级配差) SP	S(%)	100	100~96.6	—	—	—	—	—
	w(%)	19.6~16.3	16.9~13.6	—	—	—	—	—
粉土质砂 SM	S(%)	90.3~79.0	76.5~64.1	71.9~59.5	68.4~56.1	66.3~53.8	64.3~52.1	—
	w(%)	17.7~13.8	15.0~11.2	14.1~10.4	13.4~9.8	13.0~9.4	12.6~9.1	—
黏土质砂 SC	S(%)	98.7~90.3	86.9~76.5	83.0~71.9	80.4~68.4	78.2~66.3	76.0~64.3	73.4~61.2
	w(%)	22.6~17.7	19.9~15.0	19.0~14.1	18.4~13.4	17.9~13.0	17.4~12.6	16.8~12.0
低液限粉土 ML	S(%)	100~93.7	89.9~80.5	85.8~76.1	83.4~73.1	81.3~70.7	79.7~68.7	—
	w(%)	24.5~19.1	21.9~16.4	20.9~15.5	20.3~14.9	19.8~14.4	19.4~14.0	—
低液限黏土 CL	S(%)	100~93.2	93.1~80.3	89.9~75.6	87.8~72.7	86.1~70.3	84.7~68.4	82.6~65.6
	w(%)	29.0~19.6	26.6~16.9	25.7~15.9	25.1~15.3	24.6~14.8	24.2~14.4	23.6~13.8

续上表

土 组		计算点距地下水位的距离(m)						
		0.3	1.0	1.5	2.0	2.5	3.0	4.0
高液限粉土 MH	S(%)	100	94.6~89.9	92.0~85.8	90.0~83.4	88.7~81.3	87.4~79.7	—
	w(%)	31.4~24.5	29.1~21.9	28.3~20.9	27.7~20.3	27.3~19.8	26.9~19.4	—
高液限黏土 CH	S(%)	100	97.4~93.1	92.5~89.9	91.1~87.8	89.6~86.1	88.8~85.4	87.1~82.6
	w(%)	34.9~29.0	33.8~26.6	32.1~25.7	31.6~25.1	31.1~24.6	30.8~24.2	30.2~23.6

注:1. 对于砂(SW、SP),D_{60}大时,平衡湿度取低值,D_{60}小时,平衡湿度取高值。
2. 对于其他含细粒的土组,通过0.075mm筛的颗粒含量大和塑性指数高时,平衡湿度取低值,反之,平衡湿度取高值。

12.5.1.3 气候因素控制类路基的平衡湿度

干旱和半干旱地区地下水位深的路基,其平衡湿度主要受气候因素影响。英国、澳大利亚和美国的一些研究结果表明,以Thornthwaite的湿度指标(以下简称"TMI")表征气候因素特性,可以在路基湿度与气候因素之间建立良好的相关关系[30,31,33]。官盛飞利用全国400个气象站的降水量和蒸发量观测数据,按Thornthwaite的方法计算月潜在蒸散量,并采用上层平均储水能力为100mm的假设,计算各月的水不足量和径流量,再由式(3-16)得到各个气象站点的年TMI数值。将这些站点的TMI值按所在地的公路自然区划归并后,可得到表12-11所示的各公路自然区划的TMI值变动范围。其中,西南云贵川藏地区(V_3、V_5、$Ⅶ_3$、$Ⅶ_5$)和华南地区($Ⅳ_5$、$Ⅳ_{6a}$、$Ⅳ_7$)的TMI值变化范围较大,但由图3-8可看出,正值范围内(潮湿地区)的TMI值在数值较大(如40以上)时,其变化对基质吸力值的影响很小。因此,这些地区的基质吸力实际上变化幅度并不大。

各公路自然区划的TMI值变动范围　　　　　表12-11

公路自然区划	$Ⅰ_1$	$Ⅰ_2$	$Ⅱ_1$(黑)	$Ⅱ_1$(吉、辽)	$Ⅱ_{1a}$	$Ⅱ_2$、$Ⅱ_{2a}$
TMI 范围	−5.0~ −8.1	0.5~ −9.7	−0.1~ −8.1	8.7~35.1	−3.6~ −10.8	−1.2~ −12.1
公路自然区划	$Ⅱ_3$、$Ⅱ_4$、 $Ⅱ_{4a}$、$Ⅱ_{4b}$	$Ⅱ_5$、$Ⅱ_{5a}$	$Ⅲ_1$	$Ⅲ_{1a}$	$Ⅲ_2$	$Ⅲ_{2a}$
TMI 范围	−7.9~ −26.9	−1.0~ −15.6	−21.2~ −25.7	−12.6~ −29.1	−9.7~ −19.7	−19.6
公路自然区划	$Ⅲ_3$	$Ⅲ_4$	$Ⅳ_1$、$Ⅳ_{1a}$	$Ⅳ_2$	$Ⅳ_3$	$Ⅳ_4$

续上表

公路自然区划	I₁	I₂	II₁(黑)	II₁(吉、辽)	II₁a	II₂、II₂a
TMI范围	−19.1~−26.1	−10.8~−24.1	21.8~25.1	−6.0~34.8	34.3~40.4	32.0~67.9
公路自然区划	IV₅	IV₆	IV₆a	IV₇	IV₇b	V₁
TMI范围	45.2~89.3	27.0~64.7	41.2~97.4	16.0~69.3	−5.4~23	−25.1~6.9
公路自然区划	V₂	V₂a	V₃	V₃a	V₄	V₅
TMI范围	0.9~30.1	39.6~43.7	12.0~88.3	−7.6~47.2	−2.6~50.9	39.8~100.6
公路自然区划	V₅a	VI₁	VI₁a	VI₂、₃	VI₄	VI₄a
TMI范围	24.4~39.2	−15.3~−46.3	−40.5~−47.2	−39.5~−59.2	−19.3~−57.2	−34.5~−37.1
公路自然区划	VI₄b	VII₁	VII₂	VII₃	VII₄	VII₅
TMI范围	−2.6~−37.2	−3.1~−56.3	−49.4~−58.1	−22.5~82.8	−5.1~−5.7	−20.3~91.4

利用Perera等建立的TMI与基质吸力经验关系曲线(图3-8)或关系式[式(3-22)和表3-3],可计算得到各类土的基质吸力,并结合土—水特性曲线(图3-3),计算得到相应的饱和度、体积含水率和质量含水率。

按所述方法,计算得到不同TMI值时气候因素控制类路基的平衡湿度(质量含水率)变化范围,列于表12-12。可按路基所在地区的TMI值和路基的土类,利用表12-12插值查取该地区相应的路基平衡湿度。

各类土在不同TMI值时的平衡湿度 w_{equ} 表12-12

土组		TMI					
		−50	−30	−10	10	30	50
砂(级配好)SW	S(%)	11.7~4.1	15.2~5.5	17.9~6.9	19.3~6.9	20.7~7.6	21.0~8.3
	w(%)	1.7~0.5	2.3~0.7	2.7~0.9	2.9~0.9	3.1~0.9	3.1~1.0
砂(级配差)SP	S(%)	22.8~6.9	29.6~9.0	34.5~10.3	37.9~11.0	43.4~12.4	44.1~13.1
	w(%)	3.6~1.0	4.7~1.3	5.5~1.4	6.1~1.5	7.0~1.7	7.1~1.8

续上表

土组		TMI					
		−50	−30	−10	10	30	50
粉土质砂 SM	S(%)	47.6～49.6	64.8～60.7	78.6～75.2	85.5～83.0	89.0～88.5	92.1～89.4
	w(%)	9.3～8.7	12.7～10.6	15.4～13.1	16.8～14.5	17.4～15.5	18.0～15.6
黏土质砂 SC	S(%)	42.1～47.6	60.7～65.5	83.4～78.8	84.1～85.5	89.7～89.0	93.1～92.1
	w(%)	9.6～9.3	13.9～12.8	19.1～15.4	19.2～16.7	20.5～17.4	21.3～18.0
低液限粉土 ML	S(%)	41.4～45.5	59.3～63.4	75.9～76.5	84.1～86.2	91.0～91.4	92.4～91.7
	w(%)	10.0～9.3	14.4～12.9	18.5～15.6	20.3～17.6	22.0～18.6	22.3～18.7
低液限黏土 CL	S(%)	39.3～41.1	57.2～64.1	75.7～75.9	86.2～86.2	91.0～91.4	94.1～91.8
	w(%)	11.2～8.6	16.3～13.5	21.5～16.0	24.6～18.1	26.0～19.1	26.9～19.3
高液限粉土 MH	S(%)	41.4～41.3	62.1～60.7	79.3～75.9	87.6～85.5	92.4～90.3	94.9～92.7
	w(%)	12.7～10.0	19.1～14.8	24.4～18.5	26.9～20.8	28.4～22.0	29.2～22.6
高液限黏土 CH	S(%)	51.3～39.3	69.0～57.9	85.5～73.8	91.7～86.2	94.5～91.0	97.0～94.3
	w(%)	17.8～11.2	23.9～16.5	29.7～21.1	31.8～24.6	32.8～26.0	33.6～26.9

12.5.1.4 兼受地下水和气候因素影响类路基的平衡湿度

路床顶面高出地下水毛细润湿区上限,而路基工作区仍有部分在该区范围内,这种路基的平衡湿度兼受地下水和气候因素的影响。路基工作区的上部,按土类和 TMI 值确定其平衡湿度。路基工作区的下部,按土类和离地下水位的距离确定其平衡湿度。上部湿度与下部某深度处湿度的平衡点,可视为上下部的分界点(图 12-4)。由此,可确定该类路基的平衡湿度沿深度分布的剖面。显然,路基工作区的平均湿度随路床顶离地下水位的距离大小(即路基工作区内各部分湿度来源所占相对密度)而变化。

12.5.2 沥青层当量温度

沥青层内的温度随年、月、日内发生着周期性的变化。各地由于气候条件的不同,沥青层内的周期性温度变化具有不同的规律和范围。沥青混合料的变形(劲度模量)和强度性质具有强烈温度依赖性。沥青层的使用性能(开裂和永久变形)和使用寿命也就与温度状况密切相关。沥青路面设计时所采用的沥青层设计参数便应带有地域和气候条件特性,随沥青层内的温度状况而变化。

我国现行设计规范规定,沥青路面设计时沥青混合料的抗压模量统一采用 20℃(计算弯沉时)和 15℃(验算弯拉应力时),劈裂强度统一采用 15℃ 的试验值。而对于不同地区和气候条件,现行规范没有给出相应的修正要求,这样,不同地区的设计结果是相同的。这种不分地域和气候差异的设计结果,显然不可能符合路面的实际使用状况,不反映路面的实际使用性能和使用寿命。

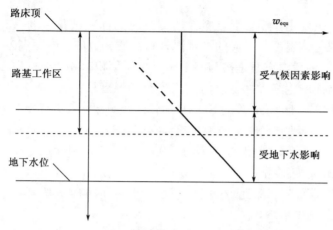

图 12-4 兼受地下水和气候因素影响类路基的湿度状况

在结构分析和设计方法中,对于温度影响的考虑可以采用两种方案。一种方案是直接提供温度随深度和时间变化的数据,设计时采用增量损伤法,每个增量时段按该时段内不同时刻的温度——深度数据确定的沥青混合料的动态模量参数,计算分析其疲劳损伤量或永久变形累积量。另一种方案采用当量损伤的概念,为不同地区(即不同气候条件)、不同交通等级和不同沥青层组合,计算分析在年循环或分析期内达到相同疲劳损伤量和永久变形累积量的当量温度值,并以某参照温度为基准,提出相应的温度当量系数供设计时采用。

前一种方案,需要由设计人员直接收集气象部门的资料,通过计算机逐个时段进行沥青混合料劲度模量和结构层损伤增量的运算分析。美国力学——经验法路面设计指南采用这种方案,在其系统软件内包含全国近 800 个气象站的有关数据[29]。后一种方法则需要研究人员选择典型状况和条件事先进行大量的运算分析,提出相应的温度当量系数。这种方法显然存在较大的预估偏差,但可减轻设计人员的资料收集和运算工作,并与轴载当量系数的考虑方法相对应。

12.5.2.1 沥青层的温度场

依据一维热传导偏微分方程和路表热流函数,采用有限差分法建立沥青路面的温度场模型(见第 4.2 节)。利用所建温度场模型和相关的气候数据,对不同地区不同沥青层厚度的路面进行温度场(不同时刻的温度和温度梯度)分析,提出各地区沥青路面有关特征点的年温度分布频率[13,14]。

12.5.2.2 沥青层的温度当量系数

温度当量系数的定义是,某时刻 i 温度 T_i 的设计轴载作用次数 N_{Ti},按损伤

相当的原则转换成某参照温度 T_s 的设计轴载作用次数 N_{Ts} 的乘数,即

$$k_{Ti} = \frac{N_{Ts}}{N_{Ti}} \tag{12-10}$$

参照温度主要用作沥青混合料性质测试时的标准试验温度,或者在结构分析时用于选取与该温度相对应的沥青混合料性质参数值。参照温度可以按不同的考虑选取,一种考虑方案是按与路面实际损伤累积率相当时的温度取用,另一种方案按与路面产生绝大部分损伤量相当时的温度取用,或者按出现最大损伤时的温度取用。据 Deacon 等的 SHRP 项目研究结果[25],进行疲劳分析时,美国 9 个气候区按第一种方案的参照温度变动于 14.1~20.1℃,平均为 17.1℃(沥青层厚 10cm),或者,参照温度变动于 19.2~23.7℃,平均 21.4℃(沥青层厚 20cm);进行永久变形分析时,参照温度变动于 27.7~37.2℃,平均 32.3℃(20cm 厚沥青层的 5cm 深处)。由此建议,疲劳分析时参照温度可选用 20℃,永久变形分析时可选用 35℃。

路面结构设计以沥青类结构层的疲劳开裂、无机结合料类结构层的疲劳开裂、沥青层的永久变形量以及路基顶面的压应变作为路面损坏的设计指标。对应于这 4 项设计指标,便分别有 4 种当量损伤的温度当量系数。

确定温度当量系数的具体分析步骤为(以沥青类结构层疲劳开裂指标为例):

(1)分析时,假设轴载随时间为均匀分布。

(2)取半小时为一个时段,年内共有 17 520 个时段(时段也可按 1h 或 2h 取)。沥青层分为 5 个亚层。收集该地的气象资料,应用温度场解析模型(第 4 章第 4.2 节),采用差分法计算每个时段 5 个亚层的温度以及温度梯度。

(3)利用沥青混合料动态模量与温度的经验关系式,可以由不同时段各亚层的温度值得到相应的动态模量值。然后应用弹性层状体系程序,依据动态模量值计算得到沥青层底面的拉应变值。再利用沥青层疲劳寿命预估模型,由层底拉应变和动态模量值计算得到各个时段的疲劳寿命 N_{Ti},并算出对应的疲劳损伤率 $D_{Ti} = 1/N_{Ti}$。

(4)累计各个时段的疲劳损伤率(共 17 520 个)得到平均损伤率 $D_T = \sum D_{Ti}/17\ 520$,并进而得到平均疲劳作用次数 $N_T = 1/D_T$。

(5)计算沥青层平均温度(参照温度)20℃时,相应的沥青混合料动态模量、层底拉应变和疲劳寿命,得到参照温度下的总疲劳作用次数 N_{Ts}。

(6)二者相比,即得到温度换算系数 $k_T = N_{Ts}/N_T$。

(7)按参照温度 20℃计算得到的疲劳寿命,乘以与设计路面所在地相应的温度当量系数,即可得到该地设计路面结构的疲劳寿命 N_f。

对于其他几项设计指标，也采用相似的分析步骤，只是将沥青层层底拉应变改为其他设计指标。

田波等利用全国19个城市的气象数据按上述步骤计算分析粒料基层上沥青层疲劳损伤的温度当量系数（参照温度20℃）。沥青层厚10cm时，温度当量系数变动于0.69～0.87；沥青层厚20cm时，变动于0.84～1.46[13]。Deacon等对美国9个气候区的分析结果为（参照温度20℃），沥青层厚10cm时，疲劳损伤的温度当量系数变动于0.57～1.01，平均0.80，变异系数18.0%；沥青层厚20cm时，变动于0.85～1.93，平均1.36，变异系数30%[25]。

12.6　材料性质参数

各损坏（使用性能）模型分析时所需的材料性质参数主要有以下几项：

(1)沥青结合料类材料——动态模量或劲度模量、泊松比、低温抗拉强度、低温蠕变柔度、线温度收缩系数等。

(2)无机结合料类材料——弹性模量或回弹模量、泊松比、强度等。

(3)粒料和土——回弹模量、泊松比等。

按三个层次要求采集材料性质参数时，对于第一层次，各项材料参数（除泊松比以外）均需按标准试验方法由试验测试确定；对于第二层次，各项材料参数可利用与其他材料性质参数相关联的经验关系式确定；对于第三层次，则可参照典型值（或代表值）或者按经验选定。

材料性质参数的测试方法和指标值取用，一方面要反映材料基本特性，另一方面则要与建立损坏（使用性能）模型时所选用的一致。现行设计方法对模量和强度等一些主要材料性质参数所采用的测试方法和指标值取用存在着许多问题有待改进，如试件尺寸和制备方法、试验温度、加载速度或频率、应变测定方法等方面；而有些材料性质参数，如低温蠕变柔度、线温度收缩系数等的试验规程还有待制订。因此，为构建适合我国的损坏（使用性能）模型，并使之顺利应用，必须参照国外相应的试验规程，修改和制订我国的有关试验规程。

供第二层次使用的各种材料性质参数的经验关系式，以及供第三层次使用的各种材料性质参数的典型值，必须按照所采用的测试方法与建立损坏（使用性能）模型时相一致的原则，综合国内外已有的试验研究数据，考虑材料组成和性质上的差异，通过比较分析后建立和制订。

12.6.1　沥青混合料动态模量

沥青混合料的劲度反映材料在荷载作用下的应力—应变关系，是沥青路面进行结构响应分析和厚度设计的基本力学性质参数,也是表征沥青混合料使用性能(疲劳、永久变形、低温缩裂)的一项重要指标。

沥青混合料是弹黏性材料。由于沥青的流变性状,沥青混合料的力学性质同加载时的温度和加载时间(或频率)有关,反映其应力—应变关系的劲度模量值具有温度和加载时间依赖性。

现行设计规范采用15℃和20℃时的静态单轴压缩回弹模量作为表征沥青混合料劲度性质的参数。无论是试验方法还是参数指标,它都不能正确反映材料的基本性状,也不能得到合理的路面结构响应分析和设计结果。

12.6.1.1 试验和数据整理分析

选用周期加载的单轴压缩试验测定沥青混合料的动态模量。试验试件为直径100mm、高150mm的圆柱体,由旋转压实仪成型的直径150mm、高170mm的试件中钻取芯样得到。在试件上施加频率为25Hz、10Hz、5Hz、1Hz、0.5Hz、0.1Hz的正弦波或半正矢波形荷载(由高频到低频进行),试验荷载控制在响应应变为50～150微应变范围内。试验温度分别为-10℃、5℃、20℃、35℃、50℃(由低温到高温进行)。通过沿圆周等间距安放在试件中部的3个位移传感器,量测荷载作用下的轴向变形。计算轴向应力幅值和可恢复轴向应变幅值后,由二者之比计算得到压缩动态模量,并按最后5次加载循环中变形峰值与荷载峰值的平均滞后时间和平均加载时间之比计算相位角。

试验结果首先整理成等温度动态模量曲线,随后以参照温度为20℃将各条等温度曲线平移后得到主曲线(图12-5),并将对应于各试验温度的移位因子点绘成图12-6。

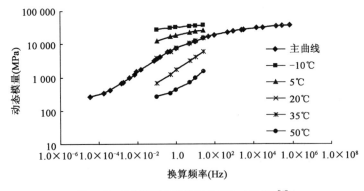

图12-5 动态模量主曲线(AC-13C,AH-70)[6]

以上建立压缩动态模量主曲线的方法,需要在5个试验温度和6个加载频率下进行试验,取得120个测定数据,试验工作量大,并且主曲线模型中的模量

第12章 我国沥青路面结构设计方法的改进

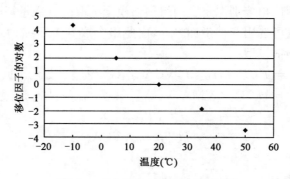

图12-6 移位因子(AC-13C,AH-70)[6]

极大值需要通过低温数据拟合得到,因而,要求最低测试温度为-10℃,从而使试验条件复杂化,测试成本增大。在试验条件不充分的情况下,可以采用简化的方法在3个温度(5℃、20℃、35℃)和4个频率(10Hz、5Hz、1Hz、0.1Hz)下进行测试,由48个测定数据建立主曲线。经试验分析和比较,简化方法建立的动态模量主曲线与前述方法的主曲线具有较好的一致性[6]。

12.6.1.2 压缩动态模量预估模型

姚岢等选用3种沥青(AH70、AH90和AH110)、3种沥青含量(4%、5%、6%)、3种集料公称最大粒径(26.5mm、16mm、9.5mm)和3种空隙率(5%~8%、3%~5%、<3%),制备成3种常用沥青混合料(AC、AK、SMA)试件,在3种温度(-10℃、15℃、40℃)、3种加载频率(1Hz、5Hz、10Hz)和3种应变水平(50~70、90~110、130~150微应变)条件下,进行周期加载单轴压缩试验,以期建立沥青混合料压缩动态模量的预估模型[6]。每种组合进行4次平行测试。在进行均匀试验设计后,总共进行了168次试验,其中按别差标准舍弃了4次试验结果,共取得有效样本数164个。在综合分析了影响沥青混合料压缩动态模量的诸因素后,为模型选取了8个主要影响变量:温度、频率、应变水平、混合料级配类型、颗粒最大粒径、沥青类型、沥青含量和空隙率。经分析比较,集料类型对动态模量和相位角的影响很小,因而,未列入考虑因素。

对于3种沥青,选用了3种沥青性质指标:沥青针入度Pen、沥青表观黏度$\eta_{60℃}$和沥青剪切动态模量$G^*_{60℃,10rad/s}$。对于3种混合料的级配,选用干涉系数α(粗集料骨架间隙率VCA_{mix}与粗集料骨架松装间隙率VCA_{DRC}之比)表征其特性,AC混合料变动于1.2~1.4之间,AK混合料变动于1.0~1.2之间,SMA混合料变动于0.8~1.0之间。

建模前,首先按统计方法对各影响因素与试验结果(动态模量和相位角)之间进行显著性检验。在此基础上,选用影响显著且相互独立的因素进行建模。

为动态模量和相位角分别拟定了两组预估模型选取的自变量,其中,动态模量中的沥青性质变量可选用 3 种指标之一,由此组合成 6 个压缩动态模量预估模型和 2 个相位角预估模型:

$$|E^*| = F(T, f, \upsilon_{bg}, \upsilon_a, \text{VCA}_{\text{DRC}}, G^*_{60℃,10\text{rad/s}} \text{ 或 } \eta_{60℃} \text{ 或 Pen})$$

$$|E^*| = H(T, f, \text{VMA}, \text{VCA}_{\text{DRC}}, G^*_{60℃,10\text{rad/s}} \text{ 或 } \eta_{60℃} \text{ 或 Pen}) \quad (12\text{-}11)$$

$$\phi = G(T, \varepsilon, \upsilon_{bg}, \alpha)$$

$$\alpha = I(T, \varepsilon, \upsilon_{bg}, \text{VCA}_{\text{mix}}) \quad (12\text{-}12)$$

式中:T——温度;

f——频率;

υ_{bg}——沥青含量(质量);

υ_a——空隙率;

VMA——矿料间隙率;

ε——应变;

α——干涉系数。

预估模型分别采用多元线性回归和多元非线性回归两种方法建立,并采用相关系数检验、方差分析检验(F 检验)和残差分析检验 3 种检验手段对所建模型进行综合检验评价。

采用多元线性回归方法和多元非线性回归方法建立的 6 个压缩动态模量预估模型和 2 个相位角预估模型,其相关系数 R^2 均能达到 0.915 和 0.968 以上,F 检验的 P 值都为 0。表明多元非线性回归预估模型与试验结果的相关性比多元线性回归模型更好;残差分析检验也表明非多元线性回归模型的试验结果与模型的偏差更小,且偏差分布的均匀性也更好。

为了验证所建模型对于其他试验结果的适用性和拟合效果,还进行了 188 次单轴压缩动态模量验证试验。对试验结果进行剔差处理后,剩余 175 次有效试验结果用于模型验证。验证分析结果表明,动态模量实测值与 6 个多元线性和 6 个非线性回归模型预测值的拟合程度较好,相关系数 R^2 均能达到 0.905 以上,F 检验的 P 值都为 0,但 3 个残差检验指标均明显增大。

考虑到实测值与预估值拟合的相关系数略有下降和残差检验指标明显增大,便将验证试验的 175 个有效数据与建模试验的 164 个有效数据总合成 339 个有效数据,对预估模型进行更大数据量的修正。

增大数据量后建立的多元线性和非线性模型,其相关系数仍比未修正的略有下降,而残差水平和分布与未修正的相当,试验结果与修正模型的偏差较小且偏差分布的均匀性较好。

考虑到修正后的多元非线性回归模型的数据量大(339 个)、相关系数高,研究者推荐 2 组 6 个回归关系式作为沥青混合料动态模量预估模型[6]。下式所列为相关系数最高,所选沥青指标(动态剪切模量 $G^*_{60℃,10rad/s}$)最符合其力学性质的一个压缩动态模量预估模型:

$$\lg|E^*| = 5.2316 - 0.0320T - 0.0199f + 2.5758G^* - 0.1426v_{bg} -$$
$$0.0412v_a - 0.0296\text{VCA}_{DRC} - 3.0604T^{(-0.0478+0.0334\cdot\lg f)}G^* \cdot f^{-0.0627} -$$
$$0.0325T^{(0.1536+0.1436\cdot\lg f)}\text{VCA}_{DRC} \cdot f^{-0.2147} +$$
$$0.0031fv_{bg} + 0.00012Tv_a \quad (R^2 = 0.973) \quad (12\text{-}13)$$

式中:$|E^*|$——沥青混合料压缩动态模量(MPa);

　　　T——试验温度(℃);

　　　f——试验频率(Hz);

　　　G^*——60 ℃、10rad/s 下沥青剪切动态模量(kPa);

　　　v_{bg}——沥青质量含量(%);

　　　v_a——空隙率(%);

　　　VCA_{DRC}——粗集料骨架的松装间隙率(%)。

利用上述压缩动态模量试验的 339 个有效数据,对美国力学—经验法路面设计指南中的沥青混合料压缩动态模量预估模型进行了相关性分析。分析数据表明,实测值与美国模型的计算值之间的相关性和拟合程度很好,相关系数达到 0.907。

12.6.1.3　常用沥青混合料在标准条件下的压缩动态模量参考值

利用所建立的沥青混合料压缩动态模量预估模型,姚岢等给出了我国 3 种常用沥青混合料(AC、AK、SMA)在 20℃和 10Hz 标准条件下,采用不同沥青类型、沥青用量和空隙率的压缩动态模量参考值,如表 12-13～表 12-15 所列[6]。沥青层的疲劳损伤主要发生在 15～30℃范围内,因而选用 20℃作为压缩动态模量试验的参照温度。加载频率(即加载时间 0.016s)与行车速度有关,选用 10Hz 作为加载频率标准,相当于 60～65km/h 的行车速度。

12.6.1.4　弯曲劲度模量

进行沥青混合料疲劳性质试验时,采用的大多是梁试件,无论是应力控制还是应变控制加载模式,都以弯拉应变作为加载级位的表征,由此建立的疲劳寿命预估模型也以弯曲劲度模量作为反映沥青混合料劲度的指标。因而,在对沥青层进行疲劳开裂分析时,应采用弯曲劲度模量计算路面结构的力学响应(层底拉应变),预估沥青层的疲劳寿命。

AC 类沥青混合料在 20℃、10Hz 条件下的动态压缩模量参考值（MPa）

表 12-13

混合料类型	空隙率	沥青种类及沥青用量								
		AH-70			AH-90			AH-110		
		4%	5%	6%	4%	5%	6%	4%	5%	6%
AC10	3%	13 074~14 233	10 027~10 916	7 690~8 371	12 010~13 074	9 211~10 027	7 064~7 690	11 032~12 010	8 461~9 211	6 489~7 064
	4%	12 100~13 172	9 280~10 102	7 117~7 747	11 115~12 100	8 524~9 279	6 537~7 117	10 210~11 115	7 830~8 524	6 005~6 537
	5%	11 198~12 190	8 588~9 349	6 586~7 170	10 286~11 198	7 889~8 588	6 050~6 586	9 449~10 286	7 246~7 889	5 557~6 050
	6%	10 363~11 282	7 948~8 652	6 095~6 635	9 520~10 363	7 301~7 948	5 599~6 095	8 745~9 520	6 706~7 301	5 143~5 599
	7%	9 591~10 441	7 355~8 007	5 641~6 141	8 810~9 591	6 756~7 355	5 182~5 641	8 093~8 810	6 206~6 756	4 760~5 182
AC16	3%	12 572~13 686	9 641~10 496	7 394~8 049	11 548~12 572	8 856~9 641	6 792~7 394	10 608~11 548	8 135~8 856	6 239~6 792
	4%	11 634~12 666	8 923~9 713	6 843~7 449	10 687~11 634	8 196~8 923	6 286~6 843	9 817~10 687	7 529~8 196	5 774~6 286
	5%	10 767~11 721	8 258~8 989	6 333~6 894	9 891~10 767	7 585~8 258	5 817~6 333	9 086~9 891	6 968~7 585	5 344~5 817
	6%	9 965~10 848	7 642~8 319	5 861~6 380	9 153~9 965	7 020~7 642	5 384~5 861	8 408~9 153	6 448~7 020	4 945~5 384
	7%	9 222~10 039	7 072~7 699	5 424~5 905	8 471~9 222	6 497~7 072	4 982~5 424	7 782~8 471	5 968~6 497	4 577~4 982
AC25	3%	11 422~12 434	8 759~9 536	6 718~7 313	10 492~11 422	8 046~8 759	6 171~6 718	9 638~10 492	7 391~8 046	5 668~6 171
	4%	10 570~11 507	8 106~8 825	6 217~6 768	9 710~10 570	7 447~8 106	5 711~6 217	8 919~9 710	6 840~7 447	5 246~5 711
	5%	9 782~10 649	7 502~8 167	5 754~6 263	8 986~9 782	6 891~7 502	5 285~5 754	8 254~8 986	6 330~6 891	4 855~5 285
	6%	9 053~9 856	6 943~7 558	5 325~5 797	8 316~9 053	6 378~6 943	4 891~5 325	7 639~8 316	5 859~6 378	4 493~4 891
	7%	8 378~9 121	6 425~6 995	4 928~5 364	7 696~8 378	5 902~6 425	4 527~4 928	7 070~7 696	5 422~5 902	4 158~4 527

AK类沥青混合料在20℃、10Hz条件下的动态压缩模量参考值(MPa)

表12-14

混合料类型	空隙率	AH-70 4%	AH-70 5%	AH-70 6%	AH-90 4%	AH-90 5%	AH-90 6%	AH-110 4%	AH-110 5%	AH-110 6%
AK10	3%	13 576~14 779	10 412~11 334	7 985~8 692	12 471~13 576	9 564~10 412	7 335~7 985	11 456~12 471	8 785~9 564	6 738~7 335
AK10	4%	12 564~13 677	9 635~10 489	7 390~8 044	11 541~12 564	8 851~9 635	6 788~7 390	10 602~11 541	8 131~8 851	6 235~6 788
AK10	5%	11 628~12 658	8 917~9 708	6 839~7 445	10 681~11 628	8 191~8 917	6 282~6 839	9 811~10 681	7 524~8 191	5 771~6 282
AK10	6%	10 761~11 714	8 253~8 984	6 329~6 890	9 885~10 761	7 581~8 253	5 814~6 329	9 080~9 885	6 964~7 851	5 340~5 814
AK10	7%	9 959~10 841	7 637~8 314	5 857~6 376	9 148~9 959	7 016~7 637	5 380~5 857	8 403~9 148	6 445~7 016	4 942~5 380
AK16	3%	11 216~12 210	8 602~9 364	6 597~7 181	10 303~11 216	7 902~8 602	6 060~6 597	9 464~10 303	7 258~7 902	5 567~6 060
AK16	4%	10 380~11 300	7 961~8 666	6 105~6 646	9 535~10 380	7 313~7 961	5 608~6 105	8 759~9 535	6 717~7 313	5 152~5 608
AK16	5%	9 606~10 458	7 367~8 020	5 650~6 151	8 824~9 606	6 768~7 367	5 190~5 650	8 106~8 824	6 217~6 768	4 768~5 190
AK16	6%	8 890~9 678	6 818~7 422	5 229~5 692	8 167~8 890	6 263~6 818	4 803~5 229	7 502~8 167	5 753~6 263	4 412~4 803
AK16	7%	8 228~8 957	6 310~6 869	4 839~5 268	7 558~8 228	5 796~6 310	4 445~4 839	6 943~7 558	5 324~5 796	4 083~4 445
AK25	3%	9 855~10 728	7 558~8 228	5 796~6 310	9 053~9 855	6 943~7 558	5 324~5 796	8 316~9 053	6 377~6 943	4 891~5 324
AK25	4%	9 120~9 929	6 994~7 614	5 364~5 839	8 378~9 120	6 425~6 994	4 927~5 364	7 696~8 378	5 902~6 425	4 526~4 927
AK25	5%	8 440~9 188	6 473~7 047	4 964~5 404	7 753~8 440	5 946~6 473	4 560~4 964	7 122~7 753	5 462~5 946	4 189~4 560
AK25	6%	7 811~8 504	5 991~6 521	4 594~5 001	7 175~7 811	5 503~5 991	4 220~4 594	6 591~7 175	5 055~5 503	3 877~4 220
AK25	7%	7 229~7 870	5 544~6 035	4 252~4 629	6 641~7 229	5 093~5 544	3 906~4 252	6 100~6 641	4 678~5 093	3 588~3 906

表 12-15 SMA 类沥青混合料在 20℃、10Hz 条件下的动态压缩模量参考值（MPa）

混合料类型	空隙率	AH-70 4%	AH-70 5%	AH-70 6%	AH-90 4%	AH-90 5%	AH-90 6%	AH-110 4%	AH-110 5%	AH-110 6%
SMA10	3%	14 527~15 814	11 141~12 128	8 544~9 301	13 344~14 527	10 234~11 141	7 848~8 544	12 258~13 344	9 401~10 234	7 209~7 848
SMA10	4%	13 444~14 635	10 310~11 224	7 907~8 608	12 349~13 444	9 471~10 310	7 263~7 907	11 344~12 349	8 700~9 471	6 672~7 263
SMA10	5%	12 442~13 544	9 542~10 387	7 318~7 966	11 429~12 442	8 765~9 542	6 722~7 318	10 498~11 429	8 051~8 765	6 175~6 722
SMA10	6%	11 514~12 535	8 830~9 613	6 772~7 372	10 577~11 514	8 112~8 830	6 221~6 772	9 716~10 577	7 451~8 112	5 714~6 221
SMA10	7%	10 656~11 600	8 172~8 896	6 267~6 823	9 789~10 656	7 507~8 172	5 757~6 267	8 992~9 789	6 896~7 507	5 288~5 757
SMA16	3%	11 604~12 632	8 899~9 688	6 825~7 430	10 659~11 604	8 175~8 899	6 269~6 825	9 791~10 659	7 509~8 175	5 759~6 269
SMA16	4%	10 739~11 691	8 236~8 966	6 316~6 876	9 865~10 739	7 565~8 236	5 802~6 316	9 062~9 865	6 949~7 565	5 330~5 802
SMA16	5%	9 938~10 819	7 622~8 297	5 845~6 363	9 129~9 938	7 001~7 622	5 369~5 845	8 386~9 129	6 431~7 001	4 932~5 369
SMA16	6%	9 198~10 013	7 054~7 679	5 410~5 889	8 449~9 198	6 479~7 054	4 969~5 410	7 761~8 449	5 952~6 479	4 565~4 969
SMA16	7%	8 512~9 266	6 528~7 106	5 006~5 450	7 819~8 512	5 997~6 528	4 599~5 006	7 183~7 819	5 508~5 997	4 224~4 599
SMA25	3%	9 521~10 364	7 301~7 949	5 600~6 096	8 746~9 521	6 707~7 301	5 144~5 600	8 034~8 746	6 161~6 707	4 725~5 144
SMA25	4%	8 811~9 592	6 757~7 356	5 182~5 641	8 094~8 811	6 207~6 757	4 760~5 182	7 435~8 094	5 702~6 207	4 373~4 760
SMA25	5%	8 154~8 877	6 254~6 808	4 796~5 221	7 490~8 154	5 744~6 254	4 405~4 796	6 881~7 490	5 277~5 744	4 047~4 405
SMA25	6%	7 546~8 215	5 787~6 300	4 438~4 832	6 932~7 546	5 316~5 787	4 077~4 438	6 368~6 932	4 883~5 316	3 745~4 077
SMA25	7%	6 984~7 603	5 356~5 831	4 108~4 472	6 415~6 984	4 920~5 356	3 773~4 108	5 893~6 415	4 519~4 920	3 466~3 773

为了避免在路面结构分析和设计时对沥青混合料进行两种模量的试验，宜在两者之间建立经验转换关系。Christensen利用Tayabali等提出的弯曲复数模量与剪切复数模量的经验转换关系式(6-20)，以及他本人提出的弯曲劲度模量与压缩动态模量之间的经验转换关系式(6-21)，建立了弯曲劲度模量与压缩动态模量之间的经验转换关系式[24]：

$$|S_0| = 0.66|E|^{0.994} \tag{12-14}$$

式中：$|S_0|$——沥青混合料的弯曲劲度模量(MPa)；

$|E|$——沥青混合料的压缩动态模量(MPa)。

虞将苗等在进行沥青混合料疲劳试验时，同时进行了31组相同沥青混合料在小应变水平(≤200微应变)条件下的弯曲劲度模量和压缩动态压缩模量测试，对Christensen的上述经验转换关系式进行验证[7]。由实测弯曲劲度模量通过式(12-14)换算得到的压缩动态模量，与实测压缩动态模量相比，其平均误差为16.8%，说明两种模量之间存在着较好的对应和转换关系。

12.6.2　无机结合料类材料弹性模量和强度

无机结合料类材料由于混合料组成以及结合料性质和含量的差异很大，其力学性质具有下述特点：

(1)其力学性质参数值变化范围很大，由接近于水泥混凝土到接近于土。

(2)集料粒径较大的混合料，试件成型较困难，试件的均质性较差，使其试验测定值的变异性很大。

(3)现场材料来源和质量以及施工工艺和控制水平的差异很大，使结构层混合料性质的变异性很大，并且与室内测定值的差别也很大。

(4)环境因素(温度和湿度)的影响(收缩裂隙或裂缝)，使结构层与试件的力学性质和参数值有较大的差异。

12.6.2.1　弹性模量

现行沥青路面设计规范采用压缩弹性模量作为无机结合料稳定材料的力学性质参数，其试验采用顶底面法量测试件高度的压缩变形。水泥稳定碎石和石灰—粉煤灰稳定碎石的压缩弹性模量的数值变动于1 300～1 700MPa(弯沉计算时)或3 000～4 200MPa(拉应力计算时)。

在考察和应用这些参数时，存在下述问题需要分析和探讨：

(1)采用顶底面法量测试件的变形，还是量测试件中间段的变形——由于端部摩阻的约束影响，顶底面法量测试件高度的压缩变形，其正确性受到质疑，在国外的试验规程中都已摒弃这种方法。韦金城等进行的顶底面法和中间段法的测试结果表明，二者相差很大，顶底面法的弹性模量值为3 200～4 200MPa，而中间段法的模量值可达 17 000～31 200MPa[10]。为此,应采用在试件侧面量测中间段的压缩变形,以消除端部的影响,得到反映真实压缩应力—应变关系的压缩弹性模量。

(2)加载方式采用单调加载、反复加载还是周期加载——无机结合料类材料接近于弹性体,加载方式对其应力—应变性状的影响较小,但在应力级位较高时仍会出现非线性的形状,特别是弱无机结合料类材料(如石灰土等)。因此,应按低应力级位时(0.3倍破坏强度)的应力—应变关系确定其弹性模量值。对于强无机结合料类材料,由于弹性性状较明显,加载速率或加载频率的影响虽有但不大,而相位角(反映应变滞后应力)接近于零,因而,不需要采用周期加载方式。而对于非线性性状较显著的弱无机结合料类材料,宜采用反复加载方式,按回弹应变确定其回弹模量值。

(3)采用压缩弹性模量,还是弯拉弹性模量——通常认为,无机结合料类材料用作基层或底基层时,其疲劳损伤或疲劳开裂损坏是在结构层承受弯拉应力或应变时产生的。因而,在进行路面结构的力学响应分析时,对于无机结合料类材料宜采用弯拉弹性模量。而在进行其他结构损坏分析时,可采用压缩弹性模量。然而,对于弹性材料或者在低应力级位时的近似弹性材料,拉伸弹性模量理论上和压缩弹性模量是相等的,因而,弯拉弹性模量和压缩弹性模量也理应接近。

(4)弯拉弹性模量测定结果的可靠性——通常采用挠度法或应变法测定弯拉弹性模量,但这些测试方法和测定结果存在着不可靠性。由于支点处的压缩变形,使梁试件实际产生的挠度值与测定挠度值存在偏差,并使应用理论挠度公式反算的弹性模量值由于中和轴位置变化而出现误差。在水泥混凝土试件的挠度法测定中,也存在这个问题。无机结合料处治粒料类试件测试时的支点压缩变形量更大,对测定结果的影响也更大。而采用应变法测定的应变值是标距内的平均值,与梁试件应力计算公式算得的最大应力值并不对应。所以,采用这两种方法测定得到的弯拉弹性模量都要比压缩弹性模量大,有时甚至大好几倍,这显然不能认为测定结果是正确的。因而,在弯拉弹性模量测定结果的可靠性存疑,而低应力级位时弯拉弹性模量值与压缩弹性模量值理应相近的情况下,不如采用较为可靠的压缩弹性模量测试值计算分析路面结构的力学响应。

(5)结构分析时选用室内试件测定的弹性模量还是结构层的有效弹性模量——由于上述无机结合料类材料力学性质的特点,结构层材料的胶结强度及其均质性远不及试件材料,在野外温度和湿度变化的影响下,即便在开放交通之前或之初结构层内便难免会产生内应力,出现微裂隙,使其有效弹性模量值下降。因而,采用偏高的室内试件弹性模量值可能会得到不正确的结构分析。南非的研究提出了有效弹性模量的概念和数值,值得参考(表 7-2)[26,34]。

12.6.2.2 强度

无机结合料类材料的强度有抗压强度、抗拉强度、间接拉伸(劈裂)强度和弯拉强度之分。

现行沥青路面设计规范采用劈裂强度作为无机结合料材料的强度指标,水泥稳定碎石的劈裂强度值变动于 0.4~0.6MPa,石灰—粉煤灰稳定碎石的劈裂强度值为 0.5~0.8MPa。路面基层施工技术规范则采用抗压强度(浸水 7d)作为无机结合料类材料的强度指标,为各级公路的基层和底基层分别规定了最低抗压强度要求。无机结合料类基层沥青路面进行基层疲劳损坏分析时,为了与疲劳损坏预估模型中的强度相一致,应采用弯拉强度作为强度指标。

劈裂强度与弯拉强度并不相等。各种强度指标之间缺乏稳定一致的转换关系。一般情况下,抗拉强度或劈裂强度平均约为抗压强度的 10%,弯拉强度平均约为抗压强度的 20%。因而,采用劈裂强度替代弯拉强度分析无机结合料类基层的疲劳寿命,得不到确切的使用寿命预估。

由于梁试件成型的难度和不均匀性大于圆柱体试件,弯拉强度测试结果的变异性要大于抗压强度。因而,通过试验研究建立弯拉强度与抗压强度的转换关系,便可利用抗压强度测定替代弯拉强度进行结构层的疲劳寿命分析。

12.6.3 粒料层和路基的回弹模量

路基土和粒料是非线性弹塑性材料,反映其应力—应变关系的回弹模量值具有应力依赖性,并随其湿度和密实度状态变化。

现行设计规范采用静态承载板法在顶面测定路基和粒料层的回弹模量,或者采用贝克曼梁测定表面回弹弯沉后应用公式反算路基和粒料层的回弹模量。而规范中用查表法确定的参考值,是依据 20 世纪 70 年代通过全国调查和计算分析提出的数值。无论是试验方法、参数指标或是参考值,它们都不能确切反映材料在行车荷载作用下的基本力学性状,因而,也无法据此得到合理的路面结构响应分析和设计结果。

12.6.3.1 回弹模量的三参数本构模型

选用反复加载三轴压缩试验测定土和粒料的回弹模量,可以考察和分析相关因素(应力状况、物理状况及性质和组成)对回弹模量值的影响,并在此基础上,建立可反映土和粒料非线性性状的回弹模量本构模型。

反复加载三轴试验测定回弹模量时,采用的土试件尺寸为 100mm×200mm(最大粒径不超过 19mm),粒料试件尺寸为 150mm×300mm。试件在现场含水率和干重度或最佳含水率和最大干重度时采用锤击法或振动法压实成型。测定结果可整理和绘制成如图12-7(土)和图12-8(级配碎石)所示的回弹模量与应力状况(偏应力或体应力与围压应力)的关系曲线[4]。

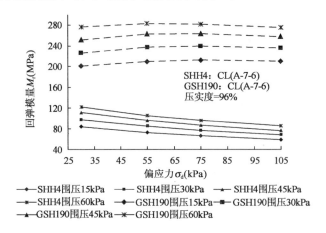

图12-7 两种低液限黏土回弹模量的测试结果(最佳含水率时)

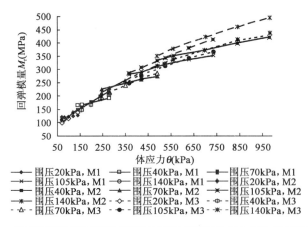

图12-8 三种不同配比级配碎石回弹模量的测试结果(最佳含水率,98%压实度)

虽然偏应力(剪应力)对土回弹模量的影响大,体应力对粒料回弹模量的影响大,但大部分粒料和土既有模量随围压应力增加而增大的性状,也有模量随剪应力增加而减小的性状,粒料和土的回弹模量不仅是体应力的函数,也是剪应力或偏应力的函数。因而,选用下述三参数本构模型对粒料和土的三轴压缩试验测定结果进行分析:

$$M_{\rm r} = k_1 p_{\rm a} \left(\frac{\theta}{p_{\rm a}}\right)^{k_2} \left(\frac{\tau_{\rm oct}}{p_{\rm a}}+1\right)^{k_3} \tag{12-15}$$

式中： θ——主应力之和(体应力)；

τ_{oct}——八面体剪应力；

p_a——参照应力(100kPa)；

k_1、k_2、k_3——与土和粒料的性质和状态有关的试验参数。

罗志刚等对 3 种级配碎石和 12 种细粒土(11 种低液限黏土和 1 种黏土质砂)进行了重复加载三轴试验,将试验数据按式(12-15)进行回归分析后得到的参数 k_1、k_2 和 k_3 的数值,汇总列于表 12-16[4]。Yau 等采集了美国路面长期使用性能(LTPP)项目中各种粒料和土的回弹模量测定数据(共 1 920 个),经统计分析后得到的 3 个参数数值,参见表 5-2。

级配碎石和细粒土回弹模量本构模型中的 3 个试验参数值 表 12-16

参数		材料分组			
		级配碎石		细粒土	
k_1	中值	1.168 1	0.843 9～1.423 6	1.568 3	0.313 0～3.591 4
	均值	1.156 0		1.594 1	
	标准偏差	0.199 2		0.769 0	
k_2	中值	0.681 4	0.618 0～0.800 9	0.461 6	0.157 4～1.076 9
	均值	0.683 6		0.491 7	
	标准偏差	0.051 9		0.250 7	
k_3	中值	−0.138 7	−1.496 3～−0.044 4	−1.689 8	−3.214 6～−0.144 2
	均值	−0.166 3		−1.554 5	
	标准偏差	0.079 9		0.741 3	
试验次数		9		72	

注：统计分析时，M_r 的单位为 MPa，应力的单位为 kPa。

12.6.3.2 基于物性参数的三参数经验关系

对回弹模量测试结果进行的影响因素分析表明,土和粒料的物理性质参数和物理状况(含水率和干重度)对回弹模量值均有显著影响。罗志刚等分别选取土和粒料的多个物性和物况参数作为变量,与上述三参数试验数据进行相关性分析,而后选取关联显著性好的影响变量,分别为级配碎石和细粒土建立了三参数经验关系式[4]。

级配碎石：

$$k_1 = -0.108\,8w + 1.671\,0 \quad (R^2 = 0.886)$$
$$k_2 = 0.683\,6$$
$$k_3 = 0.041\,6D_{60} - 0.028\,8P_5 - 1.835\,3 \quad (R^2 = 0.806) \quad (12\text{-}16)$$

细粒土：

$$k_1 = 0.142\,8\mathrm{PI} - 0.154\,0w + 0.065\,2\mathrm{CD} + 0.006\,1P_{0.075} - 4.767\,4$$
$$(R^2 = 0.726)$$

$$k_2 = -0.040\,9\mathrm{PI} + 0.039\,9w - 0.034P_{0.075} + 0.750\,6$$
$$(R^2 = 0.659)$$

$$k_3 = 0.143\,9\mathrm{PI} - 0.132\,8w + 0.046\,0\mathrm{CD} - 5.950\,9$$
$$(R^2 = 0.576) \tag{12-17}$$

式中：w——含水率(%)；

P_5——通过 5mm 筛百分率(%)；

D_{60}——60%通过率对应的粒径(mm)；

PI——塑性指数(%)；

CD——压实度(%)；

$P_{0.075}$——通过 0.075mm 筛百分率(%)。

利用上述三参数经验关系式，可以通过土或粒料的物性试验结果得到三参数数值，进而代入式(12-15)确定不同应力状况条件下的回弹模量值。

12.6.3.3 路基和粒料层的当量回弹模量

土和粒料为非线性弹塑性体，具有应力依赖性。在路基和粒料层内的不同位置，其应力状况和水平各不相同，因而具有不同的回弹模量值。由此，进行路面结构响应分析时，必须采用二维或三维有限元分析法以考虑此非线性性状。对于当前设计部门而言，这是难以普遍实施的。而如果仍然采用线弹性理论进行路面结构的响应分析，则必须对路基和粒料层分别采用单一(即线性)的模量值。

为此，提出了当量(或有效)回弹模量的概念，按弯沉等效原则，通过三维有限元非线性力学分析和弯沉迭代反演，将实际路面结构中路基和粒料层的回弹模量转换成相同路面结构具有线性性状的路基和粒料层当量(有效)回弹模量。而后，沿荷载中心线方向搜寻非线性结构层中材料回弹模量与该当量(有效)回弹模量近似相等的节点，将此点的总应力水平定义为该条件下与非线性层当量的应力水平。

按上述方法对不同交通荷载等级和路面结构进行了当量(有效)回弹模量和当量应力水平的计算分析。计算结果分别列于表 12-17 和表 12-18[4]。

不同交通荷载等级的粒料层当量应力水平$[\theta, \tau_{oct}]$(kPa)　　表 12-17

100kN 轴载作用轴次(1×10^6)	1	4	10	25
无机结合料类基层下粒料底基层	[69.5,12.3]	[72.8,12.9]	[72.1,11.1]	[72.9,10.4]
沥青结合料类基层下粒料底基层	—	[78.8,15.4]	76.4,12.7]	[76.7,11.7]

续上表

100kN轴载作用轴次(1×10^6)	1	4	10	25
粒料基层	[375.3,85.1]	[247.2,66.9]	[172.7,47.8]	—
粒料基层下粒料底基层	[121.4,37.4]	[96.5,23.5]	[88.2,18.4]	—

不同交通荷载等级的路基当量应力水平$[\theta,\tau_{oct}]$(kPa)　　表 12-18

100kN轴载作用轴次(1×10^6)	1	4	10	25
无机结合料类基层和粒料底基层	[65.6,13.4]	[68.1,13.0]	[71.2,13.0]	[74.1,13.2]
无机结合料类基层和底基层	[62.0,12.8]	[64.7,12.5]	[68.3,12.6]	[71.7,12.9]
沥青结合料类基层和粒料底基层	—	[70.3,13.3]	[74.1,13.5]	[77.1,13.8]
沥青结合料类基层和无机结合料类底基层	—	[62.8,12.1]	[65.8,12.2]	[68.8,12.4]
沥青结合料类基层和底基层	—	—	[67.0,12.3]	[69.8,12.5]
粒料基层和底基层	[68.4,14.8]	[72.1,14.4]	[74.8,14.4]	—
粒料基层和无机结合料类底基层	[65.7,13.1]	[67.9,12.7]	[70.4,12.8]	[73.1,13.0]

由表 12-17 可知,粒料基层和粒料基层下粒料底基层内的当量应力水平,随交通荷载等级增加(即沥青面层厚度增大)而降低,基层的变化幅度较底基层的大,确定粒料层当量回弹模量时,须按层位和交通荷载等级取用相应的当量应力水平。无机结合料类和沥青结合料类基层下粒料底基层的当量应力水平,变化幅度较小,确定粒料层当量回弹模量时,当量应力水平可按体应力 θ 为 72kPa 和八面体剪应力 τ_{oct} 为 12kPa 取用。

由表 12-18 可知,不同交通荷载等级的路基内当量应力水平变化幅度较小。确定路基当量回弹模量时,当量应力水平可按体应力 θ 为 70kPa 和八面体剪应力 τ_{oct} 为 13kPa 取用。

12.6.3.4　路基和粒料层回弹模量参考值

基于上述室内反复加载三轴压缩试验结果(表 12-16)、三参数经验关系式(12-16)和式(12-17)和当量应力水平分析(表 12-17 和表 12-18),并参照美国力学—经验法路面设计指南中的经验关系和参考数值范围[式(5-42)和表 5-5],拟定了标准条件下(最佳含水率和 95% 最大干重度)粒料层和路基的回弹模量参考值范围(表 12-19 和表 12-20)。

粒料层回弹模量参考值范围　　表 12-19

材料类型	取值范围(MPa)	代表值(MPa)
级配碎石(基层)	200~400	300
级配碎石(底基层)	180~250	220

续上表

材料类型	取值范围(MPa)	代表值(MPa)
未筛分碎石	180～220	200
级配砾石(基层)	150～300	250
级配砾石(底基层)	150～220	190
天然砂砾	105～135	120

路基回弹模量参考值范围　　　　　表12-20

土　组	取值范围(MPa)	代表值(MPa)
级配良好砾(GW)	240～290	250
级配不良砾(GP)	170～240	190
含细粒土砾(GF)	120～240	180
粉土质砾(GM)	160～270	220
黏土质砾(GC)	120～190	150
级配良好砂(SW)	120～190	150
级配不良砂(SP)	100～160	130
含细粒土砂(SF)	80～160	120
粉土质砂(SM)	120～190	150
黏土质砂(SC)	80～120	100
低液限粉土(ML)	70～110	90
低液限黏土(CL)	50～100	70
高液限粉土(MH)	30～70	50
高液限黏土(CH)	20～50	30

注：1. 对于砾和砂，D_{60}（通过率为60%时的颗粒粒径）大时，模量取高值，D_{60}小时，模量取低值。

2. 对于其他含细粒的土组，小于0.075mm颗粒含量大和塑性指数高时，模量取低值，反之，模量取高值。

12.6.3.5　路基回弹模量湿度调整系数

路基回弹模量值随路基湿度状况的变化而变动。上表所提供的路基回弹模量参考值是路基土处于标准条件时的数值。对于不同湿度条件下的路基回弹模量值，需要按湿度差异程度对标准条件时的回弹模量值进行调整。利用美国力学—经验法路面设计指南所提出的路基回弹模量调整关系式（见第5章第5.7节），分别按路基湿度状况类型和平衡湿度值计算确定相应的回弹模量湿度调整系数。

按表12-8的平衡湿度范围计算得到表12-21，此表为地下水控制类路基的回弹模量湿度调整系数。按表12-10的平衡湿度范围计算得到表12-22,此表为气候因素控制类路基的回弹模量湿度调整系数。对于兼受地下水和气候因素影响类路基的回弹模量湿度调整系数,则按路基工作区内两类湿度来源的平衡湿度值分别确定其湿度调整系数,并按所占工作区厚度的比重进行加权后得到工作区的总调整系数。

地下水控制类路基的回弹模量湿度调整系数　　　　　　表12-21

土　组	路床顶距地下水位的距离(m)					
	1.0	1.5	2.0	2.5	3.0	4.0
含细粒土砾(GF) 细粒土质砾(GM、GC)	1.00～1.47	1.20～1.70	1.38～1.88	1.50～1.97	1.58～2.04	—
砂(SW、SP)	0.56～0.66	—	—	—	—	—
含细粒土砂(SF) 细粒土质砂(SM、SC)	0.82～1.32	1.00～1.55	1.15～1.75	1.27～1.85	1.35～1.92	—
低液限粉土(ML)	0.79～1.01	0.94～1.22	1.07～1.40	1.16～1.51	1.24～1.61	—
低液限黏土(CL)	0.71～0.99	0.84～1.20	0.94～1.38	1.01～1.50	1.07～1.58	1.22～1.70
高液限粉土(MH) 高液限黏土(CH)	0.72～0.79	0.82～0.94	0.89～1.07	0.94～1.16	0.97～1.24	1.04～1.36

注:1. 对于砾和砂,D_{60}(通过率为60%时的颗粒粒径)大时,调整系数取高值,D_{60}小时,调整系数取低值。
　　2. 对于其他含细粒的土组,小于0.075mm颗粒含量大和塑性指数高时,调整系数取低值,反之,调整系数取高值。

气候因素控制类路基的回弹模量湿度调整系数　　　　　　表12-22

土　组	TMI					
	−50	−30	−10	10	30	50
砂(级配好)SW	1.97～1.98	1.96～1.98	1.95～1.97	1.95～1.97	1.94～1.97	1.79～1.97
砂(级配差)SP	1.93～1.97	1.90～1.97	1.89～1.97	1.84～1.97	1.77～1.96	1.76～1.96
粉土质砂 SM	2.19～2.13	1.77～1.85	1.27～1.35	1.02～1.06	0.91～0.88	0.81～0.86
黏土质砂 SC	2.27～2.19	1.92～1.74	1.14～1.27	1.11～1.02	0.92～0.91	0.82～0.81
低液限粉土 ML	2.30～2.23	1.97～1.82	1.43～1.34	1.13～1.01	0.89～0.85	0.85～0.84
低液限黏土 CL	2.33～2.31	2.04～1.81	1.48～1.39	1.08～1.02	0.91～0.86	0.82～0.84
高液限粉土 MH	2.31～2.30	1.93～1.94	1.34～1.43	1.04～1.08	0.88～0.91	0.81～0.84
高液限黏土 CH	2.15～2.33	1.73～2.02	1.13～1.53	0.92～1.08	0.84～0.91	0.77～0.81

12.7 设计结构的使用性能分析

12.7.1 沥青类结构层疲劳开裂

沥青类结构层的疲劳分析,需依赖经过标定和验证的沥青混合料疲劳寿命预估模型。沥青混合料的室内疲劳性能试验,可以采用常应变控制和常应力控制两种加载模式。虽然他们都以弯曲劲度模量下降为初始值的50%作为其疲劳寿命的标准,但反映出的疲劳特性不完全相同(表8-1)。通常认为,常应变控制模式适用于薄沥青层,而常应力控制模式适用于厚沥青层。为此,须在由两种加载模式得到的疲劳性能模型基础上,建立一个可适用于不同沥青层厚度的疲劳性能模型。而后,通过试验路的路面加速加载试验,验证和修正室内模型,建立适合野外路面疲劳损坏状况的沥青类结构层疲劳寿命预估模型。

12.7.1.1 室内常应变控制模式疲劳模型

虞将苗等选用矩形小梁4点弯曲疲劳试验进行沥青混合料室内常应变控制模式的疲劳性能研究[7]。试验方案选用了3种基质沥青(AH70、AH90和AH110)、3个沥青用量(4%、5%和6%)、1种集料(花岗岩)、3种集料最大粒径(26.5mm、16mm和9.5mm)、3种集料结构(AC、AK和SMA)、3个空隙率水平(9%~6%、6%~3%和<3%)和3个应变水平(200μ、400μ和600μ)组成27组试验组合,每组进行4个平行试验,共计108次试验。试件碾压成型,切割成尺寸为长390mm×宽63.5mm×高50mm的小梁。试验采用常应变加载控制模式。在15℃时施加频率为10Hz并保持峰值位移水平为常量的半正弦荷载。以试件的弯曲劲度降低到初始劲度的50%时的反复作用次数作为该试件的疲劳寿命。

选用应变水平、初始弯曲劲度模量和沥青填隙率作为自变量,组成下述形式的沥青混合料疲劳模型:

$$N_f = A\varepsilon^{-b} S_0^{-c} VFA^d \tag{12-18}$$

式中:N_f——沥青混合料的疲劳寿命(次);

ε——反复应变水平(10^{-6});

S_0——初始弯曲劲度模量(MPa);

VFA——沥青填隙率(%);

A、b、c、d——通过试验确定的参数。

对618组各种沥青混合料的疲劳试验结果(其中包括美国SHRP项目的

150组有效数据、加州大学Berkeley分校的250组有效数据和加州运输部的30组有效数据)进行了多元回归分析后,建立了室内常应变控制模式的沥青混合料疲劳模型[7]:

$$N_{f\varepsilon} = 1.509 \times 10^{16} \varepsilon^{-3.973} S_0^{-1.589} VFA^{2.720} \quad (R^2 = 0.710) \quad (12\text{-}19)$$

12.7.1.2 室内常应力控制模式疲劳模型

虞将苗等又采用类似的沥青混合料组成(其中,空隙率水平为7%、4%和2%),在尺寸为长390mm×宽63.5mm×高50mm的小梁试件上进行常应力控制加载模式疲劳试验。试验温度15℃,加载频率10Hz,反复应力水平分别为750kPa、1000kPa和1500kPa。试验有27种组合,每组进行4个平行试验,共计108次试验。以试件的弯曲劲度降低到初始劲度的5%和50%时的反复作用次数作为该试件的疲劳寿命(经检验,弯曲劲度降低到初始劲度的5%或50%时,反复作用次数没有很大的差异)[8]。

选用类似的自变量,并以初始应变替换初始应力,对上述99个有效测试结果,采用多元回归分析建立了室内常应力控制模式的沥青混合料疲劳模型[8]:

$$N_{f\sigma} = 5.465 \times 10^{15} \varepsilon^{-4.287} S_0^{-1.023} VFA^{1.980} \quad (R^2 = 0.782) \quad (12\text{-}20)$$

12.7.1.3 室内综合疲劳模型

假设常应变模式适用于薄沥青层,常应力模式适用于厚沥青层,对于中间厚度的沥青层的疲劳模型,需要在两者之间建立过渡关系。一种方案是以常应变模式和常应力模式的模型为上下限界,在两者之间采用S形曲线建立过渡函数,另一种方案是采用模式系数M关系式[式(8-2)和式(8-21)][27]。

虞将苗等将式(12-20)中初始应变项的指数调整为与式(12-19)中的指数相同,得到:

$$N_{f\sigma} = 5.465 \times 10^{15} \varepsilon^{-3.973} S_0^{-1.153} VFA^{1.874}$$

将上式与式(12-19)相对比,可得到两种加载模式疲劳寿命的比值函数F:

$$F = \frac{N_{f\sigma}}{N_{f\varepsilon}} = 0.362 S_0^{0.436} VFA^{-0.846} \quad (12\text{-}21)$$

利用S形函数曲线在薄沥青层(≤5cm)和厚沥青层(≥25cm)之间进行拟合,得到加载模式的过渡函数关系式[8]:

$$F_1 = F + \frac{1-F}{1+e^{0.542h-5.408}} \quad (12\text{-}22)$$

式中:F_1——过渡函数;

h——沥青层厚度(cm)。

将上式并入式(12-19),并代入现场标定和验证的修正系数,便可得到适用于不同厚度沥青结构层的疲劳模型:

$$N_f = A_f N_{f\varepsilon} F_1 \tag{12-23}$$

式中：A_f——模型标定和验证后的修正系数。

12.7.1.4 沥青层疲劳开裂预估模型的标定和验证

虞将苗等利用北京 3 个 ALF 试验路段、美国加州大学 Berkeley 分校 6 个重车模拟 HVS 试验路段、美国西部环道 WesTrack 8 个试验路段、美国明尼苏达州 MNRoad 10 个试验路段和美国沥青技术全国研究中心 NCAT 3 个试验路段，共 26 个试验路段的沥青路面疲劳试验数据，对式(12-23)进行了验证和修正。疲劳寿命统一以轮迹带开裂面积达 10% 或者裂缝密度达 $1.0 \mathrm{m/m^2}$ 为标准。通过标定和验证，调整修正系数和过渡函数后，得到下述沥青层疲劳寿命预估模型[8]：

$$N_f = 1.654 \times 10^{16} \varepsilon^{-3.973} S_0^{-1.589} \mathrm{VFA}^{2.720} \left[\frac{1 + 0.362 S_0^{0.436} \mathrm{VFA}^{-0.846} e^{0.237h - 5.408}}{1 + e^{0.237h - 5.408}} \right]^{3.333} \tag{12-24}$$

应用该模型预估的疲劳寿命与试验段路面实际寿命的平均偏差(26 个路段)为 0.191[偏差 δ 的定义按式(12-25)]。与其他预估模型的平均偏差(美国沥青协会 AI 法为 0.275，美国力学—经验法路面设计指南法 MEPDG 为 0.273)相比，式(12-24)的最小，即预估的精度最高。

$$\delta = \frac{(\lg N_{f,预估} - \lg N_{f,试验段})}{\sqrt{2}} \tag{12-25}$$

建立室内疲劳模型时，沥青混合料的劲度均采用初始弯拉劲度模量。而在结构分析时，通常采用的参数是压缩动态模量。为了避免在设计时采用两种模量值，虞将苗等利用了 Christensen 提出的弯曲劲度模量与动态压缩模量之间的经验转换关系式(12-14)，将式(12-24)中的初始弯曲劲度模量转换为压缩动态模量，并按由压缩动态模量分析得到的沥青层层底拉应变，对它进行重新标定和验证，由此得到下述以压缩动态模量为变量的沥青层疲劳寿命预估模型[8]：

$$N_f = 6.316 \times 10^{15} \varepsilon^{-3.973} E^{-1.579} \mathrm{VFA}^{2.720} \left[\frac{1 + 0.302 |E|^{0.433} \mathrm{VFA}^{-0.846} e^{0.237h - 5.408}}{1 + e^{0.237h - 5.408}} \right]^{3.333} \tag{12-26}$$

式(12-26)的预估寿命与试验段路面实际寿命的平均偏差(26 个路段)为 0.194，同式(12-24)的平均偏差 0.191 相近。虽然两者预估的精度差不多，表明可以按压缩动态模量应用式(12-26)预估沥青层的疲劳寿命，但 Christensen 的模量经验转换关系的数据量和混合料覆盖面并不充分，应用初始弯曲劲度模量预估疲劳寿命还是要比应用转换后的压缩动态模量预估要更可靠些。

12.7.2 无机结合料类结构层疲劳开裂

无机结合料类结构层的疲劳性能模型,主要依赖室内梁试件的三分点弯曲疲劳试验建立。

贾侃等[9]选用水泥稳定砂砾、水泥稳定碎石、水泥稳定土和石灰—粉煤灰稳定碎石4类常用混合料,采用重型击实方法(水泥稳定土)或振动方法(其他混合料)压实成型,制成 10cm×10cm×40cm 的梁试件,在标准条件下养生 3 个月(水泥稳定类)或 6 个月(石灰—粉煤灰稳定类)后,在梁试件的三分点处施加频率为 10Hz 的半正弦波周期荷载。各种混合料所选用的反复加载应力水平列于表 12-23 中的应力比栏。每个应力水平进行 7 次梁试件疲劳试验,各种混合料疲劳试验的有效样本数列于表 12-23,总共得到 126 个有效样本数据。采用 Weibull 分布函数对疲劳试验结果进行回归分析,得到各种混合料的疲劳方程,其中 50%保证率的疲劳方程列于表 12-23[9]。由表中各疲劳方程可看出,各种水泥稳定类材料的疲劳试验结果,除了骨架空隙型水泥稳定碎石外,都比较接近,而与石灰—粉煤灰稳定类材料的疲劳试验结果在斜率和截距上有较大差别。

无机结合料类材料疲劳试验结果(疲劳方程)　　　　表 12-23

混合料类型		应力比	有效样本数	疲劳方程(50%)
水泥稳定砂砾		0.7、0.6、0.55	15	$\lg N = 13.363 - 13.227(\sigma_r/f_r)$
水泥稳定碎石	悬浮密实	0.7、0.6、0.55	19	$\lg N = 13.269 - 13.687(\sigma_r/f_r)$
	骨架密实		19	$\lg N = 11.618 - 10.421(\sigma_r/f_r)$
	骨架空隙	0.7、0.55	14	$\lg N = 10.439 - 8.346(\sigma_r/f_r)$
水泥稳定土		0.7、0.6、0.55	20	$\lg N = 13.091 - 13.903(\sigma_r/f_r)$
石灰—粉煤灰稳定碎石	悬浮密实	0.85、0.8、0.7	20	$\lg N = 14.274 - 12.642(\sigma_r/f_r)$
	骨架密实		19	$\lg N = 14.048 - 11.980(\sigma_r/f_r)$
石灰—粉煤灰稳定碎石*[18]		0.77~0.57	22	$\lg N = 13.775 - 12.231(\sigma_r/f_r)$

注:* 为小梁试件。

将各种水泥稳定类材料的疲劳试验数据综合在一起整理后,可得到下述水泥稳定类材料的疲劳性能模型:

$$\lg N_f = 12.409 - 12.570(\sigma_r/f_r) \tag{12-27}$$

式中:σ_r——反复应力(MPa);

f_r——弯拉强度(MPa)。

上述试验研究中,石灰—粉煤灰稳定类材料疲劳试验所采用的应力比处于较高水平,与水泥稳定类材料的疲劳试验(中应力比水平)不属于同一个疲劳曲线区段。为了改善这一情况,韦金城等进行了较低应力比的石灰—粉煤灰稳定类材料疲劳试验[10]。试验在由振动成型的大梁试件中切割出的小梁试件(63.5mm×50mm×380mm)上进行,采用4点弯曲疲劳试验夹具,施加半正弦反复荷载,其应力比水平变动于0.57~0.77。对22个有效试验数据进行回归分析,得到的石灰—粉煤灰稳定碎石的疲劳寿命预估模型[10],列于表12-23末行。

无机结合料类材料主要用于基层或底基层。由于面层的覆盖,这类材料的疲劳性能模型的结构层验证工作开展的难度较大,迄今还没有研究成果出现。因而,结构层疲劳性能的分析,也只能暂且采用由室内试件疲劳试验建立的预估模型。室内试验以试件断裂作为疲劳寿命的标准,结构层在层底出现疲劳开裂后还能经受住一定数量的荷载反复作用,使裂缝逐渐扩大到层顶,因而,结构层的疲劳寿命要比试件的大。按南非的经验,结构层的疲劳寿命可随层厚增加而增多达7倍[式(7-16)]。另一方面,试件的均质性要比结构层的均质性好,因而,按上述疲劳模型预估结构层疲劳寿命的实际变异性要大于室内模型本身的变异性。

12.7.3 沥青面层低温缩裂

季节性冰冻地区的沥青面层,由于低温收缩受到约束而引起的横向开裂,是沥青和沥青混合料的变形性质与环境温度的变化(低温和降温速率)不相适应所产生的。在给定的环境温度条件下,对沥青面层低温缩裂的出现及其开裂密度(开裂量)的控制,主要依赖于选用与环境温度相适应的沥青和沥青混合料,沥青路面的结构特性(沥青面层厚度、龄期和路基类型)仅影响到沥青面层低温缩裂的开裂量。

12.7.3.1 沥青低温性能评价指标

影响沥青层低温开裂的最重要的因素是沥青在低温时的蠕变劲度或稠度(如黏度或针入度)及其温感性(随温度变化的范围)。如果沥青结合料在当地的最低气温下不变脆,则沥青面层不会产生低温开裂;如果沥青在最低气温下变脆,则沥青面层会产生低温开裂;而只有在采用低温时会变脆开裂沥青的情况下,其他影响因素,如沥青层温度低于临界开裂温度的程度、沥青混合料组成、路面厚度、路基类型和交通荷载等,才会对沥青面层开裂的严重程度(开裂量或裂缝密度)发生作用。因此,选用在该地区最低气温下不会变脆的沥青结合料是预防沥青面层低温开裂的关键。

我国《沥青路面施工技术规范》(JTG F40—2004)规定用15℃时的延度作为评价沥青低温性能的指标[2],而有些研究成果建议选择当量脆点和10℃延度作为评价指标。美国战略公路研究计划(SHRP)在研究制订基于使用性能的沥青规范时,认为现有的以黏度和针入度为基础的沥青规范是经验性的,难以在沥青性质和混合料性质之间建立起合理的关系;老化的纯沥青和改性沥青的性状含有相当多的弹性响应,不能用以牛顿液体为基础的毛细黏度测定法来表征其性状;由于无法定义试件内的应力—应变场以及试验时应变过大,针入度和延度试验也不适合用作表征沥青低温流变性的基本量测方法。AASHTO沥青规范MP1和MP1a[20,21]采用由弯曲梁流变(BBR)试验测定得到的低温蠕变劲度S和劲度随时间变化曲线(双对数)的斜率m,采用直接拉伸(DT)试验测定得到的沥青断裂时的破坏应变和应力,以及通过计算分析得到的临界开裂温度作为评价沥青低温性能的指标。

冯德成等对3种基质沥青(AH90、AH110、AH140)进行了各种性质指标的测定,并对它们与临界开裂温度的关系进行灰色关联分析。分析结果表明,低温延度、低温针入度和当量脆点与临界开裂温度的关联度都很小,因而,这些评价指标无法很好地表征沥青的低温性能[11]。

为了验证AASHTO沥青规范MP1和MP1a所提指标的适用性,冯德成等对吉林和黑龙江省4条公路的12个路段进行了裂缝调查,对回收沥青进行了弯曲梁流变试验和直接拉伸试验,并计算了临界开裂温度。调查和测试结果汇总于表12-24[11]。

由表中数值可看出:

(1)弯曲梁流变试验的低温蠕变劲度值随各路段裂缝平均间距的增加而降低;在试验温度为-18℃时,各路段的劲度值均超过了300MPa,温度为-12℃时,除了裂缝平均间距为10m的路段,其他路段的劲度值都低于300MPa。

(2)弯曲流变梁试验的劲度—时间双对数曲线斜率m的变化范围很小,温度为-18℃时,m变动于0.24~0.33之间,随裂缝间距的增加略有增大,温度为-12℃时变动于0.34~0.43,随裂缝间距变化的趋势不明显。

(3)直接拉伸试验的断裂应变随各路段裂缝平均间距的增加而增大;温度为-18℃时,除了间距最长的两个路段外,应变均小于1%;温度为-12℃时,各路段的应变均大于1%。

(4)各路段的临界开裂温度,除了T3路段外,均随各路段裂缝平均间距的增加而降低。

(5)按MP1的标准(当地路面最低温度加10℃时,$S<300$MPa,$m>0.30$、破坏应变$>1\%$),试验温度为-18℃时各指标值(除了D和X段的破坏应变外)均不符合标准的要求,它所适应的当地路面最低温度(-28℃)都低于或接近各路段的临界开裂温度(除了T3和D段外);试验温度为-12℃时,除了T1~

T4段的蠕变劲度值外,其他各项指标值均符合标准的要求,它所适应的当地路面最低温度(−22℃),除了T1~T4段外,都高于各路段的临界开裂温度。

基质沥青低温性能指标验证路段的调查和测试结果　　　　表12-24

路段编号	裂缝平均间距	路龄(年)	BBR(−12℃)		BBR(−18℃)		DT(−12℃)		DT(−18℃)		临界开裂温度(℃)
			S(MPa)	m	S(MPa)	m	应力(MPa)	应变(%)	应力(MPa)	应变(%)	
T1	10m	6	453	0.37	845	0.24	4.12	2.53	4.33	0.46	−18.2
T2			366	0.34	664	0.25	3.57	2.45	3.70	0.31	−17.9
T3			392	0.35	760	0.24	3.87	2.14	4.01	0.45	−30.1
T4			417	0.41	931	0.27	6.99	2.21	7.72	0.64	−18.7
T5			266	0.39	550	0.28	7.01	3.21	7.12	0.64	−27.1
T6			245	0.39	546	0.28	4.56	3.42	4.98	0.74	−25.0
Y1	20m	5	294	035	526	0.29	5.67	2.67	6.30	0.55	−25.7
Y2			278	0.35	522	0.30	6.23	2.75	6.78	0.59	−26.8
Y3			288	0.35	540	0.29	6.10	2.66	6.44	0.52	−28.9
T7	50m	6	238	0.43	523	0.33	5.57	3.78	6.03	0.93	−28.0
D	70m	4	141	0.40	346	0.29	6.87	3.29	7.35	1.04	−29.6
X		3	131	0.39	314	0.32	6.43	5.37	7.35	1.33	—

注:路段编号T1~T7相应为吉林省通化—辽源公路的7个验证路段,编号Y1~Y3相应为吉林省榆江公路景山—西南段的3个验证路段,编号D为哈尔滨外环高速公路东环段的验证路段,X为哈尔滨外环高速公路西环段的验证路段。

上述验证表明,蠕变劲度S、劲度曲线斜率m和断裂应变,这3项沥青低温性能指标可以有效地判别沥青层抗低温性能的优劣,其标准值,即当地路面最低温度加10℃时,$S<300$MPa、$m>0.30$、破坏应变$>1\%$,与路面的实际开裂程度相吻合。因而,认为可以采纳AASHTO沥青规范MP1和MP1a中的沥青低温性能指标和标准。

12.7.3.2　沥青混合料低温性能评价指标

虽然沥青的低温性能是影响沥青面层低温缩裂的关键因素,沥青混合料的低温性能对沥青面层的低温缩裂也有一定程度的影响。评价沥青混合料低温性能的主要指标为低温蠕变劲度(蠕变柔度)、低温抗拉强度和温度收缩系数。由这三项参数可以计算分析沥青混合料的临界开裂温度,并与当地的路面最低温度比较后判断该沥青混合料的性能能否满足要求。

美国SHRP研究项目开发了低温间接拉伸试验方法(ITLT)以测定沥青混合料在低温时的蠕变柔度和抗拉强度[22]。我国需要制订这方面的试验规程,以提供统一的方法和手段评价沥青混合料的低温性能。

12.7.3.3　沥青面层低温开裂量预估模型

对沥青面层低温开裂量的预估，提出过两类方法和模型。一类是力学—经验法：分析沥青面层内温度沿深度和随时间的变化；利用沥青混合料低温蠕变劲度试验数据，计算沥青层内温度应力沿深度和随时间的变化；应用断裂力学和混合料抗拉强度的测定结果，分析裂缝的发生（临界开裂温度）和裂缝的发展（裂缝深度）；通过野外标定建立开裂量的概率模型。另一类是经验法：通过大量沥青面层低温开裂路段的调查、测试和统计分析，建立开裂量与影响变量（沥青和沥青混合料的低温性质指标、环境温度、路面结构、路面龄期和路基类型等）之间的经验回归关系式。

应用力学预估模型，需要提供沥青面层内的温度数据（分析期内不同时刻不同深度处的温度）以及沥青混合料的低温性质参数（蠕变劲度、温度收缩系数和抗拉强度）测定数据。模型预估的精度主要依赖于所提供的这两类数据的完整性和准确性。

建立经验模型需要在不同气候条件地区进行大量的调查、测试和分析工作，并选取合适的影响变量。经验模型的适用范围和预估精度，受调查地区、路面结构和沥青类型覆盖范围以及测试数据量的约束，需要不断地补充、扩大和改善。

王东升等采用经验法，对吉林和黑龙江省4条公路的14个路段进行了沥青层开裂状况调查，并对沥青的性质（劲度模量）、路面结构（沥青层厚度）和路基土类型进行了测试。依据所取得的数据，提出以下低温开裂量经验预估模型[12]：

$$I = 0.075[(T - 0.7h_a + 0.5a)\lg S + 0.026S \times \lg J] \quad (12-28)$$

式中：I——裂缝指数，定义为100m路段区间内双车道全幅横向裂缝数加上半幅横向裂缝数的一半，裂缝宽小于车道宽度一半的不计；

S——加载时间20 000s和测试温度T时的沥青劲度模量（MPa）；

a——路面龄期（年）；

J——路基土类型参数，砂$J = 5$，亚黏土$J = 3$，黏土$J = 2$；

T——低温设计温度，取绝对值，（℃）；

h_a——沥青层厚度（cm）。

由于调查路段较少，沥青性质、路基土类型和设计温度等自变量变化范围很小，上述经验模型仅是初步的。今后，还需要进一步调查不同地区（温度）、沥青性质、路基土类型和路龄条件下的低温缩裂路段，逐步补充数据，验证和修正上述开裂量预估模型。

与沥青层永久变形的预估相类似，应用低温开裂量模型预估得到的临界开裂温度或者开裂量，如果超出了设计预期或使用性能要求（表12-3和表12-4），设计时所能进行的改进,除了变更沥青面层的厚度(增加层厚以降低开裂量)外,主要从改善沥青和沥青混合料的性质和组成着手。因此,为了控制冰冻地区沥青层的低温缩裂损坏,首要的是对沥青和沥青混合料的低温性能提出指标和标准方面的要求,并分别在沥青、沥青混合料和沥青路面设计规范中得到反映。

12.7.4 沥青层永久变形

厚 5cm 以上的沥青层的永久变形量约占沥青路面车辙量的 70% 以上(表 12-2),并且其比重随沥青层厚度的增加而增大。因而,控制沥青层的永久变形是控制沥青路面车辙量的关键。沥青层永久变形问题的研究和解答包含两个方面。一方面是探讨如何提供抗永久变形性能好的沥青混合料,另一方面是研究如何建立沥青层永久变形的预估模型。

控制沥青层永久变形的主要途径是正确、合理地设计沥青混合料的组成。沥青混合料组成设计通常采用马歇尔方法,但许多研究和应用表明,这种试验方法和指标不能正确判别不同沥青混合料抗永久变形性能的优劣。美国 SHRP 项目针对沥青层的永久变形主要是剪切变形这一机理,研制了定高度反复加载单剪试验(RSST-CH)方法(见第 11 章 11.3.4)。Witczak 等通过各种测试方法和指标的比选后,建议以静载蠕变试验(流动时间)或反复加载蠕变试验(流动数),作为与 Superpave 体积法组成设计相匹配的混合料抗永久变形性能的测试方法和指标[36]。

检测沥青混合料抗永久变形性能的另一类方法是模拟法,应用各种轮辙仪量测轮载作用一定次数后的轮辙量。近年来的对比试验结果表明,轮辙仪的轮辙量与试验路的车辙量之间存在着良好的相关性,而轮辙仪的轮辙量与定高度反复加载单剪试验和三轴蠕变试验的指标之间也存在着良好的相关性(第 11 章 11.3.5)。因而,可以应用轮辙仪试验量测的轮辙量来判别沥青混合料的抗永久变形性能,并有可能依据路面的容许车辙量来限定沥青混合料在轮辙仪试验中的轮辙量。

沥青层永久变形预估模型可以采用两种方法建立。一种是材料性能试验与路面结构力学分析相结合的方法,按分层应变总和法预估沥青层的永久变形。另一种是经验法,直接利用多年积累的观测资料,由统计分析建立车辙量与有关影响变量之间的回归关系式。这两种方法建立的预估模型虽然包含有关混合料性质的影响变量,但这些变量与混合料组成设计并无直接关联,因而,无法利用他们来调整混合料组成以满足容许车辙量的要求。利用所建立的预估模型可以分析得到沥青层的永久变形量。但如果预估量超出了路面使用性能所容许的数值时,路面结构设计所能改进的只是变更沥青层厚度,而这种变更对于减少永久变形量的效果很有限。这时,主要还得依靠改变沥青混合料的组成来满足使用性能的要求。因此,对于控制永久变形而言,理想的方案是一方面可用以判别沥青混合料的抗永久变形能力,以便组成抗永久变形性能好的沥青混合料,另方面能预估出沥青层的永久变形量,以判别是否满足路面使用性能的要求。

定高度反复加载单剪试验、静载蠕变试验和反复加载永久变形试验及其相应的指标,有可能实现上述目标,但前者试验技术较复杂,国内仅个别部门有此试验设备,而后者虽然许多部门拥有这种试验设备,但试验工作量较大。轮辙仪在我国的使用很普遍,其指标(所谓动稳定度)也普遍应用于沥青混合料的高温稳定性性能评定。因而,在轮辙仪试验的基础上探讨实现上述目标的可能性较为现实。

12.7.4.1 轮辙仪试验方法和评定指标

轮辙仪试验是一种小比例的模拟试验。如果这种试验在合适的标准试验条件下的测定结果与路面的实际车辙确实具有良好的、稳定的相关性,那么,这种试验方法和测定指标便既能用于判别沥青混合料的抗永久变形性能,检验和调整混合料的组成设计,也能用于粗略预估车辙量,据此确定能控制车辙量的轮辙试验指标的技术标准。

通过轮辙试验,可以得到轮辙深度随轮载作用次数增长的变化曲线。以作用一定次数后试件的轮辙深度与试件厚度之比,称作相对辙深 $RD_r(\%)$,作为轮辙试验测定的一项指标,它反映了永久变形量的大小。辙深变化曲线在某阶段内的斜率反映了混合料在该阶段的蠕变速率,以此斜率的倒数作为另一项试验测定指标,称作蠕变率 CS(次/mm)。(后者在我国习惯称作动稳定度,但此术语的词义不能反映所测定指标的科学性质。)

曹林涛等通过试验分析和总结,提出了轮辙试验的标准试验条件:试验时间1h,温度 60℃,试验轮接触压力 0.7MPa,试件空隙率 7%±1%(密级配)或 5.5%±0.5%(SMA),并采用相对轮辙深度和蠕变率作为评价指标,蠕变率采用 45~60min 时间段的平滑曲线计算确定[15]。白琦峰等经验证后认为,沥青层施工碾压的实际空隙率往往高于上述空隙率,建议试件空隙率应按沥青混合料设计空隙率±1%取用[16]。

曹林涛等选用了多种沥青混合料进行轮辙试验,在上述标准条件下(试件空隙率为 4%±1%)测定它们的相对辙深和蠕变率,测定数值列于表 12-25[15]。比较表中不同混合料的测定结果,可以看出:

(1)编号①、②、③属于普通密级配沥青混合料,其差别为公称最大粒径,随着最大粒径由 13mm 增加到 20mm,蠕变率增大,相对辙深减小,即抗永久变形能力增大。

（2）编号①和④同为密级配混合料,其差别为是否采用改性沥青,改性后蠕变率增大,相对辙深减小。

（3）编号⑤为 SBS 改性 SMA 混合料,其蠕变率大于普通混合料①、改性混合料④和抗车辙剂混合料⑥,而相对辙深小于后三种混合料。

不同沥青混合料的轮辙试验测定结果　　　　　表 12-25

混合料类型	AC-13	AC-16	AC-20	SBS-AC-13	SBS-SMA-13	SMA-13
编号	①	②	③	④	⑤	⑥
蠕变率(次/mm)	307	661	1 380	1 437	6 181	4 358
相对辙深(%)	21.0	12.6	7.4	8.0	2.6	9.5

因此,轮辙试验及其指标(蠕变率和相对辙深)可以有效地区分不同沥青混合料的抗永久变形(车辙)能力。

曹林涛等依据轮辙试验结果,通过回归分析建立了相对辙深 RD_r(%)与蠕变率 CS(次/mm)之间的经验对应关系[15]:

$$CS = 29\,633 \times RD_r^{-1.48} \quad (R^2 = 0.94, n = 117) \quad (12-29)$$

12.7.4.2　轮辙深度预估模型

在非标准试验条件下,轮辙仪测定结果(轮辙深度)与各影响因素(温度、轮载、作用次数和层厚等)之间的关系,可以借鉴 Shami 等基于 APA 轮辙仪试验结果建立的模型形式[32],拟订出下述关系模型:

$$\frac{RD}{RD_0} = k_1 \left(\frac{T}{T_0}\right)^a \left(\frac{p}{p_0}\right)^b \left(\frac{N}{N_0}\right)^c \left(\frac{v}{v_0}\right)^d \left(\frac{h}{h_0}\right)^e \quad (12-30)$$

式中：RD——轮(车)辙深度(mm);

T——温度(℃);

p——作用压力(MPa);

N——作用次数(次);

h——试件或沥青层厚度(mm);

a、b、c、d、e——有关试验系数;

k_1——野外修正系数。

带有下标 0 的为标准轮辙试验条件时相应变量的符号。

曹林涛等变更轮辙仪的试验条件,采用 3 种轮子接触压强(0.5MPa、0.7MPa 和 0.9MPa)和不同温度(24～70℃),对 3 种密级配沥青混合料(AC-13、AC-16、AC-20)和 4 种 4%SBS 改性沥青混合料(AC-13、AC-20、SMA-13、SMA-16)进行加载 3h 的轮辙仪试验。依据 551 个有效样本数据,按式(12-30)进行多元回归分析,得到的模型系数 a、b 和 c 值列于表 12-26 中的第 2～4 行(试件空隙率

$3.9\% \sim 4.2\%$,厚度 $h = h_0 = 50\text{mm})^{[15]}$。

轮辙仪试验得到的式(12-29)中的系数值[15]　　表 12-26

系　　数	a	b	c	R^2	s	n
普通沥青混合料	2.496	1.354	0.484	0.866	0.160	362
改性沥青混合料和SMA	2.631	1.859	0.651	0.748	0.260	189
沥青混合料(综合)	2.525	1.442	0.523	0.812	0.201	551

白琦峰等选用2种普通沥青混合料和2种改性沥青混合料(AC-13和AC-20),按7%空隙率制备试件,进行轮辙仪试验,以验证上述试验的模型系数。将轮辙深度测定结果与按表12-26中的系数值预估的轮辙深度相对比,二者的偏差较大,但二者之间存在高度的相关性。为此,将两部分试验数据合并处理(共596个数据),经回归分析后得到表12-27中所列的模型系数 a、b 和 c 值以及相应的相关系数值[16]。

轮辙仪验证试验得到的式(12-29)中的系数值[16]　　表 12-27

系　　数	a	b	c	d^*	R^2	n
普通沥青混合料	3.132	1.480	0.468	0.784	0.86	292
改性沥青混合料	2.239	1.688	0.300	0.961	0.71	304
沥青混合料(综合)	2.766	1.355	0.373	0.888	0.83	596

注：* 为由补充试验的数据拟合后得到的系数值。

为了反映空隙率对轮辙深度的影响,白琦峰等对上述4种沥青混合料按4%、5%和7%三种空隙率制备试件(实际空隙率变动于3.8%～7.5%范围内),进行轮辙试验(共400个数据),在原模型系数的基础上,拟合得到式(12-30)中空隙率项的系数值 d,列于表12-27中[16]。经9个试件的试验验证,新模型的平均相对偏差为13.1%,比原模型(平均相对偏差17.6%)的预估精度有所提高。

12.7.4.3　沥青层车辙深度预估模型

如何将由轮辙仪试验建立的轮辙量预估模型转化为沥青层的车辙量预估模型,是个关键而又颇为棘手的问题,特别是遇到我国观测数据齐全而可靠的试验路段极少的情况,更难获得满意的解答。美国力学—经验法路面设计指南依据3 476个沥青混合料永久应变试验数据建立的试件永久应变预估模型,利用28个州88个路面长期使用性能LTPP观测路段的387组观测数据进行标定和验证后,得到了沥青层永久应变预估模型(见第11章第11.4节和11.5.3)。一个较为简捷而可行的方法是,先利用经LTPP观测路段验证的美国力学—经验法路面设计指南的沥青层永久应变预估模型,对轮辙量预估模型进行标定和验证,得到初步的模型系数修正,然后再利用现有的少量观测路段的车辙量量测数据,对它进行补充验证和修正,最后得到沥青层车辙深度的预估模型。

白琦峰等按上述方法,选用3种普通沥青混合料和2种改性沥青混合料以及两种沥青层厚度(5cm 和 10cm)的路面结构,组成不同材料和层厚的 14 种组合,按美国力学—经验法路面设计指南的永久应变预估模型和永久变形分析方法,计算不同地区(温度)和不同轴次作用下各组合的永久变形量,并同相同条件下由轮辙仪试验和轮辙深度预估模型得到的轮辙量进行对比,据此修正轮辙深度预估模型的有关参数值。随后,应用沪宁高速公路的5个路段的车辙量观测数据,再对修正模型进行补充验证,经修正后得到下述沥青层车辙量预估模型[16]:

$$\text{RD} = 1.572 \text{RD}_0 \left(\frac{T}{T_0}\right)^{3.286} \left(\frac{p}{p_0}\right)^{1.355} \left(\frac{N}{N_0}\right)^{0.373} \left(\frac{v}{v_0}\right)^{0.888} \left(\frac{h}{h_0}\right) - 0.794$$

(12-31)

式中:RD——沥青层的车辙深度(mm);

RD_0——标准试验条件下沥青混合料的轮辙深度(mm)。

其他符号同式(12-29)。

上述预估模型还需要继续收集不同条件下的沥青层车辙量观测数据以及轮辙仪试验数据,以补充验证和修正其模型系数值。

利用上述模型以及式(12-29),可以按各级公路沥青层的容许车辙量,制订出不同地区(沥青层当量温度)、不同交通荷载等级(设计轴载作用次数)和不同沥青层厚度条件下,对沥青混合料在标准轮辙试验条件下的轮辙量和蠕变率要求,用以检验(评定)和控制沥青混合料的组成设计。

12.7.5 粒料层和路基永久变形

粒料层和路基的永久变形是沥青路面车辙量的组成部分。轻或中等交通荷载等级的粒料类基层或底基层沥青路面,粒料层和路基的永久变形量可能占路面车辙量的 70%～30%。因此,对于薄沥青面层的这类路面结构,须分析和控制粒料层和路基的永久变形量。

粒料层和路基的永久变形量可以采用分层应变总和法进行分析和预估。但采用这种方法时,需要测试材料的性质参数,具有经野外观测和验证的预估模型,并进行路面结构的应力—应变分析工作,因而,设计时需要投入较多的资源。

另一种分析和控制方法是利用安定理论的概念。粒料层或路基的永久变形积累,同所承受的重复应力水平有关。应力水平高时,永久变形的累积速率随作用次数的增加而增长,在作用不多次数后会最终导致过量变形或破坏。应力水平低时,永久变形的累积速率随作用次数的增加而逐渐减缓,并趋向稳定状态。

依据这种安定理论的概念,控制住传到粒料层或路基的应力或应变水平,使它产生的永久变形累积可以最终趋近于平衡(稳定)状态,便可以相应地控制住粒料层或路基的永久变形量,使路面结构不会产生由于粒料层或路基的过量永久变形而引起的损坏。同分层应变总和法相比,应用容许应力或应变指标控制粒料层或路基的永久变形,较易于实施。

12.7.5.1 粒料层容许应力比控制指标

Werkmeister 建议把粒料的永久变形性状分为三种类型:①塑性安定(A 区)——永久应变速率快速下降到一个稳定的状态,应变全为回弹应变;②塑性蠕变(B 区)——永久应变速率下降或保持不变,有部分塑性应变,在荷载作用一定次数后出现破坏;③增量性破坏(C 区)——永久应变速率快速增长,在荷载作用较少次数后即出现破坏。他还提出,A 区和 B 区的分界在永久应变速率为 1×10^{-8}/次时,B 区和 C 区的分界在永久应变速率为 8×10^{-8}/次时,并认为这些标准似乎与材料的性质无关[37]。

按应力反复作用次数的多少和容许永久应变量的大小,将作用于粒料层的应力水平控制在使其永久应变性状处于塑性安定(A 区)或塑性蠕变(B 区)状态,便有可能控制粒料层的永久变形量。对粒料进行不同应力水平(以轴向主应力 σ_1 与围压应力 σ_3 之比 σ_1/σ_3 表征)下的反复加载三轴压缩试验,得到轴向永久应变与荷载作用次数的关系曲线(图 12-9)后,可进而得到永久应变速率与荷载作用次数的关系曲线(图 12-10)。由此可判断粒料层处于 A 区和 B 区时的作用应力水平(σ_1/σ_3)上限值及相应的应力反复作用次数。

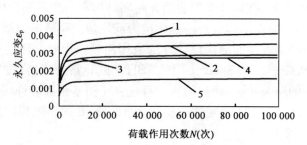

图 12-9 永久应变—荷载作用次数试验曲线(围压 30kPa)[17]

注:1 指 $\sigma_1/\sigma_3=6.5$;2 指 $\sigma_1/\sigma_3=6.0$;3 指 $\sigma_1/\sigma_3=5.5$;4 指 $\sigma_1/\sigma_3=5.0$;5 指 $\sigma_1/\sigma_3=4.5$

粒料层的永久应变性状处于 A 区时,永久应变与荷载作用次数的关系曲线可以采用下述模型拟合[式(10-13)]:

$$\varepsilon_p = AN^B \tag{12-32}$$

$$A = a_1 \left(\frac{\sigma_1}{\sigma_3}\right)^{a_2}, B = b_1 \left(\frac{\sigma_1}{\sigma_3}\right)^{b_2}$$

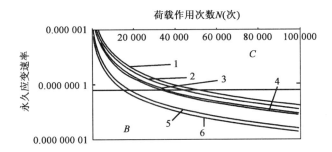

图 12-10 永久应变速率—荷载作用次数试验曲线(围压 30kPa)[17]

注:1 指 $\sigma_1/\sigma_3=6.5$;2 指 $\sigma_1/\sigma_3=6.0$;3 指 $\sigma_1/\sigma_3=5.5$;4 指 $\sigma_1/\sigma_3=5.0$;5 指 $\sigma_1/\sigma_3=4.5$

式中:a_1、a_2、b_1、b_2——与粒料组成和性质有关的试验参数。

依据各级公路不同交通荷载等级路面对粒料层的容许永久变形量,引入式(12-32)后,可以建立粒料层应力水平(应力比)与设计轴载作用次数的关系式:

$$\frac{\sigma_1}{\sigma_3} = k_1 N_e^{k_2} \qquad (12\text{-}33)$$

式中:k_1、k_2——与式(12-32)中试验参数有关的参数。

利用所建立的式(12-33),可以按设计轴载的预定作用次数确定粒料层的容许应力比。

12.7.5.2 路基顶面压应变控制指标

路基的永久变形控制,也可以采用与粒料层类似的方法建立。

1962 年,Dormon 和 Pettie 分别提出了通过控制路基顶面压应力或压应变来限制路基土的永久变形,进而控制沥青路面结构永久变形的设想,并建议通过对使用性能已知的路面结构进行路基压应力或压应变反算的方法确定其容许指标值。随后,一些沥青路面结构设计方法采用路基顶面竖向压应变指标来控制沥青路面的永久变形。如 Shell 法用 AASHO 试验路的资料,按现时服务能力指数 PSI=2.5 的路面状况,通过结构反算建立了路基顶面容许压应变与标准轴载作用次数的关系式。AI 法则按车辙量为 12.7mm 的路况标准反算出路基顶面容许压应变关系式。

高启聚等收集了 AASHO 试验路的 195 个路面结构资料以及现时服务能力指数 PSI 达 2.5 时的轴载作用次数,采用单轴 100kN 轴载,并对沥青混合料选用动态模量参数,反算了各个结构的路基顶面竖向压应变值,由此建立了路基顶面容许压应变与 100kN 轴载作用次数之间的经验关系式[17]:

$$\varepsilon_z = 0.76 \times 10^{-2} N_e^{-0.2285} \qquad (12\text{-}34)$$

上述关系式的指数项(关系曲线的斜率)与美国沥青协会 AI、法国和比利时的关系式相近(表 10-3)。

12.7.6 路表弯沉

我国历版沥青路面设计规范均以路表弯沉作为主要设计指标。经过近半个世纪的工程应用,路表弯沉指标已在技术人员的概念中形成了传统和习惯,以此作为衡量路面结构承载能力的唯一指标和标准。而弯沉测定作为路面结构(整体或部分)刚度或承载能力的一种无破损检测手段,与其他方法相比,具有使用简便、直观、经济和较快速的优点,因而,还会在长时期内广泛地应用于施工质量检验、工程验收以及路面结构状况和性能的评定。

由于路表弯沉指标的整体性、综合性和表观性特性,难以反映和包容路面结构层组合和材料类型的多样性,难于同路面的各种损坏类型直接关联,并且也难以协调和平衡各单项设计指标,因而,所建议的新结构设计指标体系中没有将路表弯沉作为一项设计指标列入,但为了维持技术人员的传统概念和习惯,并为施工质量检验、工程验收以及路面结构状况和性能的评定提供方法和依据,可在按新设计指标体系设计出满足使用要求的路面结构后,针对所设计的路面结构计算其路表弯沉值,作为参考指标提供给施工、监理、质检、养护和管理部门等工程单位应用。

设计结构的路表弯沉值,按结构设计时所采用的各项性质参数(模量和泊松比等),利用弹性层状体系分析软件计算确定。按设计要求修建而成的路面结构,其路表弯沉值则通过落锤弯沉仪 FWD 实测确定。设计结构的路表计算弯沉值与实际结构的实测弯沉值之间,由于下述原因而存在着差别:

(1)材料的性质与结构响应分析时的线弹性性状假设不符,如土和粒料具有非线性性状。

(2)结构设计时所设定的环境条件(如沥青层温度和路基湿度等)与弯沉测定时实际结构所处的环境条件不符。

(3)结构设计时所采用的材料性质参数值(如模量等),其性质和测试条件与路面结构中的实际情况不符,如测试时的加载方式、压缩模量与弯拉模量、试件状况与结构层状况(尺寸和裂隙等)、所受应力水平和状况等。

(4)层状体系路面模型中的层间接触条件(连续或光滑)和路基为半空间(半无限)体的假设,与路面和路基的实际状况不符。

(5)因施工质量控制而产生的结构层厚度和材料性质参数值等的变异性。

因而,设计结构的路表计算弯沉值不能直接用作施工质量检验或工程验收时的控制指标,而必须考虑上述因素,进行相应的修正。

12.7.6.1 弯沉修正系数

自 1978 年版柔性路面设计规范起,各版规范的理论(计算)路表弯沉公式中都引入了弯沉综合修正系数 F，以考虑它同实测路表弯沉间的差异：

$$F = 1.47\left(\frac{l_s E_0}{2p\delta}\right)^{0.38} \qquad (12\text{-}35)$$

式中：l_s——计算路表弯沉值；

E_0——路基回弹模量；

p——作用荷载的压力；

δ——荷载作用面当量圆半径。

上述修正系数关系式，是以室内试槽中路基和整层路面材料由承载板法测定的模量值，以及以试验路上由承载板法分层测定和反算的模量值计算得到的表面弯沉值，与汽车荷载实测的表面弯沉值相比较后建立的[19]。

分析修正系数关系式的试验研究和建立过程可以看出，路表弯沉的理论计算值与实测值之间的差异，主要是路基的非线性性状引起的。不同结构层次、厚度和材料模量值的路面结构具有不同的刚度，使路基承受到不同状况和水平的应力，而由于路基的非线性性状，路基在不同的路面结构下便表现出与理论计算时所采用的模量值不相同的有效模量值，由此产生了实测弯沉值与计算弯沉值的差异。此外，关系式也包含了其他因素的影响，它们反映在由试验建立的关系模型的各项系数中。

式(12-35)存在着模型形式上的缺点，关系式本身包含一个待求变量——计算弯沉值 l_s，而此弯沉值表征了包括路面和路基在内的整个结构的刚度，它与模型中的路基回弹模量这一变量出现了重复。为此，可将它反映路基刚度的部分去掉，仅剩下反映路面刚度的部分，并以路面结构层的当量模量和当量厚度表征，以消除计算弯沉值这个变量。由此，形成下述形式的修正系数关系式：

$$F = aE_x^b h_x^c E_0^d \qquad (12\text{-}36)$$

式中：E_x——路面结构的当量模量；

h_x——路面结构的当量厚度；

E_0——路基回弹模量；

a、b、c、d——由试验确定的参数值。

修正系数模型是通过试验建立的经验关系式，这种关系式只适用于它建立时所采用的试验条件。如果试验条件变化了，如结构层和路基的模量定义和测定方法以及路表弯沉测定方法与该关系式的不相同，则此关系式也就不适用了。由于新结构设计方法所采用的路面结构层和路基的模量，其定义和测定方法与现行规范有很大差别，而路表弯沉采用落锤弯沉仪测定，弯沉修正系数关系式需要通过试验和分析重新建立。

董元帅等[18]对 7 种室内试验结构和 16 种室外试验路结构进行了 FWD

弯沉测定以及各结构层材料和路基的模量测定（沥青混合料为动态压缩模量、无机结合料类材料为压缩模量、路基为回弹模量），并将多层路面结构按下述公式转换为当量单层结构：

$$E_x = \frac{\sum_{i=1}^{n} h_i^2 E_i}{\sum_{i=1}^{n} h_i^2} \tag{12-37}$$

$$h_x = \left(\frac{12 D_x}{E_x}\right)^{1/3} \tag{12-38}$$

$$D_x = \frac{E_1 h_1^3 + E_2 h_2^3}{12} + \frac{(h_1 + h_2)^2}{4}\left(\frac{1}{E_1 h_1} + \frac{1}{E_2 h_2}\right)^{-1} \tag{12-39}$$

式中：D_x——当量结构的弯曲刚度。

整理测定数据，计算路表弯沉，与实测弯沉相对比，按式（12-36）进行回归分析后可得到弯沉修正系数关系式中的有关参数值，如表 12-28 所示[18]。

弯沉修正系数关系式的参数值　　　　　表 12-28

基 层 类 型	a	b	c	d
无机结合料类基层	3.356	0.179	−0.876	−0.749
非无机结合料类基层和底基层	0.03	0.082	−3.978	−0.415

12.7.6.2 弯沉测定的温度修正

计算设计结构的路表弯沉时，沥青层的动态模量取用的是基准温度（20℃）时的平均（或有效）模量，并通过温度当量系数反映不同地区温度影响的差异。沥青混合料是温感性材料。沥青层的温度随深度和时间而变化。在施工质量检验、工程验收以及路面结构状况和性能的评定时，进行弯沉测定的时刻和温度测定点的位置（深度），会对弯沉测定结果产生重大影响。因而，不同时刻进行的路表弯沉测定结果需要转换为基准温度时的数值，即乘以温度修正系数后，才能用以同计算弯沉值相比较。

由 4.3.2 可知，以沥青层的中点温度作为该层的代表温度，可以减小测定时刻这个因素对沥青层平均模量反算结果的影响。为此，在弯沉测定时，宜实测沥青层中点的温度或者实测路表温度后应用 BELLS3 模型［式(4-22)］预估沥青层中点的温度。

国内外有多个弯沉温度修正关系式，它们都是通过试验研究建立的经验公式。即通过将不同路面结构在不同温度时的弯沉测定结果，与基准温度时的弯沉测定结果相比较后，分析和选取影响变量，建立温度修正关系式。

路表弯沉测定值反映的是路面和路基整个结构的刚度，而温度仅对沥青层的刚度产生影响,沥青层的刚度在整个结构的刚度中所占的比重,随路面结构而异。因而,温度修正模型中应包含反映结构差别的变量,如沥青层的厚度、基层类型和路基模量等。

陈森等对 80 组路面结构组合在不同温度时进行了弯沉测定,通过影响因素的正交试验分析,认为沥青层的代表温度为主要影响因素,其次为沥青层厚度,再次为路基回弹模量。基层刚度(厚度和模量)的影响很小[18]。据此,构建了温度修正模型,对 7 200 组数据进行回归分析后,得到以下温度修正经验关系式[18]:

$$k_T = e^{[0.009(\ln E_0 - 1)h_a + 0.004](20-T)} \quad (R^2 = 0.964, s = 0.04, n = 7\,200)$$

(12-40)

式中:T——弯沉测定时沥青层的实测或预估代表(中点)温度(℃);

h_a——沥青层厚度(m);

E_0——路基回弹模量(MPa)。

12.8 小　　结

在评析我国沥青路面设计规范的结构设计方法,总结和吸收国内外沥青路面力学－经验法设计指标和参数的研究成果和使用经验的基础上,构建了一个沥青路面结构设计指标和参数体系,作为对我国现行结构设计方法的一个改进。

(1)沥青路面按基层类型的不同可以分为三大类:①无机结合料类基层沥青路面;②沥青结合料类基层沥青路面;③粒料类基层沥青路面。此外,还有复合式面层沥青路面。沥青路面的结构性损坏可归纳为开裂(疲劳开裂、低温缩裂和反射裂缝)和永久变形(沥青层、粒料层和路基)两大类。各类路面结构具有不同的结构特性,会表现出不同的损坏机理和形态。沥青路面结构设计,应依据路面结构类型和特性的不同,分别针对相应的损坏类型,提出结构设计对策,包括结构层组合及使用性能设计指标和标准等。

(2)沥青路面结构设计所考虑的结构性使用性能包括:①沥青结合料类结构层的疲劳寿命;②无机结合料类结构层的疲劳寿命;③沥青面层的低温缩裂;④路表车辙量(包括沥青层、粒料层和路基)。此外,还有沥青面层的反射裂缝。所建议采用的使用性能控制指标相应为:①沥青结合料类结构层的层底拉应变;②无机结合料类结构层的层底拉应力;③沥青和沥青混合料的低温性能指标(沥青的蠕变劲度、蠕变主曲线斜率和断裂应变以及沥青混合料的蠕变劲度和抗拉强度)和沥青面层开裂量;④沥青混合料的相对轮辙深度或蠕变率;⑤粒料类结构层的主应力比;⑥路基顶面的竖向压应变。

(3) 以室内常应变模式和常应力模式疲劳试验建立的疲劳寿命模型作为薄沥青层和厚沥青层的适用限界，采用 S 形曲线过渡函数得到适用于不同沥青层厚度的疲劳寿命模型。利用国内外 26 个试验路段的沥青路面疲劳试验数据，对室内模型进行了验证和修正，得到了沥青层疲劳寿命预估模型（疲劳寿命以轮迹带开裂面积达 10% 或者裂缝密度达 $1.0 m/m^2$ 为标准）。经比较，其预估精度略高于国外其他预估模型。

(4) 对水泥稳定类材料和石灰—粉煤灰稳定碎石进行的室内梁试件疲劳试验，相应建立了无机结合料类材料的疲劳寿命模型。鉴于室外验证和修正工作的困难，室内试件疲劳寿命向结构层疲劳寿命转换的函数关系难以建立，同时，结构层的疲劳损坏标准也难以确立。目前，只能应用室内疲劳模型（以试件断裂为疲劳寿命的标准）预估无机结合料类结构层的疲劳寿命。

(5) 通过对部分路段的沥青面层低温缩裂开裂量调查，建立了开裂量经验预估模型。但试验数据偏少和影响变量变化范围偏窄，需今后扩大调查范围和增加数据采集量，进一步补充验证和修正。沥青面层的低温缩裂损坏，仍应以控制沥青的低温性能指标为主。经室内试验与试验路段的验证，沥青的蠕变劲度、劲度主曲线斜率和断裂应变，这 3 项沥青低温性能指标可以有效地判别沥青层抗低温性能的优劣，其标准值与路面的实际开裂程度相吻合。

(6) 沥青层永久变形的研究目标，一方面是提供可用以判别沥青混合料抗永久变形能力的试验方法，以设计出抗永久变形性能好的沥青混合料，另方面是建立能预估沥青层永久变形量预估模型，以判断能否满足路面使用性能的要求。而理想的方案是这两方面的目标能得到统一解决。轮辙仪试验及其指标（所谓动稳定度）在我国的使用很普遍，以此为基础上来探讨实现上述目标的可能性较为现实。

对不同类型沥青混合料的轮辙仪对比试验结果表明，轮辙试验的指标（蠕变率和相对辙深）可以有效地区分不同沥青混合料的抗永久变形能力。在多种试验条件（影响变量）下进行的轮辙试验结果，通过回归分析建立了轮辙深度预估模型。利用美国力学—经验法路面设计指南的沥青层永久应变预估模型，对该轮辙深度预估模型进行了轮辙深度与永久变形以及各影响因素的对比验证和修正，并利用 5 个试验路段的车辙量数据进行补充验证和修正，由此得到沥青层的车辙深度预估模型。该预估模型还需要继续收集不同条件下的沥青层车辙量观测数据以及轮辙仪试验数据，以进一步验证和修正。

利用上述模型，可以按各级公路沥青层的容许永久变形量，制订出不同地区（沥青层当量温度）、不同交通荷载等级（设计轴载作用次数）和不同沥青层厚度条件下，对沥青混合料在标准轮辙试验条件下的轮辙量和蠕变率要求，用以检验

(评定)和控制沥青混合料的组成设计。

(7)应用安定理论的概念,通过限制应力或应变水平的方法,可使粒料层和路基不产生能引起面层或路面结构出现损坏的永久变形量。粒料层以主应力比为控制变量,通过各种粒料在不同应力比条件下的永久应变试验,建立粒料层永久变形处于安定状态(容许永久变形量范围内)时的应力比与轴载作用次数间的经验关系模型。路基以顶面竖向压应变为控制变量,利用 AASHO 试验路段资料,建立路面达到临界状态(PSI=2.5)时的路基顶面压应变与轴载作用次数间的经验关系模型。

(8)按各项使用性能要求设计出的路面结构,可通过路面结构计算得到路表弯沉值,供施工、监理、质检、养护和管理部门作为路面质量的检查和控制指标。但计算弯沉值需要经过弯沉修正系数修正后,才能作为实测弯沉时的检查或控制指标值。弯沉修正的主要影响因素是路基的非线性形状,而路面结构的刚度是影响路基应力状况和水平的关键因素,基于这个考虑,选取了弯沉修正系数模型的影响变量,并通过多种试验路面结构弯沉测定和计算分析,建立了弯沉修正系数经验模型。计算弯沉值是按基准温度时沥青层的有效模量计算得到的。实测弯沉时,应按测定时的温度(沥青层中点)进行弯沉测定值的温度修正。通过多种路面结构在不同测定温度和基准温度时的弯沉测定结果对比,建立了温度修正系数与测定时温度、沥青层厚度和路基回弹模量间的经验关系模型。

(9)选用单轴压缩动态模量表征沥青混合料具有温度和加载频率依赖性的力学形状。对多种沥青混合料和不同组成的试件进行测定试验的基础上,建立了以温度、加载频率、沥青性质和含量、空隙率和矿料间隙率以及混合料级配为变量的动态模量预估模型,并提出了 AC、AK 和 SMA 三种常用沥青混合料在基准状态(20℃和10Hz)下的压缩动态模量参考值。沥青混合料疲劳试验和沥青层疲劳寿命预估模型均采用弯曲劲度模量,因而,有必要进一步进行试验研究以建立弯曲劲度模量与压缩动态模量间的转换关系。

(10)鉴于试件制备的均质性以及弯拉试验的精度和可靠性问题,无机结合料类材料的弹性模量不宜采用弯拉弹性模量,而宜统一采用压缩弹性模量。室内试件的模量测定值与野外结构层的有效模量值之间,因裂隙的出现而存在差异。但国内尚无充分的试验研究结果来确证两者间的数量关系。

(11)粒料和土采用反复加载三轴压缩试验确定其应力—应变性状,并采用三参数本构模型表征其具有应力依赖性的回弹模量。利用三维有限元非线性分析,按弯沉等效原则,计算确定了采用粒料层和路基有效回弹模量进行结构响应分析时的当量应力水平。依据部分土组和级配碎石的测试数据,并参考国外的有关数据,拟订了标准条件下(最佳含水率和95%最大干重度)粒料层和路基的回弹模量参考值。按三类路基随地下水位或湿度指数 TMI 变化的平衡湿度,分别计算分析了路基回弹模量的湿度调整系数。

(12)路基的湿度状况,按湿度来源分为三类:受地下水位控制,受气候因素控制及兼受地下水和气候因素影响的路基。路基的湿度变化,在使用 2~3 年后达到平衡湿度状态。路基湿度以饱和度和含水率表征,按土的基质吸力由土—水特性曲线确定路基的平衡湿度。受地下水位控制类路基的基质吸力,与距地下水位的距离成正比。气候因素以 Thornthwaite 的湿度指数 TMI 表征。受气候因素控制类路基的基质吸力,按 TMI 与土基质吸力的经验关系式确定。兼受地下水和气候因素影响的路基的基质吸力(或平衡湿度),按工作区内地下水和气候因素两部分各占的深度比例确定。

(13)依据一维热传导偏微分方程和路表热流函数,采用有限差分法建立了沥青路面的温度场模型,并分析了各地区沥青路面有关特征点的年温度分布频率。按损伤当量的原则和交通荷载均匀分布的假设,分别为各种损坏类型计算确定了各地区沥青层的温度当量系数。

所构建的沥青路面结构设计体系还是个框架,需要今后继续不断地深入研究,通过设计实践和使用经验的积累,特别是试验路的系统试验研究,进一步验证、修正和充实。

本章参考文献

[1] 中华人民共和国行业标准.JTG D50—2006 公路沥青路面设计规范[S].北京:人民交通出版社,2006.
[2] 中华人民共和国行业标准.JTG F40—2004 公路沥青路面施工技术规范[S].北京:人民交通出版社,2004.
[3] 赵延庆,等.交通荷载参数研究[R].大连理工大学.2010.
[4] 凌建明,罗志刚,等.路基和粒料层的动态模量参数[R].同济大学,2007.
[5] 沙爱民,贾侃,胡立群,等.无机结合料稳定类基层模量及衰变规律[R].长安大学,2007.
[6] 张肖宁,王绍怀,姚苛,等.沥青混合料动态模量参数研究[R].华南理工大学,2007.
[7] 张肖宁,虞将苗,等.沥青层疲劳开裂预估模型研究[R].华南理工大学,2007.
[8] 张肖宁,虞将苗,等.沥青层疲劳开裂预估模型研究[R].华南理工大学,2010.
[9] 沙爱民,贾侃,胡立群,等.无机结合料稳定类基层疲劳损坏预估模型[R].长安大学,2007.

[10] 韦金城,等.石灰—粉煤灰稳定碎石疲劳预估研究[R].山东省交通科学研究所,2011.
[11] 冯德成,王东升,詹小丽,等.沥青层低温缩裂的研究[R].哈尔滨工业大学,2007.
[12] 冯德成,王东升,马宏岩,等.沥青层低温开裂预估模型研究[R].哈尔滨工业大学,2010.
[13] 牛开民,田波,等.沥青路面的温度场和沥青面层的当量温度系数[R].交通部公路科学研究院,2008.
[14] 谈至明,邹晓翎,等.沥青路面温度场研究[R].同济大学,2011.
[15] 李立寒,曹林涛,等.沥青混合料和沥青层抗永久变形预估研究[R].同济大学,2007.
[16] 白琦峰,张建,等.轮辙试验蠕变率控制标准研究[R].江苏省交通科学研究院,2010.
[17] 高启聚,等.土基与粒料层永久变形设计指标与控制模型研究[R].山东省交通科学研究所,2011.
[18] 唐伯明,朱洪洲,董元帅,等.沥青路面结构评价方法研究[R].重庆交通大学,2011.
[19] 林绣贤.柔性路面结构设计方法[M].北京:人民交通出版社,1988.
[20] AASHTO. Specification for performance graded asphalt binder. AASHTO MP1-98. Washington, D. C., 1998.
[21] AASHTO. Standard practice for determination of low temperature performance grade (PG) of asphalt binders. AASHTO Draft for Standard MP1 A. Washington, D. C., 2001.
[22] AASHTO Designation: TP 9-96. Standard test method for determining the creep compliance and strength of hot mix asphalt (HMA) using the indirect tensile test device. AASHTO, 1996.
[23] Barksdale, R. D. Laboratory evaluation of rutting in base course materials. Proceedings, 3rd International Conference on Structural Design of Asphalt Pavements, Vol. 1, London, 1972:161-174.
[24] Christensen, D. Discussion on "Simple method to obtain asphalt binders low temperature properties from asphalt mixtures properties". Journal of AAPT, vol. 74, 2005: 276-279.
[25] Deacon, J. A., Coplantz, J. S., Tayebali, A. A., and C. L. Monismith. Temperature consideration in asphalt-aggregate mixture analysis and de-

sign. TRB: TRR 1454, 1994: 97-112.

[26] Jordaan, G. J. Towards improved procedures for the mechanistic analysis of cement treated layers in pavements. Proceedings, 7th International Conference on Asphalt Pavements, Vol. 3, Nottingham, 1992:209-223.

[27] Myre, J. Fatigue of asphalt materials for Norwegian conditions. Proceedings, 7th International Conference on Asphalt Pavements. Vol. 3, 1992: 238-251.

[28] NAASRA Materials Engineering Committee and ad hoc Subcommittee on Moisture Conditions in Subgrades. Prediction of soil moisture conditions for pavement design. Proceedings, 7th Conference of Australian Research Board, Vol. 7, Part 8, 1974.

[29] NCHRP Project 1-37A. Guide for mechanistic-empirical design of new and rehabilitated pavement structures. Final Report. 2004.

[30] Perera, Y. Y., Zapata, C. E., Houston, W. N., and Houston, S. L. Moisture equilibria beneath highway pavements. Paper presented to TRB 2004 Annual Meeting, 2004.

[31] Russam, K. and Coleman, J. D. The effect of climate factors on subgrade moisture conditions. Geotechnique, Vol. 11, No. 1, 1961: 22-28.

[32] Shami, H. I., et al. Development of temperature effect model for predicting rutting of asphalt mixtures using Georgia Loaded Wheel Tester. TRR 1590, 1997.

[33] Statement of the review panel. Engineering concepts of moisture equilibria and moisture changes in soil. A symposium in print, Australia Butterworths, 1965: pp. 7-21.

[34] Theyse, H. L., de Beer, M., and Rust, F. C. Overview of South African mechanistic pavement design method. TRR 1539, 1996: 6-17.

[35] Vesic, A. S., and Domaschuk, L. Theoretical analysis of structural behavior of road test flexible pavements. NCHRP Report 10, 1964.

[36] Witczak, M. W., Kaloush, K., Pellinen, T., El-Basyouny, M., and Von Quintus. Simple performance test for Superpave mix design. TRB: Report 465, 2002.

[37] Werkmeister, S. Permanent deformation behaviour of unbound granular materials. PhD Thesis, University of Technology, Dresden, Germany.

责任编辑：沈鸿雁　郑蕉林
封面设计：嘉美和

STRUCTURAL Design OF
ASPHALT PAVEMENTS

沥青路面结构设计

网上购书/www.jtbook.com.cn
定价：66.00元